ISO 9001:2015 制造业文件模板全集

贺红喜◎编著

流程化　绩效化

工具化　实用化

天津出版传媒集团
天津人民出版社

图书在版编目（CIP）数据

ISO9001：2015 制造业文件模板全集/贺红喜编著
.—天津：天津人民出版社，2019.11
ISBN 978-7-201-15287-5

Ⅰ.①I… Ⅱ.①贺… Ⅲ.①制造工业-质量管理体系-文件-范文-中国 Ⅳ.①F426.4

中国版本图书馆 CIP 数据核字（2019）第 203810 号

ISO9001：2015 制造业文件模板全集
ISO9001：2015 ZHIZAOYE WENJIAN MUBAN QUANJI
贺红喜 编著

出　　版　天津人民出版社
出 版 人　刘　庆
地　　址　天津市和平区西康路 35 号康岳大厦
邮政编码　300051
邮购电话　（022）23332469
网　　址　http://www.tjrmcbs.com
电子邮箱　reader@tjrmcbs.com

责任编辑　王昊静
策划编辑　马　优
装帧设计　久品轩

印　　刷　河北宝昌佳彩印刷有限公司
经　　销　新华书店
开　　本　787×1092 毫米　1/16
印　　张　23.25
字　　数　377 千字
版次印次　2019 年 11 月第 1 版　2019 年 11 月第 1 次印刷
定　　价　168.00 元

ISO9001 目前有五个版本（1987 版、1994 版、2000 版、2008 版和 2015 版），至今历时 32 年。第一版国人应该很少知道，国人接触 ISO9001 基本上是从 1994 版开始的，而全面推广到中小型民营制造业应该是从第三版才真正做到。

笔者从事企业管理咨询工作已经 18 年，主要开展 ISO9001、ISO14001 和 ISO45001（原 OHSAS18001）等体系的咨询辅导和管理效益咨询工作。在多年的 ISO9001 体系咨询辅导过程中接触了上千家制造业的质量管理体系。这些企业中有做得很好的，然而不少民营制造业质量管理体系流于形式，问题多多。从 ISO9001 标准要求的四性（符合性、适宜性、充分性和有效性）上说，相当一部分企业不能满足，具体问题如下：

◇ 对标准的理解不够，没有系统全面的学习，尤其是高层管理者，体系要求的领导作用难以发挥。

◇ 体系文件与实际操作不符合，质量管理体系要求没有融入组织的业务过程，说、写、做不一致，基本上是写一套做一套，符合性不够。所以，体系运行不到位，没有执行力，也不能为企业带来效益。

◇ 员工习惯于做事，对运行记录的填写和保留认识不足，导致质量管理体系要求的记录平时不填写，审核前加派人手补充一些资料。

◇ 认为 ISO9001 质量管理体系只适用于大企业，对中小企业而言却难以操作，贯标在时间、精力与成本上的耗费远大于贯标所得的收益。

◇ 将质量认证习惯地看作是行政性检查、评比、验收，从而对认证工作也采取习惯性的应付态度。

◇ 重视结果不重视过程，认为认证就是拿到“证书”，因而急忙推行认证，限期完成，根本没有实施运行。

◇ 管理高层主要精力都投入在市场、人际关系等事项上，而对于贯标这样事关质量生命的大事却很少亲自过问，甚至企业的质量方针与质量目标也交由下属决定。

◇ 对内审和管理评审理解不足，内审和管理评审流于形式。

……

上述诸多问题的存在，让原本好端端的一个使用了 30 多年的质量管理标准硬生生地被扣上了“无用论”的帽子。然而，试想一下，如果一个管理工具没有用，它的“寿命”怎么可能会有30多年，并且修订的第五版有着更强大的生命力，为未来10年或更长的时间提供了一套稳定的核心质量管理要求。这与我国“十三五”规划明确提出“加强质量品牌建设，实施质量强国战略”相吻合，也为“质量管理工作者”指明了方向，赋予了光荣而伟大的历史责任。

造成上述问题的原因有很多，比如对标准的理解不够（都是未读懂ISO9001标准惹的祸）；对质量管理体系的运行认识不足，认为这是一个阶段性的工作，没有按照持续改进的精神不断优化自身的质量管理体系；高层管理的不支持等。还有一个很重要的因素就是没有一本很实用的、可以参考借鉴的手册，那些本想做好的企业人也无处查找资料，走了不少弯路，最后不了了之。同时，把推行不好的责任推给了ISO9001标准本身，说这是西方的东西，不适合东方。

基于此，笔者多年制造业ISO9001咨询辅导经验积累，有一些比较好的成功案例，所以产生了整理出来给需要的企业参考、借鉴和质量管理工作者学习、使用的念头。

本书共分五篇，第一篇是怎样有效策划第五版质量管理体系文件、第二篇是质量手册、第三篇是流程化程序文件、第四篇是实用作业文件、第五篇是其他表格，最后有一个附件是SWOT分析汇总资料，是一本完整的质量管理体系工具文件。本书按照ISO9001标准并超出标准的要求，对制造业有很强的参考实用性，也对其他行业乃至服务业有很大的参考价值。企业人拿到本书后，参考书中的文件，尤其是第三篇和第四篇的文件，拿来后根据自身企业的实际情况略作修改就能使用，方便有效。

本书适合已经推行或正在推行，或者准备推行ISO9001的制造业参考使用，对服务业也有很大的参考价值。当然，这些人也非常适合拿来学习提升：企业经营者、质量从业人员、企业非一线的人员、有志向的员工。

由于时间仓促，本手册可能存在不足之处，欢迎广大读者批评指正，以便我们及时改进。

业青管理培训咨询公司　贺红喜

yeqingpeixun@163. com

2019年1月

第一篇　怎样有效策划质量管理体系文件

第二篇　质量手册

第三篇　流程化程序文件

第四篇　实用作业文件

财务部

大客户部

核价中心

技术部

运营部

计划物控

品质部

人力资源部

第五篇 其他表格

第一篇

怎样有效策划质量管理体系文件

一、对 ISO9001 标准的回顾与展望

ISO（国际标准化组织）在 1987 年 3 月，正式发布了 ISO9001/2/3：1987 第一版的国际标准，至今已经发布了 5 个版本，最新的 2015 版标准为未来 10 年或更长的时间提供了一套稳定的核心质量管理要求。5 个版本标准如表 1 –1 所示。

表 1 –1　五个版本标准

版本	认证标准	发布时间	间隔年限
1987 版	ISO9001：1987 ISO9002：1987 ISO9003：1987	1987 年 3 月	7 年
1994 版	ISO9001：1994 ISO9002：1994 ISO9003：1994	1993/1994 年	6 年
2000 版	ISO9001：2000	2000 年 12 月 15 日	8 年
2008 版	ISO9001：2008	2008 年 11 月 15 日	7 年
2015 版	ISO9001：2015	2015 年 9 月 23 日	未来 10 年或更长

二、以往四个版本质量管理体系文件

质量手册（含质量方针、质量目标）、程序文件、作业文件、表格，具体见正三角质量管理体系文件结构层次图。如图 1 –1 所示。

从图 1 –1 可以看出，以往版本的体系文件的层次非常清晰，对应的管理层也很明确，各部门在质量手册的总要求下按照 5W1H 的法则起草相关文件，设计相应表格实施运行，并留下运行记录，是一套非常完善的质量管理系统。

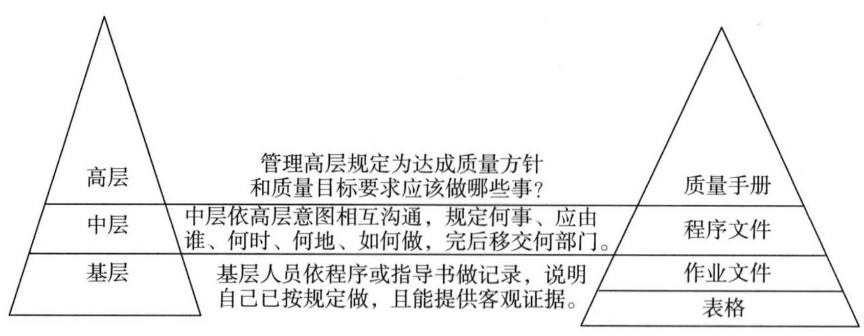

图1－1　正三角质量管理体系文件结构层次图

三、第四版和第五版标准对文件编写的要求

在第四版 ISO9001：2008－4.2.1 总则中是如下描述的：

4.2.1 总则 质量管理体系文件应包括： a）形成文件的质量方针和质量目标； b）质量手册； c）本标准所要求的形成文件的程序和记录； d）组织确定的为确保其过程有效策划、运行和控制所需的文件，包括记录。 注： （1）本标准出现“形成文件的程序”之处，即要求建立该程序，形成文件，并加以实施和保持。 一个文件可包括对一个或多个程序的要求。一个形成文件的程序的要求可以被包含在多个文件中。 （2）不同组织的质量管理体系文件的多少与详略程度可以不同，取决于： a）组织的规模和活动的类型； b）过程及其相互作用的复杂程度； c）人员的能力。 （3）文件可采用任何形式或类型的媒介。

从4.2.1 总则 b）和 c）可以看出，要求必须有质量手册和程序文件，而在2015版的7.5.1条款中是如下描述的：

7.5.1 总则 组织的质量管理体系应包括： a）本标准所要求的成文信息； b）由组织确定的、为确保质量管理体系有效运行所需的成文信息。 注：对于不同的组织，质量管理体系成文信息的多少与详略程度可以不同，取决于： a）组织规模，以及活动、过程、产品和服务的类型； b）过程及其相互作用的复杂程度； c）人员的能力。

从上面7.5.1 总则 a）可以看出，第五版没有要求必须写质量手册和程序文件，对文件的要求没有那么严格了。然而，笔者在过去这三年旧版转新版的咨询辅导过程中，还是采用

了保守的咨询风格，保留了质量手册和程序文件。虽然第五版没有要求必须写质量手册和程序文件，但也没有说不能写，只是在写的过程中简洁化了质量手册、流程化了程序文件。至于作业文件和表格，从第四版的 4.2.1 总则 d）和第五版 7.5.1 总则 b）可以看出，基本没有什么区别，企业可根据需要进行，有用有效就行。

四、怎样有效策划第五版质量管理体系文件

1. 文件结构

尽管在标准的《附录 A》A1 中说道：

……

本标准未要求在组织质量管理体系的成文信息中应用本标准的结构和术语。

本标准的结构旨在对相关要求进行连贯表述，而不作为组织的方针、目标和过程的文件结构范例。若涉及组织运行的过程及出于其他目的而保持信息，则质量管理体系成文信息的结构和内容通常在更大程度上取决于使用者的需要。

……

然后笔者建议在新版文件行文的过程中，文件的结构还是沿用以前的结构，因为在过去三年咨询辅导的过程中，有一部分企业都是旧版转新版，既然上述 A1 中描述道“……质量管理体系成文信息的结构和内容通常在更大程度上取决于使用者的需要”。所以，由于企业推行体系多年，使用者已经习惯了四层次的文件结构，新版实施也没有必要另辟蹊径，继续按照四层次进行文件结构的策划就行了。当然，对于新推行的企业，按照四层次文件结构策划更没有什么要讨论的。

1.1 质量手册的结构

质量手册的结构和内容如下：

0. 引言
0.1 发布令
0.2 组织岗位、职责和权限
0.3 质量方针和质量目标的声明
0.4 目录
1. 范围
2. 引用标准和术语
3. 企业简介
4. 组织背景
5. 领导作用
6. 策划
7. 支持
8. 运行
9. 绩效评价
10. 改进

1.2 程序文件的结构

程序文件的结构和内容如表1－2所示。

表1－2 程序文件的结构和内容

序号	结构	内容
1	封面	①组织的名称、标志 ②文件编号、文件名 ③编制、审核和批准的人及日期 ④发布实施日期 ⑤版本与版次及其修改状态 ⑥受控状态 ⑦分发编号
2	刊头	①组织标志、名称 ②文件编号、名称 ③版本与版次及其修改状态 ④受控状态 ⑤页码等
3	目的	说明该程序控制的活动、控制目的
4	范围	①程序所涉及的有关部门和活动 ②程序所涉及的有关人员和产品
5	术语	有关的术语、缩写符号的定义或含义
6	职责	①实施该程序的主管部门/人员的职责 ②实施该程序的相关部门/人员的职责
7	工作程序	①按活动的逻辑顺序写出开展该项活动的各个细节 ②规定应做的事情（What） ③规定每一活动的实施者（Who） ④规定活动的时间（When） ⑤说明在何处实施（Where） ⑥规定具体实施办法（How） ⑦所采用的材料、设备、引用的文件等 ⑧如何进行控制 ⑨应保留的记录 ⑩例外特殊情况的处理方法等
8	相关/支持性文件	列出与本程序有关的相关文件/支持性文件，这些文件可以是程序文件、作业文件等
9	表格	给出有关记录名称并附上相应的空白表格

1.3 作业文件

第一种：直接沿用上述程序文件的格式。

第二种：借鉴上述程序文件格式的第7、8、9。

1.4 表格

第五版的4.4.2b）条款是这样说的，“保留成文信息以确信其过程按策划进行”。从此条款可以看出，对于用于为组织体系有效运行提供证据的记录，可以不拘泥于某种形式，但是记录还是要能充分反映该过程的效果，设计的表格必须具有双向追溯性，既可向前追溯也可向后追溯。对于一个组织来说，需要保持多少记录方能证明体系运行有效呢？在ISO9001标准中没有明确说明，这表明保持多少记录由组织自己掌握。

2. 文件内容

质量管理体系的内容需要满足以下四个方面：

2.1 符合性

符合性的第一层意思是指企业建立的质量管理体系是否符合第五版标准的要求和法律法规的要求，符合性的第二层意思是指企业有没有按照体系文件去运行自己的质量管理体系。

2.2 适宜性

适宜性是指组织当前的质量管理体系是否与组织所处的内外部环境相适宜，这种适宜过程应是动态的，即质量管理体系应具备随内外部环境的改变而做相应的调整或改进的能力，包括方针、目标是否与组织的经营战略、内外部环境、组织的资源和能力状况相适宜。

2.3 充分性

充分性是指质量管理体系是否满足法律法规、顾客当前和潜在的需求与期望及组织自身实现其方针、目标方面，评价质量管理体系各个过程展开的充分性、资源提供的充分性、职责是否全面落实等。

2.4 有效性

有效性是指质量管理体系完成策划的活动和达到策划的质量目标的结果的程度，包括与法律法规的符合程度、顾客满意程度、过程绩效及经营绩效等。

第二篇

质量手册

前面说过，笔者从事企业管理培训咨询工作已经 18 年，培训咨询辅导的企业绝大多数是工厂制造业企业，所以本人对制造业的质量管理体系非常熟悉。下面就以曾经辅导的制造业的全套大质量管理体系文件为范例，将自己多年的咨询经验展现给大家，供有需要的企业和个人参考。

质量手册定义规定组织质量管理体系的文件。组织的规模和复杂程度不同，其详略和编排格式也可以不同。

质量手册

（ISO9001：2015 版）

手册编号：××－QM－00　　版　次：A0

发布日期：　年　月　日　　生效日期：　年　月　日

编制/日期：

审核/日期：

批准/日期：

表 2－1　修订记录

修订记录	序号	修订内容	修订日期	修改人

一、发布令

为规范公司管理行为，保证产品质量满足顾客要求，提高公司信誉和产品竞争能力，使质量管理与国际接轨，本公司建立了系统化、文件化的大生产质量管理体系。该体系符合ISO9001：2015标准的要求，规定了大生产质量管理体系的组织结构、管理职责和质量管理体系过程的控制要求。

该手册阐述了公司的质量方针和质量目标，是实施、保持公司大生产质量管理体系的纲领性文件和进行质量管理的法规，也是向顾客提供质量保证的证实文件，并作为第三方质量管理体系认证的依据，要求全体员工必须严格贯彻执行，即日起实施。

特批准发布！

总经理批准：

年　月　日

二、组织岗位、职责和权限

为了确保ISO9001：2015标准在公司有效实施运行，为公司创造效益，经过公司最高管理者研究决定，由人力资源部负责ISO的推行工作。在体系推行方面，人力资源部的职责如下：

a）按ISO9001：2015标准的要求组织编制大生产质量管理体系文件，开展实施纠正措施活动；

b）向最高管理者报告大生产质量管理体系的绩效和改进机会，协助总经理进行管理评审，使质量控制体系不断改进完善；

c）确保在整个组织内提倡以顾客为关注焦点；

d）确保在策划和实施质量管理体系变化时，保持质量管理体系的完整性；

e）质量管理体系有关事宜的外部联络。

以上自批准公布之日生效，请各部门配合其工作。

总经理批准：

年　月　日

三、质量方针和质量目标的声明

我公司为保证产品质量始终使顾客满意，按总经理对方针、目标的要求，人力资源部组织人员对质量方针和质量目标进行讨论并形成书面，现声明如下：

1. 质量方针

以客户为中心，永恒追求创新和专业。

在质量管理中，我公司认真按照 ISO9001：2015《质量管理体系要求》进行质量管理，生产中严格按照顾客要求和产品标准进行生产，诚信为本，科技创新，生产出顾客满意的高附加值的产品。

对顾客在使用我公司产品中，发现的任何产品瑕疵，我公司都会以十分负责任的态度，以顾客满意的方式予以解决。

欢迎顾客多提宝贵意见，促进我公司的产品更上一层楼，促使我们持续改进、不断领先和跨越行业先进水平，不断追求完美。

2. 质量目标

2.1 全公司总目标的制定

a. 顾客满意度：≥85 分。

每年由大客户部调查后统计得出，统计后交人力资源部。

b. 成品出厂抽检批合格率 100%。

成品出厂抽检批合格率 =（合格批数 ÷ 抽检总批数）×100%

由品质部进行统计，统计后交人力资源部。

2.2 总目标的分解情况，具体见《岗位职责绩效说明书》

5.1.1 总则

5.1.2 以顾客为关注焦点

5.2 方针

5.2.1 制定质量方针

5.2.2 沟通质量方针

5.3 组织的岗位、职责和权限

6. 策划

6.1 应对风险的机遇和措施

6.2 质量目标及其实现的策划

6.3 变更的策划

7. 支持

7.1 资源

7.1.1 总则

7.1.2 人员

7.1.3 基础设施

7.1.4 过程运行环境

7.1.5 监视和测量资源

7.1.6 组织的知识

7.2 能力

7.3 意识

7.4 沟通

7.5 形成文件的信息

8. 运行

8.1 运行策划和控制

8.2 产品和服务的要求

8.2.1 顾客沟通

8.2.2 与产品和服务有关要求的确定

8.2.3 与产品和服务有关要求的评审

8.2.4 与产品和服务有关要求的更改

8.3 产品和服务的设计和开发

8.4 外部提供产品服务和过程控制

8.4.1 总则

8.4.2 控制类型和度程度

8.4.3 外部供方的信息

8.5 生产和服务提供

8.5.1 生产和服务提供的控制

1. 范围

1. 1 覆盖的产品

本手册覆盖的产品：××产品的设计开发、生产和销售。

1. 2 覆盖的区域

本手册覆盖的质量管理体系活动的区域和场所是××省××市××工业区的××公司。

1. 3 覆盖的体系要求

本手册覆盖了 ISO9001：2015《质量管理体系××要求》的全部内容。

2. 引用标准和术语

2. 1 引用标准

ISO9001：2015《质量管理体系××要求》。

2.2 通用术语和定义

本手册采用ISO9000：2015的术语和定义。

2.3 专用术语

大生产质量管理体系：指的是覆盖并超出ISO9001：2015标准的质量管理系统。

3. 企业简介

公司概况（略）

4. 组织环境

4.1 理解公司及其环境

本公司最高管理者组织各部门负责人运用SWOT管理工具或者其他方法，每年做一次内外部环境的分析（详见附件：《SWOT分析汇总资料》），通过收集信息、识别、讨论、分析和评价，确定了企业目标和战略方向，明确了与公司目标和战略方向相关的各种外部和内部因素。包括国际、国内、地区和本地的各种法律法规、技术、竞争对手、市场变动和价格、文化、社会和经济因素，企业的价值观、文化、知识和以往绩效等相关因素，需要考虑的有利和不利因素或条件。

公司通过实施、策划“6.1应对风险的机遇和措施”，明确了环境分析的职责、相应的准则，通过适宜的方法对这些内部和外部因素的相关信息进行监视和评审，确保充分识别风险、消除风险、降低或减缓风险，充分利用可能的发展机遇，保证实现企业效益和质量管理体系预期结果。

4.2 理解相关方的需求和期望

公司相关方关注公司持续提供的产品和服务质量是否符合顾客的要求、是否适销对路，以及生产经营的合规情况。公司明确了影响企业绩效或受到企业经营影响的相关方（主要包括客户、供应商、股东、内部员工、认证机构、商会、协会、政府部门等），通过调查、访谈了解上述相关方的要求。同时向社会告知企业联系方式和经营情况，持续与相关方沟通，了解相关方要求，对他们的要求进行评审。

4.3 确定质量管理体系的范围

公司在策划质量管理体系时，考虑到公司目前内外环境和影响因素，根据相关方的要求，与公司产品和服务，在质量手册中明确了质量管理体系的边界和适用性，见1.1、1.2。

4.4 质量管理体系及其过程

4.4.1 本公司按照标准的要求，建立、实施、保持和持续改进质量管理体系，包括所需过程及其相互作用。

通过实施以下活动，确定质量管理体系所需的领导、策划、支持、运行、绩效评价和改进等过程及其在整个组织内的应用：

a）确定这些过程所需的输入和期望的输出；

b）确定这些过程的顺序和相互作用；

c）确定和应用所需的准则和方法（包括监视、测量和相关绩效指标），以确保这些过程的运行和有效控制；

d）确定并确保获得这些过程所需的人员、基础设施、运行环境、知识和监测等资源；

e）规定与这些过程相关的责任和权限，并进行沟通；

f）应对按照6.1的要求所确定的风险和机遇；

g）评价这些过程绩效和有效性，识别更新的需求，实施所需的变更，以确保实现这些过程的预期结果；

h）改进过程和质量管理体系。

4.4.2 根据标准要求，结合公司实际需要：

a）根据生产和服务过程控制要求，制定相应的程序文件、工艺文件、操作规范等体系文件，支持质量管理体系各过程运行；

b）保留确认过程按策划进行的证据文件，详见《记录控制程序》。

5. 领导作用

5.1 领导作用和承诺

5.1.1 总则

总经理认识到公司质量管理体系的重要性，通过实施以下活动体现其领导作用和承诺：

a）在职责方面，对质量管理体系的有效性承担责任；

b）制定质量管理体系的质量方针和质量目标，并与组织环境和战略方向相一致；

c）将公司质量管理体系要求融入公司的业务过程；

d）促进管理者在体系策划、运行中使用过程方法和基于风险的思维；

e）识别公司质量管理体系所需的资源及其更新需要并配备这些资源；

f）在公司内进行沟通，确保全员理解有效的质量管理和符合质量管理体系要求的重要性，积极主动参与和配合，通过考核、培训、分享知识、奖励制度，促使、指导和支持员工努力提高其素质，提高质量管理体系的有效性和管理绩效；

g）实施各项业务过程，实现公司目标和质量管理体系的预期结果；

h）推动改进；

i）明确公司内部职责分工，支持其他管理者履行其相关领域的职责。

5.1.2 以顾客为关注焦点

在总经理领导下公司开展以下活动，证实以顾客为关注焦点的领导作用和承诺：

a）确定、理解并持续满足顾客要求及适用的法律法规要求；

b）确定和应对能够影响产品、服务符合性，以及增强顾客满意度的风险和机遇；

c）始终致力于增强顾客满意度。

5.2 方针

5.2.1 制定质量方针

总经理制定、实施和保持质量方针（见质量手册0.3）：

a）适应公司的宗旨和环境并支持公司战略发展方向；

b）为制定质量目标提供框架；

c）包括满足适用要求的承诺；

d）包括持续改进质量管理体系的承诺。

5.2.2 沟通质量方针

公司在质量手册中对方针进行公开声明，在公司内部会议进行宣讲、沟通，全体员工能够准确理解其含义并在工作中贯彻落实质量方针。在与相关方沟通时，可向相关方说明公司质量方针。

5.3 组织的岗位、职责和权限

5.3.1 公司根据职能建立组织结构，确保整个组织内相关岗位的职责、权限得到分派、沟通和理解（见附件1：组织架构图和附件2：各部门职能分配表）。

为了确保ISO9001：2015标准在公司运行，为公司创造效益，经过公司管理层人员商议决定，总经理授权办公室负责ISO的推行工作，在体系推行方面赋予其以下职责：

a）确保质量管理体系符合本标准的要求；

b）确保各过程获得其预期输出；

c）报告质量管理体系的绩效及其改进机会，特别向总经理报告；

d）确保在整个组织推动以顾客为关注焦点；

e）确保在策划和实施质量管理体系变更时保持其完整性。

6. 策划

6.1 应对风险和机遇的措施

6.1.1 公司在策划质量管理体系时，考虑到影响公司目标、战略方向和管理体系绩效的内外因素及公司相关方的要求，确定需要应对的风险和机遇，以便：

a）确保质量管理体系能够实现其预期结果；

b）增强有利影响；

c）避免或减少不利影响；

d）实现改进。

6.1.2 公司根据风险分析结果，策划应对这些风险和机遇的措施，包括规避风险，为寻求机遇承担风险、消除风险源、改变风险的可能性和后果、分担风险，或通过明智决策延缓风险。实施新实践，推出新产品、开辟新市场，赢得新客户、建立合作伙伴关系、利用新技术，以及能够解决组织或其顾客需求的其他机会。明确如何在质量管理体系过程中整合并实施这些措施；评价这些措施的有效性。

应对风险和机遇的措施应与其对于产品和服务符合性的潜在影响相适应。

6.2 质量目标及其实现的策划

6.2.1 公司策划并制定了质量目标，并在相关职能、层次和过程进行分解。质量目标策划，变更和实施中应与质量方针保持一致；可测量；考虑到适用的要求；与提供合格产品和服务，以及增强顾客满意相关，予以监视；予以沟通；适时更新。

公司保留有关质量目标的实施和考核结果的记录。

6.2.2 策划如何实现质量目标时，公司应确定：采取的措施、需要的资源、由谁负责、何时完成、如何评价结果。

6.3 变更的策划

当公司确定需要对质量管理体系进行变更时，应对变更活动进行策划并根据4.4要求系统地实施。应考虑到：

a）变更目的及其潜在后果；

b）质量管理体系的完整性；

c）资源的可获得性；

d）责任和权限的分配或再分配。

7. 支持

7.1 资源

7.1.1 总则

公司应确定并提供为建立、实施、保持和持续改进质量管理体系所需的资源。应考虑：

a）现有内部资源的能力和约束；

b）需要从外部供方获得的资源。

7.1.2 人员

公司确定并配备所需要的人员，以便有效实施质量管理体系，包括过程运行和控制。

7.1.3 基础设施

为确保产品和服务合格，公司确定、配置和维护过程运行所需的基础设施。包括：

a）建筑物和相关设施；

b）生产设备，包括硬件和软件；

c）运输车辆；

d）信息和通信技术。

7.1.4 过程运行环境

公司根据产品和服务特点，确定、提供并维护过程运行所需要的环境，包括温度、热量、湿度、照明、空气流通、卫生、噪声等物理环境，心理环境如心理压力、过度疲劳、个人情感，社会环境如非歧视、和谐、无对抗，以获得合格产品和服务。

7.1.5 监视和测量资源

7.1.5.1 总则

为了确保各项输出有效，公司确定了需要监视或测量的活动，并提供所需的资源。包括：

a）适合特定类型的监视和测量活动；

b）监测设备得到适当的维护，以确保持续适合其用途。

公司保留监视和测量资源的技术资料和必要的校准等信息。

7.1.5.2 测量溯源

当要求测量溯源时，或公司认为测量溯源是信任测量结果有效的前提时，则测量设备应：

a）对照能溯源到国际或国家标准的测量标准，按照规定的时间间隔或在使用前进行校准和（或）检定（验证），当不存在上述标准时，应保留作为校准或检定（验证）依据的形成文件的信息；

b）予以标识，以确定其状态；

c）予以保护，防止可能使校准状态和随后的测量结果失效的调整、损坏或退化。

当发现测量设备不符合预期用途时，应确定以往测量结果的有效性是否受到不利影响，必要时采取适当的措施。

7.1.6 组织的知识

公司确定运行过程所需的源于内部和外部的知识，以获得合格产品和服务。

这些知识应予以保持，形成《知识管理清单》，并在需要范围内可得到。

为应对不断变化的需求和发展趋势，组织应考虑现有的知识，确定如何获取更多必要的知识，并进行更新。

知识来源包括：

a）内部来源：知识产权；经历；从失败和成功项目得到的经验教训；得到和分享未形成文件的知识和经验，过程、产品和服务的改进结果；

b）外部来源：标准；学术交流；专业会议；从顾客或外部供方收集的知识。

7.2 **能力**

公司制定人力资源管理程序，对以下活动进行控制：

a）确定影响公司质量管理体系绩效和有效性的各类人员所需具备的能力；

b）基于适当的教育、培训或经历，确保这些人员具备所需的能力；

c）适用时，采取措施获得所需的能力，包括对在职人员进行培训、辅导或重新分配工作，或者招聘具备能力的人员等并评价措施的有效性；

d）公司建立人事档案，保留员工评价、教育、培训、经历等记录，作为人员能力的证据。

7.3 **意识**

为提高全员质量意识、顾客意识，公司通过多种形式宣传交流，确保相关工作人员知晓和理解：

a）质量方针；

b）与其职责相关的质量目标；

c）为公司质量管理体系有效性做出贡献的意义和途径，包括改进质量绩效的益处；

d）不符合质量管理体系要求的后果。

7.4 **沟通**

本公司确定与质量管理体系相关的内部和外部沟通，包括：

a）沟通内容；

b）沟通时间；

c）沟通对象；

d）沟通方式；

e）沟通负责人。

7.5 形成文件的信息

7.5.1 总则

组织的质量管理体系应包括：

a）本标准要求的形成文件的程序文件和记录；

b）公司确定的为确保质量管理体系有效性所需的支持性文件。

7.5.2 创建和更新

在创建和更新文件时，公司应确保适当的：

a）文件标识和说明（如标题、日期、作者、索引编号等）；

b）适宜的格式和媒介；

c）文件经过评审和批准，以确保适宜性和充分性。

7.5.3 形成文件的信息的控制

7.5.3.1 公司制定《文件控制程序》，对质量管理体系和标准所要求的文件应严格控制，以确保满足以下要求：

a）无论何时何处需要这些文件，均可获得并属于正确版本；

b）予以妥善保护，防止失密、不当使用或不完整。

7.5.3.2 为控制形成文件的信息，适用时，文件主管部门应关注下列活动及其效果：

a）文件分发、查阅、检索和使用，严格控制其更改。

b）存储和防护，包括保持可读性；

c）变更控制（比如版本控制）；

d）保留和处置。

对确定策划和运行质量管理体系所必需的来自外部的原始的形成文件的信息，如适用的法律法规、标准，公司应进行适当识别和控制。

对公司保存的作为符合性证据性文件和记录予以保护，防止非预期的更改。

8. 运行

8.1 运行策划和控制

公司通过采取下列措施，策划、实施和控制满足产品和服务要求所需的过程，并实施应对风险和机会的措施：

a）确定产品和服务的要求，包括产品标准、服务质量标准等；

b）建立下列内容的准则：

- 过程运行规范，如生产工艺，流程图，设计图，操作规程，检查、检验规程等；
- 产品和服务的验证标准。

c）资源配置要求；

d）实施过程控制的规范；

e）在需要的范围和程度上，确定并保留运行过程形成文件的信息：

- 证实过程已经按策划进行；
- 证明产品和服务符合要求。

策划的输出应适合组织的运行需要。

公司严格控制运行策划的更改，评审非预期变更的后果。更改在实施前应予以确认。必要时，采取措施消除不利影响。

公司制定采购控制程序，对外部提供的过程、产品和服务进行管理，确保外包过程受控。

8.2 产品和服务的要求

8.2.1 顾客沟通

与顾客沟通的内容包括：

a）提供有关产品和服务的信息；

b）处理问询、合同或订单，包括合同变更；

c）获取顾客反馈，包括顾客抱怨；

d）处置或控制顾客财产；

e）关系重大时，制定有关应急措施的特定要求。

针对特殊顾客，公司应有能力按顾客规定的语言和方式沟通必要的信息，包括数据。

8.2.2 与产品和服务有关的要求的确定

在确定向顾客提供的产品和服务的要求时，公司应确保：

a）产品和服务的要求得到规定，包括：

- 适用的法律法规要求；
- 公司规定的要求。

b）公司提供给顾客的产品和服务，能够满足对外承诺的要求。

8.2.3 与产品和服务有关的要求的评审

8.2.3.1 为确保有能力满足顾客要求。在合同订立之前，应对如下各项要求进行评审：

a）顾客规定的要求，包括对交付及交付后活动的要求；

b）顾客虽然没有明示，但规定的用途或已知的预期用途所必需的要求；

c）公司规定的要求；

d）适用于产品和服务的法律法规要求；

e）与先前表述存在差异的合同或订单要求。

若与先前合同或订单的要求存在差异，公司应与顾客确认，确保没有分歧。

对于顾客口头或电话订单，在接受顾客要求前应对顾客要求进行确认。

公司在合同评审过程中，对所涉及产品的制造可行性研究、确认并形成文件，包括进行风险分析。

公司网上销售，应对有关的产品信息，如产品目录、产品广告内容进行评审。

8.2.3.2 适用时，应保留下列信息：

a）合同评审结果；

b）针对产品和服务的新要求。

8.2.4 产品和服务要求的更改

若顾客要求发生更改，应确保相关的形成文件的信息得到修改，并通知相关人员知道已更改的要求。

8.3 产品和服务的设计和开发

8.3.1 总则

建立、实施和保持设计和开发过程，以便确保后续的产品和服务的提供。

8.3.2 设计和开发策划

在确定设计和开发的各个阶段及其控制时，应考虑：

a）设计和开发活动的性质、持续时间、复杂程度；

b）设计和开发过程的阶段，包括适用的设计、开发评审；

c）设计和开发验证，以及确认活动；

d）设计和开发过程涉及的职责和权限；

e）产品和服务的设计，以及开发所需的内部和外部资源：

f）设计和开发过程参与人员之间接口的控制需求；

g）顾客和使用者参与设计和开发过程的需求；

h）后续产品和服务提供的要求；

i）顾客和其他相关方期望的设计和开发过程的控制水平；

j）证实已经满足设计和开发要求所需的成文信息。

8.3.3 设计和开发输入

针对具体类型的产品和服务，确定设计和开发的基本要求。应考虑：

a）功能和性能要求；

b）来源于以前类似设计和开发活动的信息；

c）法律法规要求；

d）组织承诺实施的标准和行业规范；

e）由产品和服务性质所决定的、失效的潜在后果。

设计和开发输入应完整、清楚，满足设计和开发的目的。

应解决相互冲突的设计和开发输入。

应保留有关设计和开发输入的成文信息。

8.3.4 设计和开发控制

应对设计和开发过程进行控制，以确保：

a）获得规定的结果；

b）实施评审活动，以评价设计和开发的结果满足要求的能力；

c）实施验证活动，以确保设计和开发输出满足输入的要求；

d）实施确认活动，以确保产品和服务能够满足规定的使用要求或预期用途要求；

e）针对评审、验证和确认过程中确定的问题采取必要措施；

f）保留这些活动的成文信息。

8.3.5 设计和开发输出

公司应确保设计和开发输出：

a）满足输入的要求；

b）对于产品和服务提供的后续过程是充分的；

c）包括或引用监视和测量的要求，适当时，包括接收准则；

d）规定对于实现预期目的、保证安全和正确提供所必需的产品和服务特性。

应保留有关设计和开发输出的成文信息。

8.3.6 设计和开发更改

应识别、评审和控制产品、服务设计、开发期间，以及后续所做的更改，以便避免不利影响，确保符合要求。

应保留下列成文信息：

a）设计和开发变更；

b）评审的结果；

c）变更的授权。

为防止不利影响而采取的措施。

8.4 外部提供过程、产品和服务的控制

8.4.1 总则

公司应确保外部提供的过程、产品和服务符合产品生产过程和产品质量要求。

在下列情况下，应确定对外部提供的过程、产品和服务实施的控制：

a）外部供方的过程、产品和服务构成组织自身的产品和服务的一部分；

b）外部供方替公司直接将产品和服务提供给顾客；

c）公司决定由外部供方提供过程或部分过程。

公司应基于外部供方提供所要求的过程、产品或服务的能力，确定对外部供方的评价、选择、绩效监视及再评价的准则，并加以实施。评价活动和由评价引发的任何必要的措施，应形成文件的信息并保留。

本公司外部提供的过程为物流运输。

8.4.2 控制类型和程度

公司确保外部提供的过程、产品和服务不会对组织稳定地向顾客交付合格产品和服务的能力产生不利的影响。公司应：

a）制定对外部供方的控制程序，确保外部提供的过程保持在质量管理体系的控制之中；

b）规定对外部供方的控制及其输出结果的控制；

c）考虑：

- 外部提供的过程、产品和服务对组织稳定地提供满足顾客要求和适用的法律法规要求的能力的潜在影响；

• 外部供方自身控制的有效性，公司应以供方符合本标准为目标进行供方质量管理体系的开发。

d）确定必要的验证或其他活动，以确保外部提供的过程、产品和服务满足要求。

8.4.3 外部供方的信息

公司应确保在与外部供方签订协议前充分进行沟通，确保外部供方提供的产品、服务或过程要求明确具体。与外部供方沟通包括以下要求：

a）所提供的过程、产品和服务；

b）对下列内容的批准：

• 产品和服务；

• 方法、过程和设备；

• 产品和服务的放行。

c）能力，包括所要求的人员资质；

d）外部供方与组织的接口；

e）对外部供方绩效的控制和监视；

f）公司或顾客拟在外部供方现场实施的验证或确认活动。

8.5 生产和服务提供

8.5.1 生产和服务提供的控制

本公司为确保产品和服务合格，对生产和服务过程进行控制。适用时，受控条件应包括：

a）获得形成文件的信息，以规定以下内容：

• 产品、提供的服务或进行的活动的特征；

• 产品质量或拟获得的结果。

b）获得并使用适宜的监视和测量资源；

c）在适当阶段实施检查和测量活动，以验证是否符合过程或输出的控制要求，以及产品和服务的验证标准；

d）为过程的运行提供适宜的基础设施和环境；

e）配备具备能力的人员，包括岗位所要求的资格；

f）识别特殊过程，对特殊过程的能力进行确认和定期再确认；

g）采取措施防止人为错误；

h）实施放行、交付和交付后活动。

8.5.2 标识和可追溯性

a）公司应采用适当的方法识别产品，避免混淆；

b）应在生产和服务提供的整个过程中按照监视和测量要求识别产品检验状态，避免非预期使用；

c）若要求可追溯，组织应对产品施加唯一性标识，如批号、编号、日期，并予以登记，保留实现可追溯性所需的记录。

8.5.3 顾客或外部供方的财产

a）公司在控制或使用顾客或外部供方的财产期间，应对其进行妥善管理。公司使用的或构成产品和服务一部分的顾客和外部供方财产，如材料、零部件、工具和设备，顾客的场所，知识产权和个人信息，应予以识别、验证、保护和维护。本公司顾客财产指的是样品、图纸、供应商来料和商标使用权；

b）顾客提供的样品、图纸和商标使用权由大生产事业部负责管理，供应商来料由仓库进行管理；

c）若顾客或外部供方的财产发生丢失、损坏或发现不适用情况，应向顾客或外部供方报告，并保留相关记录。

8.5.4 防护

公司应在生产和服务提供期间对产品进行必要防护，包括标识、处置、污染控制、包装、储存、传送或运输及保护，以确保符合要求。

8.5.5 交付后的活动

公司应满足与产品和服务相关的交付后活动的要求。交付后活动的范围和程度应涉及：

a）法律法规要求；

b）与产品和服务相关的潜在不期望的后果；

c）其产品和服务的性质、用途和预期寿命；

d）顾客要求；

e）顾客反馈。

8.5.6 更改控制

a）公司对生产和服务提供的更改进行必要的评审和控制，以确保稳定地符合要求；

b）更改应保留形成文件的信息，包括更改评审结果、更改的人员及根据评审所采取的必要措施。

8.6 产品和服务的放行

a）本公司在适当阶段实施策划的安排，以验证产品和服务满足要求；

b）除非得到有关授权人员的批准，适用时得到顾客的批准，否则在策划的安排已圆满完成之前，不应向顾客放行产品和交付服务；

c）公司应保留有关产品和服务放行的文件信息，包括检验合格证据、检验人员的可追溯信息。

8.7 不合格输出的控制

公司确保对不合格产品和服务进行识别和控制，以防止非预期的使用或交付。

根据不合格的性质及其对产品和服务的影响采取适当措施。这也适用于在产品交付之后发现的不合格产品，以及在服务提供期间或之后发现的不合格服务。状态未经标识或可疑的产品，应归类为不合格品，处置不合格品方式有：

a）纠正；

b）对提供产品和服务进行隔离、限制、退货或暂停；

c）告知顾客；

d）获得让步接收的授权。

对不合格品进行纠正之后应验证其是否符合要求。

公司应保留以下形成文件的信息：

a）描述不合格；

b）描述所采取措施；

c）描述所获得的任何让步；

d）识别决定有关不合格的措施的权限。

9. 绩效评价

9.1 监视、测量、分析和评价

9.1.1 总则

公司应确定：

a）需要监视和测量的对象；

b）确保有效结果所需要的监视、测量、分析和评价方法；

c）实施监视和测量的时机；

d）分析和评价监视和测量结果的时机。

应评价质量管理体系的绩效和有效性。组织应保留适当的形成文件的信息，作为结果的证据。

9.1.2 顾客满意

本公司应监视顾客对其需求和期望获得满足的程度的感受。组织应确定这些信息的获取、监视和评审方法。

监视顾客感受的方式包括顾客调查、顾客对交付产品或服务的反馈、顾客会晤、市场占有率分析、赞扬、担保索赔和经销商报告。

9.1.3 分析与评价

9.1.3.1 公司应分析和评价监视和测量获得的适宜数据和信息。应利用分析结果评价以下各项结果：

a）产品和服务的符合性；

b）顾客满意程度；

c）质量管理体系的绩效和有效性；

d）策划是否得到有效实施；

e）针对风险和机遇所采取措施的有效性；

f）外部供方的绩效；

g）质量管理体系改进的需求。

9.2 内部审核

9.2.1 制定《内部质量审核控制程序》，按照程序策划的时间间隔进行内部审核，以提供有关质量管理体系的下列信息：

a）是否符合组织自身的质量管理体系要求，9001 标准的要求；

b）是否得到有效的实施和保持。

9. 2. 2 公司应：

a）依据有关过程的重要性、对产生影响的变化和以往的审核结果，策划、制定、实施和保持审核方案，审核方案包括频次、方法、职责、策划要求和报告；

b）规定每次审核的审核准则和范围；

c）应确保审核过程客观公正；

d）确保相关管理部门获得审核报告；

e）及时采取适当的纠正和纠正措施；

f）保留作为实施审核方案，以及审核结果的证据的形成文件的信息。

9. 3 管理评审

9. 3. 1 总则

总经理应按照策划的时间间隔对组织的质量管理体系进行评审，以确保其持续的保持适宜性、充分性和有效性，并与组织的战略方向一致。

9. 3. 2 管理评审输入

策划和实施管理评审时应考虑下列内容：

a）以往管理评审所采取措施的实施情况；

b）与质量管理体系相关的内外部因素的变化；

c）有关质量管理体系绩效和有效性的信息，包括下列趋势性信息：

- 顾客满意和相关方的反馈；
- 质量目标的实现程度；
- 过程绩效，以及产品和服务的符合性；
- 不合格及纠正措施；
- 监视和测量结果；
- 审核结果；
- 外部供方的绩效。

d）资源的充分性；

e）应对风险和机遇所采取措施的有效性（见 6. 1）；

f）改进的机会。

9. 3. 3 管理评审输出

管理评审输出应包括与下列事项相关的决定和措施：

a）改进的机会；

b）质量管理体系所需的变更；

c）资源需求。

管理评审结果证据应予保留。

10. 改进

10.1 总则

公司制定《纠正和纠正措施控制程序》，按照程序应确定并选择改进机会，采取必要措施，满足顾客要求和增强顾客满意度。包括：

a）改进产品和服务以满足要求并关注未来的需求和期望；

b）纠正、预防或减少不利影响；

c）改进质量管理体系的绩效和有效性。

10.2 不合格和纠正措施

若出现不合格，包括投诉所引起的不合格，公司应：

a）对不合格做出应对，采取措施予以控制和纠正；处置产生的后果；

b）通过下列活动，评价是否需要采取措施，以消除产生不合格的原因，避免其再次发生或者在其他场合发生：

- 评审和分析不合格；
- 确定不合格的原因；
- 确定是否存在或可能发生类似的不合格。

c）实施纠正措施；

d）评审所采取的纠正措施的有效性；

e）需要时，更新策划期间确定的风险和机遇；

f）需要时，变更质量管理体系。

纠正措施应与所产生的不合格的影响相适应。

10.2.2 公司应保留形成文件的信息，作为下列事项的证据：

a）不合格的性质，以及随后所采取的措施；

b）纠正措施的结果。

10.3 持续改进

公司应持续改进质量管理体系的适宜性、充分性和有效性。

考虑管理评审的分析、评价结果，以及管理评审的输出，确定是否存在持续改进的需求或机会。

附件1：组织架构图

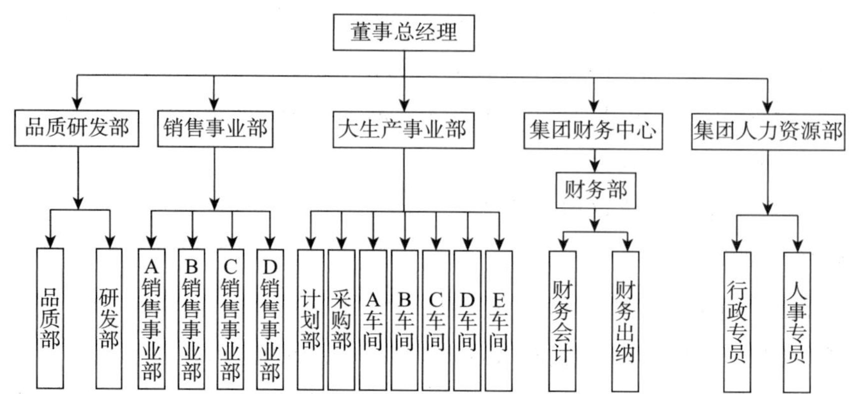

图2－1　质量管理体系组织架构图

附件2：各部门职能分配表

表2－2　各部门职责分配表

章节	条款	总经理	销售事业部	大生产事业部	品质研发部	人力资源部	集团财务中心
4	组织的背景						
4.1	理解组织及其背景	●	○	○	○	○	○
4.2	理解相关方的需求和期望	●	○	○	○	○	○
4.3	质量管理体系范围的确定	●	○	○	○	○	○
4.4	质量管理体系及其过程	●	○	○	○	○	○
5	领导作用						
5.1	领导作用和承诺	●	○	○	○	○	○
5.1.1	总要求	●	○	○	○	○	○
5.1.2	以顾客为关注焦点	●	○	○	○	○	○
5.2	质量方针	●	○	○	○	○	○
5.3	组织的角色、职责和权限	●	○	○	○	○	○
6	策划						
6.1	风险和机遇的应对措施	●	○	○	○	○	○
6.2	质量目标及其实现质量目标的策划	●	○	○	○	○	○
6.3	对变更的策划	●	○	○	○	○	○
7	支持						
7.1	资源	●	○	○	○	○	○
7.1.1	总要求	●	○	○	○	○	○

续表

章节	条款	总经理	销售事业部	大生产事业部	品质研发部	人力资源部	集团财务中心
7	支持						
7.1.2	人员	●	○	○	○	○	○
7.1.3	基础设施	○	○	●	○	○	○
7.1.4	过程运行环境	○	○	●	○	○	○
7.1.5	监视和测量资源	○	○	○	●	○	○
7.1.6	知识	○	○	○	○	●	○
7.2	能力	○	○	○	○	●	○
7.3	意识	○	○	○	○	●	○
7.4	沟通	○	○	○	○	●	○
7.5	形成文件的信息	○	○	○	○	●	○
7.5.1	总要求	○	○	○	○	●	○
7.5.2	创建和更新	○	○	○	○	●	○
7.5.3	文件控制	○	○	○	○	●	○
8	运行						
8.1	运行策划和控制	○	○	○	●	○	○
8.2	产品和服务要求的确定	○	●	○	○	○	○
8.2.1	顾客沟通	○	●	○	○	○	○
8.2.2	产品和服务有关要求的确定	○	●	○	○	○	○
8.2.3	产品和服务有关要求的评审	○	●	○	○	○	○
8.2.4	产品和服务有关要求的变更	○	●	○	○	○	○
8.3	产品和服务开发	○	○	○	●	○	○
8.4	外部提供的过程、产品和服务的控制	○	○	●	○	○	○
8.4.1	总要求	○	○	●	○	○	○
8.4.2	控制的类型和程度	○	○	●	○	○	○
8.4.3	外部供应商的信息	○	○	●	○	○	○
8.5	产品生产和服务提供	○	○	●	○	○	○
8.5.1	生产和服务提供的控制	○	○	●	○	○	○
8.5.2	标识和可追溯性	○	○	●	○	○	○
8.5.3	顾客或外部供方的财产	○	○	●	○	○	○
8.5.4	防护	○	○	●	○	○	○
8.5.5	交付后活动	○	●	○	○	○	○
8.5.6	变更控制	○	○	●	○	○	○
8.6	产品和服务放行	○	○	○	●	○	○
8.7	不合格输出的控制	○	○	○	●	○	○

续表

章节	条款	总经理	销售事业部	大生产事业部	品质研发部	人力资源部	集团财务中心
9	绩效评价						
9. 1	监视、测量、分析和评价	●	○	○	○	○	○
9. 1. 1	总要求	●	○	○	○	○	○
9. 1. 2	顾客满意度	○	●	○	○	○	○
9. 1. 3	分析与评价	●	○	○	○	○	○
9. 2	内部审核	●	○	○	○	○	○
9. 3	管理评审	●	○	○	○	○	○
10	改进						
10. 1	总要求	○	○	○	●	○	○
10. 2	不符合和纠正措施	○	○	○	●	○	○
10. 3	持续改进	●	○	○	○	○	○

第三篇

流程化程序文件

流程化程序文件

（ISO9001：2015 版）

程序文件定义：

为进行某项活动或过程所规定的途径叫程序，如果把进行某项活动或过程所规定的途径形成了文件，这些文件就称之为程序文件。程序文件是质量手册的支持性文件，是质量手册的展开和具体化，使得质量手册中原则性和纲领性的要求得到展开和落实。

一、文件控制程序

表 3 – 1　文件控制程序

标题	文件控制程序		文件编号	××－QP－001
			版次	A0
编制	审核	审批	实施日期	年　月　日

1. 目的
为保证文件的有效性及适应性，特制定本程序
2. 范围
本程序适用于大生产质量体系文件的控制
3. 职责
3.1 人力资源部负责文件的控制
3.2 各部门负责文件的使用和妥善保管
4. 工作程序

工作单元	工作流程	责任部门	工作要求	质量记录
4.1 文件编制与发放	4.1.1 文件编制	使用部门或指定部门	4.1.1.1 文件必须能有效地描述并控制相关过程 4.1.1.2 支持文件的记录/表格须同时编制	
	4.1.2 审核会签	部门主管或经理	4.1.2.1 审核审批文件的充分性与适宜性 4.1.2.2 必要时相关部门应对文件的内容进行会签	
	4.1.3 审批	有关人员	4.1.3.1 文件审批权限 a. 所有文件由总经理审批 b. 所有文件由部门负责人审核 c. 所有文件由各部门编制	
	4.1.4 编号打印	人力资源部	4.1.4.1 公司代号：×× 4.1.4.2 文件代号：QM—质量手册；QP—程序文件；WI—第三层文件；FM—第四层文件 4.1.4.3 第一层、第二层、第三层文件编号：公司代号－文件代号－流水号（从001开始） 对于第三层文件编号如下细分： •1 代表：《岗位职责绩效说明书》，第一份文件编号为××－WI－101，第二个文件依次类推 •2 代表：《流程和节点要求与标准》，第一份文件编号为××－WI－201，第二个文件依次类推 •3 代表：《岗位标准制约责任稽核作业指导书》，第一份文件编号为××－WI－301，第二个文件依次类推 •4 代表：《生产工艺和质量控制计划》，第一份文件编号为××－WI－401，第二个文件依次类推 •5 代表：《品质检验作业指导书》，第一份文件编号为××－WI－501，第二个文件依次类推	

续表

工作单元	工作流程	责任部门	工作要求	质量记录
4.1 文件编制与发放	4.1.4 编号打印	人力资源部	•6 代表：《设备操作规程》，第一份文件编号为××-WI-601，第二个文件依次类推 4.1.4.4 第四层文件编号：公司代号-文件代号-流水号（从001开始）-版次号（从A0开始） 4.1.4.5 外来文件按原有编号，如果没有则按照“六位年月日-流水号（从001开始）”进行	
	4.1.5 文件发放	人力资源部	4.1.5.1 发放前应在文件首页加盖受控章 4.1.5.2 按已确定的分发部门和数量发放文件，并做登记 4.1.5.3 数量不够时，使用部门可申请增发	文件发放回收记录表
	4.1.6 建立文件清单	人力资源部	4.1.6.1 将文件名称、编号等列入受控文件一览表	受控文件一览表
	4.1.7 文件使用	相关部门	4.1.7.1 必须保持现场文件整洁，并妥善保管，不得复印及涂改	
4.2 文件更改	4.2.1 更改申请	相关部门	4.2.1.1 必要时对文件进行评审，有不适宜之处时各部门可提出文件更改申请，说明更改要求及理由	文件申请单
	4.2.2 更改审批	相关部门	4.2.2.1 按原审核、会签、审批过程审批更改申请（见4.1.2、4.1.3）	
	4.2.3 更改	人力资源部	4.2.3.1 更改方式 •划改，直接将原文划改，并在更改处盖章 •换页更改 •换版，文件版本用26个英文字母表示，版次用阿拉伯数0～9表示。第一版为A0，当文件修改较少时仅换版次，即有A0改为A1，依次类推。当文件多次更改或文件需进行大幅度修改时应换版本，即版本由A变B，版次归零，即A2改为B0，依次类推。原版次文件作废 4.2.3.2 修正文件及“受控文件一览表”更改次数及版本	文件申请单
	4.2.4 更改发放	人力资源部	4.2.4.1 将更改申请/通知单发至文件使用部门并签收，文件使用部门应及时告之相关人员 4.2.4.2 收回旧页及旧版文件，除正本加盖作废章保留（另地存放）外，其他全部销毁，并做记录	文件发放回收记录表
4.3 外来文件	4.3.1 外来文件识别	各部门	4.3.1.1 各部门收到下列文件时： a. 国家标准 b. 顾客提供文件 c. 其他文件 当其对有关工作有指导作用时，应将其提交人力资源部	
	4.3.2 外来文件发放	人力资源部	同4.1.5	文件发放回收记录表
	4.3.3 列入文件清单	人力资源部	同4.1.6	受控文件一览表
	4.3.4 外来文件更改	人力资源部	4.3.4.1 当外来文件更改或作废时，有关部门需及时通知人力资源部，并按4.2.4.2之要求处理	文件发放回收记录表

续表

工作单元	工作流程	责任部门	工作要求	质量记录
4.4 电子文档的管理	4.4.1 日常管理	人力资源部	4.4.1.1 质量体系的电子文档由人力资源部集中管理 4.4.1.2 除人力资源部人员外，他人不得更改相关资料，仅有使用权	

5. 相关文件

无

6. 质量记录

6.1 文件发放回收记录表

6.2 受控文件一览表

6.3 文件申请单

表3－2　文件分发/回收记录表

收文部门：

序号	文件名称	文件编号	版次	分发/回收记录						备注
				领用人	日期	发放人	退回人	日期	签回人	

××－FM－001－A0

表 3-3　受控文件一览表

序号	文件名称	文件编号	使用部门	备注

××-FM-002-A0

表3－4　文件申请单

□补发　□修订　□作废　□借阅　□拷贝　申请日期：　年　月　日

<table>
<tr><td>申请人</td><td colspan="3"></td><td colspan="2">所在部门</td><td></td></tr>
<tr><td>更改文件名称</td><td colspan="3"></td><td colspan="2">更改文件编号</td><td></td></tr>
<tr><td>申请
原因</td><td colspan="6"></td></tr>
<tr><td colspan="7">修订内容（文件修订时才填写）</td></tr>
<tr><td rowspan="2">修改条款、
页次或行</td><td colspan="2">修订前</td><td colspan="4">修订后</td></tr>
<tr><td>内容</td><td>版本</td><td colspan="3">内容</td><td>版本</td></tr>
<tr><td></td><td></td><td></td><td colspan="3"></td><td></td></tr>
<tr><td rowspan="4">需同时修改的
文件</td><td colspan="3">文件名称</td><td colspan="3">版本变化（版）</td></tr>
<tr><td colspan="3"></td><td colspan="3"></td></tr>
<tr><td colspan="3"></td><td colspan="3"></td></tr>
<tr><td colspan="3"></td><td colspan="3"></td></tr>
<tr><td>总经理意见</td><td colspan="6"></td></tr>
<tr><td>备注</td><td colspan="6"></td></tr>
</table>

××－FM－003－A0

二、记录控制程序

表 3－5 控制质量记录

<table>
<tr><td rowspan="2">标题</td><td colspan="2" rowspan="2"></td><td>文件编号</td><td>××－QP－002</td></tr>
<tr><td>版次</td><td>A0</td></tr>
<tr><td>编制</td><td>审核</td><td>审批</td><td rowspan="2">发布日期</td><td rowspan="2">年 月 日</td></tr>
<tr><td></td><td></td><td></td></tr>
</table>

1. 目的

为有效地管理和控制质量记录，提供产品质量符合规定的要求及质量体系有效运行的证据，特制定本程序

2. 范围

本程序适用于本公司质量管理体系有关的记录

3. 职责

3.1 人力资源部负责质量记录的归口管理

3.2 各部门负责本部门质量记录的管理

4. 工作程序

<table>
<tr><td>工作单元</td><td>工作流程</td><td>责任部门</td><td>工作要求</td><td>品质记录</td></tr>
<tr><td rowspan="3">4.1 质量记录的设计和使用</td><td>4.1.1 质量记录的设计</td><td>各使用部门</td><td>4.1.1.1 各部门根据需要设计自己需要的表格</td><td></td></tr>
<tr><td>4.1.2 填写</td><td>各使用部门</td><td>4.1.2.1 各部门相关人员需按要求准确填写记录表格，反映实际情况
4.1.2.2 必要时由部门负责人对记录内容进行审核</td><td></td></tr>
<tr><td>4.1.3 标识</td><td>各使用部门</td><td>4.1.3.1 为便于检索，应对记录进行标示，并用专用文件夹进行归档管理</td><td></td></tr>
<tr><td rowspan="4">4.2 质量记录贮存与保护</td><td>4.2.1 质量记录一览表</td><td>人力资源部</td><td>4.2.1.1 人力资源部建立质量记录一览表，并明确质量记录的期限</td><td>质量记录一览表</td></tr>
<tr><td>4.2.2 记录收集</td><td>各部门</td><td>4.2.2.1 各部门可由专人及时收集本部门填写或收到的质量记录</td><td></td></tr>
<tr><td>4.2.3 记录归档</td><td>各部门</td><td>4.2.3.1 定期将收集的记录按时间、部门、类别等易于识别的方法进行归档装订保存</td><td></td></tr>
<tr><td>4.2.4 贮存</td><td>各部门</td><td>4.2.4.1 记录须贮存于适宜地点，以防其损坏
4.2.4.2 保存期限见 4.2.1.1</td><td></td></tr>
<tr><td rowspan="2">4.3 记录查阅</td><td>4.3.1 内部查阅</td><td>各部门</td><td>4.3.1.1 公司内部人员需查阅有关资料时，经部门负责人同意，由资料提供，当场查阅并归还</td><td></td></tr>
<tr><td>4.3.2 外部查阅</td><td>各部门</td><td>4.3.2.1 外部人员需查阅有关资料时，经总经理同意，由相关部门资料员提供，当场查阅并归还</td><td></td></tr>
<tr><td>4.4 记录处理</td><td>4.4.1 销毁</td><td>各部门</td><td>4.4.1.1 当记录超出保存期，无保留价值时，由保存部门自行销毁
4.4.1.2 当记录超出保存期但仍有参考价值时，按 4.2.4 的要求继续保存</td><td></td></tr>
</table>

5. 相关文件

无

6. 相关记录

6.1 质量记录一览表

表3－6　质量记录一览表

序号	记录名称	保存期限（年）	归口部门	编号

××－FM－004－A0

三、内部质量审核控制程序

表 3－7　内部质量审核控制程序

<table>
<tr><td>标题</td><td colspan="2">内部质量审核控制程序</td><td>文件编号</td><td>××－QP－003</td></tr>
<tr><td></td><td colspan="2"></td><td>版次</td><td>A0</td></tr>
<tr><td>编制</td><td>审核</td><td>审批</td><td rowspan="2">发布日期</td><td rowspan="2">年　月　日</td></tr>
<tr><td></td><td></td><td></td></tr>
</table>

1. 目的

为及时发现质量体系存在的问题，维护体系的有效运行，特制定本程序

2. 范围

本程序适用于内部质量体系审核

3. 职责

3.1 人力资源部负责内部质量审核的归口管理

3.2 内部质量体系审核员（以下简称内审员）负责实施审核活动

3.3 各部门负责配合审核员进行内部质量审核

4. 工作程序

<table>
<tr><td rowspan="2">4.1 年度审计划</td><td>4.1.1 制定年度审核计划</td><td>人力资源部</td><td>4.1.1.1 根据公司质量管理体系运作的实际情况，对内审进行策划，于上年年底或每年年初提出年度内审计划
4.1.1.2 每年每个部门至少应进行1次内部审核</td><td rowspan="2">年度内审计划</td></tr>
<tr><td>4.1.2 年度审核计划审批</td><td>人力资源部</td><td>4.1.2.1 年度内审计划报总经理审批后实施</td></tr>
<tr><td rowspan="4">4.2 审核实施计划</td><td rowspan="2">4.2.1 成立审核小组</td><td rowspan="2">人力资源部</td><td>4.2.1.1 内审员应符合下述要求：
a. 高中或以上学历
b. 有一定的语言文字表达能力及沟通力
c. 接受过内部质量审核的培训
4.2.1.2 内审员由总经办任命，每年对内审员进行一次相关的培训，以确保其技能达到要求</td><td></td></tr>
<tr><td>4.2.1.3 按年度计划在审核前一月，从内审员中确定审核组成员，审核员应与被与审部门无直接责任关系</td><td>审核实施计划</td></tr>
<tr><td>4.2.2 确定审核实施计划</td><td>审核组</td><td>4.2.2.1 审核组制定审核实施计划，明确审核的准则、审核范围及审核方法等
4.2.2.2 应根据被审核部门的特点确定审核时间
4.2.2.3 审核实施计划应于审核前一周发至相关部门和人员</td><td>审核实施计划</td></tr>
<tr><td>4.2.3 编制检查表</td><td>审核员</td><td>4.2.3.1 检查表应考虑被审部门的状况和重要性及以往审核的结果
4.2.3.2 审核检查表应体现标准及体系文件的要求</td><td>审核检查表</td></tr>
</table>

续表

工作内容	工作流程	责任部门	工作要求	质量记录
4.3 审核实施	4.3.1 首次会议	审核组长	4.3.1.1 审核组长按日程安排合集被审部门召开首次会议，向被审核部门介绍审核目的、计划、安排等	会议签到表
	4.3.2 现场审核	审核员	4.3.2.1 审核员按检查表的要求对被审部门进行现场审核 4.3.2.2 被审部门应向审核员出示相关文件和记录 4.3.2.3 审核时应记录审核发现	审核检查表
			4.3.2.4 审核发现不符合标准或体系文件要求项目制定“不合格报告”，并请被审核部门负责人确认	不合格报告
	4.3.3 末次会议	审核组长	4.3.3.1 审核结束后，审核组长应召开末次会议介绍审核情况和审核结果	会议签到表
	4.3.4 审核报告	审核组长	4.3.4.1 将审核过程、审核发现及审核结论以书面形式通报被审核部门及公司领导	审核报告
4.4 审核发现问题的改进	4.4.1 确定责任部门	审核组	4.4.1.1 根据不合格的性质判断导致不合格的责任部门	不合格报告
	4.4.1 原因分析	责任部门	4.4.4.1 有关部门应分析不合格的原因	
	4.4.2 制定措施	责任部门	4.4.2.1 根据所分析的原因制定相应的纠正措施 4.4.2.2 实施纠正措施，记录其结果	
	4.4.3 验证	审核员	4.4.3.1 审核员应对所采取措施的有效性进行验证 4.4.3.2 经验证有效时可关闭相应的不合格项，否则按4.4.1、4.4.2 的要求重新采取措施	

5. 相关文件

无

6. 相关记录

6.1 年度内审计划

6.2 审核实施计划

6.3 审核检查表

6.4 不合格报告

6.5 审核报告

6.6 会议签到表

表3－8　________年度内审计划

审核目的：根据ISO9001和本公司质量管理体系文件的要求，对本公司现有质量体系进行审核，看是否具备申请认证的条件。

审核范围：与质量管理体系有关的所有部门。

审核准则：ISO9001标准、质量管理体系文件、合同、相关的法律法规等。

计划时间安排：

部门＼月份	1	2	3	4	5	6	7	8	9	10	11	12

说明：▲表示选在该月进行。　　××－FM－005－A0

审批：　　编写：

日期：　　年　月　日　　日期：　　年　月　日

表3－9　审核实施计划

审核目的：

审核范围：

审核准则：

审核人员：

审核日期：

审核具体安排：

时间	受审部门	审核要素	参加审核员

说明：

1. 5.1.2/5.2.2/5.3/6.2/7/9.1.3/10条款在每个部门都会被审核到。

2. 本次审核方式是以抽查的方式，有许多作业无法一次查出，故希望各部门能够针对本次查出的问题，做到举一反三，并做出改善。

3. 在审核各部门时，希望各部门主管在现场予以全程陪同。

4. 各部门主管对于本次审核计划有疑义或需做时间调整的，请提前两天提出。

5. 审核组有权根据实际情况对计划进行调整，并拥有对计划的最终解释权。

分发签收记录	部门								
	签名								

××－FM－006－A0

审批：　　　　　　　　　　　　编写：

日期：　　年　月　日　　　　　日期：　　年　月　日

表3-10 审核检查表

受审部门			审核日期	年 月 日	页码	/
序号	检查内容	涉及条款	检查方法		检查结果记录	
受审部门主管			管理者代表		审核员	

××-FM-007-A0

表 3－11　不合格报告

<table>
<tr><td>审核部门：</td><td>陪同人：</td></tr>
<tr><td colspan="2">不合格陈述：

不符合标准：
不合格类型：□严重　　□轻微
审核员/日期：＿＿＿＿＿＿＿＿＿＿　部门负责人/日期：＿＿＿＿＿＿＿＿＿＿</td></tr>
<tr><td colspan="2">原因分析：</td></tr>
<tr><td colspan="2">纠正：

纠正措施完成时间：　年　月　日</td></tr>
<tr><td colspan="2">纠正措施：

纠正措施完成时间：　年　月　日</td></tr>
<tr><td colspan="2">制定：＿＿＿＿＿＿＿＿　管理者代表：＿＿＿＿＿＿＿＿</td></tr>
<tr><td colspan="2">纠正措施验证结果：

审核员/日期：</td></tr>
<tr><td colspan="2">若涉及文件变更，变更记录如下：

文件名称：　　文件编号：　版本：　生效日期：</td></tr>
</table>

××－FM－008－A0

审核报告

一、审核目的：

二、审核范围：

三、审核准则：

四、审核人员：

五、审核日期：

六、审核概况：

七、审核结论：

××－FM－009－A0

表3－12　会议签到表

日期			地点		参会人数		
会议主题							
序号	部门	姓名	签到	序号	部门	姓名	签到

四、不合格输出控制程序

表 3-13 不合格输出控制程序

<table>
<tr><td rowspan="2">标题</td><td colspan="2" rowspan="2">不合格输出控制程序</td><td>文件编号</td><td>××-QP-004</td></tr>
<tr><td>版次</td><td>A0</td></tr>
<tr><td>编制</td><td>审核</td><td>审批</td><td rowspan="2">发布日期</td><td rowspan="2">年 月 日</td></tr>
<tr><td></td><td></td><td></td></tr>
</table>

1. 目的

为确保不合格输出得到控制，防止不合格输出的非预期使用，特制定本程序

2. 范围

本程序适用于不合格输出的评审、处置

3. 职责

3.1 品质研发部负责不合格输出的归类管理

3.2 各部门负责本部门不合格输出的标识、隔离和处置

4. 工作程序

<table>
<tr><th>工作内容</th><th>工作流程</th><th>责任部门</th><th>工作要求</th><th>质量记录</th></tr>
<tr><td rowspan="2">4.1 不合格输出评审</td><td>4.1.1 识别</td><td>品质研发部</td><td>4.1.1.1 按各种检验作业指导书检验并确定产品合格与否，如果确定不合格应按照流程处理，并根据需要确定是否开出不良品处理单</td><td>不良品处理单</td></tr>
<tr><td>4.1.2 评估</td><td>品质研发部</td><td>4.1.2.1 质检员根据产品不合格的性质提出相应的处理意见
对原材料：
a. 退货
b. 挑选使用
c. 特采
对半成品和成品：
a. 返工
b. 报废
c. 特采/让步使用
4.1.2.2
①产品出现与图纸尺寸不符的，但使用不影响质量性能的，可以特采
②如需要加工序使用的，加工序使用
4.1.2.3 品质研发部主管审核处理意见的适宜性，必要时使用部门参与评审会签
4.1.2.4 成品要求与订单要求有改动的，须经总经理或有关人员批准才能生产</td><td></td></tr>
</table>

续表

工作内容	工作流程	责任部门	工作要求	质量记录
4.2 不合格输出处理	4.2.1 标识	品质研发部	4.2.1.1 质检员应及时标识产品的检验状态（“不合格”） 4.2.1.2 经批准后，应在“产品标识卡上”标识产品的处理办法（见4.1.2）	
	4.2.2 隔离	所在部门	4.2.2.1 所在部门应将不合格输出隔离（可行时），放入不合格输出区，以防与其他产品混淆	
	4.2.3 处置	仓库	4.2.3.1 将需退货的原材料退回供应商，并保留相应的“出仓单”	出仓单
		有关部门	4.2.3.2 有合格产品经挑选后使用的，须经质检员检验合格方可使用（质检员全检除外）	检验报告单
		各工序	4.2.3.4 按原加工工艺要求对不合格输出进行返工，返工后由质检员重新检验合格方可，使用或放行	检验报告单
		各工序	4.2.3.4 按要求使用特采产品	
		销售事业部	4.2.3.5 成品要求与订单要求有改动时，必须告知业务与客户，联系确认	
		所在部门	4.2.3.6 报废的不合格输出，由所在部门填写不良品处理单，经厂长批准后予以报废	不良品处理单

5. 相关文件

无

6. 相关记录

6.1 不良品处理单

6.2 检验报告单

6.3 出仓单

表3－14 不良品处理单

日期： 年 月 日　　　　生产单号：　　　　责任部门：

<table>
<tr><th>序号</th><th>产品名称</th><th>型号规格</th><th>数量</th><th>不良数</th><th>问题描述</th><th>备注</th></tr>
<tr><td></td><td></td><td></td><td></td><td></td><td></td><td></td></tr>
<tr><td></td><td></td><td></td><td></td><td></td><td></td><td></td></tr>
<tr><td></td><td></td><td></td><td></td><td></td><td></td><td></td></tr>
<tr><td rowspan="4">临时性对策</td><td colspan="6">不良品处理方案：</td></tr>
<tr><td colspan="6">检验员/日期：　　　　品质主管/日期：</td></tr>
<tr><td colspan="6">不良品处理记录：
责任人：　　　　完成时间：　　　　承担费用：</td></tr>
<tr><td colspan="6">不良品处理后再检验结果：
复检员/日期：　　　　品质主管/日期：　　　　审批/日期：</td></tr>
<tr><td rowspan="4">永久性对策</td><td colspan="6">原因分析：（责任部门）
分析人/日期：　　　　主管审核/日期：</td></tr>
<tr><td colspan="6">预防措施：（责任部门）
预计完成时间：　　　　实施部门：　　　　责任人：　　　　主管：</td></tr>
<tr><td colspan="6">预防措施验证效果：（问题提出人）
结论：□预防措施有效，结案　　　　□预防措施无效，执行新的预防措施</td></tr>
<tr><td colspan="6">验证人：　　　　主管/日期：　　　　审批/日期：</td></tr>
</table>

××－FM－011－A0

说明：

1. 责任部门必须提供责任明细，产生费用由协助部门进行统计。
2. 书面跟踪时，因逐项提供相应的见证材料。

备注：一式4联，第1联品质研发部；第2联计划部；第3联责任部门；第4联其他。

表3－15　检验报告单（进料）

年　月　日

<table>
<tr><td rowspan="2">供应商</td><td rowspan="2"></td><td>客户名称</td><td></td><td>订单号</td><td></td></tr>
<tr><td>产品名称</td><td></td><td>来料数量</td><td>抽检数量</td></tr>
<tr><td rowspan="3">AQL（S－Ⅱ，MAJ：1.0，MIN：2.5）</td><td>CR：AC ______ RE ______</td><td rowspan="3">型号规格</td><td rowspan="3"></td><td rowspan="3"></td><td rowspan="3"></td></tr>
<tr><td>MAJ：AC ______ RE ______</td></tr>
<tr><td>MIN：AC ______ RE ______</td></tr>
<tr><td>检验项目</td><td>检验记录</td><td>不合格数</td><td>缺陷类别</td><td colspan="2">备注</td></tr>
<tr><td></td><td></td><td></td><td></td><td colspan="2"></td></tr>
<tr><td></td><td></td><td></td><td></td><td colspan="2"></td></tr>
<tr><td></td><td></td><td></td><td></td><td colspan="2"></td></tr>
<tr><td></td><td></td><td></td><td></td><td colspan="2"></td></tr>
<tr><td></td><td></td><td></td><td></td><td colspan="2"></td></tr>
<tr><td></td><td></td><td></td><td></td><td colspan="2"></td></tr>
<tr><td></td><td></td><td></td><td></td><td colspan="2"></td></tr>
<tr><td></td><td></td><td></td><td></td><td colspan="2"></td></tr>
<tr><td></td><td></td><td></td><td></td><td colspan="2"></td></tr>
<tr><td></td><td></td><td></td><td></td><td colspan="2"></td></tr>
<tr><td></td><td></td><td></td><td></td><td colspan="2"></td></tr>
<tr><td></td><td></td><td></td><td></td><td colspan="2"></td></tr>
<tr><td></td><td></td><td></td><td></td><td colspan="2"></td></tr>
<tr><td colspan="6">不合格总数　　CR：　　MAJ：　　MIN：</td></tr>
<tr><td>检验结果判定</td><td colspan="5">□合格　□不合格</td></tr>
<tr><td>检验员</td><td></td><td>品质主管</td><td colspan="3"></td></tr>
<tr><td colspan="6">当检验结果判定为不合格时评审记录</td></tr>
<tr><td>部门</td><td colspan="3">意见</td><td colspan="2">签名</td></tr>
<tr><td>品质部</td><td colspan="3"></td><td colspan="2"></td></tr>
<tr><td>生产部</td><td colspan="3"></td><td colspan="2"></td></tr>
<tr><td>技术部</td><td colspan="3"></td><td colspan="2"></td></tr>
<tr><td>业务部</td><td colspan="3"></td><td colspan="2"></td></tr>
<tr><td>副总经理（如需）</td><td colspan="3"></td><td colspan="2"></td></tr>
<tr><td>责任部门（扣款项目）</td><td colspan="3"></td><td colspan="2"></td></tr>
<tr><td>不合格处理</td><td colspan="5">□特采　□退货　□降价处理　□挑选使用　□供应商派人加工</td></tr>
<tr><td colspan="6">备注：一式3联，第1联品质部、第2联计划部、第2联责任部门。　××－FM－012－A0</td></tr>
</table>

表 3－16　检验报告单（过程）

日期	部门	生产单号	客户名称	产品名称	工序名	生产数量	抽检数量	判定结果	存在问题概述	备注	是否报检

检验员：　　　　　　　　　　审核　　　　　　　　××－FM－013－A0

表3－17　检验报告单（外协）

<table>
<tr><td>检验日期</td><td></td><td>生产单位</td><td></td><td>产品名称</td><td colspan="2"></td></tr>
<tr><td>订单号</td><td></td><td>订单数量</td><td></td><td>抽检数量</td><td colspan="2"></td></tr>
<tr><td>检测项目</td><td></td><td>判定结果</td><td>CR</td><td>MAJ</td><td colspan="2">MIN</td></tr>
<tr><td colspan="3">1. 尺寸是否符合图纸</td><td></td><td></td><td></td><td></td></tr>
<tr><td colspan="3">2. 使用材料是否正确</td><td></td><td></td><td></td><td></td></tr>
<tr><td colspan="3">3. 焊接是否牢固，有无漏焊现象</td><td></td><td></td><td></td><td></td></tr>
<tr><td colspan="3">4. 产品孔位是否正确，有无打偏、错打、漏打</td><td></td><td></td><td></td><td></td></tr>
<tr><td colspan="3">5. 产品表面打磨有无打穿漏光，是否光滑、平直</td><td></td><td></td><td></td><td></td></tr>
<tr><td colspan="3">6. 产品表面是否有凹凸不平、变形</td><td></td><td></td><td></td><td></td></tr>
<tr><td colspan="3">7. 产品及配件整体衔接组装是否顺畅</td><td></td><td></td><td></td><td></td></tr>
<tr><td colspan="3"></td><td></td><td></td><td></td><td></td></tr>
<tr><td colspan="3"></td><td></td><td></td><td></td><td></td></tr>
<tr><td colspan="3"></td><td></td><td></td><td></td><td></td></tr>
<tr><td colspan="3"></td><td></td><td></td><td></td><td></td></tr>
<tr><td colspan="3"></td><td></td><td></td><td></td><td></td></tr>
<tr><td colspan="3"></td><td></td><td></td><td></td><td></td></tr>
<tr><td colspan="7">问题点：</td></tr>
<tr><td colspan="7">不合格总数：　　CR：　　MAJ：　　MIN：</td></tr>
<tr><td colspan="7">检验结果：　　□合格　　□不合格</td></tr>
<tr><td colspan="7">处理结果：　　□返工　　□特采　　□挑选</td></tr>
<tr><td colspan="7">主管处理意见：</td></tr>
<tr><td colspan="7">责任单位意见：</td></tr>
<tr><td colspan="7">采购意见：</td></tr>
</table>

检验：　　　　审核：　　　　××－FM－014－A0

表 3－18 检验报告单（成品）

日期： 年 月 日

<table>
<tr><td>订单号</td><td colspan="3"></td><td>客户名称</td><td></td><td>抽样计划</td><td colspan="2">MIL－STD－105E</td></tr>
<tr><td rowspan="2">产品名称</td><td colspan="3" rowspan="2"></td><td>报检数量</td><td></td><td rowspan="2">抽检判定</td><td colspan="2">□正常</td></tr>
<tr><td>抽检数量</td><td></td><td colspan="2">□加严</td></tr>
<tr><td>检验项目</td><td colspan="4">检验要求</td><td colspan="2">合格项目填写 OK，不合格项目填写具体内容</td><td>判定</td><td>备注</td></tr>
<tr><td>包装防护</td><td colspan="4">1. 外包装箱印刷内容清晰，且无误；2. 包装箱有外规格地址、产品代码、客户名称、三防标志等字样，且准确；3. 外包装必须在明显处标识此面朝上、内置玻璃制品、请严禁脚踩、撞击，并按指示放置字样；4. 包装材料需要与包装图纸要求一致；5. 包装稳固，无损坏</td><td colspan="2"></td><td></td><td></td></tr>
<tr><td>LOGO/贴画</td><td colspan="4">标志必须精准，不能出现标志错误、变形、歪斜等现象；标志大小、位置误差控制在 3% 以内；贴画表面不能有明显气泡、刮花、内容不清晰、褶皱。颜色与签样一致</td><td colspan="2"></td><td></td><td></td></tr>
<tr><td>灯管/灯带</td><td colspan="4">1. 展柜出光部分的灯管、支架、灯带，需按确认样品签样为准的品牌和规格型号；2. 光线须均匀分布，位置控制在 100cm 以内无盲点，所有展柜亮度与颜色必须与样品一致，无灯不良异常现象，能快速启动</td><td colspan="2"></td><td></td><td></td></tr>
<tr><td>表面处理</td><td colspan="4">在 50cm 处进行目视：表面颜色和纹理正确均匀，漆面饱和、手感好；不能出现纹理不均匀、流挂、透底皱皮、起泡、掉漆、脱皮、手印或脏污等现象；铁皮折边要方正、顺直、圆滑，不能有焊点、刮手现象，柜台表面需平整，无严重凹坑</td><td colspan="2"></td><td></td><td></td></tr>
<tr><td>亚克力</td><td colspan="4">热弯角度顺滑，无裂痕；黏接密实牢固边缘无刮手、崩缺、漏水、明显杂色；孔位正确标准符合实际安装尺寸，无偏移现象</td><td colspan="2"></td><td></td><td></td></tr>
<tr><td>电性能</td><td colspan="4">1. 开关、插座、电源线、漏电开关必须通过 3C 认证；2. 正常拨动开关三次，能控制电源的断开和闭合；3. 检查插座是否能正常通电；4. 柜台外壳接地是否可靠（针对外壳为金属材质的柜台）；5. 电线接头处连接必须安全牢固无松懈，隐藏电线必须套黄蜡管</td><td colspan="2"></td><td></td><td></td></tr>
<tr><td>配件</td><td colspan="4">内部所附的配件必须与设计图纸和样品一致，并将安装图纸一起固定</td><td colspan="2"></td><td></td><td></td></tr>
<tr><td>安装图</td><td colspan="4">安装内容清晰无误，步骤顺序正确</td><td colspan="2"></td><td></td><td></td></tr>
<tr><td>缺陷分类</td><td>AQL</td><td>允许</td><td>拒收</td><td>缺陷总数</td><td colspan="4">缺陷描述</td></tr>
<tr><td>致命缺陷</td><td></td><td></td><td></td><td></td><td colspan="4"></td></tr>
<tr><td>严重缺陷</td><td></td><td></td><td></td><td></td><td colspan="4"></td></tr>
<tr><td>轻微缺陷</td><td></td><td></td><td></td><td></td><td colspan="4"></td></tr>
<tr><td colspan="2">检验员：</td><td colspan="5">检验判定结果 □合格 □不合格</td><td colspan="2">审核：</td></tr>
</table>

××－FM－015－A0

备注：一式 3 联，第 1 联品质部、第 2 联计划部、第 3 联责任部门。

表3－19　出仓单

部门：　　　　　　　　　订单编号：　　　　　　　　　日期：

产品名称	规格	颜色	单位	数量	备注

××－FM－016－A0

批准：　　　　　　　　　审核：　　　　　　　　　制表：

五、纠正和纠正措施控制程序

表 3 – 20　纠正和纠正措施控制程序

<table>
<tr><td rowspan="2">标题</td><td colspan="3" rowspan="2">纠正和纠正措施控制程序</td><td>文件编号</td><td>× × – QP – 005</td></tr>
<tr><td>版次</td><td>A0</td></tr>
<tr><td colspan="2">编制</td><td>审核</td><td>审批</td><td rowspan="2">发布日期</td><td rowspan="2">年　月　日</td></tr>
<tr><td colspan="2"></td><td></td><td></td></tr>
</table>

1. 目的

为消除已存在的或潜在的不合格，防止其再发生或发生，特制定本程序

2. 范围

本程序适用于对不合格的原因分析、采取措施及验证等过程

3. 职责

3.1 品质研发部负责纠正和纠正措施的归类管理

3.2 各部门负责对相关问题进行原因分析及采取相应措施

4. 工作程序

<table>
<tr><th>工作内容</th><th>工作流程</th><th>责任部门</th><th>工作要求</th><th>质量记录</th></tr>
<tr><td rowspan="3">4.1 评审不合格</td><td>4.1.1 不合格信息来源</td><td>各部门</td><td>4.1.1.1 各部门根据相关的记录，发生下列情况时，须填写“纠正和预防措施报告”：
a. 内审发现不合格（按“内审质量审核控制程序”处理）
b. 产品批量不合格
c. 供应商的不合格
d. 顾客抱怨
e. 过程和产品特征的异常波动趋势
f. 其他可能导致不合格的问题
4.1.1.2 各部门须详细描述有关问题并及时通知品质研发部</td><td>纠正和预防措施报告</td></tr>
<tr><td rowspan="2">4.1.2 确定责任部门</td><td rowspan="2">品质研发部</td><td>4.1.2.1 根据问题性质明确有关责任部门</td><td></td></tr>
<tr><td>4.1.2.2 对供应商的不合格，由采购予以传达并负责跟踪改进情况</td><td></td></tr>
<tr><td rowspan="3">4.2 纠正和纠正措施</td><td>4.2.1 原因分析</td><td>责任部门</td><td>4.2.1.1 收到“纠正和预防措施报告”后，责任部门应分析并确定不合格原因</td><td rowspan="3">纠正和预防措施报告</td></tr>
<tr><td>4.2.2 制定纠正和纠正措施</td><td>责任部门</td><td>4.2.2.1 针对问题的原因，产品制定相应的纠正措施，使不合格不再发生或不发生
4.2.2.2 所采取的措施应在不影响生产进度的同时确定完成时间</td></tr>
<tr><td>4.2.3 检查和记录措施结果</td><td>责任部门</td><td>4.2.3.1 实施上述措施并记录有关结果</td></tr>
<tr><td rowspan="2">4.3 评审纠正措施</td><td>4.3.1 评审</td><td>品质研发部</td><td>4.3.1.1 责任部门完成相关措施，确认已取得成效，能有效解决有关问题，可将其提交品质研发部
4.3.1.2 品质研发部对所采取措施的有效性进行评审</td><td></td></tr>
<tr><td>4.3.2 问题关闭</td><td>品质研发部</td><td>4.3.2.1 当评审确认纠正纠正措施有效时，可关闭相关问题，否则由责任部门按 4.2 的要求重新采取措施</td><td></td></tr>
</table>

5. 相关文件

无

6. 相关记录

6.1 纠正和预防措施报告

表3－21　纠正和预防措施报告

TO：__________（部门/供应商）

FROM：__________（部门）　　　　报告编号：__________

<table>
<tr><td>问题类别：　□供应商品质问题　□品质生产问题　□质量体系运作问题
问题点描述：

提出人：　　　　　　　主管：　　　　　　日期：</td></tr>
<tr><td>原因分析：（责任部门/供应商）

分析人：__________主管审核：__________日期：__________</td></tr>
<tr><td>纠正和预防措施：（责任部门/供应商）

预计完成日期：__________实施部门：__________责任人：__________
主管：__________副总经理：__________日期：__________</td></tr>
<tr><td>纠正和预防措施实施效果验证：（问题提出人）

结论：□纠正/预防措施有效，结案
　　　□纠正/预防结果无效，执行新的纠正/预防措施
验证人：__________主管：__________日期：__________</td></tr>
</table>

××－FM－017－A0

说明：

（1）问题点的描述必须有“人、事、时、地、物”内容的描述。

（2）纠正和预防措施的内容必须包括“纠正和预防措施”的描述，书面跟踪时，需逐项提供相应的见证性材料。

第四篇

实用作业文件

实用作业文件

（ISO9001：2015 版）

作业文件定义：

作业文件是规定基层活动途径的操作性文件，是上一级文件的细化，只是层次较低，内容更具体而已。并非每份上一级文件都要细化为作业文件，只有在上一级文件不能满足某些活动的特定要求时，或者说在没有文件化的规定就不能保证的前提下，才使用作业文件。

一、岗位职责绩效说明书

表 4－1 人力资源总监岗位职责绩效说明书

一、职位基本信息

职位名称	人资总监	所属部门	总经办
直接上级	董事总经理	直接下级	人资主管

二、在组织中的位置

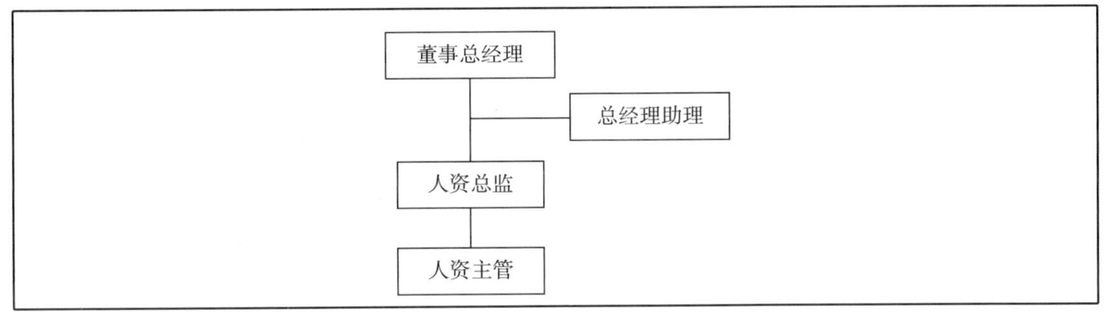

三、职能概述：稽核管理、企业文化、团队建设、部门管理、制度建设及总经理临时交办事项达成

职能模块	工作职能明细
稽核管理	1. 负责总经理下达的各项任务达成情况的稽核工作
	2. 负责各部计划、KPI 达成数据稽核
	3. 负责指导项目小组进行管理内审稽核
企业文化	1. 负责公司企业文化建设及宣导工作
	2. 负责企业文化落地及建册工作
团队建设	1. 按公司战略发展，负责关键人才引进及新团队组建工作
	2. 负责建立完善培训体系，打造可复制的人才团队管理系统
	3. 负责健全绩效管理体系，并负责绩效管理与执行工作
部门管理	1. 负责人力资源部日常监管工作，持续提升部门的管理水平
	2. 负责部门工作规划与方向引导，并监督达成与执行
制度建设	1. 完善并健全公司制度管理体系，建立项目稽核小组，保障有效执行落地
	2. 持续优化，完善成册，为企业量身定做，建立一套有竞争力的管理体系
临时交办事项	1. 负责完成总经理下达的各项临时工作任务
	2. 负责完成总经理交办的项目管理，并对结果负责

续表

四、任职资格要求

教育背景：本科以上学历
年龄性别：30～48岁，男女不限
经　　验：5年以上行政人力资源管理经验，具备制造业全盘管理经验

五、质量绩效目标

序号	目标指标	统计方法	统计周期	统计部门或统计人	数据来源
1	关键人才到岗率≥80%	到岗数/总数×100%	月	总经办	人员入职表
2	总经理交办任务达成率≥90%	任务数/总数×100%	月	总经理	总经办
3	员工满意率≥80%	满意数/调查总数×100%	月	人资部	行政工作满意度调查表

起草：　　　　审核：　　　　批准：
日期：　　　　日期：　　　　日期：

表 4-2 生产总监岗位职责绩效说明书

一、职位基本信息

职位名称	生产总监	所属部门	总经办
直接上级	董事总经理	直接下级	计划物控部、车间、采购部、品质研发部

二、在组织中的位置

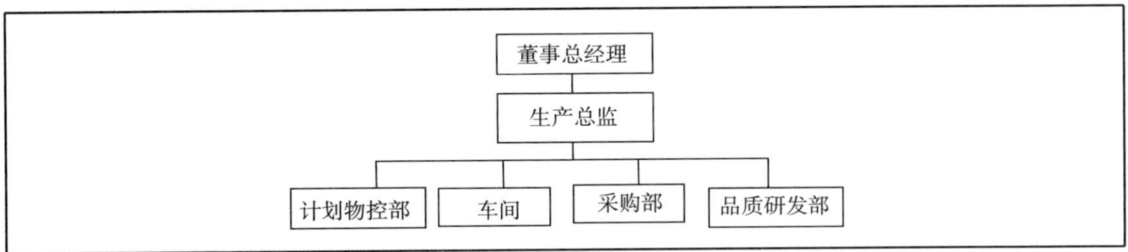

三、职能概述：计划、生产组织、质量、生产成本控制、安全生产、部门管理、其他

职能模块	工作职能明细
计划	1. 根据《生产任务书》，组织编制生产作业计划
	2. 根据生产作业计划，无生产能力需外发的，由计划统一上报并通知采购
	3. 负责审批生产计划
生产组织	1. 根据生产作业计划组织调度各项生产资源，保证生产任务的按时完成率 98% 以上
	2. 跟踪检查、监督计划执行情况；每月必须有 2 次以上生产管理的培训指挥调度生产过程，定期召开生产调度会议
	3. 每天早上 9 点强化基础管理工作，按时统计、审查各种生产报表
质量、生产成本控制	1. 监督检查各种技术、工艺标准和操作规程的执行，保证加工、装配质量
	2. 落实加工、装配过程中的检验制度，并加强检查监督，保证产品质量达标率 98% 以上
	3. 严格控制、降低生产成本，报废率不超出万分之三
安全生产	1. 制定、完善各项设备管理规章制度，建立并贯彻落实各项设备管理规范
	2. 负责安全生产全方位管理，贯彻执行安全生产制度，杜绝重大安全事故
	3. 定期组织安全生产自查自纠，及时消除安全隐患，负责安全事故的应急处理
	4. 组织本部门员工安全生产培训和教育，强化安全生产意识
部门管理	1. 贯彻落实公司的各项规章制度，加强本部门的制度建设
	2. 明确划分本部门的岗位、职责，提出部门编制建议，合理分配属员的工作
	3. 考核、激励和培养属员，建立一支优秀的生产管理和生产技术人才队伍
	4. 每月进行团队培训 2 次
	5. 监督及强化对本部门各类资产的管理，保证其安全和发挥最大效用
其他	1. 支持和协助其他部门的工作
	2. 每月 3 日向总经理提交部门工作计划和工作总结
	3. 及时完成公司安排的其他工作

四、任职资格要求

教育背景：大专以上学历

年龄性别：25 ~ 35 岁，男女不限

经　　验：3 年以上生产管理工作经验，具备制造行业经验

续表

五、质量绩效目标

序号	KPI 指标	权重	考核办法	考评部门	数据来源
1	生产准交率	40%	按业务与计划物控的商定时间为准，统计由业务部统计	业务部	排期计划完成情况
2	品质合格率	40%	以退货每批次退货 10pcs 为标准，500 套以上的按 5% 以上为不及格	品质研发部	检验报表
3	安全事故	20%	每单事故总额不得超出 1000 元（出现最大工伤事故超出 2000 元的各项考核为零）	人力资源部	事故报表

起草：　　审核：　　批准：

日期：　　日期：　　日期：

表 4－3　总经理助理岗位职责绩效说明书

一、职位基本信息

职位名称	总经理助理	所属部门	总经办
直接上级	董事总经理	直接下级	无

二、在组织中的位置

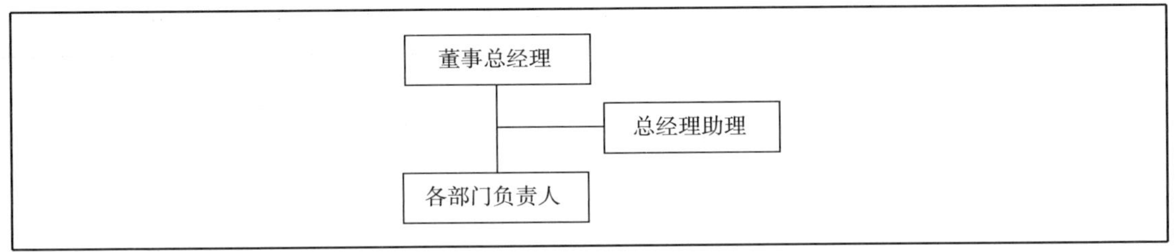

三、职能概述：监督跟进总经理交办事项、信息指令传达、总经理临时交办事项、日常工作

职能模块	工作职能明细
监督跟进总经理交办事项	对总经理和其他部门人员下达指令的跟进，对于总经理下达的任务必须询问责任人及期限，期限内未能完成的则按照公司制度进行追责责任人
信息指令传达	1. 打印并发送书面的企业通知、通报，包括对未完成总经理下达指令的处理通知、总经理对某部门或个人的任命通知、核心会议决议 2. 以短信形式发送企业相关信息
日常工作	1. 每周小核心培训、会议安排：每周三小核心培训，若有临时召开会议，负责通知相关人员 2. 每月分公司会议安排：在每月 10 日前提前跟分公司及总经理沟通好时间，到旧厂开月总结会议 3. 接待客户、领导到司参观、审厂：提前做好总经理办公室及二楼展厅卫生，接待客户 4. 邮箱管理：每天打开总经理邮箱看是否有新邮件需要处理 5. 总经理报销事务 6. 微信公众平台处理 7. 二楼展厅管理 ①落实到每个负责人，检查不过关则需要按照制度追责相关负责人 ②做好公共区域卫生安排，管理展厅钥匙及物品安放 8. 安排车管员工作：按总经理安排及需要购买总经理办公室所需物品
总经理临时交办事项	1. 积极主动配合部门、其他人员完成专项工作 2. 其他协会、机构等资料整理 3. 提醒总经理日常工作

四、任职资格要求

教育背景：大专以上学历 年龄性别：18～36 岁，女性，气质佳 经　　验：1 年以上工作经验、文档处理（熟悉运用办公室软件）

续表

五、质量绩效目标

序号	目标指标	统计方法	统计部门	数据来源
1	总经理交办事务完成率≥95%	已完成交办事务数/总经理交办事务数×100%	总经办	各部门、总经理
2	总经理跟进事务满意率≥95%	满意度调查问卷总得分/满意度调查的总人数×100%	总经办	各部门、总经理

起草：　　审核：　　批准：

日期：　　日期：　　日期：

表 4－4　智能项目开发员职责绩效说明书

一、职位基本信息

职位名称	智能项目开发员	所属部门	总经办
直接上级	董事总经理	直接下级	无

二、在组织中的位置

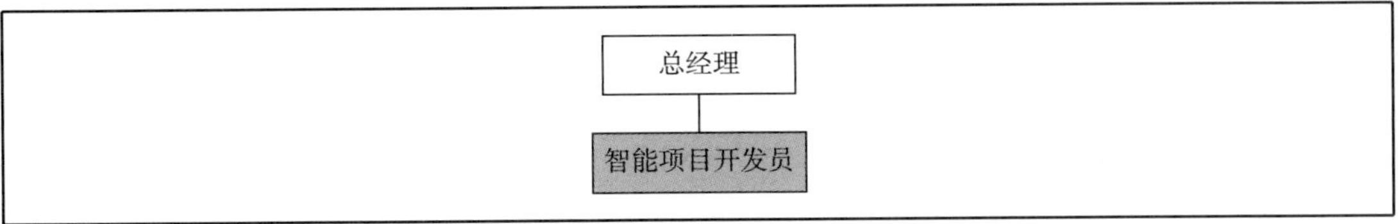

三、职能概述：新产品开发、技术项目开发、市场调研、操作规范

职能模块	工作职能明细
新产品开发	1. 智能产品的开发，产品实验试样
	2. 智能产品开发的成本分析
	3. 新产品试样
	4. 制定开发预算和研发计划，并组织实施
	5. 为研发项目提供技术及管理支持，熟悉市场行情及需求
技术项目开发	1. 生产工艺流程的跟进与开发
	2. 智能项目委派外发开发并跟进
	3. 参与解决生产技术问题
市场调研	1. 根据市场需求进行调研并收集资料
	2. 组织搜集国内外相关行业技术标准信息、质量管理体系发展动态信息、国家相关政策等，分析技术发展趋势
	3. 收集并分析产品市场信息，进行新产品的立项
操作规范	1. 新设备操作规范的拟定与教授
	2. 设备改进后操作规范的拟定与教授

四、任职资格要求

教育背景：大专以上学历
年龄性别：28～48 岁，男女不限
经　　验：5 年以上工作经验，对智能产品有兴趣

五、质量绩效目标

序号	目标指标	统计方法	统计周期	统计部门或统计人	数据来源
1	项目完成达成率≥96%	项目实际达成效果/具体要求的效果×100%	月	总经办	各部门
2	上司安排其他任务达成率≥96%	任务完成总得分/计划安排事项总分×100%	月	总经办	各部门

起草：　　　　审核：　　　　批准：
日期：　　　　日期：　　　　日期：

表4－5　运营总监岗位职责绩效说明书

一、职位基本信息

职位名称	运营总监	所属部门	运营部
直接上级	董事总经理	直接下级	运营跟单

二、在组织中的位置

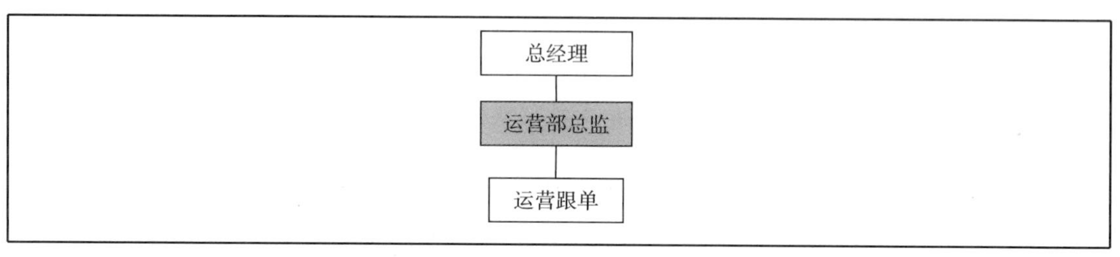

三、职能概述：人员管理、业务管理、信息管理

职能模块	职能细则
人员管理	1. 负责本部门人员日常事务工作管理
	2. 负责本部门人员培训及实施，提升工作能力与素质
	3. 负责本部门人员的岗位职能考核工作
	4. 负责执行公司管理制度
运营管理	1. 依据公司经营计划，并配合公司总目标，拟定本部门的目标与工作计划，分解目标到个人，并随时跟踪结果
	2. 对合同后的所有项目，应根据不同的客户群体，分解订单目标，跟踪结果，确保满足客户需求
	3. 定期和不定期拜访客户，及时了解和处理问题
	4. 落实好客户标准，清晰传达并落实执行到位
	5. 客户货款回收，做到按时、按质、按量完成目标
	6. 售后管理，客户满意度90%
信息管理	1. 客户信息管理（样品、图纸、联系人信息、个性、爱好等）
	2. 建立健全销售档案，定期转存公司相关部门
	3. 负责落实销售业绩的日（周、月）报工作，及时组织收取销售应达账，确保账款的安全、到位

四、任职资格要求

教育背景：大专以上学历

年龄性别：28～48岁，男女不限

经　　验：3年以上销售及运营管理工作经验，具备解决突发事件能力

五、质量绩效目标

序号	目标指标	统计方法	统计周期	统计部门或统计人	数据来源
1	客户资料管理	有遗漏、混放及未统计归档每处扣5分	月	总经办	工作记录
2	生产订单管理	每受到客户投诉一次扣5分	月	总经办	工作记录
3	回款、库存管控	每批订单回访或库存超期每批扣5分	月	财务部	合同条款
4	交办事项跟踪处理完成情况	每项没达成扣5分	月	总经理	工作记录

起草：　　　　审核：　　　　批准：

日期：　　　　日期：　　　　日期：

表 4－6 运营助理岗位职责绩效说明书

一、职位基本信息

职位名称	运营跟单	所属部门	运营部
直接上级	运营总监	直接下级	无

二、在组织中的位置

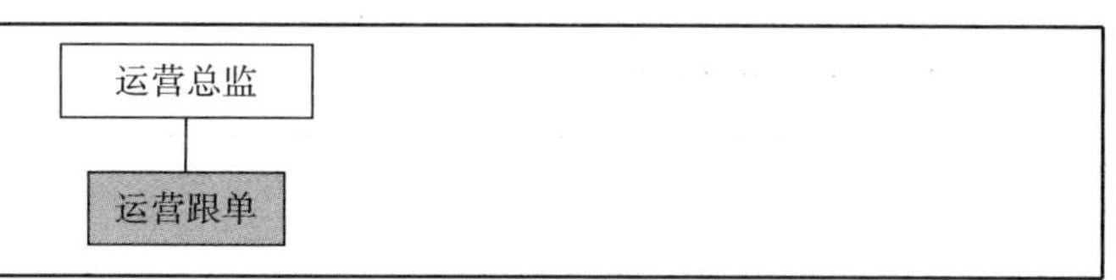

三、职能概述：生产排产、出货安排、客户对账、售后回访、信息反馈、售后服务跟踪、其他工作

职能模块	职能细则
生产排产	1. 接收销售订单，查询库存，下达生产订单及要求
	2. 跟踪生产计划、生产排产情况，能否满足客户需求
	3. 跟踪生产质量状况，对降级产品及生产异常状况及时反馈给部门总监
出货安排	1. 根据客户要求，分解发货次数、车次，满足客户要求，及时填写《出货单》准备出货
	2. 《出货单》由财务审核批准，再转物流发货
客户对账	1. 每月准时与客户对账
	2. 每月准时按期开好发票，确认客户收到
	3. 随时关注客户的回款及时率，及时向总监汇报回款情况及异常情况
	4. 对回款不准时的，应跟踪并解决，在能力范围解决不了，请求领导支援
	5. 统计每个客户的回款准时率，对客户进行评级
售后回访	每月对售后回访及客户投诉数据进行汇总，统计投诉率，上交总监
信息反馈	1. 随时与总监沟通反馈订单状况信息、库存、质量、售后异常信息等
	2. 及时跟进出货状况，反馈给客户
售后服务跟踪	1. 售后回访，发货前、发货中、收货后回访
	2. 客户市场使用后，对使用情况进行回访
其他工作	及时完成部门领导安排的其他工作

四、任职资格要求

教育背景：大专以上学历
年龄性别：18～35 岁，男女不限
经　　验：1 年以上跟单工作经验，沟通协调能力强，有本行业工作经验最佳

五、质量绩效目标

序号	目标指标	统计方法	统计周期	统计部门或统计人	数据来源
1	生产订单管理	客户对交期不满意投诉一次扣 5 分	月	运营部	工作记录
2	出货管理	出错一次扣 5 分	月	财务部	工作记录
3	回款、库存管控	每批订单回访或库存超期每批扣 5 分	月	财务部	合同数据
4	客户投诉处理	未及时处理投诉一次扣 10 分	月	运营部	工作记录

起草：　　　　审核：　　　　批准：
日期：　　　　日期：　　　　日期：

表4－7　董事副总经理岗位职责绩效说明书

一、职位基本信息

职位名称	董事副总经理	所属部门	财务部
直接上级	董事长	直接下级	财务主管

二、在组织中的位置

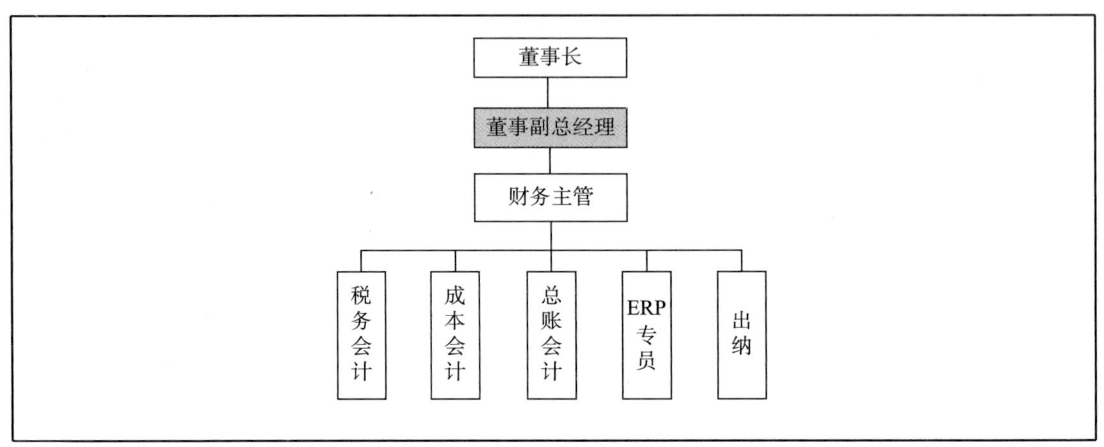

三、职能概述：人员管理、财务核算、资金管理、内务资料信息管理

职能模块	工作职能明细
人员管理	1. 负责组织并监督集团财务人员全面完成本部职责范围内的各项工作任务
	2. 做好日常集团财务人员培训和选拔工作
财务核算	1. 根据集团公司年度规划、分配每月发票的进销额度，并指导税务会计的账务处理
	2. 负责向公司董事汇报财务状况和经营成果，定期或不定期汇报各项财务收支情况
	3. 负责集团公司总账、成本核算审核工作
	4. 负责编制集团对外融资财务报表，并审核上报税所的税务报表、资料
资金管理	1. 负责集团公司往来债权债务的定期检查，包括与公司往来账务的检查核对，发现呆账及账实不符情况，及时上报公司处理
	2. 负责编制集团公司每月材料款、工程款支付计划，安排、监督并执行
	3. 负责对外合同经济条款的把关及合同的保管工作，严格执行合同经济条款
内务资料信息管理	1. 负责公司对外融资业务、税务协调沟通、组织证照年审工作
	2. 负责公司内部财务软件的维护、使用更新工作
	3. 监督和落实公司财务数据保密工作

续表

四、任职资格要求

教育背景：大专以上学历
年龄性别：28～48岁，男女不限
经　　验：1. 具有全面的财务专业知识、账务处理及财务管理经验
2. 10年以上财务工作经验，熟悉会计准则及相关的财务、税务、审计法规、政策

五、质量绩效目标

序号	目标指标	统计方法	统计周期	统计部门或统计人	数据来源
1	公司总预算费用控制率≦100%	（公司实际发生费用总额÷公司预算费用总额）×100%	月	财务部	财务报表
2	公司总体利润目标≧100%	实际利润/总体利润目标×100%	月	财务部	财务报表

起草：　　　　审核：　　　　批准：
日期：　　　　日期：　　　　日期：

表4-8　财务主管岗位职责绩效说明书

一、职位基本信息

职位名称	财务主管	所属部门	财务部
直接上级	财务总监	直接下级	会计、出纳

二、在组织中的位置

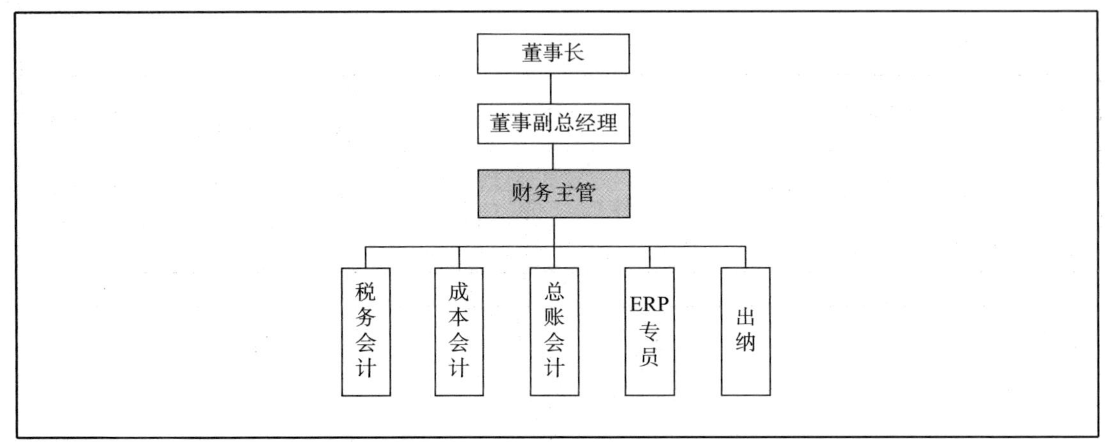

三、职能概述：人员管理、制度管理、财务核算、资金管理、信息管理

职能模块	工作职能明细
人员管理	1. 抓好财务部考勤纪律和人事管理工作
	2. 指导和监督税务会计、成本会计、总账会计、出纳和ERP专员的日常工作
制度管理	负责公司制度的宣导，监督执行，培养下属并指导工作
财务核算	1. 负责编制会计报表及相关明细表，在每月5日之前提交上月的相关报表给公司董事审阅
	2. 负责每月财务分析报告的编制工作，并随每月会计报表提交给公司董事审阅
	3. 负责公司总账、成本核算等会计凭证的审核工作
	4. 负责二次复核员工工资表，落实并确保及时发放
	5. 负责公司结算及日常费用的报销审核工作
资金管理	1. 负责公司银行支出的复核工作
	2. 负责每月材料款、工程款支付计划，安排、监督并执行
	3. 负责对外合同经济条款的把关及合同的保管工作，严格执行合同经济条款
信息管理	1. 协助主管上级完成日常报表、数据的监督管理工作
	2. 做好部门内外的沟通协调工作

续表

四、任职资格要求

教育背景：大专以上学历，持初级会计师证或以上证书
年龄性别：28～48岁，男女不限
经　　验：1. 6年以上财务工作经验
2. 熟悉国家财经法律法规及相关财务账务处理方法
3. 熟悉会计操作、会计核算及审计的全套流程与管理

五、质量绩效目标

序号	目标指标	统计方法	统计周期	统计部门或统计人	数据来源
1	财务监督质量≧98%	审核单据及凭证正确数量/审核单据及凭证总数量×100%	月	财务部	单据及凭证
2	财务报表及分析及时准确率≧98%	报表及分析项目的正确数量/报表及分析项目的总数量×100%	月	财务部	报表及分析报告

起草：　　　　审核：　　　　批准：
日期：　　　　日期：　　　　日期：

表4－9 成本会计岗位职责绩效说明书

一、职位基本信息

职位名称	成本会计	所属部门	财务部
直接上级	财务主管	直接下级	无

二、在组织中的位置

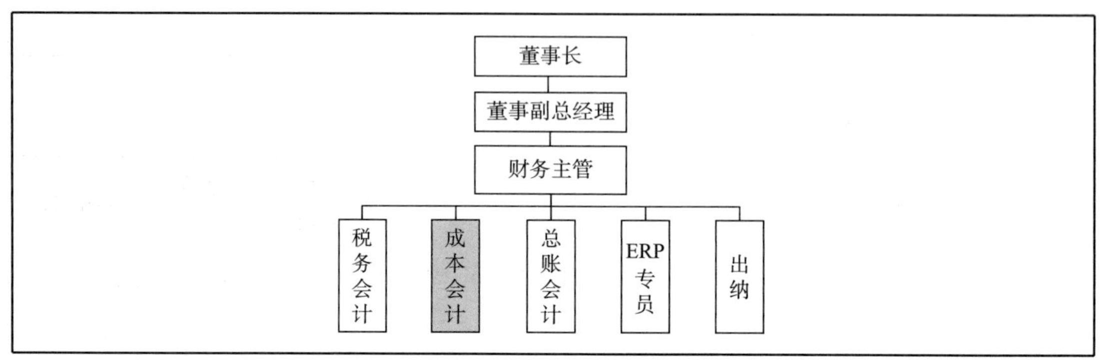

三、职能概述：制度管理、财务核算、财务管理

职能模块	工作职能明细
制度管理	1. 在每月28日前完成上月工资明细表的编制工作
	2. 负责按公司制度通过内部系统审核采购核价单
	3. 负责督促各部门主管上报当月考勤、加班数、扣罚款、各产值及其分配表等基础数据，并复核其是否符合公司计酬制度
	4. 做好公司内部数据的保密工作
财务核算	1. 每月4日前将上月出货的销货成本报表提交给总账会计
	2. 按照公司成本核算方法，负责公司产品的销售成本核算
	3. 负责全公司员工的工资核算工作
财务管理	1. 负责安全产品利润率监控，及时向上级提出预警
	2. 负责跟踪产品的技术变更动向，及时做好成本更新工作
	3. 保管好公司员工工资调整、加班费审批表
	4. 协助仓库仓管人员做仓库盘点工作

四、任职资格要求

教育背景：大专以上学历，财务相关专业毕业，持会计从业资格证

年龄性别：23～48岁，男女不限

经　　验：3年以上工业企业成本核算工作经验，具备独立账务处理能力

五、质量绩效目标

序号	目标指标	统计方法	统计周期	统计部门或统计人	数据来源
1	成本核算准确率≧98%	准确核算产品成本数/核算产品成本总数×100%	月	财务部	成本报表
2	工资核算准确率≧98%	准确核算工资人数/核算工资中人数×100%	月	财务部	每月工资表

起草：　　　　审核：　　　　批准：

日期：　　　　日期：　　　　日期：

表 4-10 税务会计岗位职责绩效说明书

一、职位基本信息

职位名称	税务会计	所属部门	财务部
直接上级	财务主管	直接下级	无

二、在组织中的位置

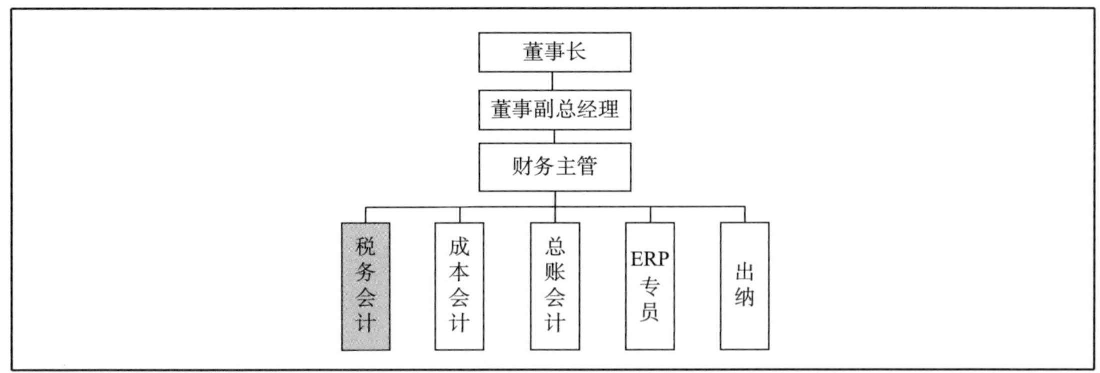

三、职能概述：制度管理、财务核算、信息管理

职能模块	工作职能明细
制度管理	1. 熟悉会计制度下的会计科目设置及核算内容要求，按统一标准和口径，及时准确地完成会计分录的编制工作，做到规范、及时、准确
	2. 按国家税法规定办理公司发票的购买、保管、开具及核销工作，及时办理公司的税金计算、申报、缴纳、查对等工作
	3. 做好公司税务数据的保密工作
财务核算	1. 每月 10 日前完成纳税申报工作
	2. 每月 15 日前完成税务报表编制，并报送到相关职能部门
	3. 统筹每月开具发票的数值及进项发票的数值，按上级指示分配好发票的额度
信息管理	1. 负责办理公司工商税务相关事项
	2. 负责业务单位开票资料及开票额的核对工作

四、任职资格要求

教育背景：大专以上学历，财务相关专业毕业，持会计从业资格证
年龄性别：23 ~48 岁，男女不限
经　　验：3 年以上财务工作经验，熟悉办理各种工商税务事项，具备独立账务处理能力

五、质量绩效目标

序号	目标指标	统计方法	统计周期	统计部门或统计人	数据来源
1	凭证的准确率≧98%	正确凭证数量/凭证总数量×100%	月	财务部	凭证
2	财务报表及时准确率≧98%	报表的正确数量/报表的总数量×100%	月	财务部	报表

起草：　　　　审核：　　　　批准：

日期：　　　　日期：　　　　日期：

表4－11　总账会计岗位职责绩效说明书

一、职位基本信息

职位名称	总账会计	所属部门	财务部
直接上级	财务主管	直接下级	无

二、在组织中的位置

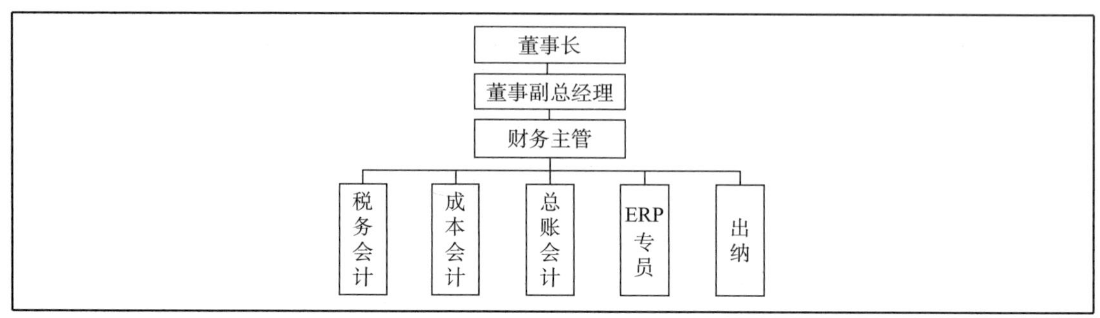

三、职能概述：信息管理、制度管理、财务核算

职能模块	工作职能明细
信息管理	1. 负责核对出纳现金及银行存款余额是否账实相符，并与内部系统相核对
	2. 完成每月结账、账务核算和财务报表编制工作
制度管理	1. 熟悉会计制度下的会计科目设置及核算内容要求，按统一标准和口径，及时准确地完成会计分录的编制工作，做到规范、及时、准确
	2. 做好公司内部数据的保密工作
财务核算	1. 每月与销售部业务员核对客户应收款余额，做到账实相符
	2. 按公司制度规定，负责完成公司每月供应商对账工作
	3. 负责公司结算及日常费用的报销复核工作
	4. 负责材料进仓单据及产品销售单据的核销工作
	5. 负责公司每月返修及样板费用核算工作
	6. 负责每月各项费用待摊、计提，材料领用，成品缴库等账务处理工作
	7. 负责会计账簿的记账工作，保证会计账目结算的准确性，定期核对会计账目余额，做到账账相符、账实相符、账表相符

四、任职资格要求

教育背景：大专以上学历，财务相关专业毕业，持会计从业资格证
年龄性别：25～48岁，男女不限
经　　验：1. 3年以上财务工作经验
　　　　　2. 熟悉全盘账务的流程及操作处理

五、质量绩效目标

序号	目标指标	统计方法	统计周期	统计部门或统计人	数据来源
1	凭证的准确率≧98%	正确凭证数量/凭证总数量×100%	月	财务部	凭证
2	财务报表及时准确率≧98%	报表的正确数量/报表的总数量×100%	月	财务部	报表

起草：　　　　审核：　　　　批准：
日期：　　　　日期：　　　　日期：

表 4－12　ERP 专员岗位职责绩效说明书

一、职位基本信息

职位名称	ERP 专员	所属部门	财务部
直接上级	财务主管	直接下级	无

二、在组织中的位置

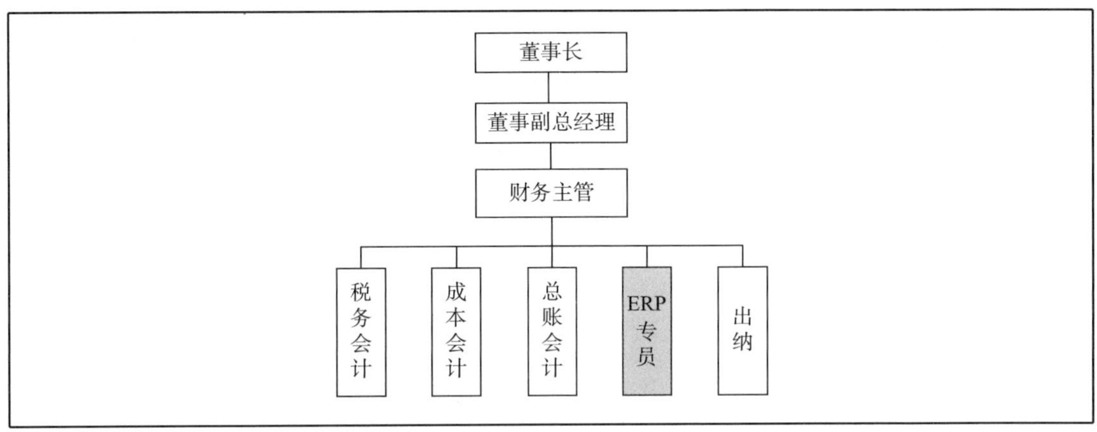

三、职能概述：制度管理、系统管理、系统维护

职能模块	工作职能明细
制度管理	1. 监督与跟进各部门 ERP 的相关的操作准确性与规范性
	2. 维护好公司服务器及 ERP 系统的保密工作，不得向他人泄露系统密码及保密系统数据
系统管理	1. 规划设计 ERP 的编码规则及流程
	2. 负责公司 ERP 系统操作的培训工作
	3. 按公司批准的权限标准设置各用户使用权限
	4. 经公司批准对相关新增、变更、离职人员设置、更改或取消用户及使用权限
系统维护	1. 协助解决各部门使用过程遇到的各种问题
	2. 维护 ERP 系统与处理系统出现的问题
	3. 维护网络和服务器的权限管理

四、任职资格要求

教育背景：大专以上学历，计算机管理相关专业毕业
年龄性别：23～48 岁，男女不限
经　　验：2 年以上系统管理工作经验

五、质量绩效目标

序号	目标指标	统计方法	统计周期	统计部门或统计人	数据来源
1	系统故障次数每月不超过 1 次	出现故障时进行记录，每月进行统计汇总	月	PMC	工作记录本
2	故障处理及时率为 100%	处理及时数/故障总数×100%	月	PMC	工作记录本

起草：　　　　　　　　审核：　　　　　　　　批准：

日期：　　　　　　　　日期：　　　　　　　　日期：

表4－13 出纳岗位职责绩效说明书

一、职位基本信息

职位名称	出纳	所属部门	财务部
直接上级	财务主管	直接下级	无

二、在组织中的位置

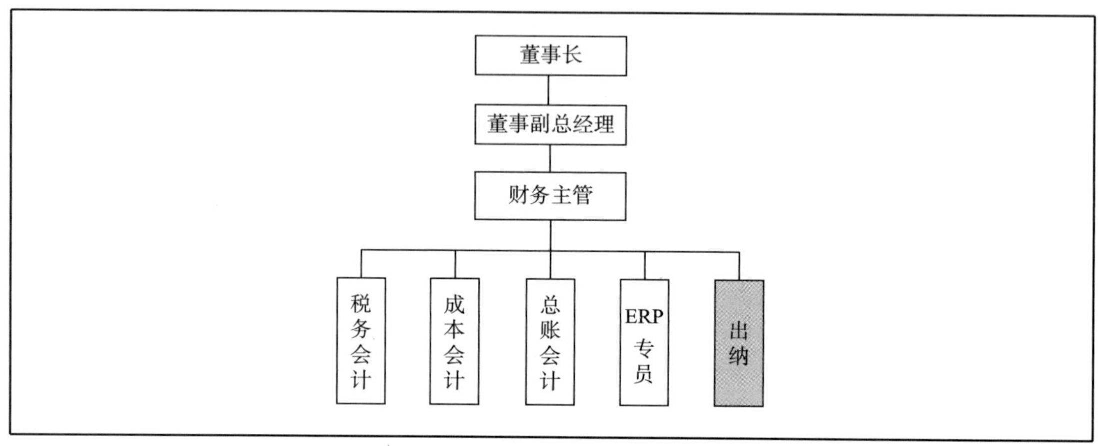

三、职能概述：制度管理、资金管理、财务管理、信息管理

职能模块	工作职能明细
制度管理	1. 按照公司财务制度规定，认真办理现金的收支业务，完成公司日常的银行结算等各项业务
	2. 按受总账会计以上职级的财务人员监督和检查
资金管理	1. 严格限制现金的结存限额，只保留小量现金，用以办理日常报销，其余现金全部送存银行
	2. 严禁“白条抵库”，严格按审批程序支付资金，确保公司资金的安全
财务管理	1. 及时登记现金、银行日记账，核对现金账余额与库存现金数、核对银行存款账户余额与银行日记账，做到“日清月结”
	2. 妥善保管好所有的收付款原始凭证，每周定期将收付款凭证移交会计，以便会计及时复核记账
	3. 保管好公司的现金、支票、汇票、有价证券、银行印鉴等资产
	4. 每月30日，及时整理当月未移交的单据，做好现金、银行存款等货币资金的结账工作
信息管理	1. 月终编制银行存款余额调节表，核对银行未达账目，及时向银行部门查询核实，后报送总账会计复核存档
	2. 按时完成每期财务收支报表
	3. 按时保质保量完成上级安排的工作任务
	4. 银行期票按有关规定，登记备查簿，并在资金日报表上反映，确保账证、账款、账账相符

续表

四、任职资格要求

教育背景：高中以上学历
年龄性别：28～48岁，男女不限
经　　验：3年以上出纳工作经验

五、质量绩效目标

序号	目标指标	统计方法	统计周期	统计部门或统计人	数据来源
1	现金银行收付款的准确≧99.99%	现金银行收付正确笔数/现金银行收付总笔数×100%	月	总账会计	现金银行日记账及凭证
2	资金安全性100%	根据发生次数	月	财务部	发生记录

起草：　　审核：　　批准：
日期：　　日期：　　日期：

表 4－14　建店零售部总监岗位职责绩效说明书

一、职位基本信息

职位名称	建店零售部总监	所属部门	建店零售部
直接上级	董事总经理	直接下级	建店零售业务员、建店零售跟单、设计工程师

二、在组织中的位置

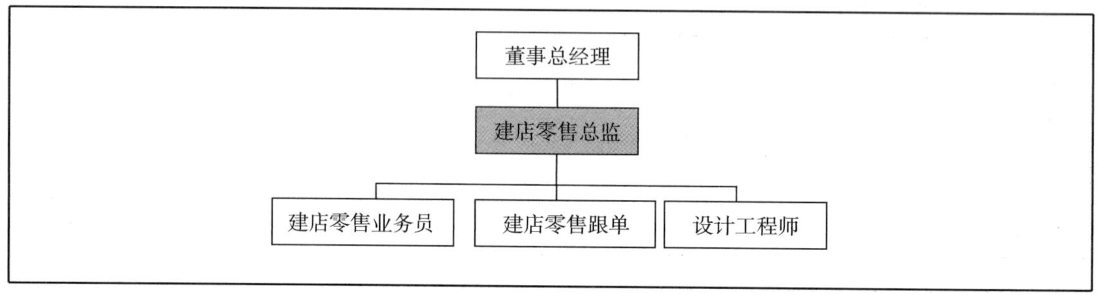

三、职能概述：人员管理、业务管理、运营管理

职能模块	职能细则
人员管理	1. 负责本部门人员日常事务工作管理
	2. 负责本部门人员销售培训及实施，提升工作能力与素质
	3. 负责本部门人员的业绩考核工作
	4. 负责执行公司管理制度
业务管理	1. 依据公司经营计划，并配合公司总目标，拟定本部门的目标与工作计划，分解销售目标到个人，并随时跟踪结果
	2. 对销售中根据不同的客户群体，分解销售目标，跟踪结果，制定相宜的促销方案，修正确保销售目标的达成
	3. 拜访重点客户，及时了解和处理问题
运营管理	1. 根据销售所对接的建店零售客户进行下单建店及生产跟进管控
	2. 每天与客户对接，协助跟单处理客户订单及建店投诉售后问题
	3. 负责落实工作，及时组织收取销售应达账，确保账款的安全、到位

四、任职资格要求

教育背景：大专以上学历
年龄性别：24～35 岁，男女不限
经　　验：3 年以上建店零售的工作经验

续表

五、质量绩效目标

序号	目标指标	统计方法	统计周期	统计部门或统计人	数据来源
1	每月销售毛利完成率100%	按目标，未完成目标则为0分，占20%	月	财务	利润表
2	每月建店零售订单客户满意度98%，无重大投诉	按比例算客户满意度没达标0分，产生一次重大投诉为0分，占30%	月	总经办	总经办
3	回款、库存量管控	每批订单回款或库存超期每批扣5分，占20%	月	财务	回款记录
4	交办事项跟踪处理完成率	每项没达成扣5分，占20%	月	总经办	工作记录
5	每月各市至少与10个建店合作商谈好合作关系	按数量算，少一个减1分，占10%	月	总经办	工作记录

起草： 审核： 批准：

日期： 日期： 日期：

表4－15　建店零售部业务岗位职责绩效说明书

一、职位基本信息

职位名称	建店零售部业务员	所属部门	建店零售部
直接上级	建店零售总监	直接下级	无

二、在组织中的位置

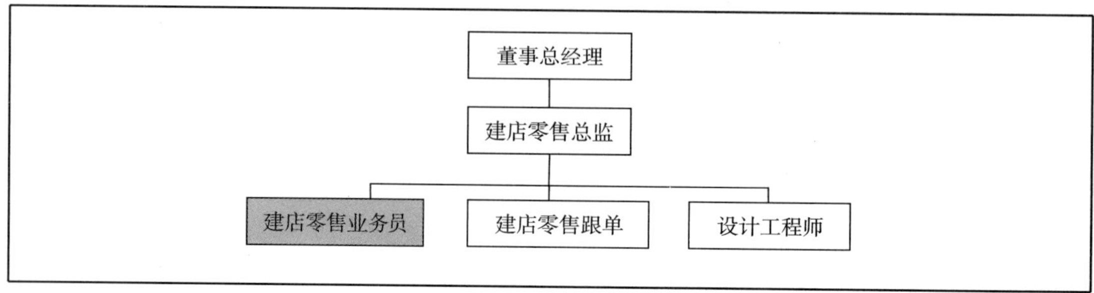

三、职能概述：市场开发

职能模块	职能细则
市场开发	1. 开发建店类型客户为主要开发对象，具体对象如各品牌区域总代理
	2. 以跟进逐步向客户高层挖掘的方式为主要方式
	3. 遵守公司各制度及流程，主要涉及报价、打样等
	4. 对每一个开发有进度的客户进行详细总结汇报，同时自己备案
	5. 在寻找客户时甄别高质量客户进行开发，如每月都循环发货
	6. 对目标客户进行整理与上级沟通分析客户情况
	7. 对已确认的目标客户进行大力度开发跟进
	8. 对成熟可以合理沟通图纸及打样事宜，最后成单

四、任职资格要求

教育背景：中专以上学历
年龄性别：24～35岁，男女不限
经　　验：1年以上市场开发工作经验

五、质量绩效目标

序号	目标指标	统计方法	统计周期	统计部门或统计人	数据来源
1	按照季度制定完成销售量，月销售目标按季度平均计算完成	按季度目标，每月平均完成，如目标未完成，差多少，按照月目标总额相应的扣分，共30分，占30%	月	财务	季度目标完成情况记录

续表

序号	目标指标	统计方法	统计周期	统计部门或统计人	数据来源
2	对自己客户下单产品进度不明确（虽有运营跟踪但自己必须了解以便与客户直接负责人沟通）	因自己不了解客户单子情况导致与客户的关系没处理好，客户负责人给上级领导打电话投诉或单量减少等，根据情况扣分，共30分，占30%	月	总经办	总经办
3	回款、库存量管控	每批订单回款或库存超期每批扣分10，共20分，占20%	月	财务	财务
4	交办事项跟踪处理完成率	每项未达成，扣1分，共10分，占10%	月	总经办	总经办
5	每月至少开发5个进度比较大且有合作意向的客户	按数量算未完成，少一个减2分，共10分，占10%	月	总经办	总经办

起草：　　　　审核：　　　　批准：

日期：　　　　日期：　　　　日期：

表 4－16　设计工程师岗位职责绩效说明书

一、职位基本信息

职位名称	设计工程师	所属部门	建店零售部
直接上级	建店零售部总监	直接下级	无

二、在组织中的位置

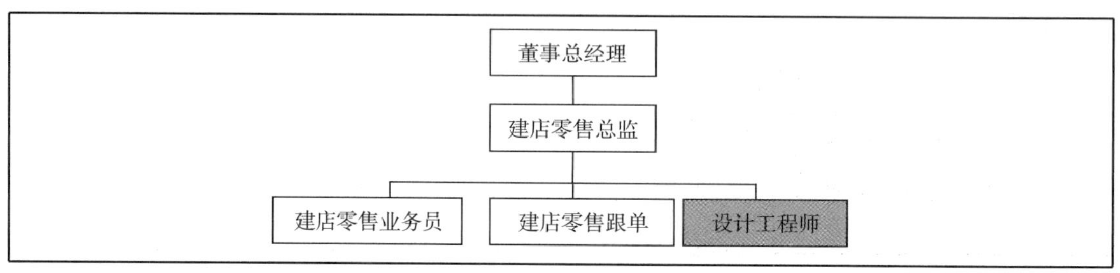

三、职能概述：产品开发

职能模块	职能细则
产品开发	1. 严格遵守公司各项规章制度
	2. 有团队协作精神
	3. 执行力强
	4. 依据部门的总体规划，配合完成相关的设计、监理工作
	5. 善于与客户沟通，及时对客户的需求进行修改
	6. 对施工现场进行监督，及时处理施工中的各种问题
	7. 根据建店零售跟单的需求，按单进行量尺、设计、监理
	8. 定期进行巡店，反馈相关信息
	9. 定期参加市场考察及培训，提升相关业务能力

四、任职资格要求

教育背景：大专以上学历

年龄性别：25～45 岁，男女不限

经　　验：3 年以上设计工作经验，熟悉工厂制造业

五、质量绩效目标

序号	目标指标	统计方法	统计周期	统计部门或统计人	数据来源
1	项目准时完成达成率 100%	每项有效投诉扣 10 分	月	建店零售总监	建店零售部
2	项目客户满意度	每个项目未达到客户满意度扣 10 分	月	建店零售总监	建店零售部
3	市场考察	每月未进行一次市场考察或参观一次展会扣 20 分	月	建店零售总监	建店零售部
4	每个季度设计一款新产品	未能按时做到的不得分	月	建店零售总监	建店零售部

起草：　　　　审核：　　　　批准：

日期：　　　　日期：　　　　日期：

表 4－17　建店零售跟单岗位职责绩效说明书

一、职位基本信息

职位名称	建店零售跟单	所属部门	建店零售部
直接上级	建店零售部总监	直接下级	无

二、在组织中的位置

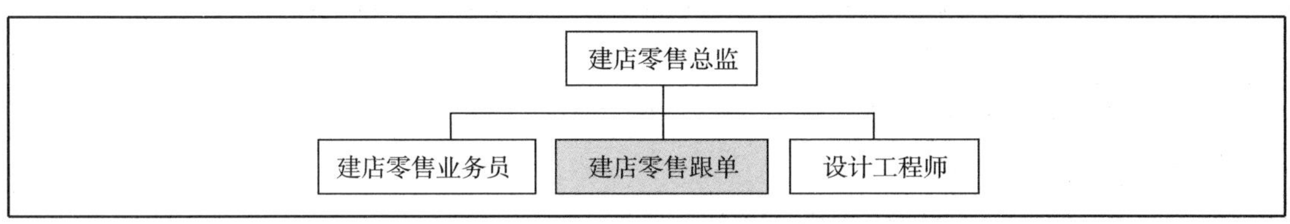

三、职能概述：客户管理、客户档案建立与管理、订单管理、制作商管理、工作总结与计划、库存及回款、运营管理

职能模块	职能细则
客户管理	1. 客户订单与维修项整体系统操作
	2. 客户邮件处理与回复
	3. 客户进度表及时更新发客户
	4. 客户督导，店方联系，处理好售前、售中、售后问题
	5. 每月巡店一次，对不同的制作商进行现场评分管理
	6. 适时传达客户的新方案，新标准落实到位
客户档案建立与管理	1. 客户资料管理，对所有客户的信息进行存档保留，按日期、按店名等进行存档。有重要人物参与及变更时，更新客户管理系统
	2. 每个店面的所有资料（工程图、清单图、制作图、效果图、报价单、精算资料）一切资料都要存档保管
订单管理	1. 适时配些常用物料，控制好库存
	2. 所有物料的下单与跟踪
制作商管理	1. 每月中必须评估现有制作商是否配合得上
	2. 时刻准备着引进新的、更优秀的制作商
	3. 对制作商进行评分管控（评分：制作工艺得分、配合度得分、时效得分等），对不合格的制作商责令整改，达不到标准的，培养不成就放弃
	4. 制作商的对账，必须做到日清日结、月清月结
	5. 培训制作商的制作标准及检验标准，让各制作商做好自检
工作总结与计划	1. 每月 30 日统计下月销售接单、生产下单计划
	2. 每月 30 日统计下月的出货计划
	3. 每月 30 日统计下月的回款计划
	4. 每月 1 日统计上月的销售接单、生产下单计划的完成情况报表
	5. 每年 1 月 10 日前提交上年工作总结和本年工作计划

续表

职能模块	职能细则
库存及回款	1. 对自己所负责的客户，每月制作应收款账务给主管备案
	2. 对未及时收回的货款，向主管汇报情况，并提出解决方案供领导判断
	3. 做好客户回款准时率报表给主管（以供来年选择客户时供参考）
	4. 每周六上午及每月30日上午提供最新库存报表给主管确认
	5. 每月按客户要求制作对账单，须与财务账务相符率100%。管理物流仓账务，做到日清日结，每月月底与物流仓进行盘点对账并书面确认，及时处理仓储异常
运营管理	1. 根据建店零售跟单的需求，按单进行量尺、设计、监理
	2. 定期进行巡店，反馈相关信息
	3. 定期参加市场考察及培训，提升相关业务能力

四、任职资格要求

教育背景：大专以上学历

年龄性别：20～35岁，男女不限

经　　验：2年以上跟单工作经验

五、质量绩效目标

序号	目标指标	统计方法	统计周期	统计部门或统计人	数据来源
1	客户资料管理	有遗漏、混放及未统一归档，每处扣2分，占30%	月	主管	工作记录
2	订单跟踪	跟踪不到位或每受到客户投诉一次，扣5分，40%	月	主管	工作记录
3	日常工作	每项没达成，扣3分占30%	月	主管	工作记录

起草：　　　　审核：　　　　批准：

日期：　　　　日期：　　　　日期：

表 4-18 计划物控部主管岗位职责绩效说明书

一、职位基本信息

职位名称	计划物控部主管	所属部门	计划物控部
直接上级	生产总监	直接下级	核算工程师、计划员、物控员、仓管员

二、在组织中的位置

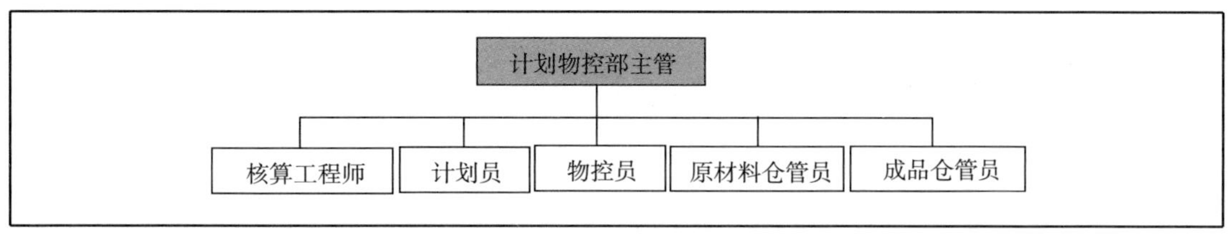

三、职能概述：订单评审的监督执行；生产计划的执行监督及生产进度的追踪落实；盘点管理；呆废物料管理；部门人员的规划、培训、任免、奖惩、考核与管理；生产协调会组织；数据管理；安全管理；其他工作

职能模块	工作职能明细
订单评审的监督执行	1. 对订单评审的时间进行监督 2. 对订单评审后的结果进行监督
生产计划的执行监督及生产进度的追踪落实	1. 对生产计划的执行进行监督 2. 对生产进度的跟踪与落实进行监督 3. 对生产计划资料的准确性进行监督及完善
盘点管理	1. 每月最后一天安排盘点 2. 每年 6 月 30 日与 12 月 30 日前配合公司年中和年终盘点 3. 盘点完成后 5 日内上交仓库盘点报表给财务主管 4. 监督仓管员每月 5 日前上交仓存呆滞物料统计表
呆废物料管理	1. 监督仓管员每月 5 日前上交仓存呆滞物料统计表，对呆废物料的产生进行监督及管控 2. 每月 10 日前对计划员、物控员对仓库及车间的呆滞品处理的结果跟进，20 日前将处理结果提交至副总经理处
部门人员的规划、培训、任免、奖惩、考核与管理	1. 根据实际情况合理安排本部门人员的工作岗位，并合理分配 2. 每月 2 日前监督业务部对上月生产计划准交率及品质退货率数据的提交 3. 每月 8 日前对本部门人员的工作达标情况进行考核，每月安排部门人员进行相关知识培训一次 4. 每月 5 日前向副总经理提交上月工作未达标的原因分析及改善措施
生产协调会组织	1. 每天 9：00 组织各相关部门负责人参加生产协调会，并对《日生产计划准交表》的完成情况进行通报与确认，对未按时完成任务的相关负责人进行成长处理，对按时完成任务的部门进行表扬 2. 对影响生产交期的订单进行协调处理 3. 对不能按时完成生产任务的订单且不能协调解决的及时上报总监与副总经理

续表

职能模块	工作职能明细
数据管理	1. 监督每位仓管员在每月的最后一天进行自我盘点，并提交自盘结果 2. 安排物控员、计划员对仓库自管结果进行抽盘 3. 每天确保仓管员进出仓数据的及时录入，并分类进行存档 4. 每天审核和检查仓管员的《送货单》《领料单》、成品《销货单》，10：00 前把所有单据上交至财务部 5. 监督计划员、物控员每天 10：00 前完成昨日未完成部门及原因统计
安全管理	定期对管辖内人员进行安全知识培训产品、人员安全宣导
其他工作	1. 每年 1 月 10 日前提交上年工作总结及本年工作计划 2. 每月 5 日前提交本部门上月工作总结及本月工作计划给上级领导 3. 每月 10 日前提交经有效审核的本部门人员《岗位关键绩效指标考评表》到人力资源部

四、任职资格要求

教育背景：大专以上学历
年龄性别：28 ~48 岁，男女不限
经　　验：3 年以上计划物控工作经验

五、质量绩效目标

序号	目标指标	统计方法	统计周期	统计部门或统计人	数据来源
1	生产计划准时达成率≥98%	95%以下每延期 1 单扣 5 分（按计划确认的时间为准，达标不扣分）	月	运营部	出货达成率
2	安全事故 0 次	每发生一起安全事故达到 1000 元以上为 0 分	月	人力资源部	工伤数据统计
3	呆废料处理	未处理扣 30 分，处理不及时扣 10 分	月	副总经理	计划提交数据
4	账物卡准确率 100%	每个仓位账物不符扣 5 分	月	财务部	抽盘记录

起草：　　　　审核：　　　　批准：
日期：　　　　日期：　　　　日期：

表 4－19　计划员岗位职责绩效说明书

一、职位基本信息

职位名称	计划员	所属部门	计划物控部
直接上级	计划物控部主管	直接下级	无

二、在组织中的位置

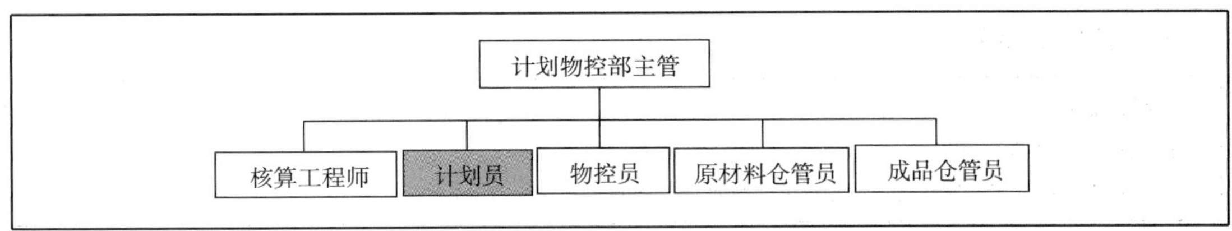

三、职能概述：订单评审、生产计划的达成、月准交率的统计及数据分析、新产品产前样跟进/产后评审、出货控制管理、仓库盘点、呆滞成品的处理、工作总结

职能模块	工作职能明细
订单评审	1. 根据运营部下发订单、评审单，负责组织客户订单评审，以及评审的沟通、协调和判定工作 2. 常规产品 4 小时内完成评审并与运营部共同确认交期并签署意见。特殊产品 2 小时内召集相关人员开会共同讨论并签署相关意见
生产计划的达成	1. 根据运营部下发的生产订单、评审结果及根据各车间的生产能力编制《生产指令单》4 小时下发至相关部门 2. 每天 9：00 核对采购物料及各生产车间《日生产报表》明细，对生产进度进行跟踪及落实，对未及时完成的进行协调、跟进，并合理调度生产计划，确保生产计划达成 3. 每天上午 10：30 前将各部门生产日报表输入电脑，并对未完成当天生产任务再次列入次日准交表中进行跟踪处理
月准交率的统计及数据分析	每月 3 日前提交各部门上月生产计划准交率与未完成原因及改善措施报告
新产品产前样跟进/产后评审	1. 主导新产品产前样评审，并在收到技术资料后 2 小时内通知各生产部门进行产前样制作，并对产前样过程进行全程跟进与追踪。(3 天内完成，产前样必须完整方可评审) 2. 产前样完成后，组织各相关部门对产前样进行评审，并确认批量生产的准确交期，并要求各相关部门负责人在新产品订单评审表上签署意见与建议。对未按时出席评审的人员按会议制度进行成长处理 3. 对评审不通过的产品，各相关部门需再次确认修改后的完成情况，对其进行跟踪准时完成，确认完成后组织相关人员进行再次评审，直到合格为止 4. 新产品生产完后 3 天内通知品质部主管进行产后评审会，监督相关人员对新产品生产过程中的问题进行分析总结与改进
出货控制管理	1. 每天下午 16：00 前负责对运营部的成品《销货单》进行审核 2. 每天对成品仓的库存数进行查看并跟催相关运营部的库存成品出货计划
仓库盘点	1. 参与每年仓库的年中与年终大盘点 2. 按《盘点制度》实施对成品仓库的账、物、卡抽盘工作，并记录在《抽盘表》上

续表

职能模块	工作职能明细
呆滞成品的处理	每月10日前对上月的呆滞成品报表进行原因分析，并在15日前主导评审《呆滞及不合格物料评审处理单》，将在20日前呈交处理结果到总经理处审批执行
工作总结	1. 每年1月10日前提交上年工作总结及本年工作计划 2. 每月3日前提交上月工作总结及下月工作计划给计划物控部主管

四、任职资格要求

教育背景：高中及以上学历
年龄性别：25～35岁，男女不限
经　　验：5年以上展示制品行业工作经验，核算产品用料

五、质量绩效目标

序号	目标指标	统计方法	统计周期	统计部门或统计人	数据来源
1	生产计划准时达成率≥98%	95%以下每延期1单扣5分（按计划确认的时间为准，达标不扣分）	月	运营部	出货达成率
2	物料进度控制（准确、及时性）	因物料到位不及时，导致生产排产无效或造成停工待料每次扣5分，执行订单标准超发物料或下单错误造成损失不得分	月	生产部	生产异常数据统计
3	日常工作的达成	按照岗位职责： 1. 主导产前、产后评审 2. 对库存呆滞成品进行评审处理并执行落实 3. 仓库抽盘及盘点 4. 月度准交的统计及分析 以上未按时完成每次扣5分（完成数据由被考核人提供）	月	财务部/部门主管/副总经理	考核人自行提交相关记录

起草：　　　　审核：　　　　批准：
日期：　　　　日期：　　　　日期：

表 4－20　核算工程师岗位职责绩效说明书

一、职位基本信息

职位名称	核算工程师	所属部门	计划物控部
直接上级	计划物控部主管	直接下级	无

二、在组织中的位置

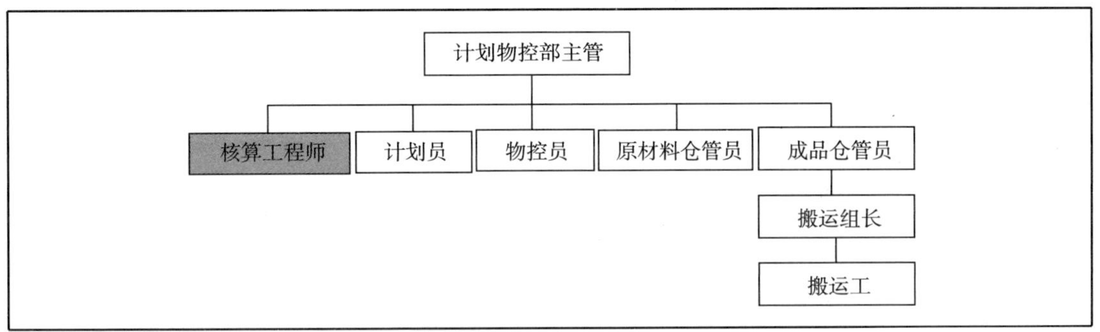

三、职能概述：物料的控制、订单用料、工艺工程、仓库盘点、工作总结

职能模块	工作职能明细
物料的控制	1. 制定产品物料的用量标准等（五金、木工、油漆、有机） 2. 对五金、木工物料用量的采购与发放控制
订单用料	制定各车间耗料领用数量的标准
工艺工程	1. 产前、产后的评审的参与工作 2. 对工艺工程优化 3. 各类产品的产能产效分析工作（产品完成后 7 天内做好分析） 4. 各车间新旧产品的单价制定和修改工作
仓库盘点	负责对仓库四大主料的账、物、卡抽盘工作，并记录在《抽盘表》上
工作总结	1. 每年 1 月 10 日前提交上年工作总结及本年工作计划 2. 每月 3 日前提交上月工作总结及下月工作计划给计划物控部主管

四、任职资格要求

教育背景：大专以上学历
年龄性别：28～48 岁，男女不限
经　　验：5 年以上制造业工作经验，能独立核算产品成本及核算产品用料

五、质量绩效目标

序号	目标指标	统计方法	统计周期	统计部门或统计人	数据来源
1	生产计划准时达成率≥98%	95%以下每延期 1 单扣 5 分（按计划确认的时间为准，达标不扣分）	月	运营部	出货达成率

续表

序号	目标指标	统计方法	统计周期	统计部门或统计人	数据来源
2	物料进度控制（准确、及时性）	因物料到位不及时，导致生产排产无效或造成停工待料每次扣5分，执行订单标准超发物料或下单错误造成损失不得分	月	生产部	生产异常数据统计
3	日常工作的达成	1. 每月对指定仓位呆滞库存物品提交申报跟进及处理 2. 仓库指定仓位的抽盘 3. 车间产前产效分析报告 4. 采购准交率统计 5. 每月成本控制优化目标15000元，未达成评分为0（由考核人提供具体数据、金额） （以上未按时完成每项扣5分，完成数据由被考核人员提供）	月	财务部/部门主管/副总经理	考核人自行提交相关记录
4	各部门计件单价制定	未按时完成每种产品扣5分。未制定，一种产品扣10分（新产品按部门生产完工后1周内制定完成，附表格记录）	月	生产部	被考核人提供

起草：　　　　审核：　　　　批准：

日期：　　　　日期：　　　　日期：

表4－21　物控员岗位职责绩效说明书

一、职位基本信息

职位名称	物控员	所属部门	计划物控部
直接上级	计划物控部主管	直接下级	无

二、在组织中的位置

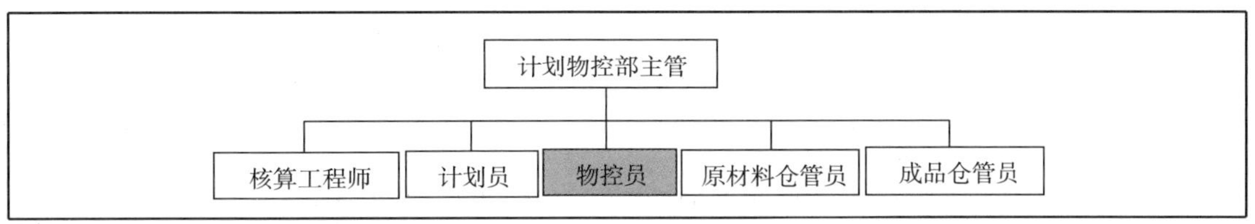

三、职能概述：物料需求计划分析及管理、呆废物料管理、安全库存管理、物料成本控制、物料进度控制管理、退补料管理、ERP生产需求管理、准交统计与分析、仓库盘点、工作总结

职能模块	工作职能明细
物料需求计划分析及管理	按单申购： 1. 收到《生产指令单》后，新产品收到《物料清单》后4小时内对所需物料需求计划进行预算并编制《物料请购单》，并对其请购的物料进行跟踪在规定的时间提前或准时到位 2. 所有产品在4小时内根据仓库库存量，对所需物料需求计划进行预算，并编制《物料请购单》 3. 紧急物料收到单据后在30分钟内完成请购 4. 卖场或店中店系列材料核算最迟下单后次日完成 月用量申购：每月5日之前统计各类常用物料的月用量，编制《请购单》对其进行月请购处理，并注意控制物料的到位时间
呆废物料管理	1. 每月10日前对上月的呆滞原材料报表进行原因分析，并在20日前主导评审《呆滞及不合格物料评审处理单》，将处理方法提交总经理审核批准后执行并返还一份处理结果给责任仓管员 2. 对呆废物料的产生进行监督及管控
安全库存管理	1. 根据仓库库存量合理对月采购的物料进行分批到位，合理利用仓库有限空间 2. 根据实际用量至少每半年制定一次仓库安全存量并录入ERP
物料成本控制	1. 避免呆滞物料的产生，发现可疑物料及时处理（5天内完成） 2. 避免公司财务浪费
物料进度控制管理	1. 每天9：00前检查并核对前一天到位的物料进行汇总；对未按时完成任务的责任人进行处理跟踪；每天下午16：00前核对未来上线排产单物料到位情况 2. 随时与计划员沟通，对未到位的物料及时反馈，便于计划员编制未来上线计划，而确保生产计划的准确性 3. 严格监督各相关物料准时到位，如不能够准时到位时，要求各相关部门人前一天的12：00前进行预警，以确保生产计划的准确性 4. 在保证生产的情况下，根据公司场所控制来料数量及时间 5. 对物料进行适时调度

续表

职能模块	工作职能明细
退补料管理	1. 审核各部门退补料数量及合理性 2. 对各部门的退补料追究责任跟踪处理
ERP 生产需求管理	1. ERP 清单生产需求异常调整及修改 2. 油漆车间、有机车间根据订单订量、发料，各车间应发材料调整录入 3. 各部门非生产领料审核
准交统计与分析	每月 3 日前提交对采购原材料物料准交率的统计与未完成原因及改善措施报告
仓库盘点	1. 参与每年仓库的年中与年终大盘点 2. 按《盘点制度》每月实施对原材料仓库的账、物、卡抽盘工作，并记录在《抽盘表》上
工作总结	1. 每年 1 月 10 日前提交上年工作总结及本年工作计划 2. 每月 3 日前提交上月工作总结及下月工作计划部门主管

四、任职资格要求

教育背景：高中及以上学历

年龄性别：25～35 岁，男女不限

经　　验：5 年以上制造业工作经验，懂核算产品用料

五、质量绩效目标

序号	目标指标	统计方法	统计周期	统计部门或统计人	数据来源
1	生产计划准时达成率≥98%	95%以下每延期 1 单扣 5 分（按计划确认的时间为准，达标不扣分）	月	运营部	出货达成率
2	物料进度控制（准确、及时性）	因物料到位不及时，导致生产排产无效或造成停工待料每次扣 5 分，执行订单标准超发物料或下单错误造成损失不得分	月	生产部	生产异常数据统计
3	日常工作的达成	按照岗位职责： 1. 对库存呆滞物料进行评审处理并执行落实 2. 仓库抽盘及盘点 3. 月度采购的准交统计及分析 4. 退补料结果处理 以上未按时完成每次扣 5 分（完成数据由被考核人提供）	月	财务部/部门主管/副总经理	考核人自行提交相关记录

起草：　　　　　　　　审核：　　　　　　　　批准：

日期：　　　　　　　　日期：　　　　　　　　日期：

表4－22 原材料仓库管理员岗位职责绩效说明书

一、职位基本信息

职位名称	原材料仓管理员	所属部门	计划物控部
直接上级	计划物控部主管	直接下级	无

二、在组织中的位置

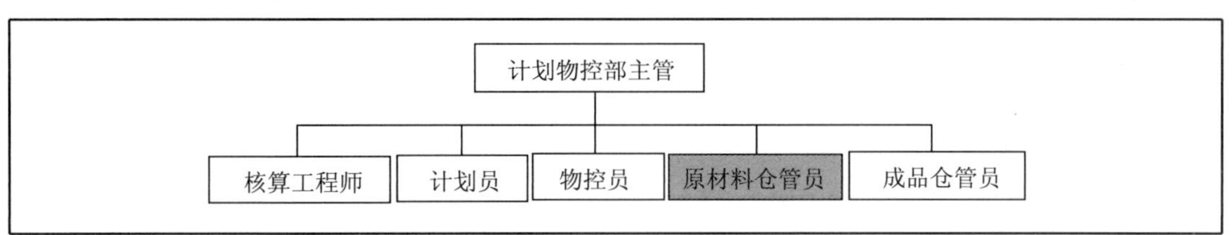

三、职能概述：物料的验收、物料的管理、物料的发放、账物卡管理、6S管理、盘点管理、工作总结

职能模块	工作职能明细
物料的验收	1. 依据采购订单号核对供应商的送货物料的品名规格和数量进行收货，不可以超收物料 2. 收到供应商的送货单后10分钟内在ERP系统内做送货送检报告，并电话通知质检员检货，并监督质检员验货时间（收到通知后10分钟内到场开始验收，1小时内出判定结果） 3. 物料要做到定点、定位和分类摆放，并做好标识
物料的管理	1. 合理规划仓库储位，保持仓库通道畅通 2. 物料分类清晰明了，有明确标识，每种物料都建有完善的物料卡 3. 做好物料保管工作，所有物料要做到先进先出，防止物料品质变异，进行仓库的防护 4. 订单完成后该订单剩余物料未使用的，在三日内以联络单形式提交给计划物控部
物料的发放	1. 每天根据生产部的《领料单》进行备料（当天16：00提供的清单，当天晚上备好物料；上午10：00前提交的备料单，当天下午15：00前备好物料） 2. 备好生产部所需物料，督促生产部把当天生产的物料领走（急用的物料17：30前领走，不急的物料可以到次日10：00前拿走） 3. 发物料时如果发现物料达到了最低库存量在30分钟内以联络单通知物控员进行申购
账物卡管理	1. 严格控制仓库物料所有进出业务的数量 2. 当日对所有进出业务的物料做好物料卡记录和电脑账 3. 所有账目要做到日结日清并数据准确 4. 对领料单、送货单、退货单据进行归档管理，每天早上9：00交一联给部门主管。由部门主管在10：00前上交财务部 5. 每月2日前上交上月领料单、送货单、退货单据进行归档管理
6S管理	1. 每天下班前打扫仓库各自区域的卫生 2. 每天下班后做5分钟桌面整理和单据整理工作 3. 所有物料要做到分类摆放，杜绝乱摆乱放 4. 收发物料后要做好整理和清洁工作

续表

职能模块	工作职能明细
盘点管理	1. 每个月30日对仓库物料进行一次盘点 2. 每月5日呆废料的申报 3. 每年6月30日与12月30日前进行年中和年终盘点 4. 盘点完成后3日内上交仓库盘点报表给部门主管
工作总结	1. 每年1月10日前提交上年工作总结及本年工作计划 2. 每月3日前提交上月工作总结及下月工作计划给计划物控部主管

四、任职资格要求

教育背景：高中及以上学历

年龄性别：25～35岁，男女不限

经　　验：1年以上仓库管理工作经验，懂ERP操作系统

五、质量绩效目标

序号	目标指标	统计方法	统计周期	统计部门或统计人	数据来源
1	账、物、卡准确率100%	每发现一次不符合扣5分，物料丢失价值超过500元，此项不得分	月	财务部	每次抽盘
2	呆废物料的申报处理及时性	不上报该项0分，延迟上报扣5分，明显漏报一项扣2分（每月5日前）	月	部门主管	每个订单完成后
3	生产备料	车间提前开具领料单，次日上线没有提前做好备料工作，或找不到物料影响车间生产的（每次扣5分）	月	生产部	按订单数统计
4	6S管理	管辖范围内，未按规定摆放，6S不符合，脏、乱、差。发现不良记录一次扣5分	月	人力资源部	每周检查记录

起草：　　　　审核：　　　　批准：

日期：　　　　日期：　　　　日期：

表4-23 成品仓库管理员岗位职责绩效说明书

一、职位基本信息

职位名称	成品仓库管理员	所属部门	计划物控部
直接上级	计划物控部主管	直接下级	搬运组长

二、在组织中的位置

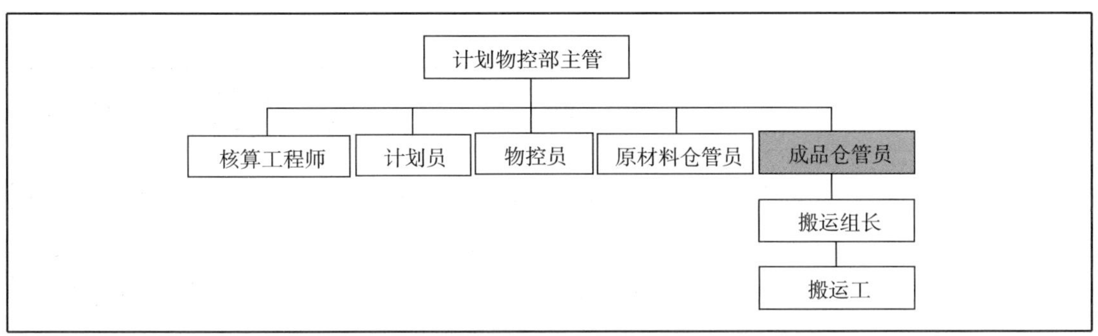

三、职能概述：成品管理、搬运工作管理、单据处理、账物管理、6S管理、盘点管理、工作总结

职能模块	工作职能明细
成品管理	1. 认真做好成品进仓交接手续，并按区域分类摆放并做好标识 2. 认真做好成品出仓数量清点，并合理安排装车时物品摆放 3. 认真做好成品在仓库里防盗、防潮、防损、防火等有关事项，按先进先出原则安排出货
搬运工作管理	1. 每天下班前安排搬运组长次日的工作 2. 严格按照早上9：30前，下午14：30前装货完毕（送货产品）
单据处理	每天及时录入成品进、出仓单明细及账目
账物管理	1. 每月对成品进行一次盘点，确保账、物一致 2. 严格控制仓库物料所有进出业务的数量 3. 及时对所有进出业务的物料做好电脑账 4. 所有账目要做到日结日清并数据准确 5. 对成品进仓单、成品销货单、退货情况统计表的进行归档管理，每天早上9：00交一联给部门主管 6. 每月2日前上交上月领料单、销货单、退货单据进行归档管理
6S管理	1. 每天下班前打扫成品仓库区域的卫生 2. 每天下班后做5分钟桌面整理和单据整理工作 3. 所有物料要做到分类摆放，杜绝乱摆乱放 4. 收发物料后要做好整理和清洁工作
盘点管理	1. 每个月30日对仓库物料进行一次盘点 2. 每月5日上交呆废成品的申报 3. 每年6月30日与12月30日前进行年中和年终盘点 4. 盘点完成后3日内上交仓库盘点报表给部门主管
工作总结	1. 每年1月10日前提交上年工作总结及本年工作计划 2. 每月3日前提交上月工作总结及下月工作计划给部门主管

续表

四、任职资格要求

教育背景：高中及以上学历
年龄性别：25～35岁，男女不限
经　　验：1年以上仓库管理工作经验，懂ERP操作系统、会操作机动叉车

五、质量绩效目标

序号	目标指标	统计方法	统计周期	统计部门或统计人	数据来源
1	成品出货、发货准确率100%	每延期一车扣10分，漏装或错装每次扣5分	月	运营部	每次出货记录
2	呆废物料的申报处理及时性	不上报该项0分，延迟上报扣5分，明显漏报1项扣2分（每月5日前）	月	部门主管	超过3个月以上产品
3	账、物准确率100%	每发现一项不符合扣5分，物料丢失价值超过500元此项不得分（账物不得少也不能多）	月	财务部	每次抽盘数据
4	6S管理	产品未按规定摆放、所管辖区域6S不符合，脏、乱、差。发现不良记录每次扣5分	月	人力资源部	每周检查记录

起草：　　　　审核：　　　　批准：
日期：　　　　日期：　　　　日期：

表 4－24 搬运组长岗位职责绩效说明书

一、职位基本信息

职位名称	搬运组长	所属部门	计划物控部
直接上级	成品仓管理员	直接下级	搬运工

二、在组织中的位置

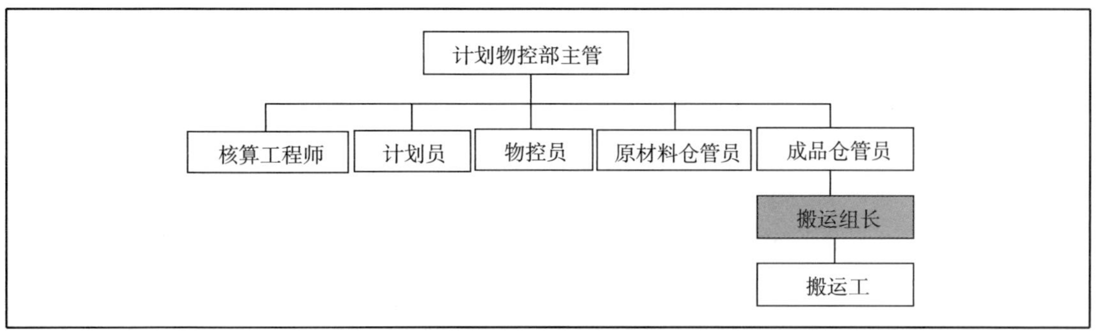

三、职能概述：搬运工作管理、相关单据管理、出货管理、6S 管理

职能模块	工作职能明细
搬运工作管理	1. 每天 8：00－8：20 安排搬运组当天的工作，严格按早上 9：30 前、下午 14：30 前装车完毕准时出货（送货产品） 2. 定期对搬运工培训对产品的保护意识及外出服务意识 3. 统计搬运组当天计件、计时工资、餐费报销单后给成品仓管员
相关单据管理	送货单回单于次日 8：30 前交至成品仓管员处
出货管理	1. 根据运营部提供的《销货单》安排搬运人员按实际出货数量进行清点装车，确保准确无误 2. 出货完成后带领搬运进行现场整理
6S 管理	1. 每天下班时带领组员做好清扫工作 2. 每天检查 6S 工作并做好跟进 3. 不定期对搬运培训 6S 推行的重要性

四、任职资格要求

教育背景：初中及以上学历
年龄性别：25～40 岁，男性
经　　验：1 年以上工作经验，会操作机动叉车

五、质量绩效目标

序号	目标指标	统计方法	统计周期	统计部门或统计人	数据来源
1	成品出货、发货准确率 100%	每延期一车扣 10 分，漏装或错装每次扣 5 分	月	运营部	每次出货记录

续表

序号	目标指标	统计方法	统计周期	统计部门或统计人	数据来源
2	6S 现场管理	装车后现场未及时整理、清理每次扣5分	月	人力资源部	每周检查记录
3	回单及时准确率100%	每延期一次扣5分	月	财务部	每次出货
4	产品装卸的规范	未按规定装卸造成产品损坏每次扣10分	月	品质研发部	每次操作
5	安全事故0次	每发生一起安全事故达到1000元以上为0分	月	人力资源部	安全数据统计

起草： 审核： 批准：

日期： 日期： 日期：

表4－25　搬运工岗位职责绩效说明书

一、职位基本信息

职位名称	搬运工	所属部门	计划物控部
直接上级	搬运组长	直接下级	无

二、在组织中的位置

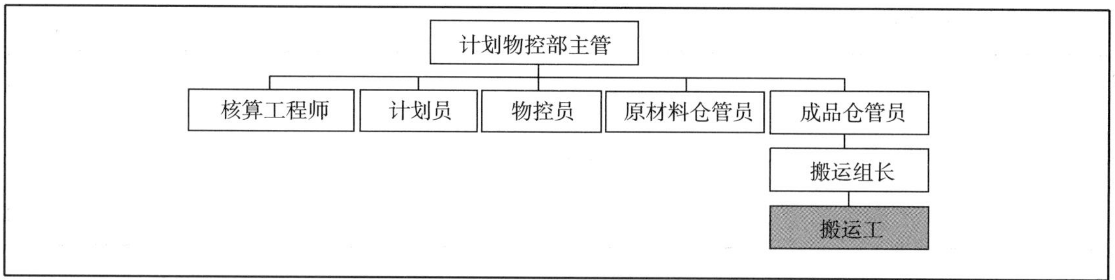

三、职能概述：搬运日常工作、安全装卸、6S管理

职能模块	工作职能明细
搬运日常工作	1. 每天8：00－8：20按搬运组长安排完成当天的工作，严格按早上9：30前、下午14：30前装车完毕准时出货（送货产品） 2. 定期整理成品仓货品，分类、摆放 3. 装车完成后，将地台板归类放置到指定区域
安全装卸	1. 根据不同产品，按不同类型产品规范装车 2. 做好安全防护措施 3. 定期检查叉车设备是否有安全隐患
6S管理	1. 每天下班时做好各自负责区域的清扫工作 2. 每装车完成，清扫地面卫生

四、任职资格要求

教育背景：初中及以上学历
年龄性别：25～40岁，男性
经　　验：1年以上工作经验，服从管理，有自我安全保护意识

五、质量绩效目标

序号	目标指标	统计方法	统计周期	统计部门或统计人	数据来源
1	6S现场管理	装车后现场未及时整理、清理每次扣5分	月	人力资源部	每周检查记录
2	产品装卸的规范	未按规定装卸造成产品损坏每次扣10分	月	品质研发部	每次操作
3	每日工作	当天任务当天完成，私自不配合完成任务每次扣10分	月	搬运组长	每天出车统计

起草：　　　　审核：　　　　批准：
日期：　　　　日期：　　　　日期：

表4－26 生产技术员岗位职责绩效说明书

一、职位基本信息

职位名称	生产技术员	所属部门	技术部
直接上级	技术部副主管	直接下级	无

二、在组织中的位置

技术部副主管（开发/生产）

生产技术员

三、职能概述：生产资料维护、生产异常处理、修改报价、其他事务

职能模块	工作职能明细
生产资料维护	二次生产以后的过程中如有修改，下发《技术文件变更通知单》，并附上相应修改的物料清单/图纸
生产异常处理	及时处理在生产过程中出现的各种异常问题
修改报价	二次生产后的产品如有修改，对需要重新核价的产品进行核价
其他事务	完成公司临时交办的事务

四、任职资格要求

教育背景：高中以上学历

年龄性别：25～48岁，男女不限

经　　验：1年以上制造业工作经验，熟悉SolidWorks、AutoCAD、CorelDRAW等各种绘图及设计软件，熟悉产品结构，熟悉制作物料清单及报价

五、质量绩效目标

序号	目标指标	统计方法	统计周期	统计部门或统计人	数据来源
1	处理异常情况的及时性≥98%	准时达到现场次数/产品异常次数×100%	月	品质研发部	各部门
2	资料变更的准时性≥98%	准时数/总数×100%	月	生产部	各部门
3	报价的准确率≥95%	1－退回报价数量/报价总数量×100%	月	核价中心	核价中心

起草：　　　　审核：　　　　批准：

日期：　　　　日期：　　　　日期：

表 4 – 27 开发技术员岗位职责绩效说明书

一、职位基本信息

职位名称	开发技术员	所属部门	技术部
直接上级	技术部副主管	直接下级	无

二、在组织中的位置

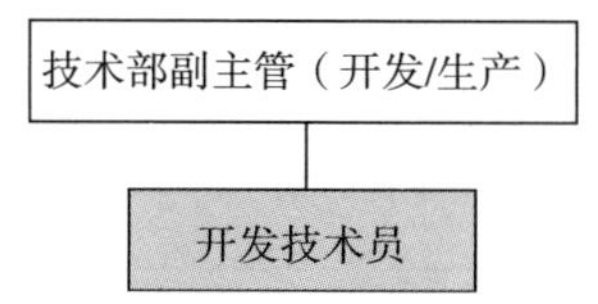

三、职能概述：报价、样板、首批生产资料、其他事务

职能模块	工作职能明细
报价	1. 根据客户提供的简易图纸、效果图、样板制作报价清单（客户议价、客户招标、意向报价）
	2. 完成的报价单给业务检查，再给技术主管审核
样板	1. 收到《样板申请单》后，在规定的时间内召开样板评审会议，讨论制作工艺，确定出图纸时间，并与样板组确定样板完成时间
	2. 填写材料申购表（包含需要申购的材料及发外的产品），交由计划部录入 ERP 系统
	3. 将样板申请表及相关图纸及材料申购表交给技术文员下发相关部门制作
	4. 全程跟进样板制作，了解结构是否合理，及时处理在生产时不易操作的工艺
	5. 记录样板制作过程中异常工艺数据并完善工程图纸
	6. 如需要到现场安装的产品，部分产品可能需要技术员现场指导安装（如整店安装）
	7. 在收到业务意见反馈单后，对资料进行修改后给业务确认并存档
首批生产资料	1. 绘制产品工程图纸（包含所用到的爆炸图、总图、部件分解图、电路图、包装图、产品安装图、喷画文件、丝印文件、雕刻文件等）
	2. 制作物料清单（BOM 表录入 ERP 系统），包含产品所用到的所有物料（板材、亚克力、电器配件、包装物料、螺丝配件、耗材等）
	3. 新产品首件确认（产品结构、包装、物料等）
	4. 及时处理在生产过程中出现的各种异常问题
	5. 协助业务人员与客户进行技术沟通，提供专业技术咨询
	6. 生产过程中如有修改，要下发《技术文件变更通知单》，并附上相应修改的物料清单/图纸
	7. 首批生产完成后，要完善所有图纸资料，将正确的资料转交给生产技术员
其他事务	完成公司临时交办的事务

续表

四、任职资格要求

教育背景：高中以上学历

年龄性别：25～48岁，男女不限

经　　验：2年以上制造业工作经验，熟悉SolidWorks、AutoCAD、CorelDRAW等绘图及设计软件，熟悉产品结构，熟悉制作物料清单及报价

五、质量绩效目标

序号	目标指标	统计方法	统计周期	统计部门或统计人	数据来源
1	处理异常情况及时性≥97%	准时达到现场次数/异常总数×100%	月	品质研发部	各部门
2	生产资料准确率≥95%	1－技术资料更改次数（业务要求更改除外）/技术资料下发次数×100%	月	生产部	各部门
3	生产资料准交率≥95%	1－推迟下发生产资料次数/生产单数量×100%	月	生产部	生产部
4	报价的准确率≥95%	1－退回报价数量/报价数量×100%	月	核价中心	核价中心

起草：　　　　审核：　　　　批准：

日期：　　　　日期：　　　　日期：

表 4-28　打样部安装组长（建店样板）岗位职责绩效说明书

一、职位基本信息

职位名称	安装组长	所属部门	技术部
直接上级	技术副主管	直接下级	安装工

二、在组织中的位置

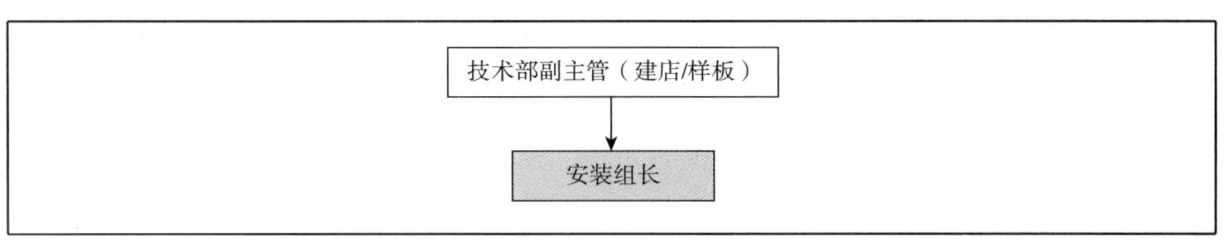

三、职能概述：产品打样安装、建店货柜前期整体组装、样板材料领取、样板配件跟进、人员管理、其他事务

职能模块	工作职能明细
产品打样安装	1. 按技术部图纸对样品进行安装
	2. 对样品拍照存档并把安装异常书面留档
建店货柜前期整体组装	1. 按图纸对建店的产品进行整体组装
	2. 对产品的异常进行修改并能适应店铺的安装
	3. 对产品按要求安装区域进行打包
	4. 对样品拍照存档并把安装异常书面留档
样板材料领取	按打样流程，在仓库领取打样所需物料
样板配件跟进	在样板组装前两天跟进所有物料的到位情况
人员管理	1. 监督个下属人员出勤情况，检查下属各岗位 5S 管理工作
	2. 对下属员工进行培训，提升工作效率
其他事务	完成公司临时交办的事务

四、任职资格要求

教育背景：初中以上学历

年龄性别：28～48 岁，男女不限

经　　验：5 年以上行业组装安装工作经验，会看图纸，懂电路，有动手能力，吃苦耐劳，具备现场异常情况处理能力

五、质量绩效目标

序号	目标指标	统计方法	统计周期	统计部门或统计人	数据来源
1	样品按时完成率≥90%	样板准时交货次数/样板单总数×100%	月	业务部	各部门
2	样板合格率≥90%	样板合格次数/样板单总数×100%	月	业务部	业务部
3	建店客户的合格率≥90%	1－客户投诉次数/建店总数×100%	月	建店部	建店部

起草：　　　　审核：　　　　批准：

日期：　　　　日期：　　　　日期：

表4－29　打样部木工组长（建店样板）岗位职责绩效说明书

一、职位基本信息

职位名称	木工组长	所属部门	技术部
直接上级	技术副主管	直接下级	木工

二、在组织中的位置

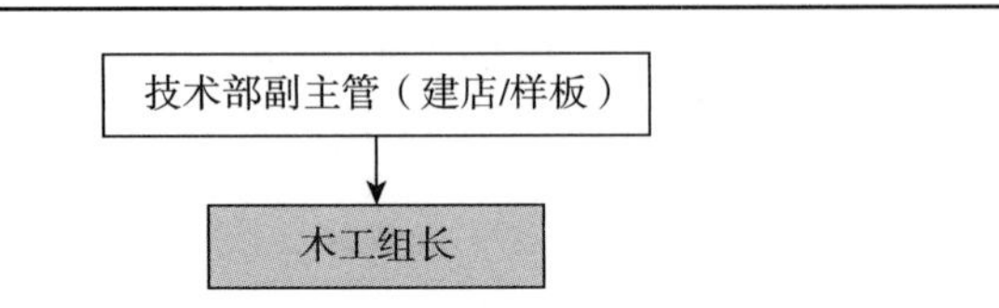

三、职能概述：产品打样安装、建店货柜前期整体组装、样板材料领取、人员管理、其他事务

职能模块	工作职能明细
产品打样安装	1. 按技术部图纸对样品进行木工的开料订装打磨
	2. 对样品木质结构的优化和稳固性的评估
建店货柜前期整体组装	1. 按图纸对建店的产品进行订装及前期的组装
	2. 对产品的异常进行修改并能适应店铺的安装
	3. 配合安装进行打包的开料和包装
样板材料领取	按打样流程，在仓库领取打样所需木板和其他配件
人员管理	1. 监督下属出勤情况，检查下属各岗位5S管理工作
	2. 对下属进行培训，提升工作效率
其他事务	完成公司临时交办的事务

四、任职资格要求

教育背景：初中以上学历
年龄性别：28～48岁，男女不限
经　　验：5年以上行业工作经验，会看图纸，有动手能力，吃苦耐劳，具备现场异常情况处理能力

五、质量绩效目标

序号	目标指标	统计方法	统计周期	统计部门或统计人	数据来源
1	样品按时完成率≥90%	样板准时交货次数/样板单总数×100%	月	业务部	各部门
2	样板合格率≥90%	样板合格次数/样板单总数×100%	月	业务部	业务部
3	建店客户的合格率≥90%	1－客户投诉次数/建店总数×100%	月	建店部	建店部

起草：　　　　审核：　　　　批准：

日期：　　　　日期：　　　　日期：

表 4－30　核价中心副总岗位职责绩效说明书

一、职位基本信息

职位名称	核价中心副总	所属部门	核价中心
直接上级	执行董事	直接下级	核价中心主管、技术主管、样板主管

二、在组织中的位置

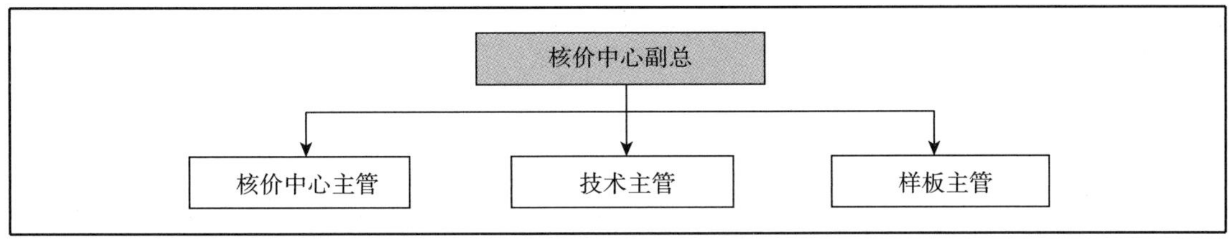

三、职能概述：人员管理、工作实施、成本控制管理、供应商管理、质量成本管理、其他工作

职能模块	工作职能明细
人员管理	1. 根据业务需求，及时调整技术部人员计划和编制组织架构
	2. 负责各部门人员编制申请审批
	3. 对管理人员的培训培养及绩效考核
工作实施	1. 建立和完善价格审核管理体系和流程，规范价格成本管理工作
	2. 维护 ERP 系统各种物料的核定价格，监督采购价格的正确性并对采购部价格执行过程进行考核
	3. 参与采购合同的评审工作，并负责在供应商开发过程中各种类别合同的签署工作
	4. 参与研发过程中涉及的新物料信息讨论，配合寻找供应渠道，并收集供应商信息
	5. 新产品定型后，新物料的供应渠道稳定，并根据实际情况开发新的供应商满足供应需求
成本控制管理	1. 负责采购物资的价格审核工作，确保核价的及时性和准确性，不断提高物料价格管理的效率和水平
	2. 充分利用市场调研、供应商考察与采购部门检讨等方式，逐步对定型物料成本构成分析，制定相应的目标价，规范采购作业过程中的价格管理
	3. 有计划地组织与供应商价格及条款的谈判
	4. 实行新技术、新方法和各种能耗、效率管理，降低生产成本
供应商管理	1. 组织供应商的评估、审核
	2. 供应商考核工作的监督与审核，优先选择战略合作伙伴供应商，淘汰不合格供应商
质量成本管理	1. 实行新技术、新方法和各种能耗、效率管理，降低生产成本
	2. 随时监控产品生产质量，提高产品优等品率
其他工作	及时完成上司交代的各项工作

四、任职资格要求

教育背景：大专以上学历
年龄性别：28～48 岁，男女不限
经　　验：10 年以上生产与打样技术的工作经验，具备解决突发事件能力

续表

五、质量绩效目标

序号	目标指标	统计方法	统计周期	统计部门或统计人	数据来源
1	报价准时率≥98%	每单延期1单扣3分	月	执行董事	报价跟踪表
2	投标项目中标率100%	投标项目没有中标不得分	月	执行董事	报价申请表
3	新产品研发达成率≥98%	没能达到预期效果及结构导致质量问题，不得分	月	执行董事	客户反馈资料
4	成本控制	1. 负责采购物资的价格审核工作，确保核价的及时性和准确性，没能及时完成扣5分 2. 执行采购价格不得超过成本预算，超过扣5分	月	执行董事	财务审计抽查资料

起草：　　　　审核：　　　　批准：

日期：　　　　日期：　　　　日期：

表4-31 核价中心主管岗位职责绩效说明书

一、职位基本信息

职位名称	核价中心主管	所属部门	核价部
直接上级	核价中心副总	直接下级	无

二、在组织中的位置

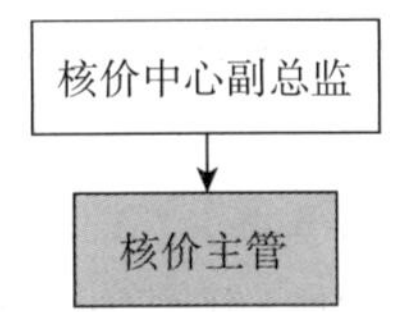

三、职能概述：核价实施、成本控制管理、新供货商开发、资料管理、工作报表、其他

职能模块	工作职能明细
核价实施	1. 当接收到《报价申请表》，根据其内容召集相关人员召开报价会议，根据各部门在会议上定下来的报价时间进行跟踪落实
	2. 收到各部门及供应商报价表，在1~2个工作日，确认相应报价明细并汇总分析报表，上交上级领导
成本控制管理	1. 对供应商询价、议价、报价处理、呈报
	2. 当单次采购价格超出已批准价格的上限时再次报批
	3. 定期评审价格标准的适宜性并做出调整，确保合理成本
	4. 供应商物料异常损失扣款处理
	5. 各种材料市场价格行情数据的了解、收集与汇总
新供货商开发	1. 对重要供应商进行调查或考察、评估、收集相关法规证照及背景资料，确保符合公司要求
	2. 获取相关物料规格及技术标准要求，提供供应商物料标准要求
	3. 获取供应商送样和承认书，转交相关部门进行样品确认
资料管理	核价中心资料，包括收集、整理在核价工作过程中的相关资料，逐步建立核价档案并完善核价工具；负责在供应商开发过程中各种类别合同的签署工作
工作报表	1. 每年1月10日前提交上一年工作总结及本年工作计划
	2. 每月5日前提交本部门上月工作总结及本月工作计划给上级领导
	3. 每月10日前提交经有效审核的《岗位关键绩效指标考评表》到人力资源部
其他	完成上级领导交付的其他工作

四、任职资格要求

教育背景：大专以上学历

年龄性别：28~48岁，男女不限

经　　验：5年以上工作经验，具备解决突发事件能力

续表

五、质量绩效目标

序号	目标指标	统计方法	统计周期	统计部门或统计人	数据来源
1	报价准时率≥98%	每单延期1单扣3分	月	副总	报价跟踪表
2	投标项目中标率100%	投标项目没有中标不得分	月	副总	报价申请表
3	核价资料管理	收集、整理在核价工作过程中的相关资料，逐步建立核价档案并完善核价工具，无目录、未建档或缺失每单扣5分	月	副总	核价中心数据管理资料
4	成本控制	1. 负责采购物资的价格审核工作，确保核价的及时性和准确性，没能及时完成扣5分 2. 执行采购价格不得超过成本预算，超过扣5分	月	副总	财务审计抽查资料

起草：　　　　审核：　　　　批准：

日期：　　　　日期：　　　　日期：

表 4－32 采购部主管岗位职责绩效说明书

一、职位基本信息

职位名称	采购部主管	所属部门	采购部
直接上级	生产总监	直接下级	采购员

二、在组织中的位置

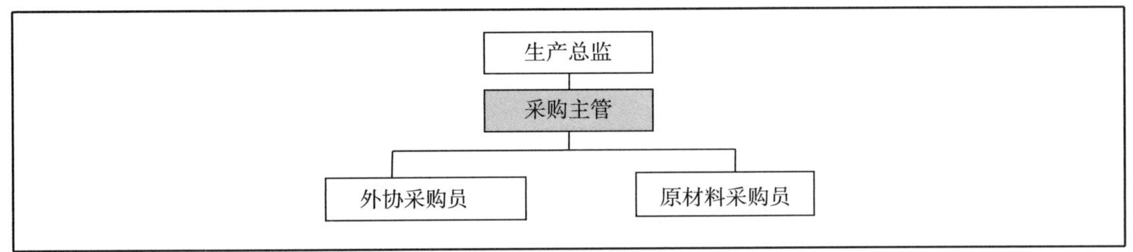

三、职能概述：采购实施、成本控制、供应商管理、供应产品质量管理、信息收集、资料管理、人员管理、工作报表

职能模块	工作职能明细
采购实施	1. 当接收到计划物控部发出的材料申购单时，根据物料交货时间在 4 个小时内下达采购订单，按交期跟踪回货时间
	2. 新产品样板填写《样品送检单》，经技术部、业务部双方签名确认后，签订采购合同，落实交期
	3. 每月 12 日前核对上月应付采购货款，15 日前请款
成本控制	1. 供方报价成本核算、审核，货比三家，实施比价采购
	2. 供应商结算方式初步洽谈
	3. 了解市场价格趋势，制定适当的采购策略降低成本
	4. 严格执行价格审批流程，报价必须有价格明细
	5. 管控部门的采购费用
供应商管理	1. 组织供应商的评估、审核
	2. 供应商考核工作的监督与审核，优先选择战略合作伙伴供应商，淘汰不合格供应商
	3. 保持良好的供应商合作关系
	4. 根据公司发展需求，保证优质的供方体系
	5. 监督采购员对账与付款的及时性与准确性
供应产品质量管理	1. 当供应商产品出现质量问题时，收到品质电话或品质报告 15 分钟内通知供应商处理。需退回供应商返工处理的，及时通知供应商退货处理。需供应商 4 小时内派人到公司处理
	2. 监督采购员对供方产品的质量处理
	3. 对供方重复或批量质量问题发出《纠正预防措施报告》，落实供方的质量改善
信息收集	1. 调查采购市场，包括资源分布情况、供应情况、品种质量、价格情况等
	2. 收集到新材料 2 天内送检，常规 5 天内跟踪检测结果，特殊物料 10 日内跟踪检测结果
	3. 及时收集相关政策、法规

续表

职能模块	工作职能明细
资料管理	管理采购资料，包括供应商档案、合同、色板、样板、报价表、收集的物料、产品介绍书刊分类、产品检验及认证报告等
人员管理	1. 招聘、培训小组人员
	2. 监控小组作业质量
	3. 部门人员绩效评估及沟通改善
	4. 部门人员思想与动态管理
工作报表	1. 每年1月10日前提交上年工作总结及本年工作计划
	2. 每月5日前提交本部门上月工作总结及本月工作计划给上级领导
	3. 每月10日前提交经有效审核的部门人员《岗位关键绩效指标考评表》到人力资源部

四、任职资格要求

教育背景：大专以上学历
年龄性别：25～35岁，男女不限
经　　验：3年以采购工作经验，具备制造行业经验

五、质量绩效目标

序号	KPI指标	权重	考核办法	考评部门	数据来源
1	采购物料准交	30%	本部门采购物料准交98%，每下降1%扣3分，低于90%不得分	计划物控部	送货单
2	采购物料一次性检验合格率	30%	小组采购物料一次性合格率98%，每下降1%扣3分，低于90%不得分	品质研发部	检验报告
3	部门供应商管理	20%	1. 每月10日前所有供应商对账完毕，每延期一家供应商没有对账的扣5分 2. 建立供应商档案及对采购资料进行管理，无目录、未建档或缺失每单扣5分	生产总监	财务对账表 供应商管理表
4	部门采购成本控制	20%	1. 旧产品200套以上必须有3家或以上的供应商报价，没有3家或以上的每类扣5分 2. 同等质量没有选择价格最低者又没有提前报告的，每批次扣5分	生产总监	报价表

起草：　　　　审核：　　　　批准：
日期：　　　　日期：　　　　日期：

表 4－33　采购员岗位职责绩效说明书

一、职位基本信息

职位名称	采购员	所属部门	采购部
直接上级	采购主管	直接下级	无

二、在组织中的位置

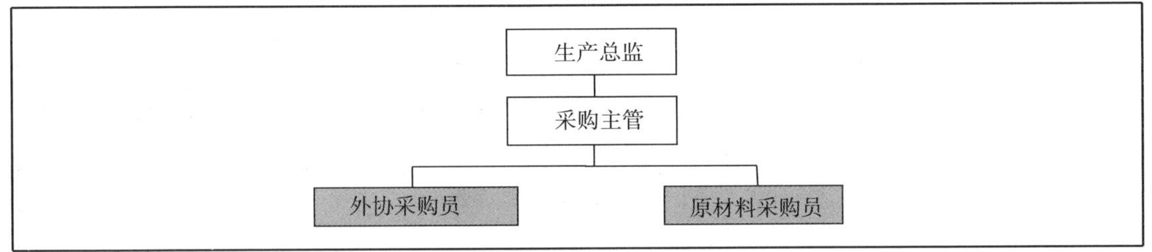

三、职能概述：采购实施、成本控制、处理进料品质和数量异常、信息收集、供应商管理、资料管理、其他工作

职能模块	工作职能明细
采购实施	1. 当接收到计划物控部发出的材料申购单时，根据物料交货时间在 4 个工作小时内下达采购订单，按交期跟踪回货时间
	2. 新产品样板填写《样品送检单》经技术部、业务部双方签名确认后，签订采购合同，落实交期
	3. 每月 12 日前核对上月应付采购货款，15 日前请款
	4. 原材料回货质量管理
成本控制	1. 控制产品采购价格、采购成本
	2. 供应商结算方式协定
	3. 货比三家，实施比价采购程序
	4. 了解市场价格趋势，制定适当的采购战略，降低成本
	5. 严格执行价格审批流程
	6. 所有报价必须有价格明细
	7. 规范部门的工作，采购费用控制
处理进料品质和数量异常	1. 当供应商所送产品发现有质量问题时，15 分钟内到现场处理问题
	2. 不合格品须现场返工的，要求供应商在 4 个工作小时内处理。须退货返工处理的，要求供应商在 8 小时内退货完毕
信息收集	1. 调查采购市场，包括资源分布情况、供应情况、品种质量、价格情况等
	2. 参加各类展会，寻求新材料，为改良产品寻找替代品（至少每月 1 次）
	3. 收集到新材料 2 天内送检，常规 5 天内跟踪检测结果，特殊物料 10 日内跟踪检测结果
	4. 及时收集相关政策、法规

续表

职能模块	工作职能明细
供应商管理	1. 优先选择战略合作伙伴供应商
	2. 组织各相关部门对供应商的评估、审核
	3. 每月10日前供应商考核，淘汰不合格供应商
	4. 与供应商保持良好的合作关系。告知供应商熟悉送货与收款流程
	5. 告知供应商产品品质标准，要求其按标准供货
	6. 收到《纠正预防措施报告》在2个工作日内跟踪并落实改善结果
资料管理	采购资料按物料分类整理（包括：供应商档案、合同、色板、样板、报价表、收集的物料、产品介绍书刊分类、产品检验及认证报告等）
其他工作	1. 每年1月10日前提交上年工作总结及本年工作计划
	2. 每月5日前提交上月成本节省费用给门部主管
	3. 每日填写成功日记

四、任职资格要求

教育背景：大专以上学历
年龄性别：25~35岁，男女不限
经　　验：3年以上采购工作经验，具备制造行业经验

五、质量绩效目标

序号	KPI指标	权重	考核办法	考评部门	数据来源
1	采购物料准交	30%	本部门采购物料准交98%，每下降1%扣3分，低于90%不得分	计划物控部	送货单
2	采购物料一次性检验合格率	30%	采购物料一次性合格率98%，每下降1%扣3分，低于90%不得分	品质研发部	检验报告
3	部门供应商管理	20%	1. 每月10日前所有供应商对账完毕，每延期一家供应商没有对账的扣5分 2. 建立供应商档案及对采购资料进行管理，无目录、未建档或缺失每单扣5分	采购部主管	财务对账表 供应商管理表
4	部门采购成本控制	20%	1. 旧产品200套以上必须有3家或以上的供应商报价，没有3家或以上的每类扣5分 2. 同等质量没有选择价格最低者又没有提前报告的，每批次扣5分	生产总监	报价表

起草：　　　　审核：　　　　批准：

日期：　　　　日期：　　　　日期：

表 4－34　营销副总岗位职责绩效说明书

一、职位基本信息

职位名称	营销副总经理	所属部门	大客户部
直接上级	总经理	直接下级	大客户经理、营销助理

二、在组织中的位置

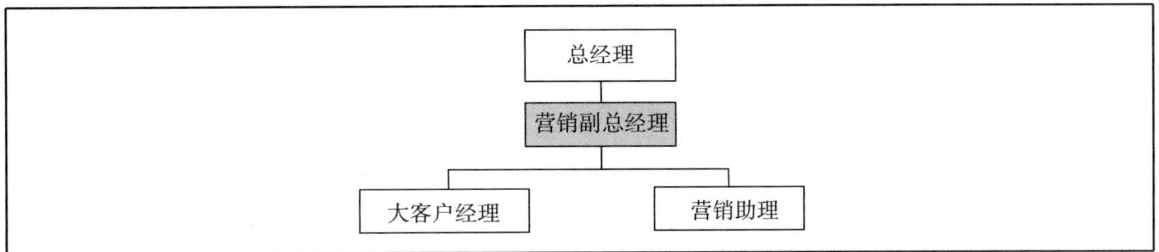

三、职能概述：部门管理、业务管理、信息管理、权限职责

职能模块	职能细则
部门管理	1. 成熟项目的营销组织、协调和销售绩效管理
	2. 销售队伍的建设与培养等
	3. 关注所辖人员的思想动态，及时沟通解决
	4. 指导、巡视、监督、检查所属下级的各项工作
	5. 向直接下级授权，并布置工作
	6. 定期听取直接下属述职，并对其做出工作评定
	7. 根据工作需要调配直接下属的工作岗位，报批后实行并转人力资源部备案
	8. 负责制定销售部门的工作程序和规章制度，报批后实行
	9. 制定直接下属的岗位描述，并界定直接下属的工作
	10. 受理直接下属呈报的合理化建议，并按照程序处理
	11. 负责销售部主管的工作程序的培训、执行、检查
	12. 填写直接下属过失单和奖励单，根据权限按照程序执行
	13. 及时对下属工作中的争议做出裁决
	14. 每周定期组织例会，并参加公司销售业务会议
	15. 完成公司年度营销目标及其他任务，对营销思想进行定位
	16. 拟定（年、季、月度）销售计划，分解目标，报批并督导实施
业务管理	1. 有大客户支撑业绩，具有良好的客户开拓能力
	2. 协调企业内外部关系，对企业市场营销战略计划的执行进行监督和控制
	3. 拟定年度预算，分解、报批并督导实施
	4. 根据中期及年度销售计划布局客户发展
	5. 把握重点客户，控制 70% 以上的产品销售动态
	6. 根据销售预算进行过程控制，降低销售费用
	7. 参与重大客户销售谈判和签订合同
	8. 组织建立、健全客户档案
	9. 定期向直接领导述职

续表

职能模块	职能细则
信息管理	1. 培训市场调查与新市场机会的发现
	2. 新项目市场推广方案的制定
	3. 分析市场状况，正确做出市场销售预测报批
	4. 汇总市场信息，提报产品改善或产品开发升级建议
	5. 洞察、预测渠道危机，及时提出改善意见报批
权限职责	1. 对销售部工作目标的完成负责
	2. 对销售市场动态提出的合理性、健康性负责
	3. 对确保客户的信誉负责
	4. 对确保货款及时回笼负责
	5. 对销售指标制定和分解的合理性负责
	6. 对销售部给厂家造成的影响负责
	7. 对所属下级的纪律行为、工作秩序、整体精神面貌负责
	8. 对销售部预算开支的合理支配负责
	9. 对销售部工作流程的正确执行负责
	10. 对销售部负责监督、检查的规章制度的情况负责
	11. 对销售部所掌管的厂家秘密的安全负责
	12. 有对销售部所属员工及各项业务工作的管理权
	13. 对筛选客户有建议权

四、任职资格要求

教育背景：大专以上学历
年龄性别：25～48岁，男女不限
经　　验：具有丰富的客户管理经验、团队管理经验

五、质量绩效目标

序号	目标指标	统计方法	统计周期	统计部门或统计人	数据来源
1	销售业绩完成率≥95%	完成数/总数×100%	季度	大客户部	销售数据

起草：　　　　审核：　　　　批准：
日期：　　　　日期：　　　　日期：

表 4-35　大客户服务经理岗位职责绩效说明书

一、职位基本信息

职位名称	大客户经理	所属部门	大客户部
直接上级	营销副总	直接下级	无

二、在组织中的位置

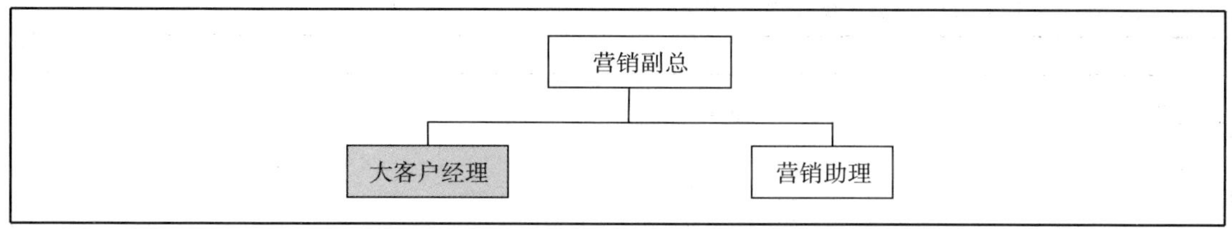

三、职能概述：开拓客户、前期服务、合同签订、跟进发货、回收账款、例行工作

职能模块	职能细则
开拓客户	1. 充分了解产品，不断加强专业技能，能做到为客户提供专业的建议
	2. 收集、分析客户资料，积极发展新客户，与客户保持良好的关系和持久的联系，不断开拓业务渠道
	3. 重点开拓公司目标客户，与客户保持良好的沟通，实时把握客户需求，为客户提供主动、热情、满意、周到的服务
前期服务	1. 熟悉产品结构、生产工艺，做好每个客户的报价申请单，产品规格、特殊工艺及包装描述清楚
	2. 根据客户所需安排设计、打样，实时跟进样品的进度及质量，若有改动须征得客户同意
合同签订	负责与客户签订销售合同，督促合同正常如期履行
跟进发货	1. 陪同或安排好验货人员验货，发现问题及时反馈给生产部处理，保证按时交货
	2. 了解公司实时生产数据，沟通客户发货
回收账款	对业务负责到底，对应收的款项，按照合同规定追踪和催收，出现问题及时汇报、请示及处理
例行工作	1. 动态把握客户信息，定期向公司提供客户跟进信息，定时上交个人工作日报、工作周报及工作月报，每日更新客户跟进表
	2. 明确年、季、月销售任务指标，努力完成
	3. 每天早晨参加部门销售会议，汇报昨日工作进行情况及今日工作重点
	4. 每日坚持至少一个开拓电话
	5. 每周至少拜访 2~3 个客户
	6. 每天早晨公司晨会后熟读《羊皮卷》，学习营销精神，提升业务能力

四、任职资格要求

教育背景：大专以上学历
年龄性别：22~48 岁，男女不限
经　　验：3 年以上销售工作经验，具备一定的沟通能力

续表

五、质量绩效目标

序号	目标指标	统计方法	统计周期	统计部门或统计人	数据来源
1	每月开发有效客户信息不少于2个	根据实际开发客户进行记录，月底汇总	月	大客户部	客户开发记录
2	销售业绩完成率≥98%	完成数/总数×100%	季度	大客户部	销售数据

起草：　　　　审核：　　　　批准：

日期：　　　　日期：　　　　日期：

表 4－36　营销助理岗位职责绩效说明书

一、职位基本信息

职位名称	营销助理	所属部门	大客户部
直接上级	营销副总	直接下级	无

二、在组织中的位置

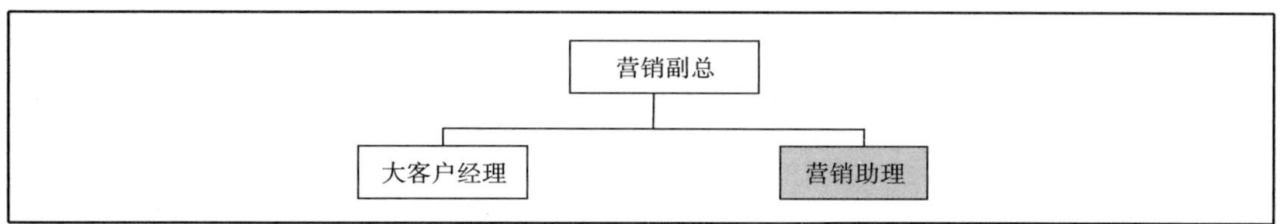

三、职能概述：职能工作、例行工作

职能模块	职能细则
职能工作	1. 多渠道收集市场信息，汇总客户群体，协助大客户经理分析客户信息
	2. 负责公司销售文件的管理、归类、整理、建档工作
	3. 了解各位大客户经理的销售情况，统计数据，按时递交直接上级
	4. 负责部门的日常事务，督促其他业务人员的工作进度
	5. 协助其他职能部门与本部门之间的信息传达，会议记录及信息沟通
	6. 协助营销副总做好内务、各种会议记录及跟踪工作
例行工作	1. 定时上交个人工作日报、工作周报及工作月报，每日汇总客户更新表
	2. 每天早晨参加部门销售会议，汇报昨日工作进行情况及今日工作重点
	3. 每天早晨公司晨会后熟读《羊皮卷》，学习营销精神，提升业务能力

四、任职资格要求

教育背景：大专以上学历
年龄性别：22～48 岁，男女不限
经　　验：3 年以上销售工作经验，懂办公软件的使用

五、质量绩效目标

序号	目标指标	统计方法	统计周期	统计部门或统计人	数据来源
1	每月开发有效客户信息不少于 2 个	根据实际开发客户进行记录，月底汇总	月	大客户部	客户开发记录

起草：　　　　审核：　　　　批准：
日期：　　　　日期：　　　　日期：

表4－37　人资主管岗位职责绩效说明书

一、职位基本信息

职位名称	人力资源部主管	所属部门	人力资源部
直接上级	人资总监	直接下级	人事专员、行政专员、电工、清洁工、保安

二、在组织中的位置

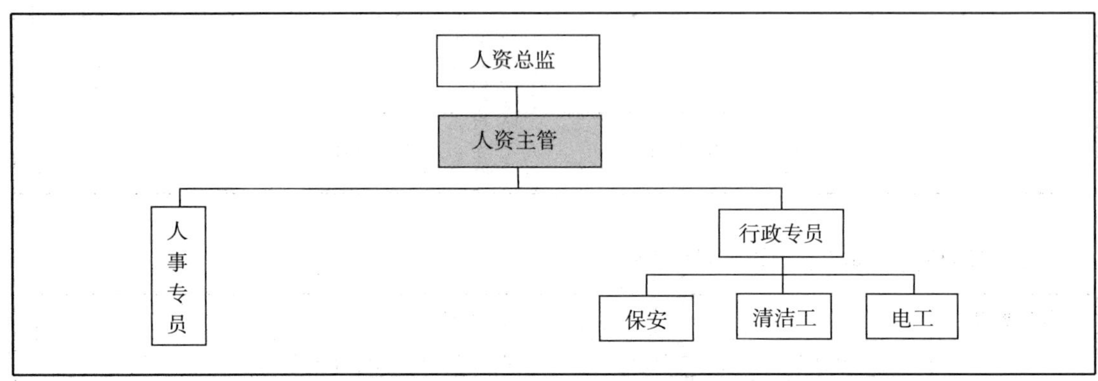

三、职能概述：招聘管理、入离职管理、培训管理、劳动关系、工伤管理、绩效管理、行政管理、活动策划、其他工作

职能模块	工作职能明细
招聘管理	1. 根据年度编制及招工申请予以招聘
	2. 及时跟进每月各部门人员招聘，每月5日递交上月招聘总结和本月招聘汇总及提交上月人员招聘与流失统计分析表给上级领导
	3. 编制紧急用人招聘预案
入离职管理	1. 对获得领导批复试用的人员2小时内确定报到时间，并于确定的时间前一天再确认，准备好相关资料，并知会用人部门主管
	2. 办理员工离职手续
培训管理	1. 拟定公司年度和月度培训计划，根据培训计划实施培训
	2. 每月根据培训计划予以实施
劳动关系	1. 劳资关系的处理
	2. 定期和不定期进行员工思想沟通、交流工作及需求的调查研究
	3. 负责人力资源、社保、薪资等政策法规的宣传、咨询和解释
	4. 不断完善和创建愉悦的、积极向上的工作氛围，提升员工满意度
工伤管理	1. 工伤登记并跟进相关资料与手续
	2. 工伤期间所有福利待遇核定
	3. 工伤报告的跟进，商保及社保理赔
绩效管理	1. 组织各部门进行月度、季度、年度考核
	2. 整理、分析、保存考核结果

续表

职能模块	工作职能明细
行政管理	1. 监管和完善各项行政工作的执行及完成情况
	2. 行政费用的控制
活动策划	1. 季度动员大会、年终晚会、周年庆典等大型活动的组织策划
	2. 大晨会/办公室晨会组织策划
其他工作	1. 每年1月10日前提交上年工作总结及本年工作计划 2. 每月5日前提交本部门上月工作总结及本月工作计划给上级领导 3. 每月10日前提交经有效审核的本部门人员《岗位关键绩效指标考评表》到人力资源部

四、任职资格要求

教育背景：大专以上学历
年龄性别：25～35岁，男女不限
经　　验：3年以上行政人力资源管理经验，具备制造业全盘管理经验

五、质量绩效目标

序号	目标指标	统计方法	统计部门	数据来源
1	员工招聘管理	招聘计划按时达成率90%，每下降1%扣2分	人资部	月总结
2	绩效管理	落实公司绩效统计及归档，不能达成不得分	人资部	绩效档案
3	培训计划达成	1. 拟定年度、月度培训计划，未完成不得分 2. 培训计划未执行每项扣5分	人资部	月总结
4	报表准确率	及时准确向上级和财务部提交相关报表，不及时或不准确的每单扣5分	人资部	财务部
5	工伤理赔跟进	发生工伤事故资料丢失或未及时跟进、报险造成损失此项不得分	人资部	财务部

起草：　　　　审核：　　　　批准：
日期：　　　　日期：　　　　日期：

表4－38　行政专员岗位职责绩效说明书

一、职位基本信息

职位名称	行政专员	所属部门	人力资源部
直接上级	人力资源部主管	直接下级	电工、保安、清洁工

二、在组织中的位置

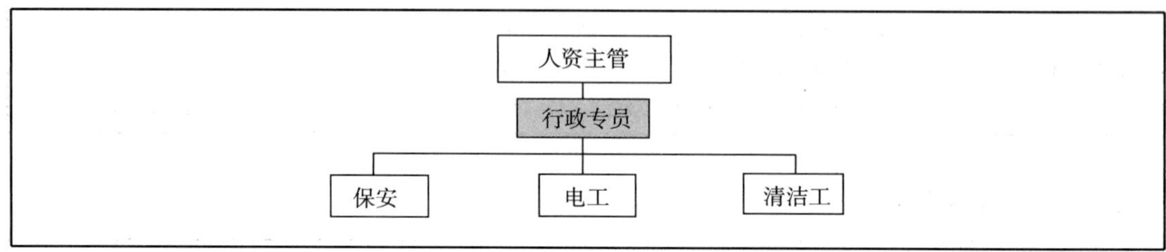

三、职能概述：后勤管理、5S管理、安全生产管理工作支持、消防设备的维护及培训、企业文化、资料管理、其他工作

职能模块	工作职能明细
后勤管理	1. 厂内基础设施维护
	2. 宿舍（每周进行一次检查）、饭堂管理（每月一次员工调查问卷）
	3. 员工福利（生日、探望员工、组织旅游、4月至9月饮料及水果发放、三八妇女节、中秋节、圣诞节等礼物采购及活动策划）
	4. 办公设备（电脑）建立一人一档案、台账
	5. 每月8日前统计员工宿舍水电费报交财务部
	6. 每周公布各部门成长单，次月8日前统计报交财务部
	7. 每月10日前统计分析全厂水电费用、控制与公布
	8. 每月核查各部门的通信费用，对于费用超高的部门进行调查，10日提交营销部移动电话需扣费用给财务部
	9. 电脑、电话等办公设备的正常维护及对外联络
	10. 每周二、周四各项行政类单据审核及报销
	11. 公司宣传栏的管理（每周对宣传栏一次更新，对于过期的通知要及时更换，每年年底对于宣传栏整个版面一次设计更换）
5S管理	1. 根据现实情况，制定灵活可实施的车间及办公室5S管理制度
	2. 执行与推广5S工作
	3. 把需整改的5S图片张贴公告栏予以曝光
安全生产管理工作支持	1. 按流程组织新员工入职安全培训，每季度组织一次安全生产培训（方式自定），教授一线生产员工安全生产知识、事故预防方法，增加员工安全意识
	2. 对各部门/车间安全生产工作检查和考核（防护工具的佩戴，每周不定时检查，对于不佩戴的员工按制度成长）

续表

职能模块	工作职能明细
消防设备的维护及培训	1. 每月对全厂消防设施进行一次全面检查，对于过期及损坏的消防设备要予以更换及配备
	2. 每年12月25日组织一次全公司消防演习
企业文化	1. 负责季刊编辑和出版（每年1月、4月、7月、10月）根据当年企业文化需求所定，但每年不低于两次
	2. 每季度更新优秀员工KT板、销售冠军易拉宝
	3. 每周六前完成本周新入职职员厂牌办理
	4. 月更新生日员工名单及照片，发放生日员工礼物，对于主管以上员工要提前一天订好生日蛋糕，并安排当天庆祝
	5. 每半年对全公司企业文化墙进行一次创新、更换
	6. 对于全厂电源开关、水龙头做温馨提醒标识，有损坏或变旧要及时更新
	7. 做好公司活动组织、策划
资料管理	1. 公司内活动、部门会议、培训、车辆报销费用、季刊、固定资产产生的费用等整理归档
	2. 通知文件草拟、发放与归档
	3. 以上应建立现行文件档案及电子档案，便于查找
其他工作	1. 每年1月10日前提交上年工作总结及本年工作计划
	2. 每月3日前提交上月工作总结及下月工作计划给人力资源主管

四、任职资格要求

教育背景：大专以上学历
年龄性别：25～35岁，男女不限
经　　验：5年以上行政工作经验，具备解决突发事件能力

五、质量绩效目标

序号	目标指标	统计方法	统计部门或统计人	数据来源
1	后勤管理（含企业文件）	每项未按要求完成或被有效投诉，扣5分/次	人力资源部主管	员工投诉
2	消防设备的维护及培训	每季度末检查或检查不到位，扣5分/次	人力资源部主管	工作记录表
3	5S管理	有明确的制度并严格按制度执行，未做到扣5分/次	人力资源部主管	工作记录表
4	企业文化	每项未按要求完成或被有效投诉扣5分/次	人力资源部主管	工作记录表
5	安全管理	每发生损失1000元的工伤事故，本项不得分	人力资源部主管	工作记录表

起草：　　　　审核：　　　　批准：
日期：　　　　日期：　　　　日期：

表4－39 前台兼人事文员岗位职责绩效说明书

一、职位基本信息

职位名称	前台兼人事文员	所属部门	人力资源部
直接上级	人力资源部主管	直接下级	无

二、在组织中的位置

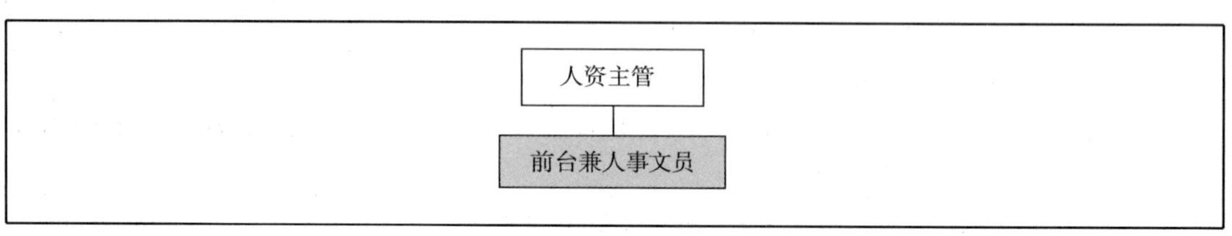

职能概述：接待管理、办公用品管理、信件/报刊/杂志管理、考勤处理与统计、员工用餐统计、广播/移动音响系统管理、企业文化、工作总结

职能模块	工作职能明细
接待管理	1. 外来人员、员工接待
	2. 客户招待管理
	3. 接听所有的外来电话
	4. 着装要求：正装
办公用品管理	1. 办公文具、印刷品申购统计与发放
	2. 办公文具登记与跟踪使用
	3. 离职、调岗人员的办公用品移交手续办理
信件/报刊/杂志管理	1. 快递必须在五分钟内通知相关人员
	2. 信件在接到的1天内必须送到相关人员，并做好登记
考勤处理与统计	1. 每周一处理上一周员工考勤异常并在周二10：00前公布
	2. 每月28日将下月员工生日名单交给行政专员
	3. 每月3日将公司在职员工考勤汇总表报交财务做预算，并将经主管审核的全公司考勤统计表公示三天以供员工核对
	4. 每月3日前提交请长假超过10天人员名单交给财务部
	5. 每月8日前将批准后的考勤统计报表交财务部核算工资
员工用餐统计	1. 每月6日17：30前公布员工上月的就餐情况
	2. 每月8日前将审核后的餐费统计报到财务部
	3. 员工离职用餐统计及签报
广播/移动音响系统管理	1. 每天根据公司实际情况播放通知、通告等
	2. 如广播系统出现异常，负责通知维护人员及时修理好
企业文化	协助部门企业文化工作执行和推广

续表

职能模块	工作职能明细
工作总结	1. 每年 12 月 30 日前完成并报交明年工作计划及本年度工作总结
	2. 每月 5 日前提交上月工作总结及下月工作计划给本部门负责人
	3. 每月 10 日前提交岗位绩效责任书到人力资源部人力资源专员处

四、任职资格要求

教育背景：大专以上学历
年龄性别：20 ~ 30 岁，女性不限
经　　验：性格开朗，待人热情，应届毕业生即可

五、质量绩效目标

序号	目标指标	统计方法	统计部门/人	数据来源
1	考勤报表的及时准确率 100%	及时准确数/总数 ×100%	财务部	考勤记录
2	员工就餐扣费明细表的及时准确率 100%	及时准确数/总数 ×100%	财务部	就餐扣费明细表

起草：　　审核：　　批准：
日期：　　日期：　　日期：

表4－40　电工岗位职责绩效说明书

一、职位基本信息

职位名称	电工	所属部门	人力资源部
直接上级	行政专员	直接下级	无

二、在组织中的位置

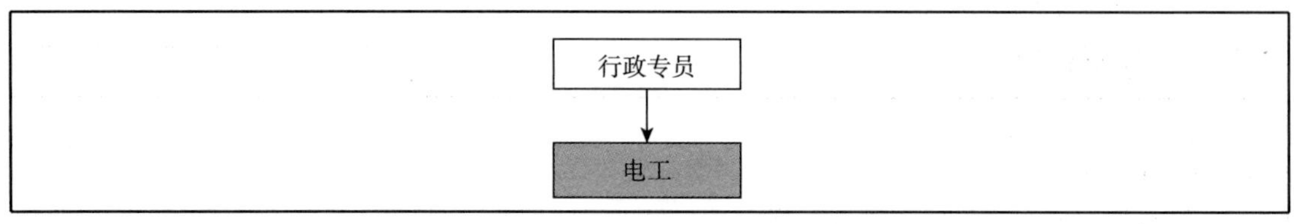

三、职能概述：日常工作、6S管理、其他事项

职能模块	工作职能明细
日常工作	1. 负责公司电力设施的安全、维护、保养、电气线路合理设计、安装、调试，并按操作规程规定使用
	2. 对接触使用电线、开关、保险、插销、照明灯具、电炉、电动机等电气设备的员工，要加强安全用电知识教育，避免因使用不当引起触电和火灾事故的发生
	3. 手机保持24小时处于开机状态，包含节假日，方便及时处理设施、设备的异常状况
	4. 每月15日至20日定期检查，排除隐患，及时更换老化电气线路，防止腐蚀老化线路引起的漏电短路，并做好台账登记工作。发现私自乱接、乱拉电线，损毁电器设备，及时向车间主管、直接上司汇报
	5. 月初1日至3日负责各车间、宿舍、饭堂及旧厂的水电表统计，保证登记、抄表工作的及时性及数据的准确性
	6. 每周不定期抽查各车间的电闸是否关闭，对于未关电闸的部门做好登记，月底交给行政专员
	7. 协助生产担当产品线路检测、测试，对于不合理及有产生安全隐患的线路提出正确的接法及合适的电线，最终签订生产线路标准
	8. 每月协助行政专员做好全厂消防设施检查，对于发现问题及时处理（更换、维修）
6S管理	及时做好电气零配件材料申报计划工作，电工房做好6S工作
其他事项	做好公司领导交办的其他临时性工作

四、任职资格要求

教育背景：初中以上学历
年龄性别：28～48岁，男女不限
经　　验：有相关工作经验，具备解决突发事件能力

五、质量绩效目标

KPI指标	权重	考核办法	考核部门	数据来源
配合性工作（消防设施、宿舍、车间、旧厂抄表）	20%	不及时或不配合，扣5分/次	行政专员	工作记录表
工具、设备及相关设施的维护维修及时性	40%	未及时完成或被有效投诉，扣5分/次	行政专员	工作记录表
现场安全管理（建立各车间设备维修台账）	40%	经常到现场巡查电器、消防安全隐患情况，未做到每次扣5分，因此发生事故不得分	行政专员	工作记录表

起草：　　　　审核：　　　　批准：

日期：　　　　日期：　　　　日期：

表4－41　保安员岗位职责绩效说明书

一、职位基本信息

职位名称	保安员	所属部门	人力资源部
直接上级	行政专员	直接下级	无

二、在组织中的位置

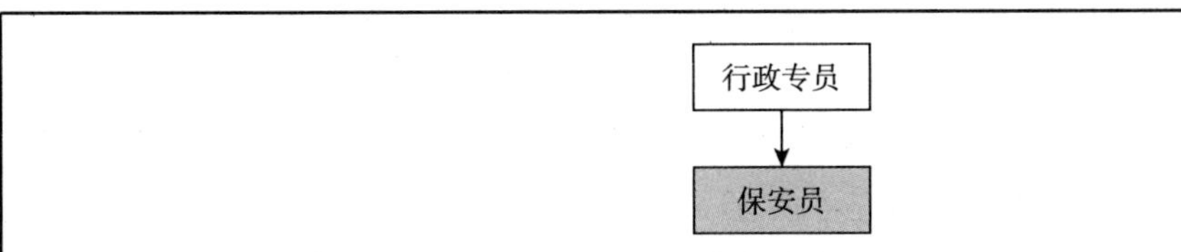

三、职能概述：形象要求、员工出入管理、车辆出入/停放管理、外来人员出入管理、员工打卡及报餐管理、单据和信件保管、转班/交接班管理、监控的管理、巡查管理

职能模块	工作职能明细
形象要求	1. 当班保安必须着装整洁，穿保安服、黑皮鞋上班（保安服包括衣、裤、肩章等），头发梳理整齐（发不过耳），不蓄胡须、不留长指甲、无损害公司形象的行为，执勤期间要保持良好的保安形象和精神面貌
	2. 执勤时必须按要求维护好自身形象，坐有坐姿，站有站相，不可有跷二郎腿或斜躺在椅子上等影响保安形象的行为出现
	3. 值班时禁止喝酒、吸烟，不准嬉笑打闹，不准会客，不准睡觉，不准与无关人员闲聊，不准做其他与值班、执勤无关的事情
员工出入管理	1. 保安员监督公司所有员工的出入，进出厂门必须佩戴公司厂牌，如公司员工特殊情况未戴厂牌的须在保安处登记方可进入厂区
	2. 上班期间外出公务或者办事的职员，需在《外出登记表》上登记才可放行，普工上班期间外出需持有部门责任人审批过的《员工放行条》，方可放行
车辆出入/停放管理	1. 所有车辆必须按规定区域停放，对阻碍道路的车辆要及时疏散，对不听劝解或拒不配合工作的人员进行登记，并打电话通知人力资源部负责人处理
	2. 检查所有公司车辆出入的用车申请单，并按规定登记，无有效用车申请单或不按规定登记的，一律不允许出厂
	3. 检查车上所载物品，物品放行按《门禁管理规定》执行
	4. 所有外来车辆入厂前必须在保安室登记，不登记一律不允许入厂
	5. 所有外来车辆如有自带货物需出厂的，必须事先在保安室登记，并要仓库开具放行条才能出厂
	6. 外来车辆所载物品出厂，物品放行按《门禁管理规定》之“物品出入管理”执行
外来人员出入管理	1. 礼貌做好接待工作，使用“您好！有什么事可以帮到您”“请您稍等”“谢谢”“再见”等文明用语，并对外来人员不清楚拜访位置的给予清晰指引。无须进入仓库和办公大楼的外来人员由保安统一安排在一楼接待室等候，不得在操场或厂区内闲逛
	2. 外来人员来访，值班保安一定要先问清楚来访人员的拜访对象，并电话与当事人确认，如情况属实的在《外来人员来访登记》处登记后才可进入厂内
	3. 生产区域严禁外来人员随意进入，保安和车间负责人看到外来人员进入车间应进行制止，并马上通知行政专员处理

续表

职能模块	工作职能明细
员工打卡及报餐管理	员工上下班（7：15—8：10/11：25—12：20/17：25—18：35/21：55—22：15）期间，当值保安必须在考勤机处站岗执勤，检查员工车辆出入、携带物品、厂牌、着装、打卡及报餐等并维持好秩序，如发现违纪行为应登记上报人力资源部
单据和信件保管	1. 整理好每日所收的单据并放入抽屉保管好，并分类统计好数量，交接到下一班保安员
	2. 保安员收到信件、报纸，放在保安室文件柜内，绝对不能私自拆看别人或公司信件，每天下午上班前，前台到保安处领取信件及报纸，交接时，保安与前台需在《交接本》上注明信件几件
转班/交接班管理	1. 保安实行三班 8 小时制，每 10 天转班。早班：7：00—15：00；中班：15：00—23：00；晚班：23：00—07：00
	2. 接班保安要提前 10 分钟到岗位，并对各巡逻点巡查签到一次，同时清点好所有配制的物品、器械、报警系统、信件、单据、风扇、卫生状况等，问清上一班未完成需本班继续完成之事项，方可接班，并在交接班本上签名确认（详见交接班表）
监控的管理	值班保安员要定时查看监控视频，并保持监控系统 24 小时开着，发现有异常情况发生，自己能解决的尽快解决，不能解决的立即上报人力资源部负责人
巡查管理	每天晚上员工下班后，值班保安负责将大门关闭并将报警系统打开。然后对各部门、车间、五楼办公室等区域进行不定时巡查并签到，查看门窗是否上锁，是否有水电未关等现象；如有，则登记在巡查表上，并迅速关闭水电等；每晚 23：00 对五楼办公室进行上锁管理，早上 7：00 打开

四、任职资格要求

教育背景：中专以上学历
年龄性别：28～48 岁，男女不限
经　　验：有相关工作经验，具备解决突发事件能力

五、质量绩效目标

KPI 指标	权重	考核办法	考核部门	数据来源
形象要求	10%	未按要求做，每项扣 5 分	行政专员	工作记录
员工出入管理	10%	未按要求做，每项扣 5 分	行政专员	工作记录
员工打卡及报餐管理	15%	未按要求做，每项扣 5 分	行政专员	工作记录
外来人员出入管理	10%	未按要求做，每项扣 5 分	行政专员	出入登记表
车辆、出入/停放管理物品出入	30%	未按要求做，每项扣 5 分	行政专员	出入登记本，放行条
单据和信件保管	10%	未按要求做，每项扣 5 分	行政专员	工作记录
转班/交接班管理	5%	未按要求做，每项扣 5 分	行政专员	交接班记录
巡查管理	10%	未按要求做，此项不得分	行政专员	巡查登记表

起草：　　　　审核：　　　　批准：
日期：　　　　日期：　　　　日期：

表 4－42　清洁工岗位职责绩效说明书

一、职位基本信息

职位名称	清洁工	所属部门	人力资源部
直接上级	行政专员	直接下级	无

二、在组织中的位置

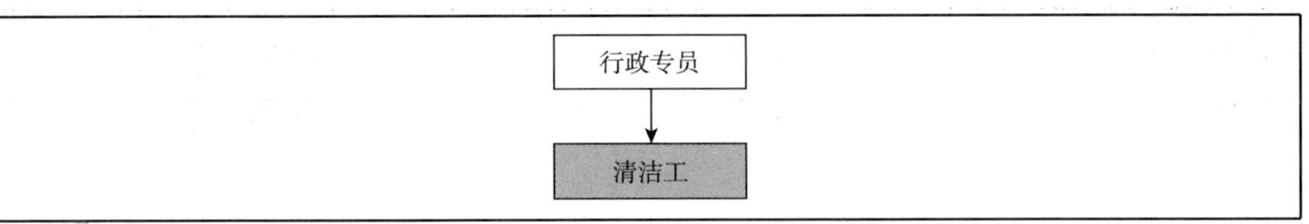

三、职能概述：日常工作、临时工作

职能模块	工作职能明细
日常工作	1. 负责董事长、总经理、副总经理办公室的卫生清洁
	2. 负责五楼办公室公共区域清洁
	3. 负责四楼展厅、二楼培训室的清洁
	4. 负责 1～5 楼楼梯通道的清洁
	5. 负责电梯的清扫
	6. 厕所每天彻底清扫两次，做到无异味，无尿碱、无水锈，地面无尘土、无积水
	7. 五楼办公区域包括各办公室、会议室、茶水间、前台大厅，7：30 至 9：00 以上区域拖地一次
	8. 1～5 楼楼梯及扶手清扫每星期 2～3 次
	9. 二楼培训室不定期打扫卫生
	10. 负责工作区域内蜘蛛网清除，每月 1 次
	11. 四楼展厅每周打扫卫生 1 次
	12. 卫生间内门窗灯具、各办公室门窗每月擦洗 1 次
	13. 负责区域内的植物每周进行 1 次浇水，做到无水迹
	14. 每天清垃圾两次，上午 11：00 清一次，下午 16：30 清一次，垃圾桶要保持干净无污
	15. 爱惜并合理使用各种卫生工具，工作完毕及时清洗工具，并摆放在规定的位置
	16. 清洁过程若发现异常现象，如跑、冒、漏水和设备设施损坏故障等，应及时报告，必要时积极协助处理
	17. 妥善保管清洁工具和用品，不得丢失或人为损坏，努力学会控制易耗使用量，不得将清洁工具和用品私借他人和带回家中使用。清洁工具和用品短缺，需及时申请领用
	18. 及时处理公司的职员对保洁质量提出的意见和建议，不得与其发生争执
临时工作	认真完成上级主管临时交办的其他任务

四、任职资格要求

教育背景：初中以上学历
年龄性别：28～48 岁，男女不限
经　　验：有相关工作经验，爱干净

续表

五、质量绩效目标

指标	权重	考核办法	考核部门	数据来源
日常工作	80%	每项未按要求完成或被有效投诉扣5分/次	人力资源部	工作记录
是否服从安排	20%	对于上级领导安排的合理工作不执行的，此项得分为0分	人力资源部	工作记录

起草：　　审核：　　批准：

日期：　　日期：　　日期：

表 4－43　品质主管岗位职责绩效说明书

一、职位基本信息

职位名称	品质主管	所属部门	品质部
直接上级	生产总监	直接下级	IQC、IPQC、OQC

二、在组织中的位置

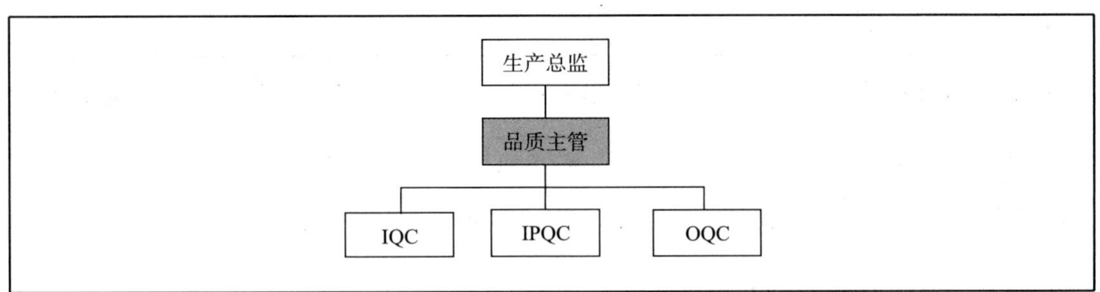

三、职能概述：制度建立和实施、质量记录的审核、培训管理、质量改进、统计分析、人员管理、工作报表

职能模块	工作职能明细
制度建立和实施	1. 检验标准的实施 2. 样板标准的确认 3. 审核作业指导文件
质量记录的审核	1. 对产品检验的过程控制 2. 对测量和监视设备的控制 3. 组织不合格的控制实施
培训管理	1. 每周进行检验要求学习及技能、方法优化 2. 开展品质活动 3. 开展 6S 管理与培训
质量改进	1. 组织相关人员对不良问题产生进行分析并落实改善 2. 对产品实现过程的异常进行有效控制管理 3. 组织相关部门进行品质改善
统计分析	1. 负责对统计技术应用及监督实施 2. 相关表单设计、审核、实施 3. 对其他部门的考核评定 4. 每月 5 日前完成各单位的质量报表审核
人员管理	每月 5 日前对部门人员的绩效考核进行沟通改善
工作报表	1. 每年 1 月 10 日前提交上年工作总结及本年工作计划 2. 每月 5 日前提交上月工作总结及本月工作计划给副总经理 3. 每月 10 日前提交经有效审核的本部门人员《岗位关键绩效指标考评表》到人力资源部

续表

四、任职资格要求

教育背景：大专以上学历
年龄性别：28～48岁，男女不限
经　　验：5年以上品质工作经验，对制造业熟悉

五、质量绩效目标

序号	目标指标	统计方法	统计周期	统计部门或统计人	数据来源
1	批量退货0批次	每发生一次责任批量退货扣10分	月	运营	退货报告
2	同类质量问题客户重复投诉/客户重大投诉至扣款	同类质量问题、客户重大投诉一次扣10分	月	运营	投诉报告
3	批量返工次数0次	经检验后出现不良，100套以下10套起计，100套以上按10%计算批量返工一次扣5分	月	计划	不良品处理单

起草：　　　　审核：　　　　批准：
日期：　　　　日期：　　　　日期：

表 4－44　IPQC 岗位职责绩效说明书

一、职位基本信息

职位名称	IPQC	所属部门	品质部
直接上级	品质主管	直接下级	无

二、在组织中的位置

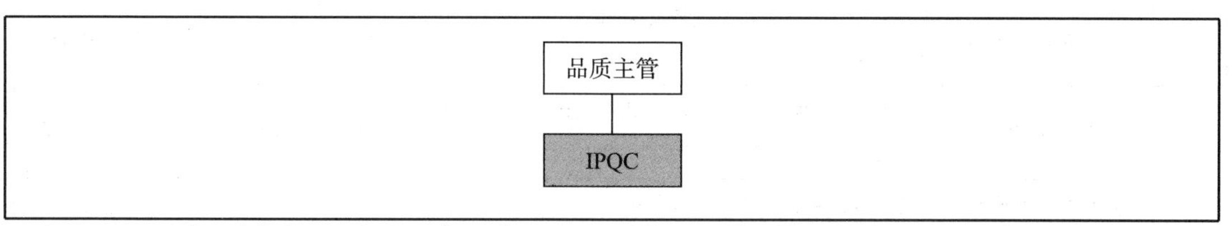

三、职能概述：首件确认、过程巡检、样品管理、不合格处理、统计分析、其他工作

职能模块	工作职能明细
首件确认	1. 品质检验员接到《首件通知单》后，应在 10 分钟内，带上相关资料（如图纸、样板、安装示意图等）到现场，对首件进行检验确认 2. 对确认结果进行记录并跟进、改善不良项目
过程巡检	1. 针对不同岗位的质量控制点严格按《抽样标准》对各工序产品抽检 2. 保证关键质量控制点每 4 小时形成一次记录
样品管理	1. 在新产品生产过程中样品的建立和更新 2. 对制程物料样品进行管理并完善样品台账
不合格处理	1. 在检验过程中，发现不合格产品时进行标识、协助隔离并在 30 分钟内开出《不良品处理单》并清楚的描述问题、数量、产品名称交主管审核，并跟踪责任车间对不良品进行处理，同时对结果进行判定及落实纠正 2. 对出现异常问题开出纠正预防措施并实施改善
统计分析	1. 每周完成岗位总结报表编制 2. 每周六对本岗位开出的不良品处理单进行跟踪改善 3. 每月 3 日以前协助完成岗位月质量总结 4. 每天早上 8：00 写好上一工作日的加班申请单，在 9：00 以前上交主管
其他工作	1. 每年 1 月 10 日前提交上年工作总结及本年工作计划 2. 每月 3 日前提交上月工作总结及下月工作计划给品质主管 3. 监督车间 6S 的执行

四、任职资格要求

教育背景：中专以上学历
年龄性别：22～48 岁，男女不限
经　　验：2 年以上品质工作经验

续表

五、质量绩效目标

序号	目标指标	统计方法	统计周期	统计部门或统计人	数据来源
1	漏检、错检0批次	每发生1次有效漏（错）检扣该项3分，因漏（错）检导致质量事故影响交货延期扣该项10分	月	计划	不良品处理单
2	4小时内处理异常	发生一次4小时内未处理扣该项5分，二次发生扣该项10分	月	计划	不良品处理单
3	批量返工次数0次	经检验后出现不良，100套以下10套起计，100套以上按10%计算批量返工一次扣5分	月	计划	不良品处理单
4	问题改善时效性	无落实纠正措施每次扣该项5分	月	品质主管	不良品处理单

起草：　　　　审核：　　　　批准：

日期：　　　　日期：　　　　日期：

表 4－45　IQC 岗位职责绩效说明书

一、职位基本信息

职位名称	IQC	所属部门	品质部
直接上级	品质主管	直接下级	无

二、在组织中的位置

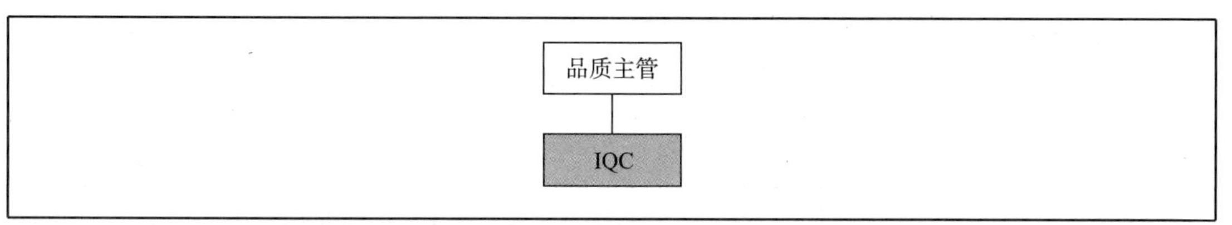

三、职能概述：物料检验、不合格处理、样品测试、统计分析、检验设备管理、其他工作

职能模块	工作职能明细
物料检验	1. 在接到进料检验报检单后一个小时内做出判定及标识 2. 依《物料检验作业指导书》对物料进行检验/试验 3. 整理原材料的工艺要求及标准，协助采购完成关键质量控制
不合格处理	1. 对出现不合格物料一个工作日内解决处理并对返工、返修过程跟进及复检工作 2. 对原材料的退料及呆滞物料的复检工作 3. 异常问题的落实纠正预防 4. 大批量退货后必须开出纠正预防措施报告，重新送货时必须带上报告，如没有落实纠正，我司拒绝收货
样品测试	1. 完成经审批的物料送检的检验、测试活动 2. 对原材料样板进行管理并完善样品台账（接到样品送检单一个工作日内对样品开始进行检验，按测验正常时间完成）
统计分析	1. 每周完成岗位的报表编制 2. 每月 3 日前完成车间不良品的反馈统计车间退补及供应商业绩评比
检验设备管理	每天负责对自用检验仪器、工具进行点检
其他工作	1. 每年 1 月 10 日前提交上年工作总结及本年工作计划 2. 每月 3 日前提交上月工作总结及下月工作计划给品质主管 3. 负责自己区域的 6S 管理

四、任职资格要求

教育背景：中专以上学历
年龄性别：22～48 岁，男女不限
经　　验：2 年以上品质工作经验

续表

五、质量绩效目标

序号	目标指标	统计方法	统计周期	统计部门或统计人	数据来源
1	漏检、错检0批次	每发生1次有效漏（错）检扣该项5分/次，因漏（错）检导致质量事故或交货延期扣该项10分/次	月	计划	不良品处理单
2	4小时处理异常	发生一次4小时内未处理扣该项3分/次，检验时间延误下工序投诉扣该项5分/次	月	计划	不良品处理单
3	批量返工次数0次	经下工序检验后出现不良，扣该项10分/次	月	计划	不良品处理单
4	问题改善时效性	无落实纠正每次扣该项5分/次	月	品质主管	不良品处理单

起草：　　　　审核：　　　　批准：

日期：　　　　日期：　　　　日期：

表 4－46 OQC 岗位职责绩效说明书

一、职位基本信息

职位名称	OQC	所属部门	品质部
直接上级	品质主管	直接下级	无

二、在组织中的位置

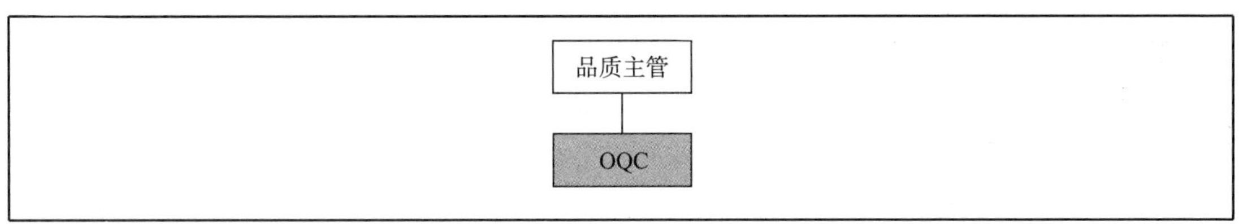

三、职能概述：首件确认、过程检验、客户退货检验、客户投诉处理、统计分析、其他工作

职能模块	工作职能明细
首件确认	检查制程的组装、装箱《首件检验通知单》的有效性
过程检验	1. 依据《成品检验指导书》《生产指令》《工程图纸》《安装示意图》等相关要求进行检验，成品抽检不合格时，及时开出《不良品处理单》，交品质部主管审核 2. 对包装前或正在装箱产品进行抽查，合格的盖上抽检标识章，不合格通知制程检验员并提供处理方案，监督处理结果
客户退货检验	1. 接到《退货处理情况报告》后在半个工作日内检验（批量退货 1 个工作日）完毕上交营销部，并记录在《退货统计月报表》 2. 对责任部门发《纠正和纠正措施报告》落实纠正有效性
客户投诉处理	1. 收到投诉后在 2 个工作日内回复，重大投诉与抱怨应在 8 个工作小时内提出临时发送对策，并组织相关部门分析讨论 2. 在 2 个工作日内回复永久对策，特殊情况延期要经总经理批准 3. 对客户投诉与抱怨进行原因分析，找出责任部门，并提出纠正和纠正措施计划，责任部门对问题的根本原因进行分析。将解决方案记录在《客户投诉整改报告》上，并下发到相关责任部门和营销部
统计分析	1. 协助完成岗位的报表编制，完成技术资料有误统计 2. 每周对客户退货、投诉的报告落实纠正预防并在周六 17：00 前进行分析汇总上报至主管
其他工作	1. 每年 1 月 10 日前提交上年工作总结及本年工作计划 2. 每月 3 日前提交上月工作总结及下月工作计划给品质主管 3. 监督车间 6S 的执行

四、任职资格要求

教育背景：中专以上学历
年龄性别：22～48 岁，男女不限
经　　验：2 年以上品质工作经验

续表

五、质量绩效目标

序号	目标指标	统计方法	统计周期	统计部门或统计人	数据来源
1	批量退货0批次	每发生1次有效的批量退货扣10分	月	运营	退货处理报告
2	4小时处理异常	发生一次4小时内未处理扣该项5分，二次发生扣该项10分	月	计划	不良品处理单
3	同类质量问题客户重复投诉/客户重大投诉至扣款	同类质量问题客户重大投诉一次扣10分，涉及扣款责任的本项目为0分	月	运营	投诉处理报告
4	检验的及时性	未按规定时间检验每次扣5分	月	包装	ERP系统

起草：　　　　审核：　　　　批准：

日期：　　　　日期：　　　　日期：

表 4－47 车间主管岗位职责绩效说明书

一、职位基本信息

职位名称	车间主管	所属部门	车间
直接上级	生产总监	直接下级	助理、组长

二、在组织中的位置

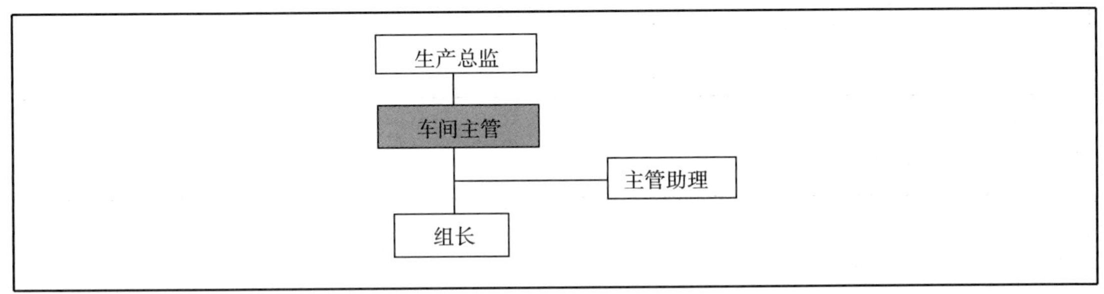

三、职能概述：组织实施车间生产计划、生产过程品质管理、生产现场管理、车间生产安全管理、车间生产成本控制、车间设备管理、车间员工管理、日常报表、其他工作

职能模块	工作职能明细
组织实施车间生产计划	1. 根据生产计划组织制定本车间的生产作业计划及人员安排
	2. 根据每日生产计划完成当日生产任务
	3. 根据生产实际需要，对于人员、设备、场地进行计划，以达成生产目标
生产过程品质管理	1. 对生产作业过程进行监督、指导，同时进行生产质量控制、保证产品质量
	2. 依照生产计划实施《首件确认》流程
	3. 在每款新产品上线前必须组织对本车间全体人员进行产前培训
	4. 分析生产中的各种质量问题，并做出最快、最有效的技术解决方案
生产现场管理	1. 建立现场管理制度并监督生产现场的实施情况，寻求改善点及纠正点
	2. 推进 5S 现场管理，每天下班前检查考核车间各组 5S 执行情况，确保制度得到落实
车间生产安全管理	1. 负责落实公司各项生产安全制度，开展经常性的安全检查工作
	2. 每月 20 日—25 日进行一次安全操作培训
车间生产成本控制	1. 统计分析车间每日的生产情况，寻求改善点，提高生产效率
	2. 统计分析车间的成本消耗，制定可操作性的成本控制措施
	3. 提交车间需要补物料的《补料单》给相关部门签名
车间设备管理	1. 组织车间设备的日常维护保养工作，定时检查实施
	2. 每天监督各组使用设备的规范性、安全性
	3. 合理安排车间设备的使用，有序增减设备的耗费
车间员工管理	1. 员工上岗前进行岗位技能培训
	2. 根据车间生产情况进行人员的编制和调动
	3. 建立车间关键岗位人才培养的机制
	4. 对车间人员配置进行规划与调整，优化组织结构

续表

职能模块	工作职能明细
日常报表	1. 每天下班前检查《生产完成日报表》、根据报表情况调整第二天的生产计划，将当日完成的订单进行 ERP 缴库
	2. 每月 25 日 12 点前提交上月车间的薪资清单给财务
	3. 次月的 5 日前提交《月度计划及总结》
其他工作	1. 协助上级安排的临时工作
	2. 监督车间每日的成品入仓情况

四、任职资格要求

教育背景：大专以上学历
年龄性别：年龄在 30～45 周岁，男女不限
经　　验：有行业 5 年以上工作经验，具有创新、进取的意识思维

五、质量绩效目标

序号	目标指标	统计方法	权重	统计部门或统计人	数据来源
1	计划准交率≥96%	准交总数/下单总数×100%	35%	计划物控部	各部门
2	成品一次性交验合格率 100%	一次交验合格数/总数×100%	35%	品质研发部	各部门
3	安全事故损失金额 <200 元	根据实际情况记录，月底汇总	30%	人力资源部	各部门

起草：　　　　审核：　　　　批准：
日期：　　　　日期：　　　　日期：

表4-48 车间主管助理岗位职责绩效说明书

一、职位基本信息

职位名称	车间主管助理	所属部门	车间
直接上级	车间主管	直接下级	组长

二、在组织中的位置

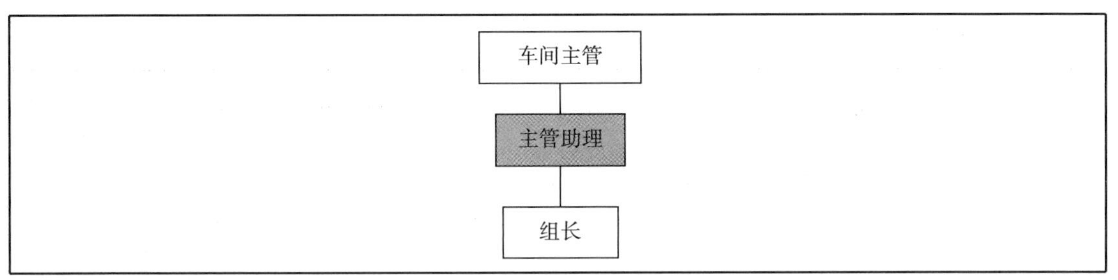

三、职能概述：组织实施车间生产计划、生产过程品质管理、现场管理、安全管理、成本控制、车间设备管理、车间员工管理、日常报表、其他工作

职能模块	工作职能明细
组织实施车间生产计划	1. 根据主管下达的生产任务制定本小组的生产作业计划，并组织实施确保计划按时达成
	2. 在生产上线的前一天，提前计划好人员、物料、设备、工具等，确保次日生产的顺利实施
	3. 产前样的组装组织、问题点记录及纠正跟踪
生产过程品质管理	1. 对生产作业过程进行监督、指导，进行产品质量和生产效率的控制
	2. 所有产品上线前首件安装的组织、操作、实施、依照《首件确认》流程进行相关确认，确认合格后再通知班组进行上线生产
	3. 所有新产品产前培训的策划、实施
现场管理	1. 认真执行现场管理制度，并培训各组人员现场操作标准
	2. 每天下班前监督执行现场管理制度
安全管理	1. 规范各岗位的安全操作
	2. 每月20日—25日期间配合主管对全体人员进行一次安全操作培训
成本控制	1. 随时监控各班组材料使用及人员工作状况，避免材料、水电和人工的浪费
	2. 统计分析各班组每日的生产情况，寻求改善点，提高生产效率
	3. 统计分析各班组的成本消耗，制定成本控制措施
车间设备管理	1. 组织各班组生产设备的日常维护保养工作，定时检查实施
	2. 每天监督各组员对于设备操作的规范性
车间员工管理	1. 员工上岗前进行岗位技能培训
	2. 每季度的28日—30日期间配合主管对车间进行一次技能考核
	3. 根据生产情况进行人员的合理调配
日常报表	1. 每天下班前向主管汇报车间当日的生产情况
	2. 在每天下班前将当日的《生产日报表》上交主管
	3. 每月的10日前向主管提交上月的车间计件产值数据
其他工作	配合主管其他临时性工作

续表

四、任职资格要求

教育背景：初中或以上学历
年龄性别：年龄在25~45周岁，男女不限
经　　验：有5年以上行业工作经验

五、质量绩效目标

序号	目标指标	统计方法	统计周期	权重	统计部门或统计人
1	计划准交率≥96%	准交总数/下单总数×100%	35%	计划物控部	各部门
2	成品一次性交验合格率100%	一次交验合格数/总数×100%	35%	品质研发部	各部门
3	安全事故损失金额<200元	根据实际情况记录，月底汇总	30%	人力资源部	各部门

起草：　　　　审核：　　　　批准：
日期：　　　　日期：　　　　日期：

表 4－49　车间组长岗位职责绩效说明书

一、职位基本信息

职位名称	车间组长	所属部门	车间
直接上级	主管助理	直接下级	员工

二、在组织中的位置

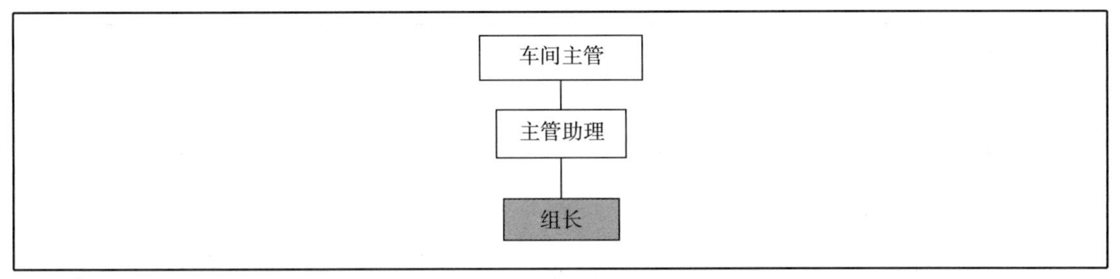

三、职能概述：组织实施车间生产计划、生产过程品质管理、生产现场管理、车间生产安全管理、车间生产成本控制、车间设备管理、车间员工管理、其他工作

职能模块	工作职能明细
组织实施车间生产计划	1. 根据生产计划组织制定本组的生产作业计划及人员安排
	2. 根据每日生产计划完成当日生产任务
	3. 根据生产实际需要，对于人员、设备、场地进行计划，以达成生产目标
生产过程品质管理	1. 对生产作业过程进行监督、指导，同时进行生产质量控制、保证产品质量
	2. 依照生产计划实施《首件确认》流程
	3. 在每款新产品上线前必须组织对本车间全体人员进行产前培训
	4. 分析生产中的各种质量问题，并做出最快、最有效的技术解决方案
生产现场管理	1. 建立现场管理制度，并监督生产现场的实施情况，寻求改善点及纠正点
	2. 推进 6S 现场管理，每天下班前检查考核车间各组 6S 执行情况，确保制度得到落实
车间生产安全管理	1. 负责落实公司各项生产安全制度，开展经常性的安全检查工作
	2. 每月 20 日—25 日进行一次安全操作培训
车间生产成本控制	1. 统计分析车间每日的生产情况，寻求改善点，提高生产效率
	2. 统计分析车间的成本消耗，制定可操作性的成本控制措施
	3. 提交车间需要补物料的《补料单》给相关部门签名
车间设备管理	1. 组织车间设备的日常维护保养工作，定时检查实施
	2. 每天监督各组使用设备的规范性、安全性
	3. 合理安排车间设备的使用，有序增减设备的耗费
车间员工管理	1. 员工上岗前进行岗位技能培训
	2. 根据车间生产情况进行人员的编制和调动
	3. 建立车间关键岗位人才培养的机制
	4. 对车间人员配置进行规划与调整，优化组织结构

续表

职能模块	工作职能明细
其他工作	1. 协助上级安排的临时工作
	2. 监督车间每日的成品入仓情况

四、任职资格要求

教育背景：初中或以上学历
年龄性别：年龄在25~45周岁，男女不限
经　　验：有行业5年以上工作经验

五、质量绩效目标

序号	目标指标	统计方法	权重	统计部门或统计人	数据来源
1	计划准交率≥96%	准交总数/下单总数×100%	35%	计划物控部	各部门
2	成品一次性交验合格率100%	一次交验合格数/总数×100%	35%	品质研发部	各部门
3	安全事故损失金额<200元	根据实际情况记录，月底汇总	30%	人力资源部	各部门

起草：　　　　审核：　　　　批准：
日期：　　　　日期：　　　　日期：

二、流程和节点要求与标准

表 4-50　生产总流程和节点要求与标准

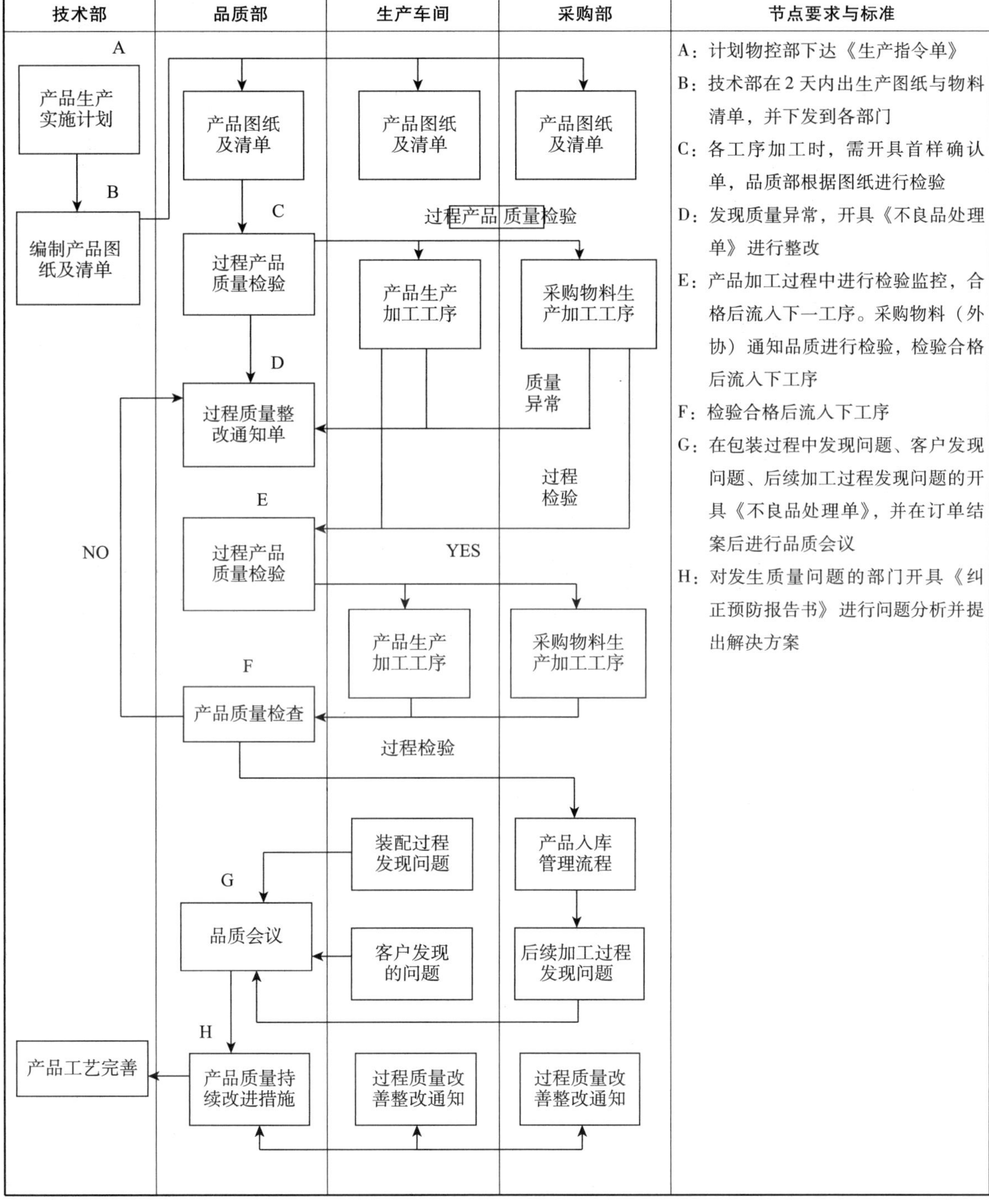

起草：　　　　审核：　　　　批准：

日期：　　　　日期：　　　　日期：

表 4－51　建店零售订单操作流程和节点要求与标准

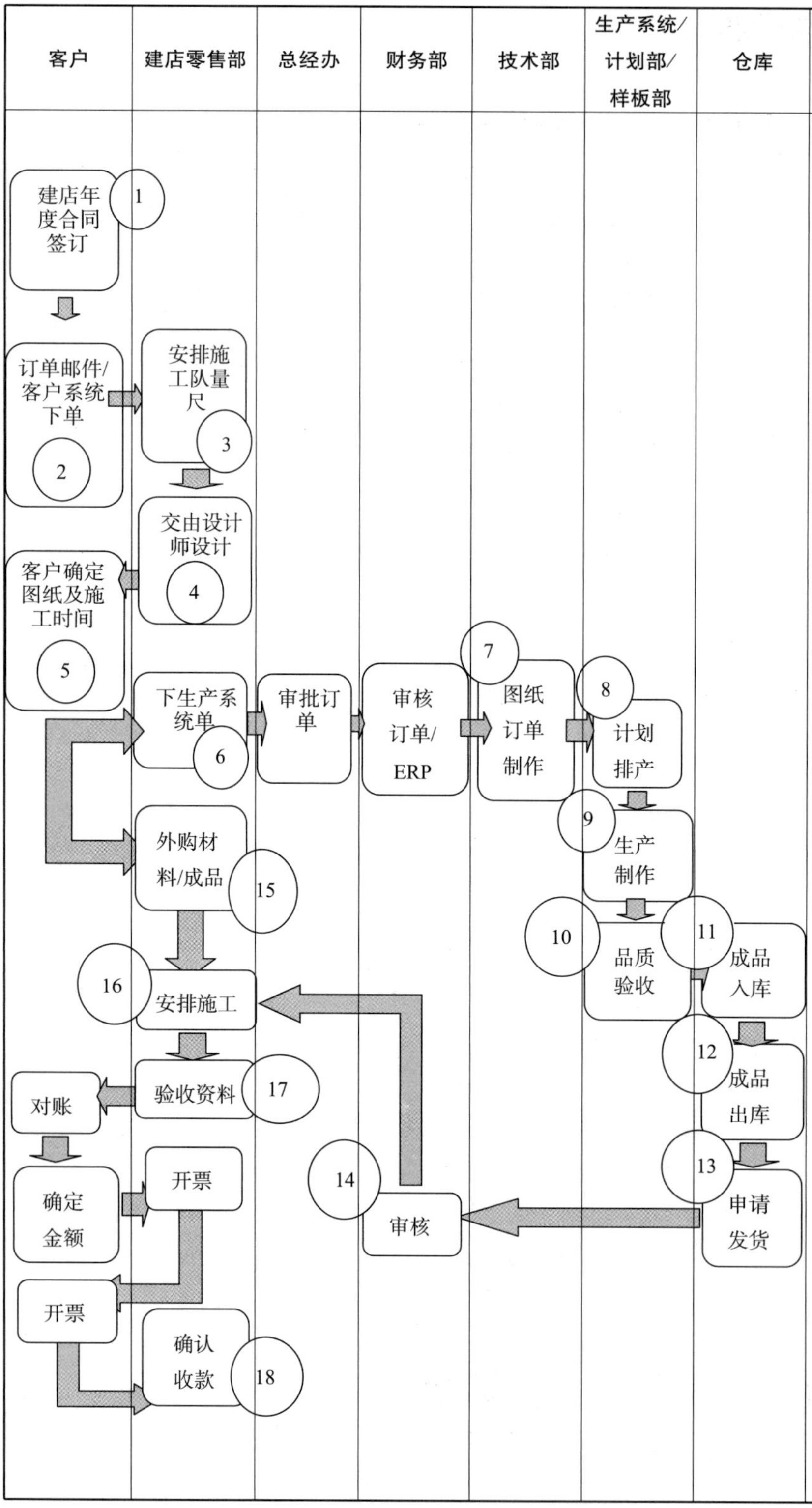

客户	建店零售部	总经办	财务部	技术部	生产系统/计划部/样板部	仓库	节点要求与标准
建店年度合同签订 1 订单邮件/客户系统下单 2 客户确定图纸及施工时间 5 对账 确定金额 开票	安排施工队量尺 3 交由设计师设计 4 下生产系统单 6 外购材料/成品 15 安排施工 16 验收资料 17 开票 确认收款 18	审批订单	审核订单/ERP 14 审核	7 图纸订单制作	8 计划排产 9 生产制作 10 品质验收	11 成品入库 12 成品出库 13 申请发货	1. 业务员与客户签订年度合同 2. 客户以邮件或客户系统下订单需求 3. 客户在系统或邮件通知下单时，跟单员在确认后20分钟内联系当地督导，安排工人量尺，工人在2天内完成量尺（根据路程远近） 4. 跟单员接到量尺图后写设计申请单给设计组在1～2天进行设计出图（根据店铺大小定） 5. 出图后跟单员在半小时内把图上传系统或发送给客户确认（半天内确认完成） 6. 图纸确认后跟单员在1小时内系统下单，半天内完成总经办、财务的审批 7. 技术部在接到订单要求后2天内完成图纸与清单 8. 计划在半天内完成排期 9. 生产部安排生产 10. 品质进行验收 11. 成品入仓 12. 成品出仓 13. 跟单员申请发货 14. 财务审核订单 15. 确认图纸后2小时内跟单员部分物料及成品安排发外采购 16. 按照与督导约好的时间提前一天安排好师傅进场 17. 跟单在施工完成后当天收集施工前、施工中、施工后签收单，与客户进行精算对账、开票 18. 确认收款（按合同签订的结算时间）

起草：　　　　审核：　　　　批准：

日期：　　　　日期：　　　　日期：

表 4－52 采购管理流程和节点要求与标准

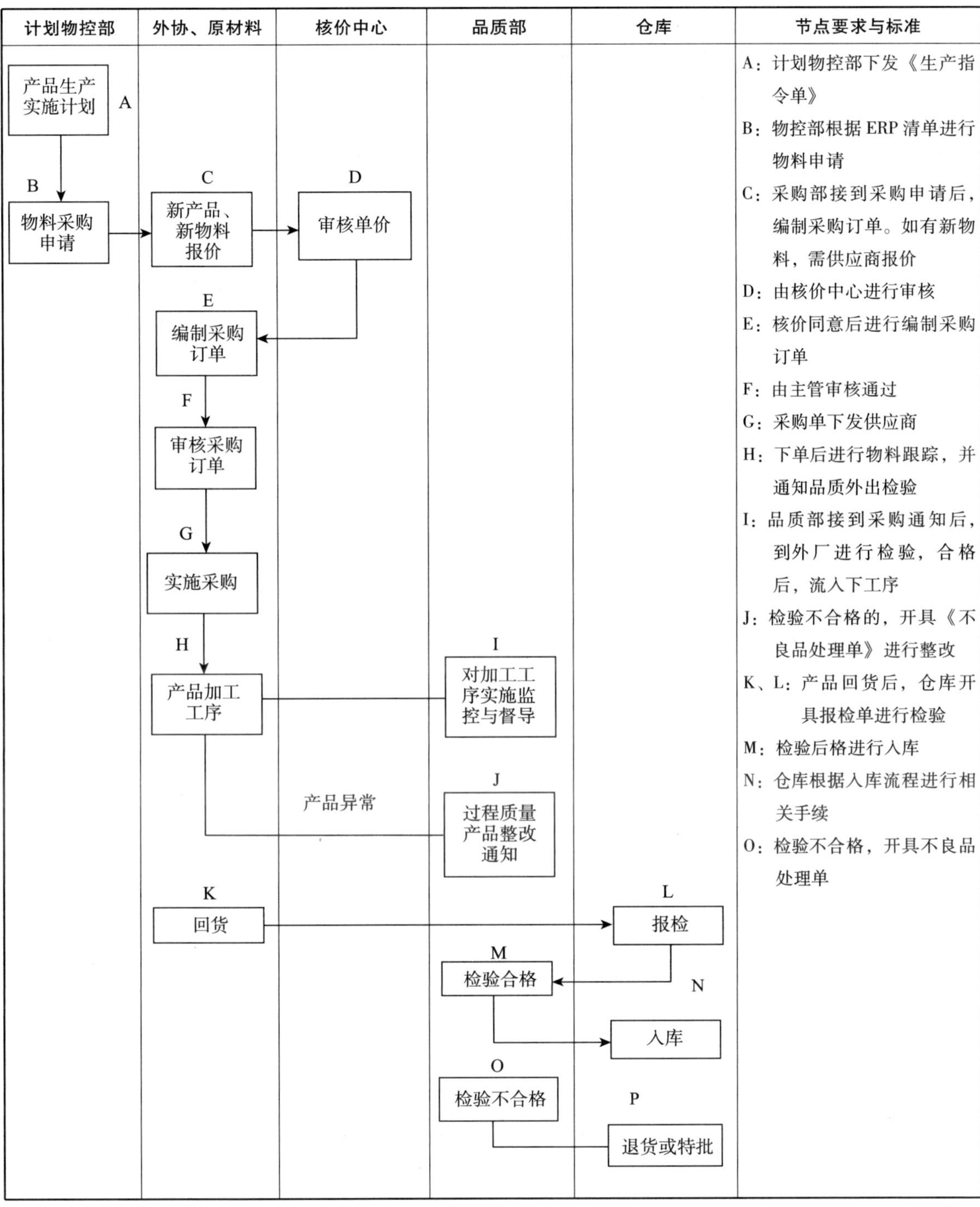

起草： 审核： 批准：

日期： 日期： 日期：

表4－53　报表编制与报送流程和节点要求与标准

财务部各职能会计	总账会计	财务主管	董事副总	公司各职能部门	外部单位	节点要求与标准
原始发票/单据 记账凭证 登记明细账	登记总账 编制报表 报送 档案	复核报表	审核报表	A 资产负债表、损益表及资金报表等	B 税务：纳税申报表 C 统计局：统计报表 D 银行：各种报表与指标 工商：各种报表与指标	A：按公司各职能部门要求及时报送 B：每月15日前必须完成上月的纳税申报 C：按统计局的要求每月、每季度、每年分别报送 D：按银行要求报送各项指标，特别是每次贷款转换时应当提前准备

起草：　　　　审核：　　　　批准：

日期：　　　　日期：　　　　日期：

表4-54 采购借款审签流程和节点要求与标准

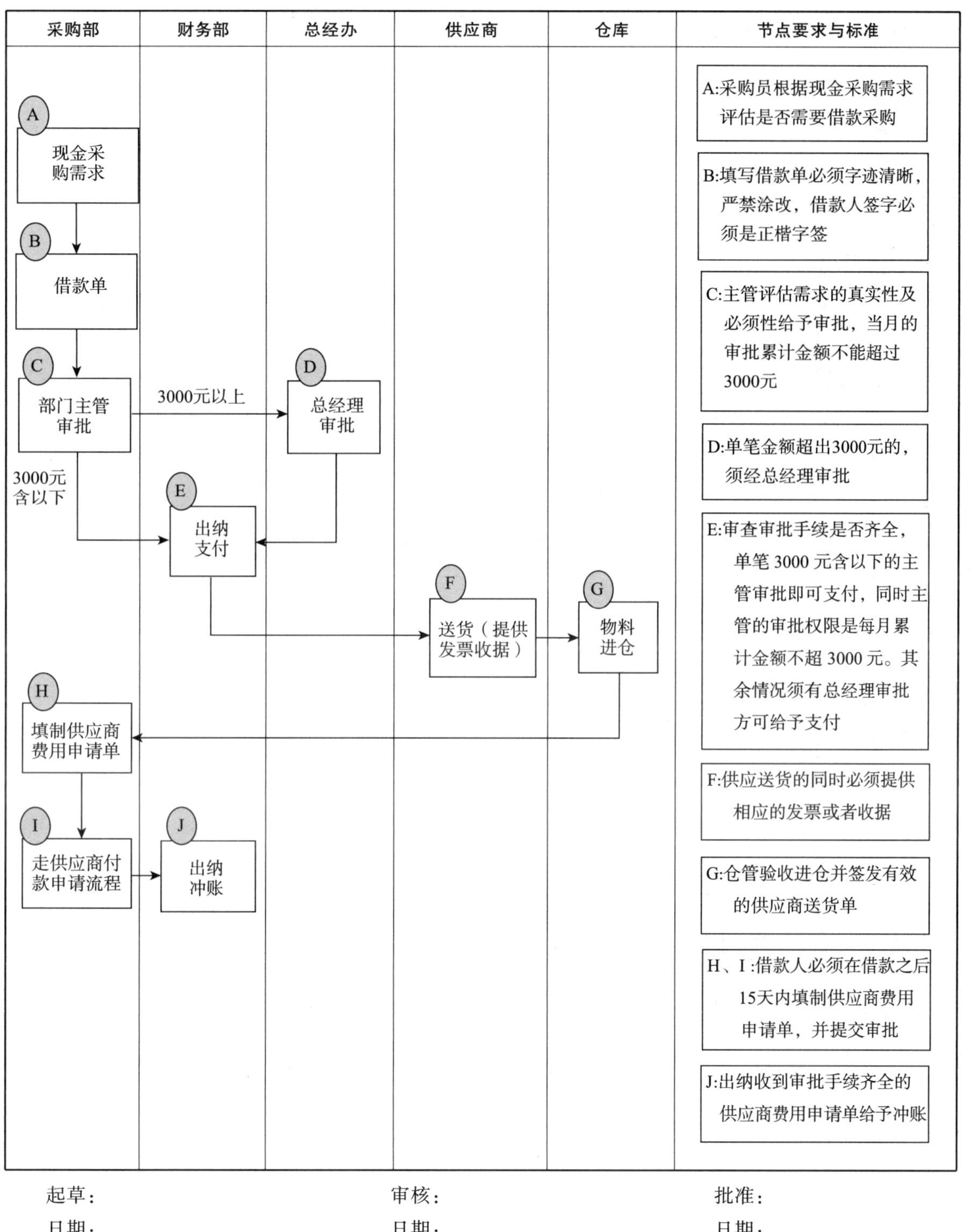

起草： 审核： 批准：

日期： 日期： 日期：

表4－55　出差借款审签流程和节点要求与标准

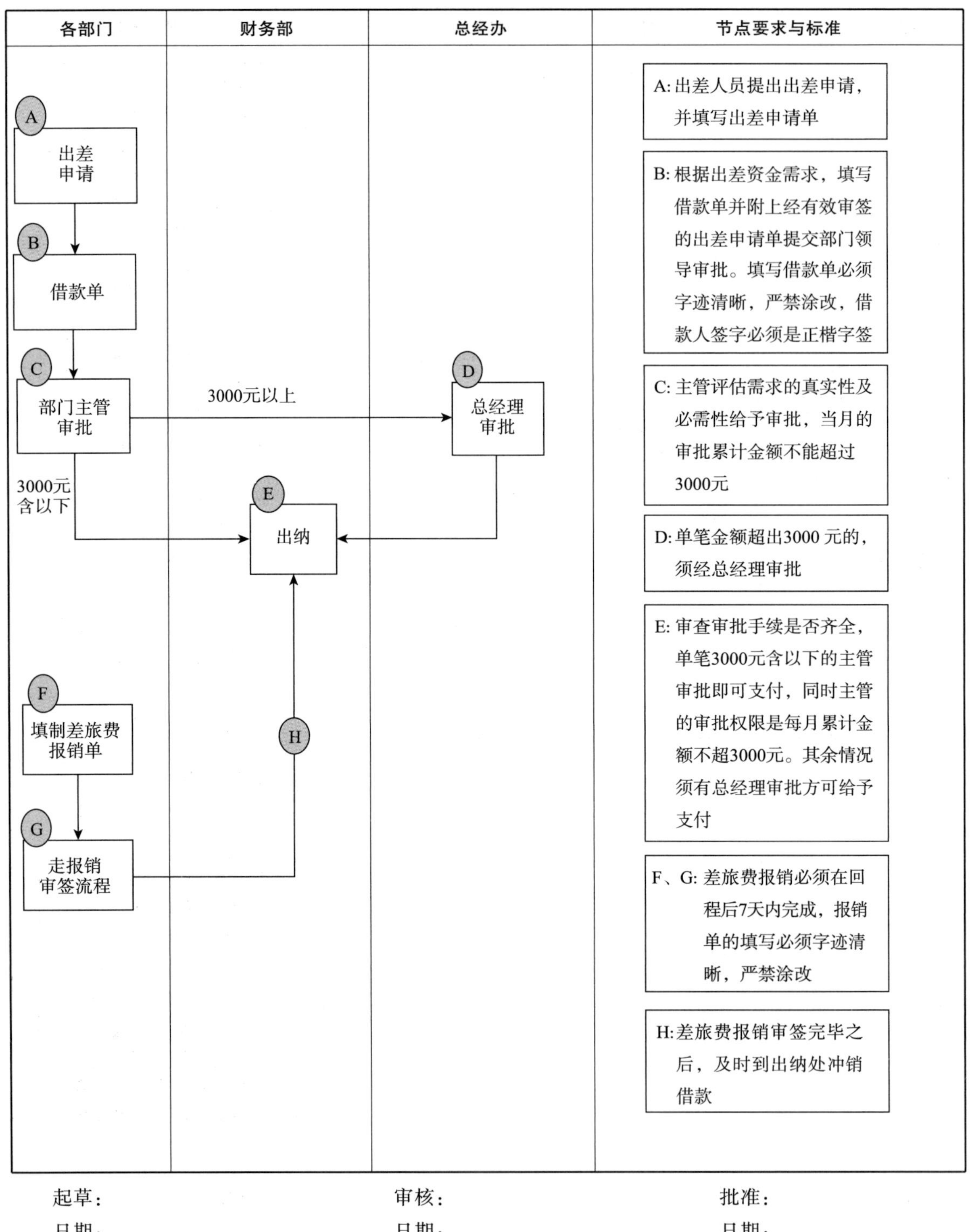

起草：　　　　审核：　　　　批准：

日期：　　　　日期：　　　　日期：

表4－56　报销审签流程和节点要求与标准

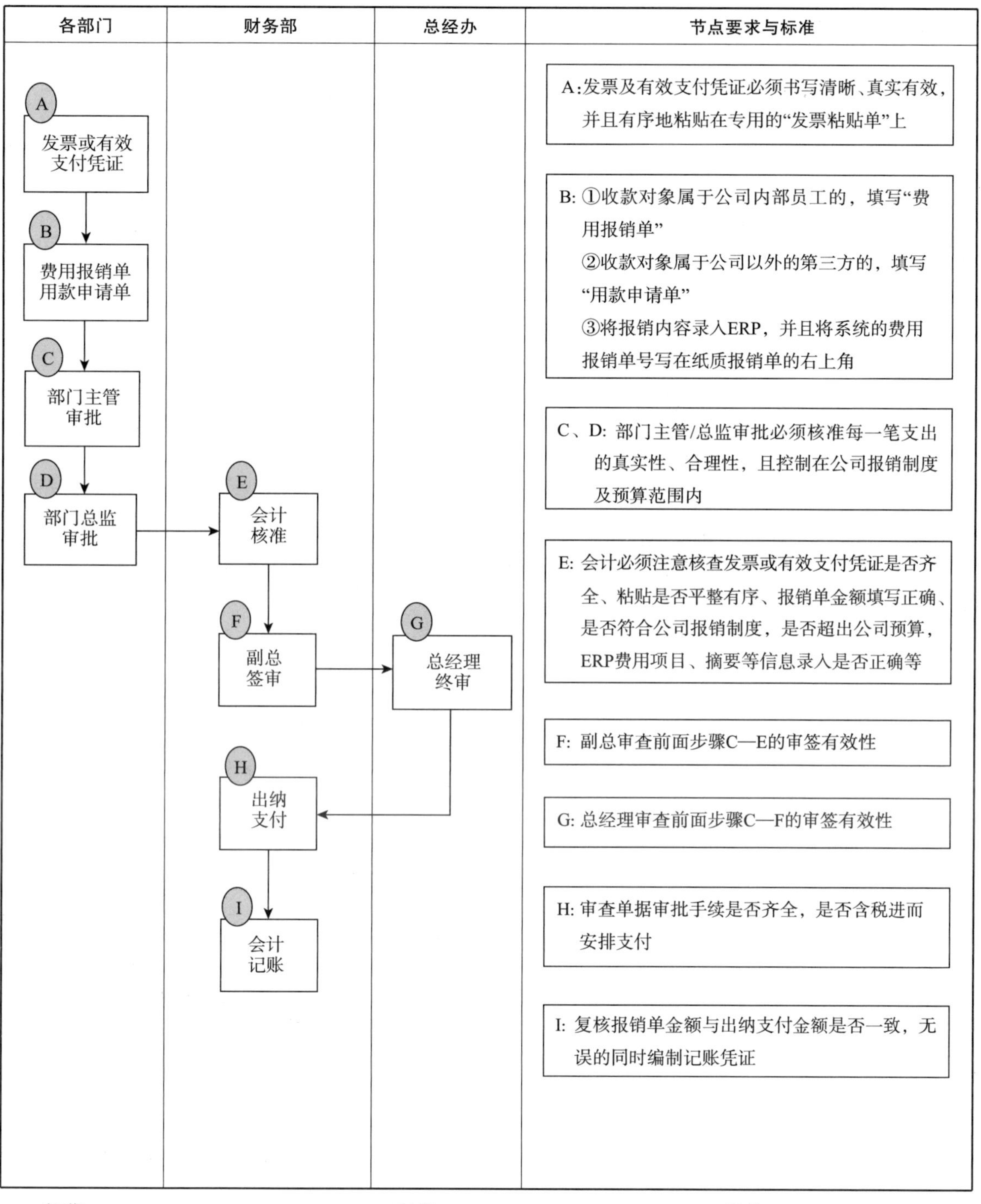

起草：　　　　　　　　审核：　　　　　　　　批准：

日期：　　　　　　　　日期：　　　　　　　　日期：

表4－57 供应商付款审签流程和节点要求与标准

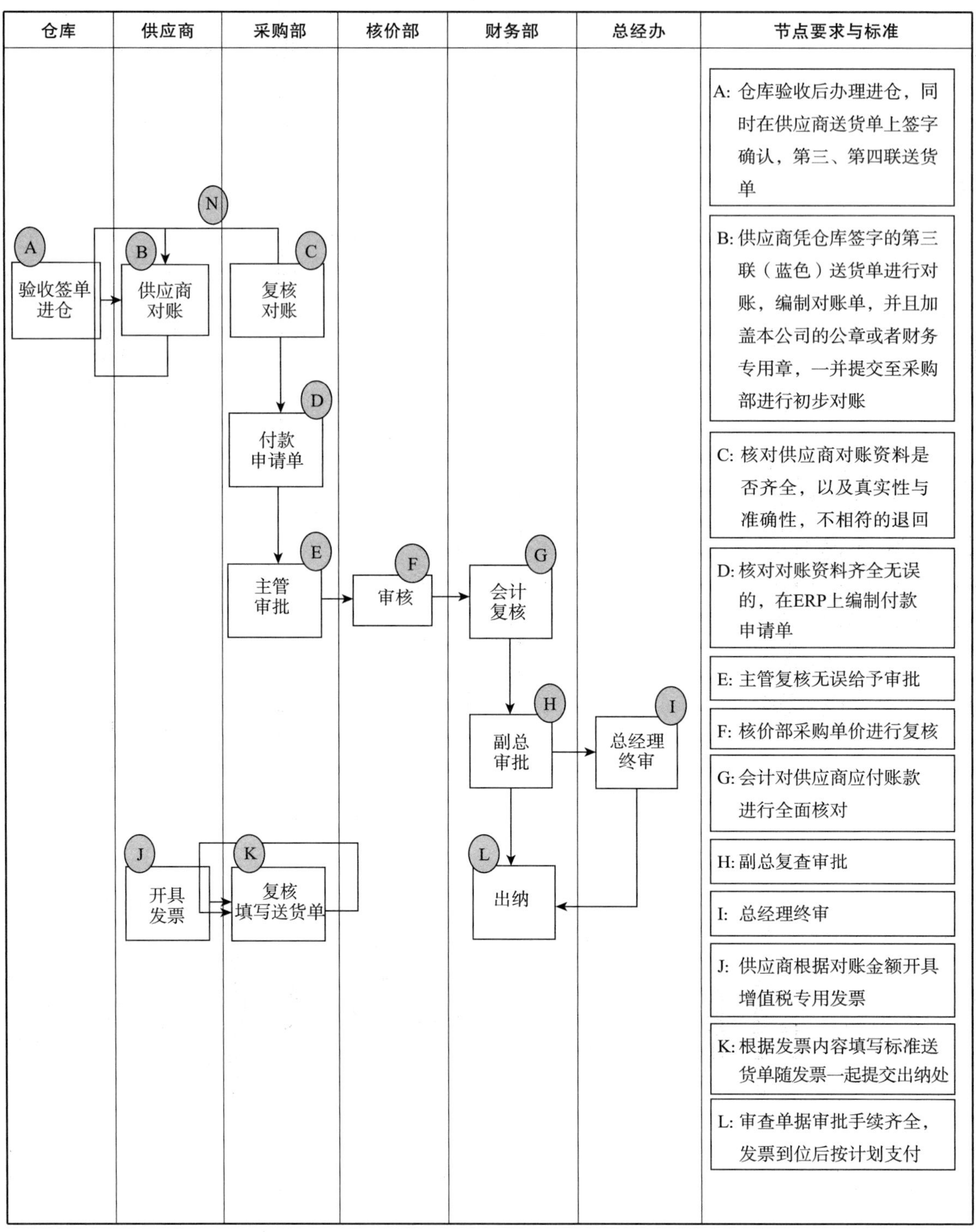

起草：　　　　审核：　　　　批准：

日期：　　　　日期：　　　　日期：

表 4－58　其他因公借款审签流程和节点要求与标准

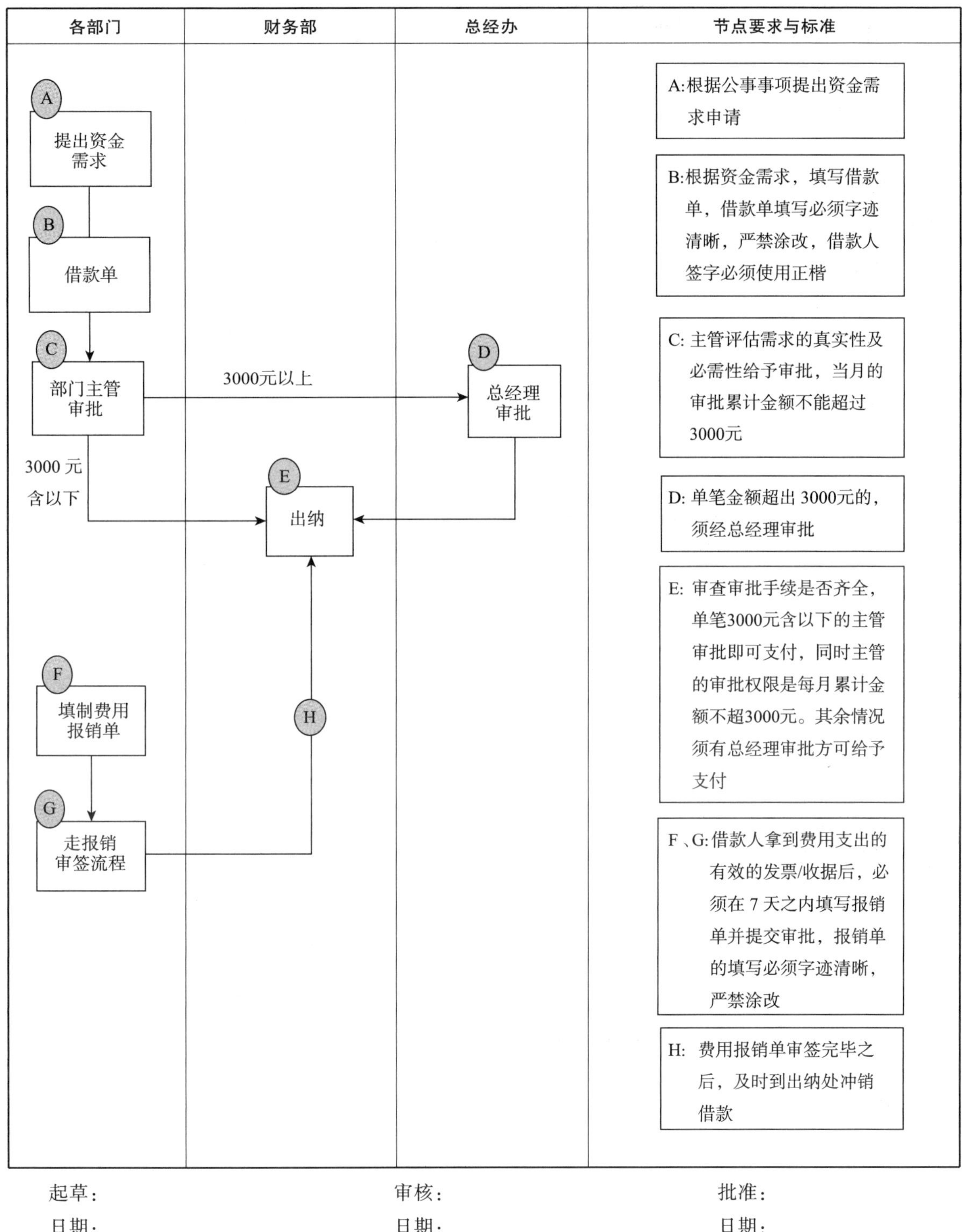

起草：　　　　审核：　　　　批准：

日期：　　　　日期：　　　　日期：

表4－59　因私借款审签流程和节点要求与标准

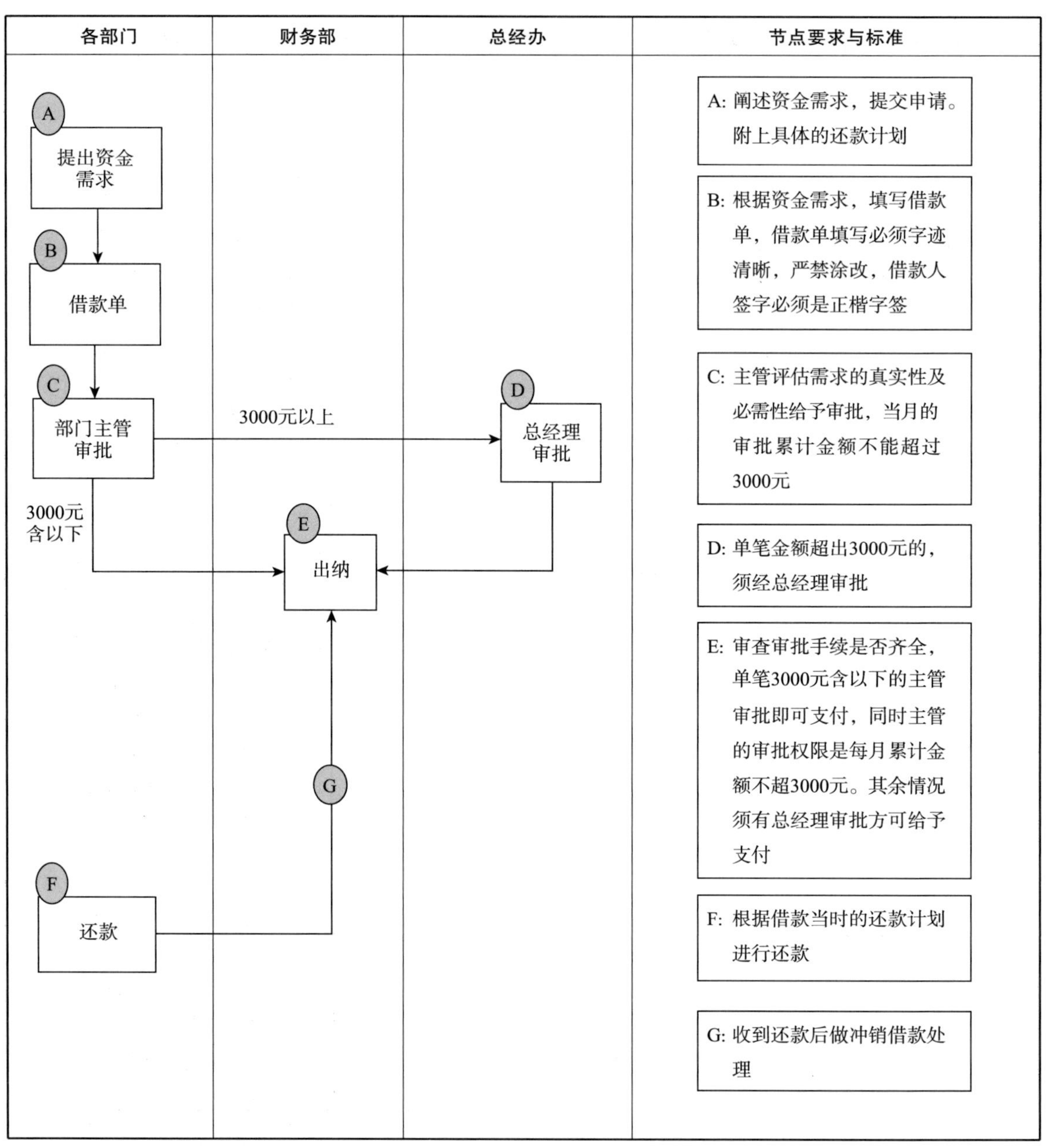

起草：　　　　审核：　　　　批准：

日期：　　　　日期：　　　　日期：

表4-60 报价申请流程和节点要求与标准

营销部	营销副总	核价中心副总	核价中心	总经理	节点要求与标准
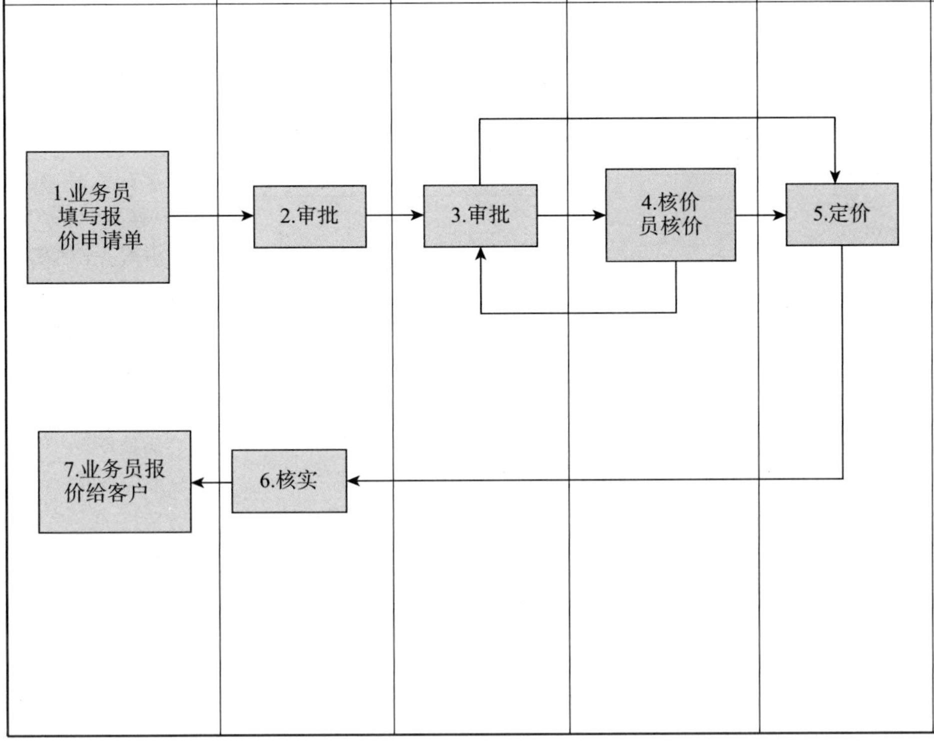 1.业务员填写报价申请单 →	2.审批 →	3.审批 →	4.核价员核价 →（返回3.审批）	5.定价（来自3.审批）	1. 业务员填写《报价申请单》及《报价单附表》，将图纸及材料要求一并作为附件交给营销副总审批 2. 副总审批资料是否齐全 3. 交给核价中心副总审批签字后交给核价员报价及核价 4. 核价中心核完价格交由总经理定价 5. 总经理定完价格后交给营销副总核实 6. 交副总对价格进行核实 7. 待副总批准后方可报价给客户
7.业务员报价给客户	← 6.核实			←（来自5.定价）	

起草： 审核： 批准：

日期： 日期： 日期：

表4－61　打样申请流程和节点要求与标准

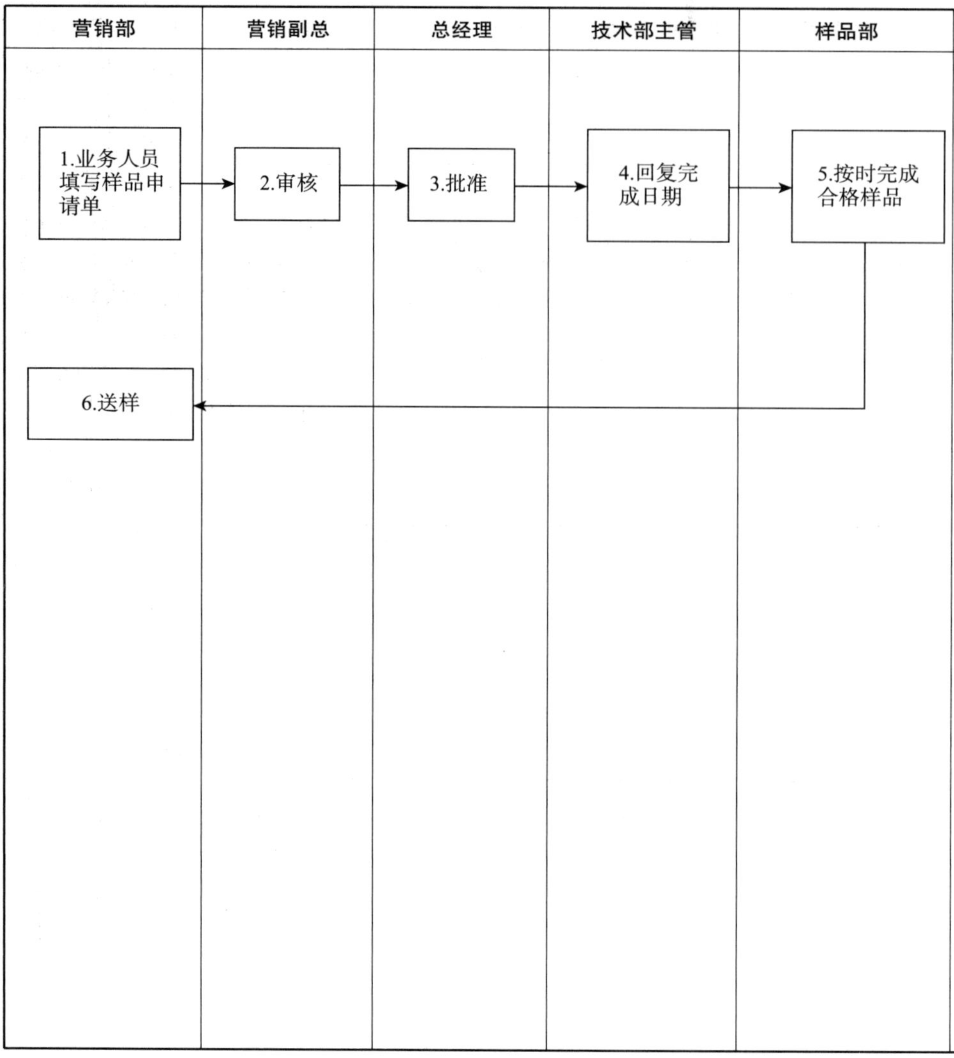

营销部	营销副总	总经理	技术部主管	样品部	节点要求与标准
1.业务人员填写样品申请单 →	2.审核 →	3.批准 →	4.回复完成日期 →	5.按时完成合格样品	1. 业务员将客户传达的样品图纸，材质要求和其他特殊要求收集完整，然后填写《样品申请单》，并附上上述资料 2. 《样品申请单》交至营销副总审核申请是否合理，我司是否能满足需求 3. 总经理批准后方可打样 4. 技术部主管接收到《样品申请单》召集样品会议，回复样品交期 5. 样品部严格按照图纸和其他注明事项完成合格样品 6. 待样品通过品审会合格后方可送样给客户
6.送样 ←				（5 → 6）	

起草：　　　　审核：　　　　批准：

日期：　　　　日期：　　　　日期：

表 4 - 62 采购报价流程和节点要求与标准

采购部	核价中心	财务中心	总经理	节点要求与标准
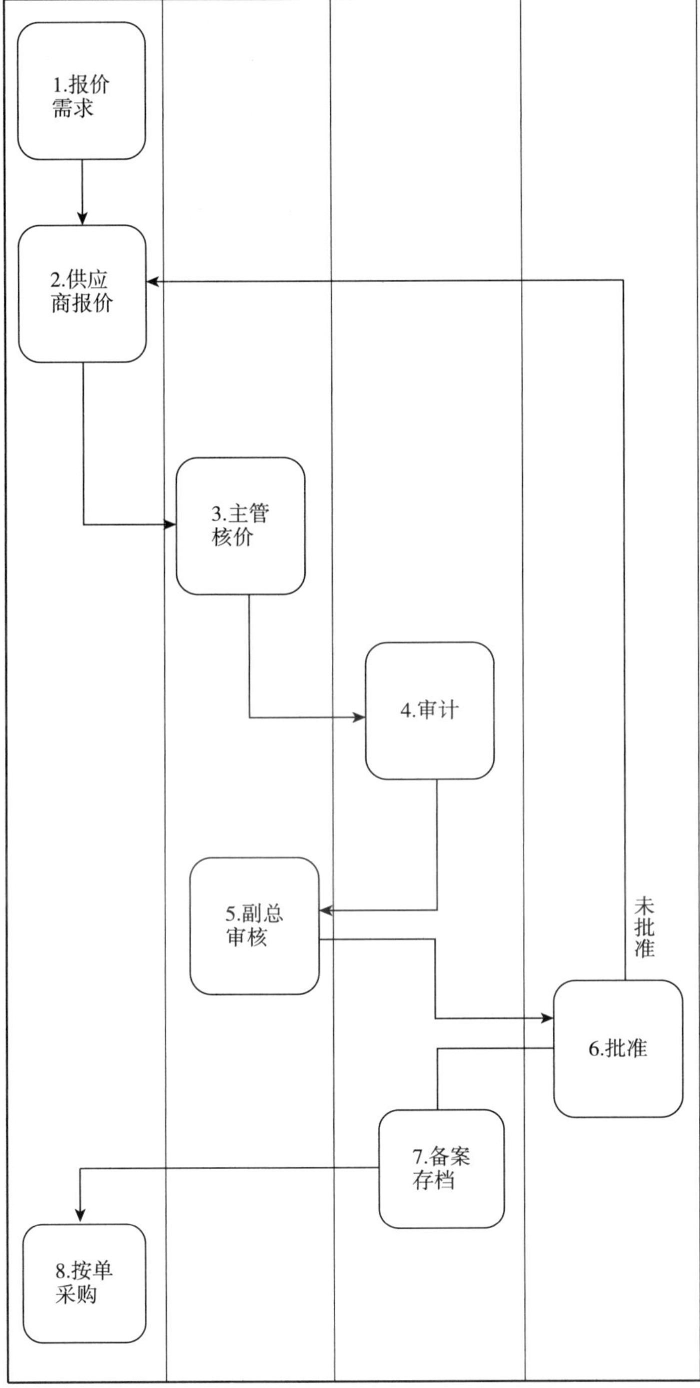 1.报价需求 2.供应商报价 8.按单采购	3.主管核价 5.副总审核	4.审计 7.备案存档	6.批准 未批准	1. 按采购单产生报价需求 2. 由采购部传相关资料，至少三家以上供应商报价，一天内完成 3. 由核价中心主管对采购部提供供应商资料进行核价，并在 2 小时内完成 4. 财务进行报价审计，1 小时内完成 5. 核价中心副总审核，1 小时内完成 6. 总经理批准 1 小时内完成 7. 按总经理批准方案，将有关生效合同交财务备案存档 8. 采购按单采购

起草：　　　　审核：　　　　批准：

日期：　　　　日期：　　　　日期：

表 4－63　成本优化核价流程和节点要求与标准

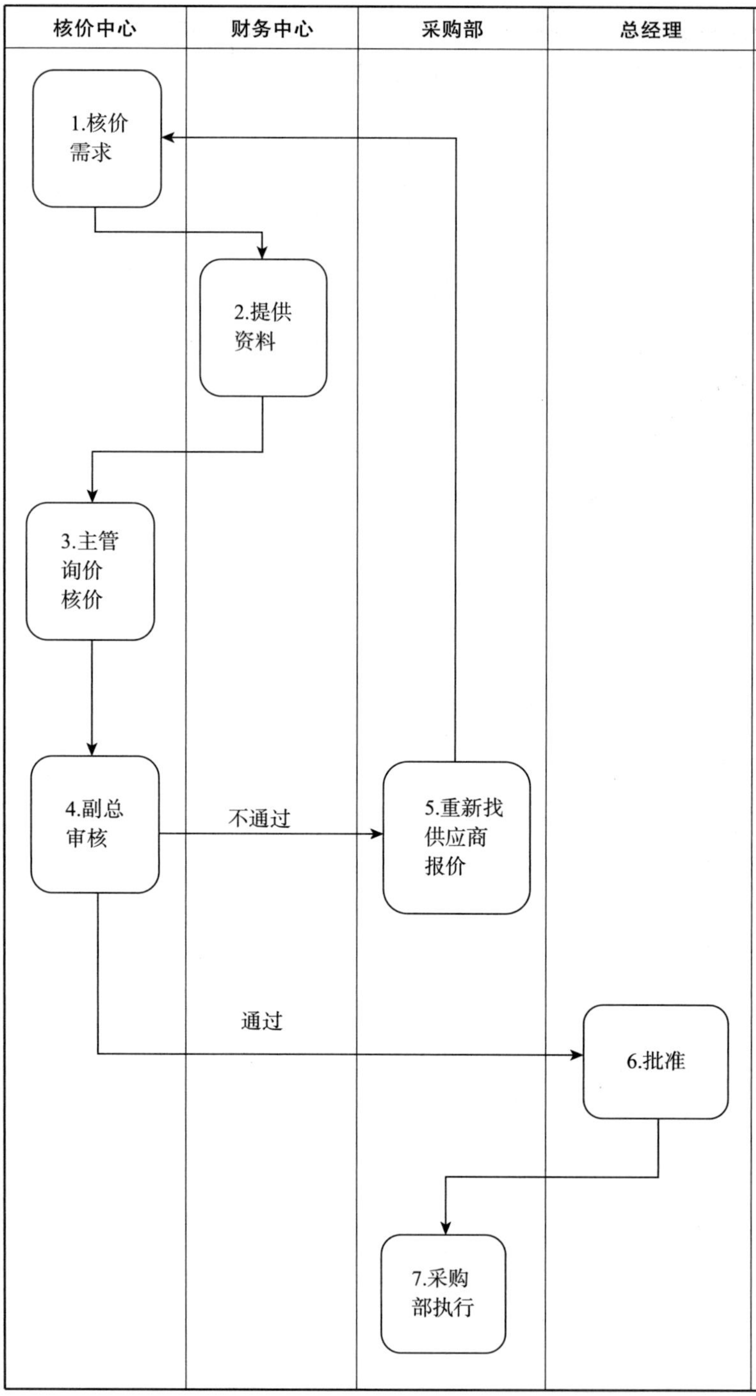

核价中心	财务中心	采购部	总经理	节点要求与标准
1.核价需求 3.主管询价核价 4.副总审核	2.提供资料	5.重新找供应商报价 7.采购部执行	6.批准	1. 由核价中心提交核价需求表 2. 财务按需求表提供相关供应商资料与产品报价，并在 4 小时内完成 3. 由核价中心主管进行产品询价核价工作，1 天内完成 4. 核价中心副总审核，1 天内完成 5. 未获通过由采购部重新走报价流程 6. 通过报总经理批示，1 小时内完成 7. 采购部执行

（流程：1.核价需求 → 2.提供资料 → 3.主管询价核价 → 4.副总审核；不通过 → 5.重新找供应商报价 → 1.核价需求；通过 → 6.批准 → 7.采购部执行）

起草：　　　　　　审核：　　　　　　批准：

日期：　　　　　　日期：　　　　　　日期：

表 4－64 工程报价流程和节点要求与标准

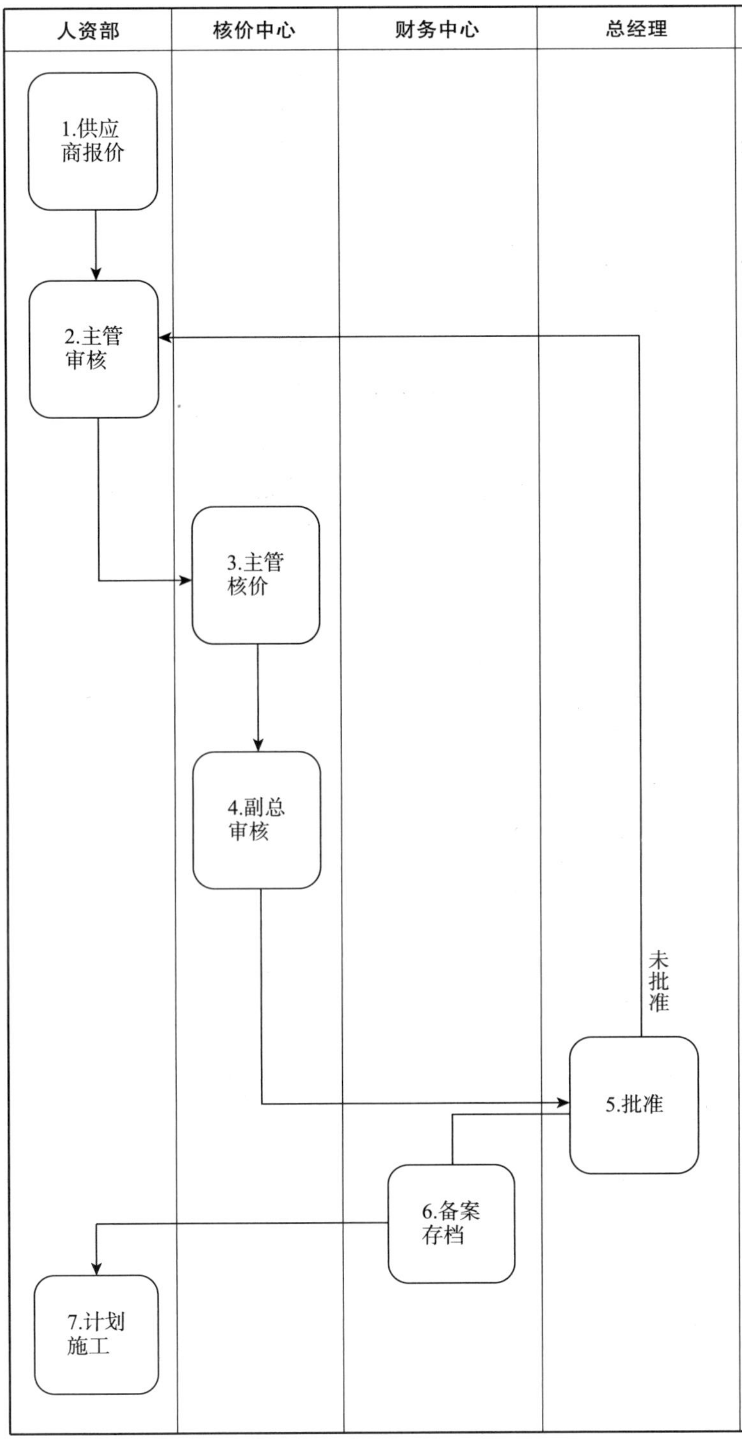

人资部	核价中心	财务中心	总经理	节点要求与标准
1.供应商报价 2.主管审核 7.计划施工	3.主管核价 4.副总审核	6.备案存档	5.批准 未批准	1. 由人资部按工程要求联系至少三家以上施工单位报价 2. 由人资主管进行报价初审 3. 由核价中心主管对人资部提供施工单位报价进行核价 4. 核价中心副总审核 5. 总经理批准 6. 有关生效施工合同交财务备案存档 7. 人资部按计划施工

起草： 审核： 批准：

日期： 日期： 日期：

表4－65　工序单价核价流程和节点要求与标准

计划物控部	核价中心	财务中心	总经理	节点要求与标准
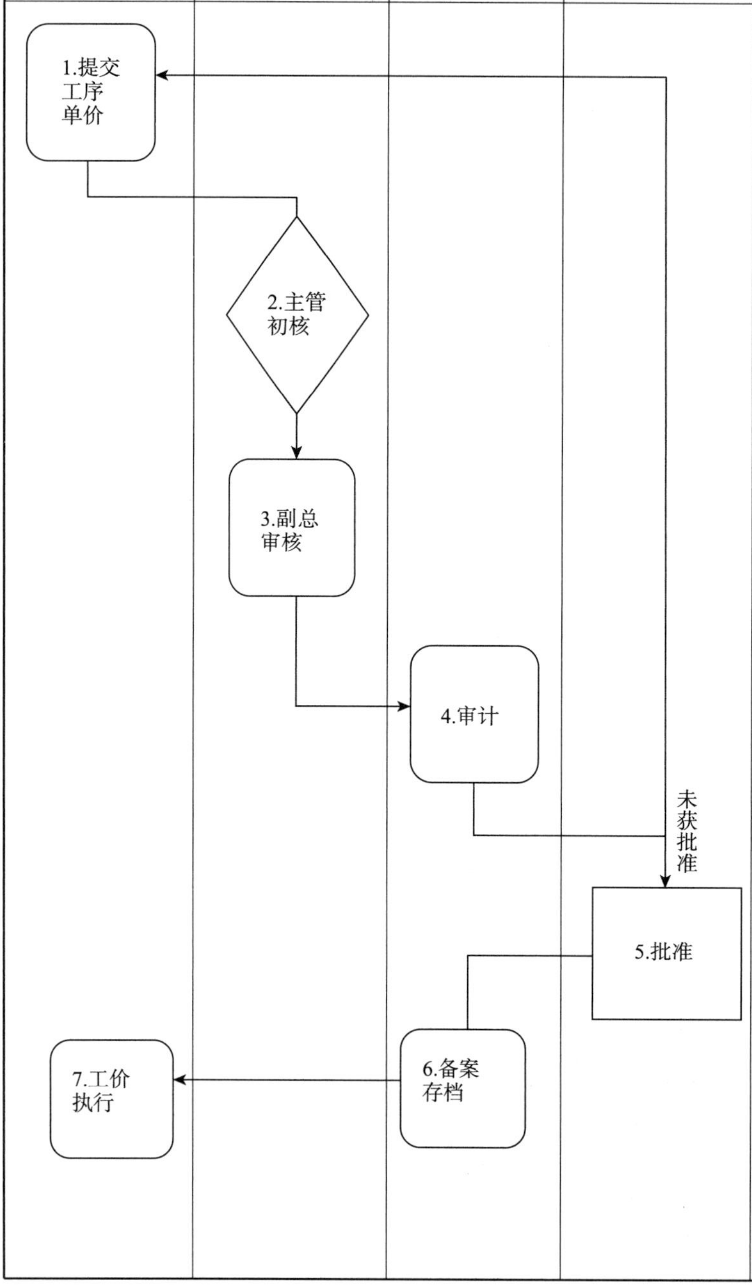 1.提交工序单价 7.工价执行	2.主管初核 3.副总审核	4.审计 6.备案存档	5.批准 未获批准	1. 计划物控员提交经部门主管审核的工序单价表；新产品工价要求上线后一周内完成提交申请 2. 常规工价主管在2小时内完成初核工作 3. 常规工价核价副总要求在1小时内完成审核工作 4. 财务按制度及公司成本预算在1小时内完成工价审计 5. 总经理在1小时内完成工价审批，未批准返回申请部门 6. 经总经理批示生效的工序单价原件交财务备案存档 7. 复印件由申请部门按单执行

起草：　　　　审核：　　　　批准：

日期：　　　　日期：　　　　日期：

表 4-66　成本预算核价流程和节点要求与标准

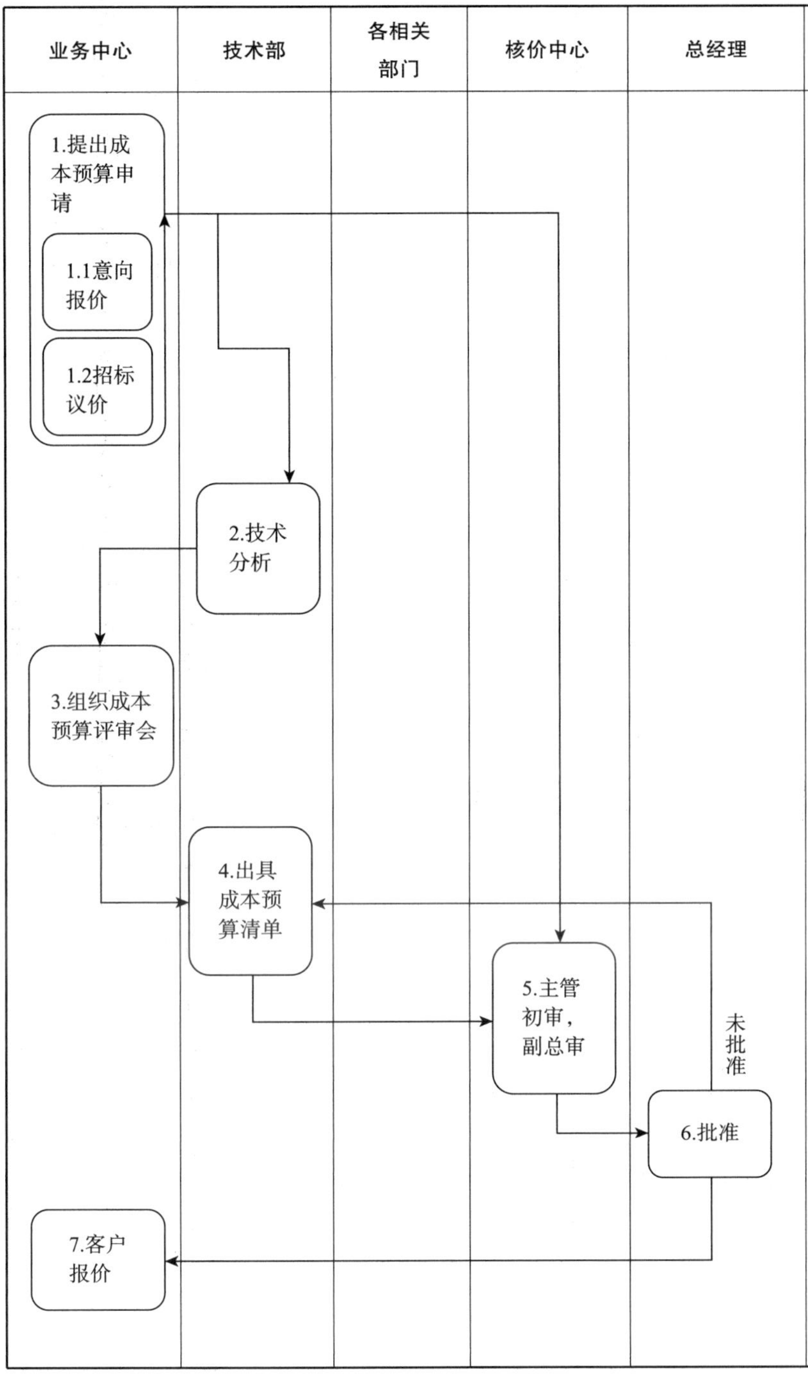

业务中心	技术部	各相关部门	核价中心	总经理	节点要求与标准
1.提出成本预算申请 1.1意向报价 1.2招标议价 3.组织成本预算评审会 7.客户报价	2.技术分析 4.出具成本预算清单		5.主管初审，副总审	6.批准 未批准	1. 提供客户图纸及相关资料及标准要求 1.1 出具经部门负责人核准之成本预算申请单 1.2 属招标要求的要提前 7 天以上提交申请 2. 技术部 1 小时内完成技术分析 3. 业务部负责评审的组织、召开、资料准备与存档工作，1 小时内完成 4. 技术出具成本预算清单：议价 4 小时内完成；招标 3 个工作日完成 5. 核价中心负责完成初审与审核：议价 2 小时内完成，招标 2 个工作日内完成 6. 总经理负责批准与定价，1 个小时内完成 7. 业务按核准之定价向客户报价

起草：　　　　审核：　　　　批准：

日期：　　　　日期：　　　　日期：

表 4－67　样板流程和节点要求与标准

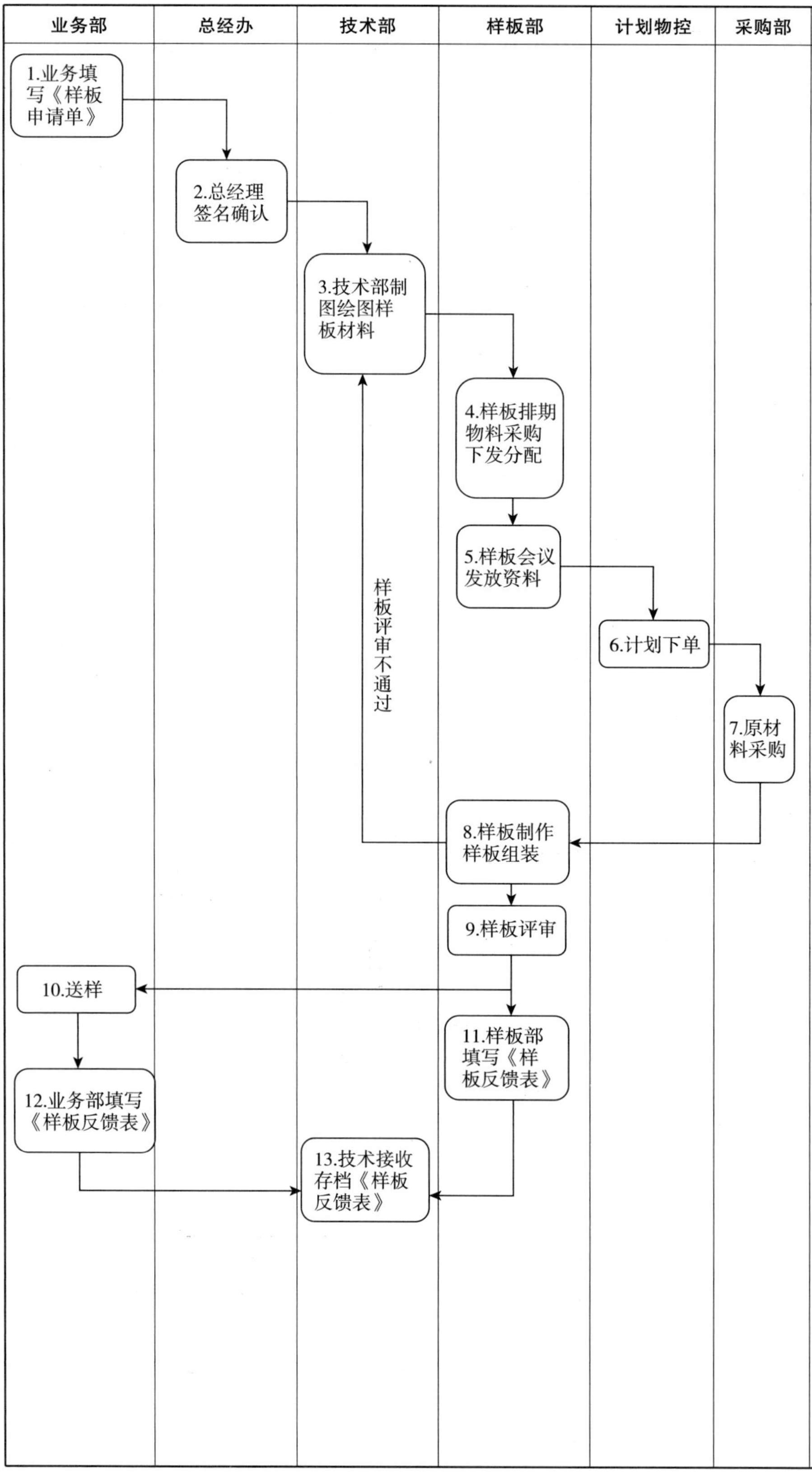

业务部	总经办	技术部	样板部	计划物控	采购部	节点要求与标准
1.业务填写《样板申请单》						1. 业务将客户要求填写《打样申请单》 A. 附图纸 B. 附色板/样板
	2.总经理签名确认					2. 总经理签名确认（2小时内完成）
		3.技术部制图绘图样板材料				3. 技术部要在1个工作日完成打样图纸及打样物料清单
			4.样板排期物料采购下发分配			4. 样板部接到样板单后，在2小时内做好样板排期及物料整理分配工作
			5.样板会议发放资料			5. 收到样板单后4个小时内召集召开样板会议
				6.计划下单		6. 计划物控部接收到样板部物料申购单在1小时内完成ERP系统录入
					7.原材料采购	7. 采购部接收到样板部物料申购单及图纸必须按照排期表准时完成
		样板评审不通过（返回3）	8.样板制作样板组装			8. 样板组装1个工作日完成，在组装过程中出现的问题一定记录在样板反馈表上
			9.样板评审			9. 样板完成后4小时内召集样板评审会议（样板组装记录样板问题）
10.送样						10. 样板评审通过后业务需在1个工作日取走，如需保存需要提出申请，经样板主管签名确认后送样
			11.样板部填写《样板反馈表》			11. 评审完成后1个工作日内样板部提交给技术文员（包括照片、反馈表）存档
12.业务部填写《样板反馈表》						12. 业务员送样完成后2个工作日提交《样板反馈单》到技术文员存档
		13.技术接收存档《样板反馈表》				13. 技术部存档《样板反馈单》以备样板修改和生产改进

起草：　　　　　　审核：　　　　　　批准：

日期：　　　　　　日期：　　　　　　日期：

表4－68　订单操作管理流程和节点要求与标准

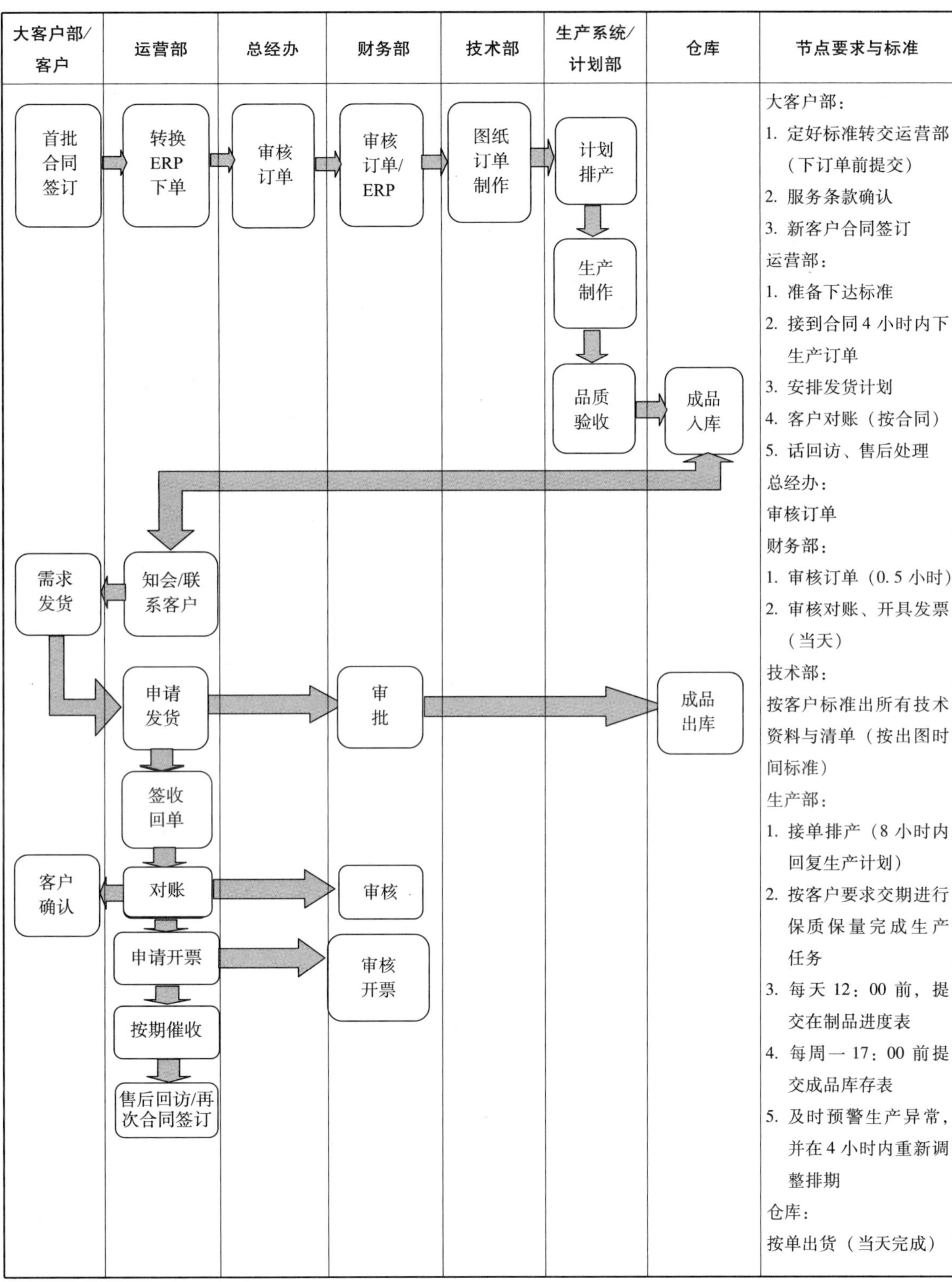

大客户部：

1. 定好标准转交运营部（下订单前提交）
2. 服务条款确认
3. 新客户合同签订

运营部：

1. 准备下达标准
2. 接到合同4小时内下生产订单
3. 安排发货计划
4. 客户对账（按合同）
5. 话回访、售后处理

总经办：

审核订单

财务部：

1. 审核订单（0.5小时）
2. 审核对账、开具发票（当天）

技术部：

按客户标准出所有技术资料与清单（按出图时间标准）

生产部：

1. 接单排产（8小时内回复生产计划）
2. 按客户要求交期进行保质保量完成生产任务
3. 每天12：00前，提交在制品进度表
4. 每周一17：00前提交成品库存表
5. 及时预警生产异常，并在4小时内重新调整排期

仓库：

按单出货（当天完成）

起草：　　　　　　　　审核：　　　　　　　　批准：

日期：　　　　　　　　日期：　　　　　　　　日期：

表4－69　返修单操作流程和节点要求与标准

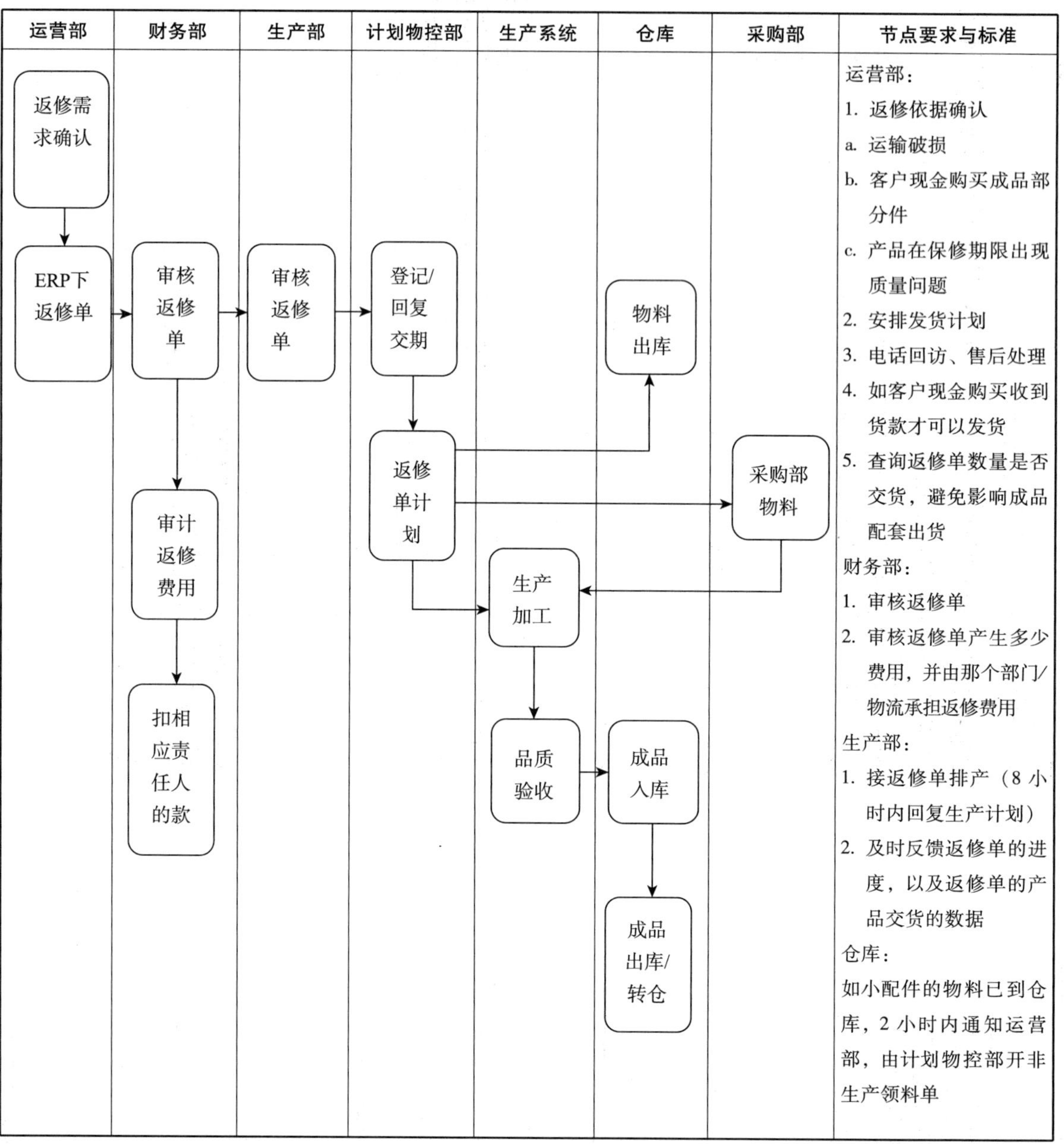

起草：　　　　　　审核：　　　　　　批准：

日期：　　　　　　日期：　　　　　　日期：

表 4－70　合同审批流程和节点要求与标准

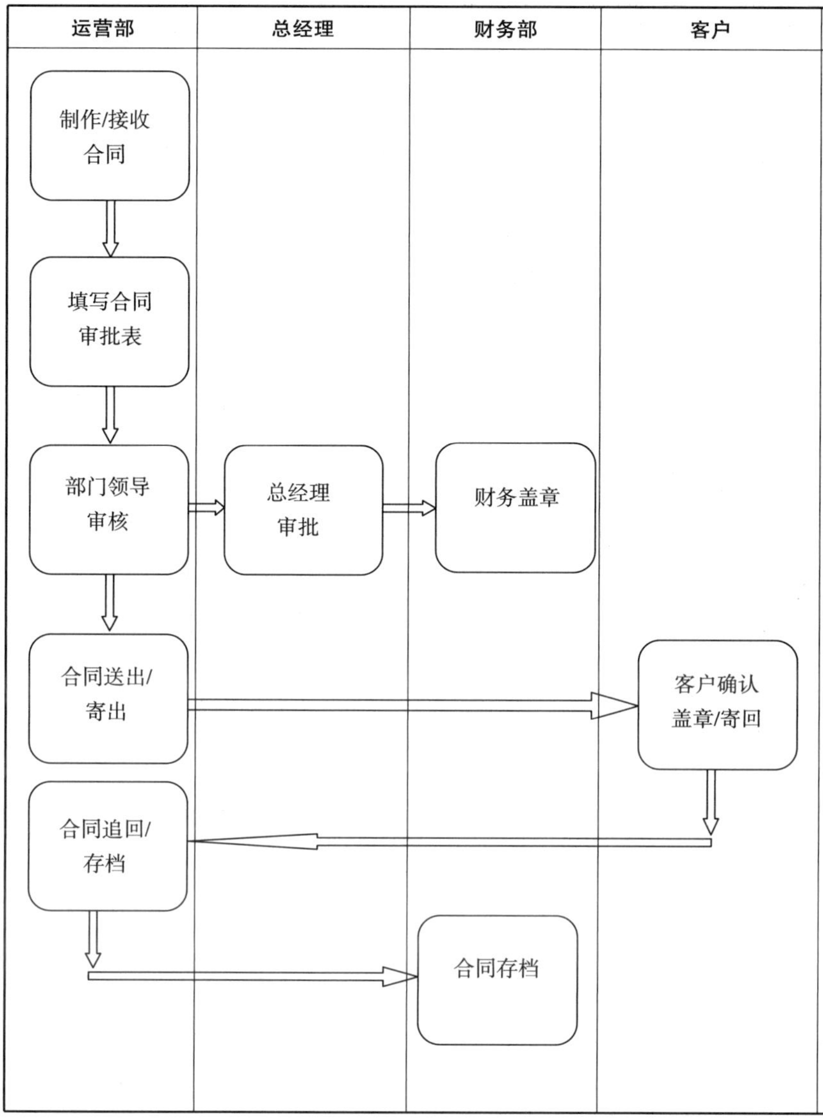

运营部	总经理	财务部	客户	节点要求与标准
制作/接收合同 ↓ 填写合同审批表 ↓ 部门领导审核 → ↓ 合同送出/寄出 → 合同追回/存档 ← ↓ →	总经理审批 →	财务盖章 合同存档	客户确认盖章/寄回 ↓	运营部： 1. 接到合同：审核合同条款，1天内确认合同 2. 提交总经理审核 3. 提交财务部盖章 总经理： 审批合同，要求年度合同1天内完成，批次合同4小时内完成 财务部： 1. 确认合同 2. 合同盖章，当天完成 3. 合同存档 客户： 1. 确认和审批合同 2. 寄回合同

起草：　　　　　　　审核：　　　　　　　批准：

日期：　　　　　　　日期：　　　　　　　日期：

表4-71　客户投诉处理流程和节点要求与标准

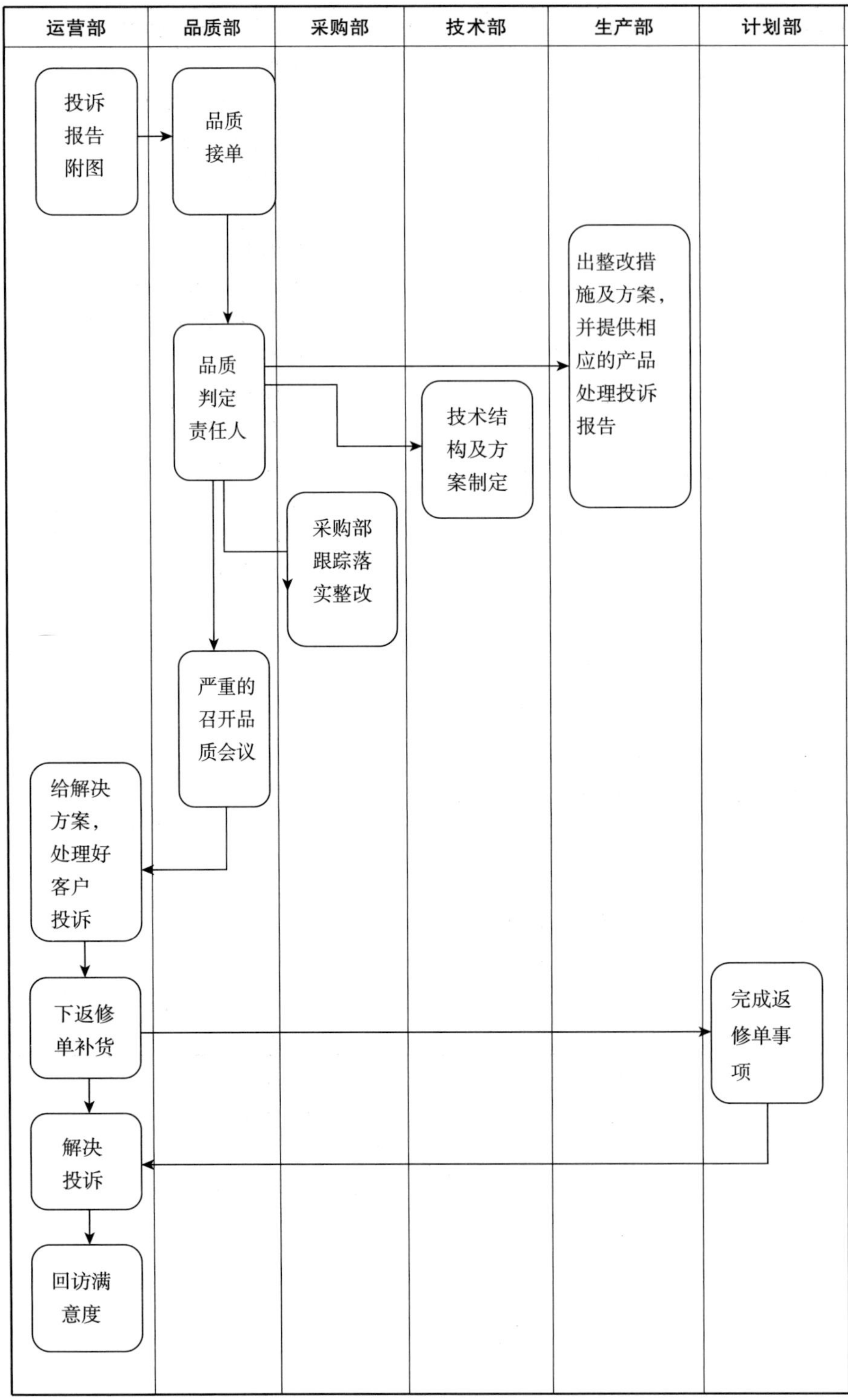

运营部	品质部	采购部	技术部	生产部	计划部	节点要求与标准
投诉报告附图 →	品质接单					运营部： 1. 接到投诉：4小时内下投诉报告 2. 缺配件的：4小时内解决 3. 结构问题的：24小时内给予客户解决方案 4. 无法安装的：12小时内补发货物，与客户协商解决 5. 1000元以内投诉，跟单自行请示，直接解决客户投诉 6. 3000元以内投诉，总监直接解决投诉 7. 超出3000元，请示总经理解决客户投诉
	品质判定责任人 →	采购部跟踪落实整改	技术结构及方案制定	出整改措施及方案，并提供相应的产品处理投诉报告		品质部： 1. 在收到投诉报告，12小时内回复处理方案/结果 2. 一个月召开两次品质会议，解决后序可能发生的投诉，杜绝同品质问题再次发生 3. 各部门配合品质部处理品质异常，做出解决方案与措施
给解决方案，处理好客户投诉 ←	严重的召开品质会议					
下返修单补货 →					完成返修单事项	
解决投诉 ←						
回访满意度						

起草：　　审核：　　批准：

日期：　　日期：　　日期：

表 4－72 产品出入库管理流程和节点要求与标准

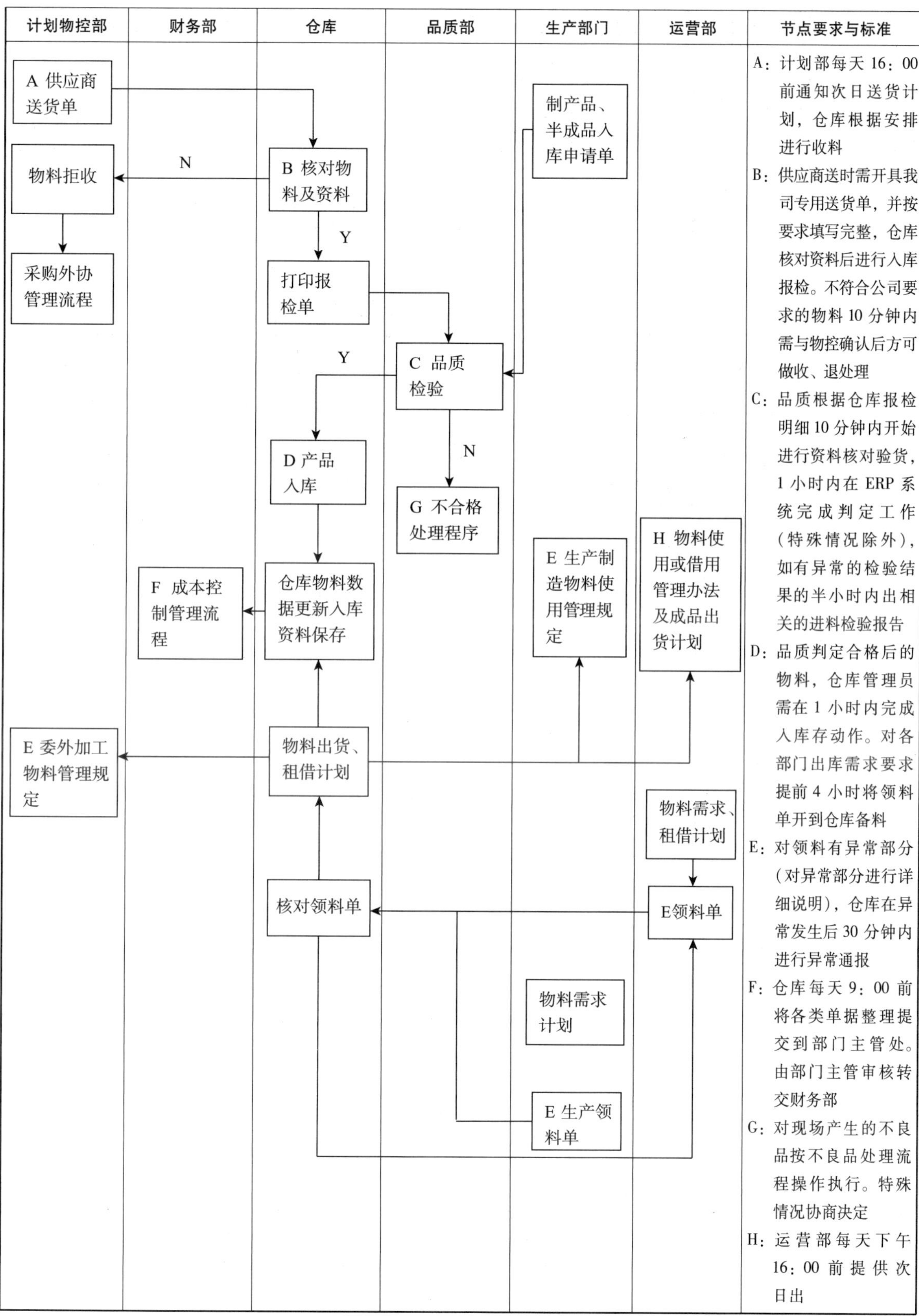

起草： 审核： 批准：

日期： 日期： 日期：

表4－73　生产计划管理流程和节点要求与标准

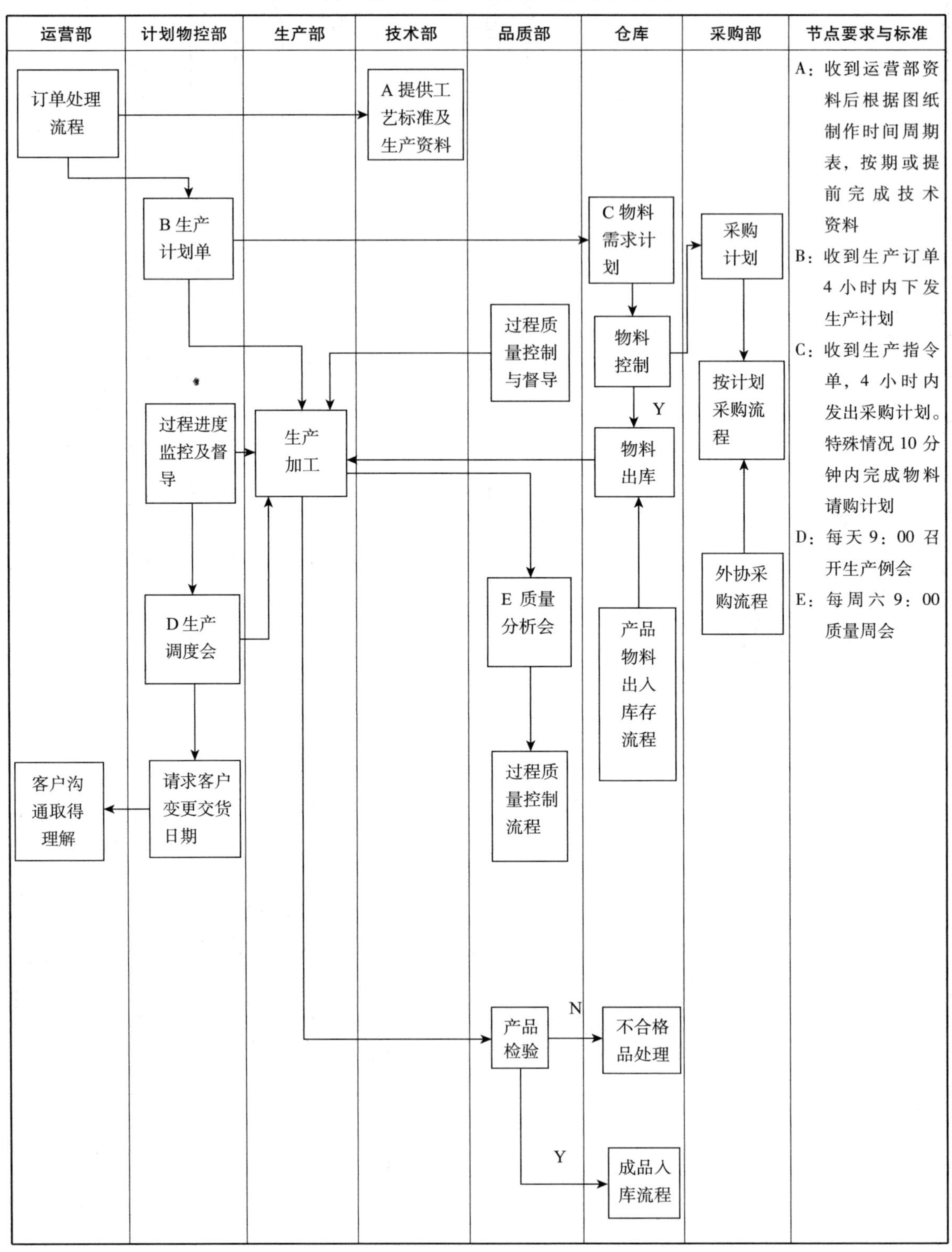

起草：　　　　审核：　　　　批准：

日期：　　　　日期：　　　　日期：

表 4－74　包装成品检验流程和节点要求与标准

生产车间	技术	运营	品质	节点要求与标准
1.首件制作	不合格			1. 按技术资料制作
2.电话报检		3.首件确认		2. 需提前半小时电话通知，填写好首件确认单
				3. 新产品需由三方一起确认，返单产品由品质确认
4.批量生产	合格			4. 严格执行标准
5.成品报检			6.成品检验	5. 规范填写好交验单，现场物料必须标识清楚
				6. 按 AQL 抽样，依检验依据检验，电器亮灯全检，做好检验结果标识
7.按不合格品制度执行	不合格			
8.入库	合格			

起草：　　　　　　　　审核：　　　　　　　　批准：

日期：　　　　　　　　日期：　　　　　　　　日期：

表 4－75　不合格处理流程和节点要求与标准

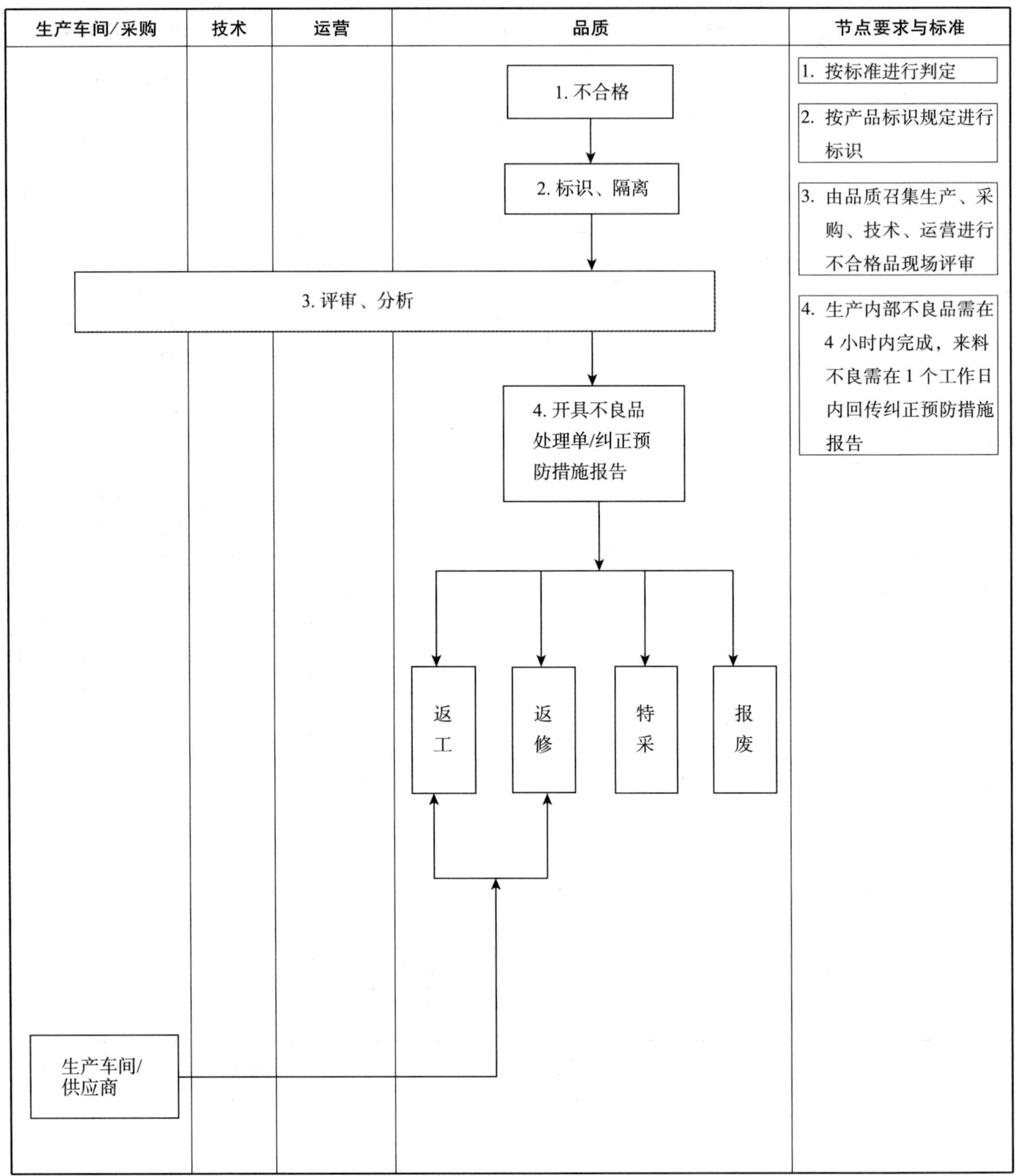

起草：　　　　审核：　　　　批准：

日期：　　　　日期：　　　　日期：

表 4－76　特采流程和节点要求与标准

生产/计划/采购	技术	运营/业务	品质	副总经理	节点要求与标准
1.特采申请					1. 特采的物料的安全、结构、重要性能不得有影响；生产急用，没有返工时间，紧急出货；由申请部门填写，半小时内完成
	2.特采评估				2. 各部门在特采评定栏中填写意见，2 小时内完成
		不通过		3.做最终的判定	3. 副总经理根据评估部门的意见给出最终的判定结果
			4.更换标识并跟踪	通过	4. 特采通过的，品质部依据特采单上的物料更换现场对应的物料标识，并跟踪
5.不合格品处理流程					5. 特采不通过，按不合格品处理流程

起草：　　　　审核：　　　　批准：

日期：　　　　日期：　　　　日期：

表 4－77 制程检验流程和节点要求与标准

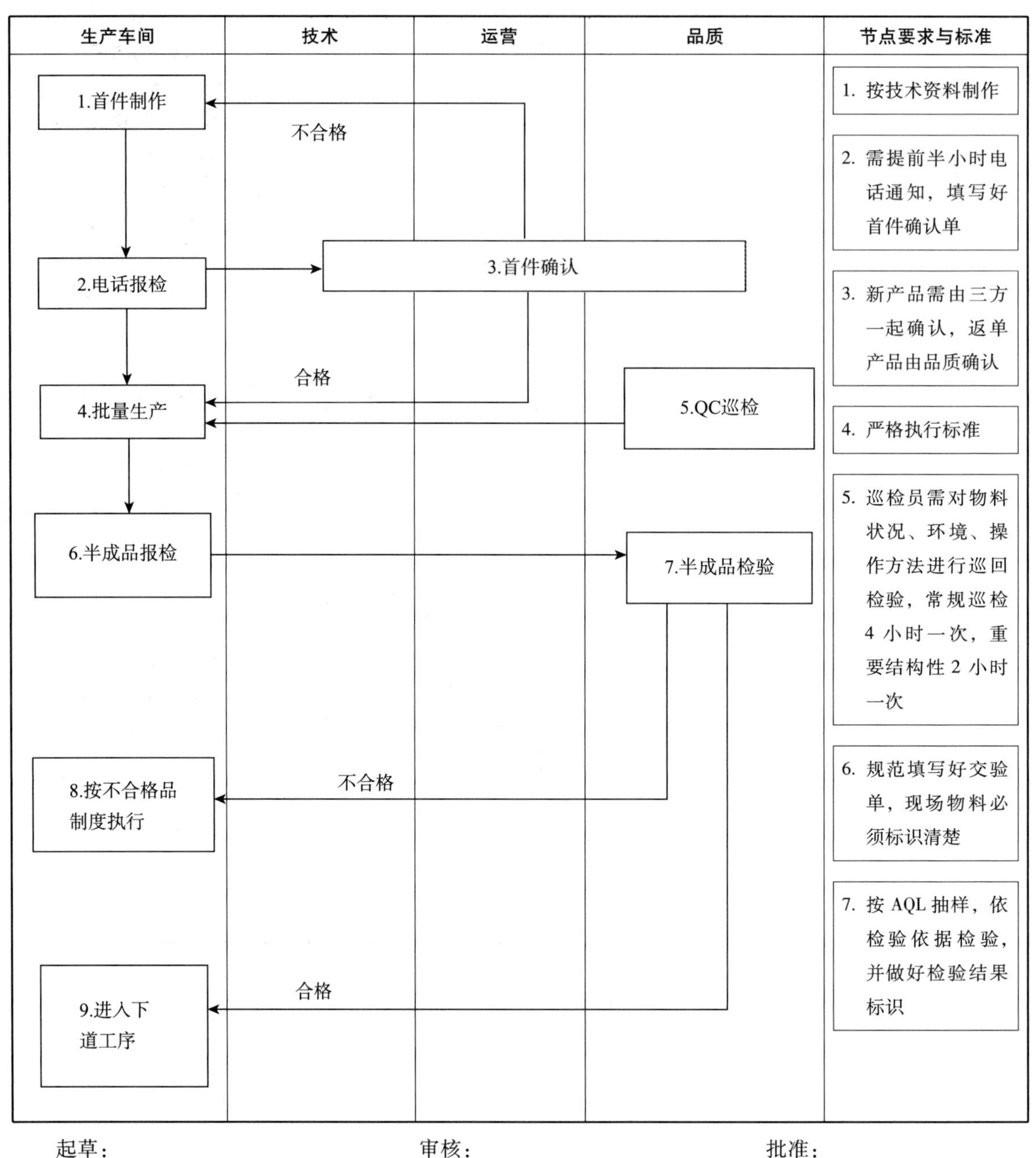

起草：　　　　　　审核：　　　　　　批准：

日期：　　　　　　日期：　　　　　　日期：

表 4－78　办公用品申请流程和节点要求与标准

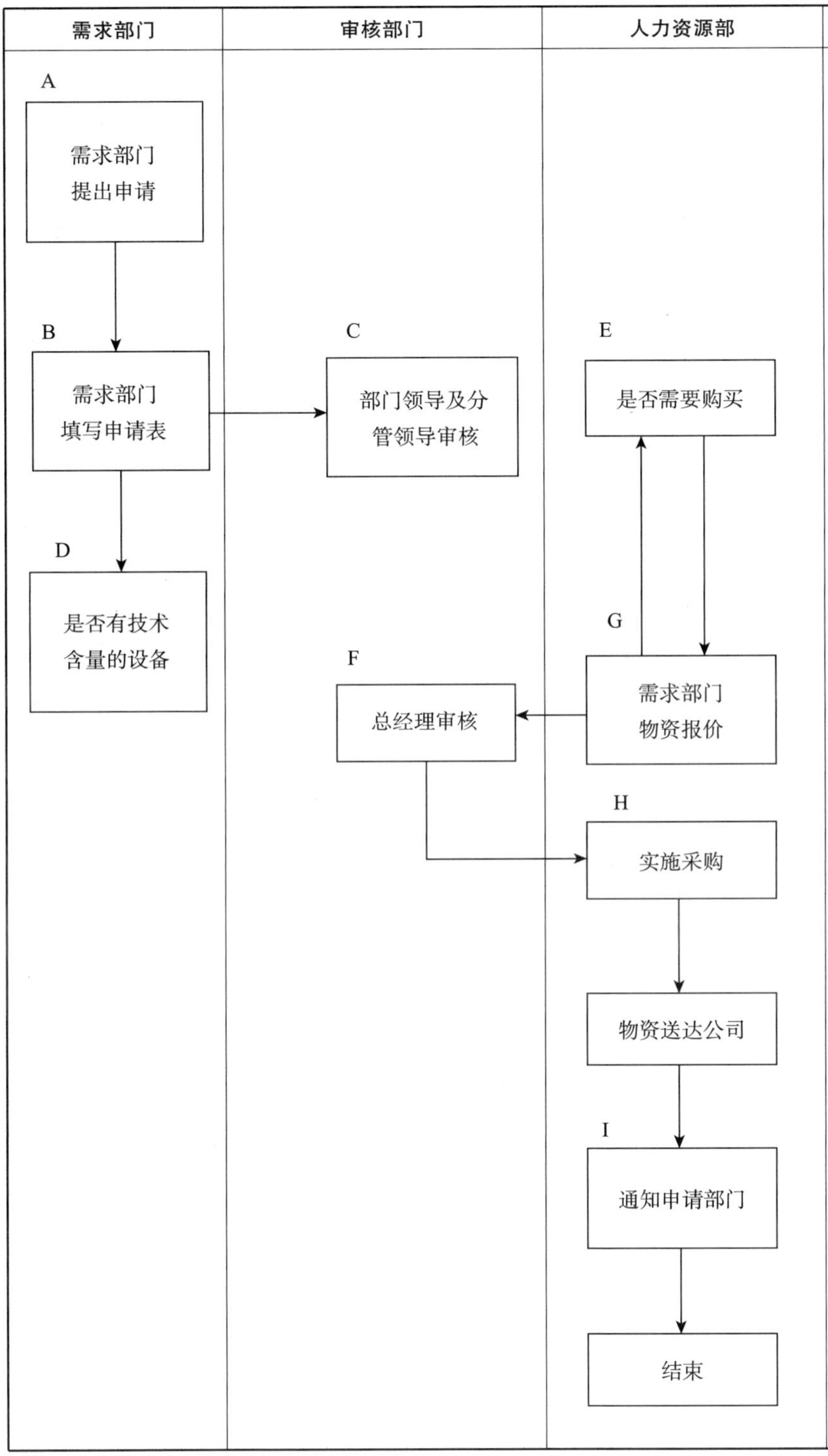

需求部门	审核部门	人力资源部	节点要求与标准
A 需求部门提出申请			A：需求部门必须根据实际需要，提出合理的需求，并综合分析所需物资的数量及价值
B 需求部门填写申请表	C 部门领导及分管领导审核	E 是否需要购买	B：需求部门必须填写《办公用品申请表》，并在申请表上说明要请购物资的理由、规格、名称、数量
D 是否有技术含量的设备			C：需求部门将填写好的申请单必须向部门领导及分管领导审核
	F 总经理审核	G 需求部门物资报价	D：请购物资是否有技术含量的设备，如打印机、传真机、电脑等
		H 实施采购	E：由人力资源部判定是否需要购买
		物资送达公司	G：人力资源部上报物资报价给总经理审核
		I 通知申请部门	F：由总经理审批报价
		结束	H：人力资源部实施采购
			I：通知申请部门领取并做好相关登记

起草：　　　　审核：　　　　批准：

日期：　　　　日期：　　　　日期：

表 4－79 工伤处理流程和节点要求与标准

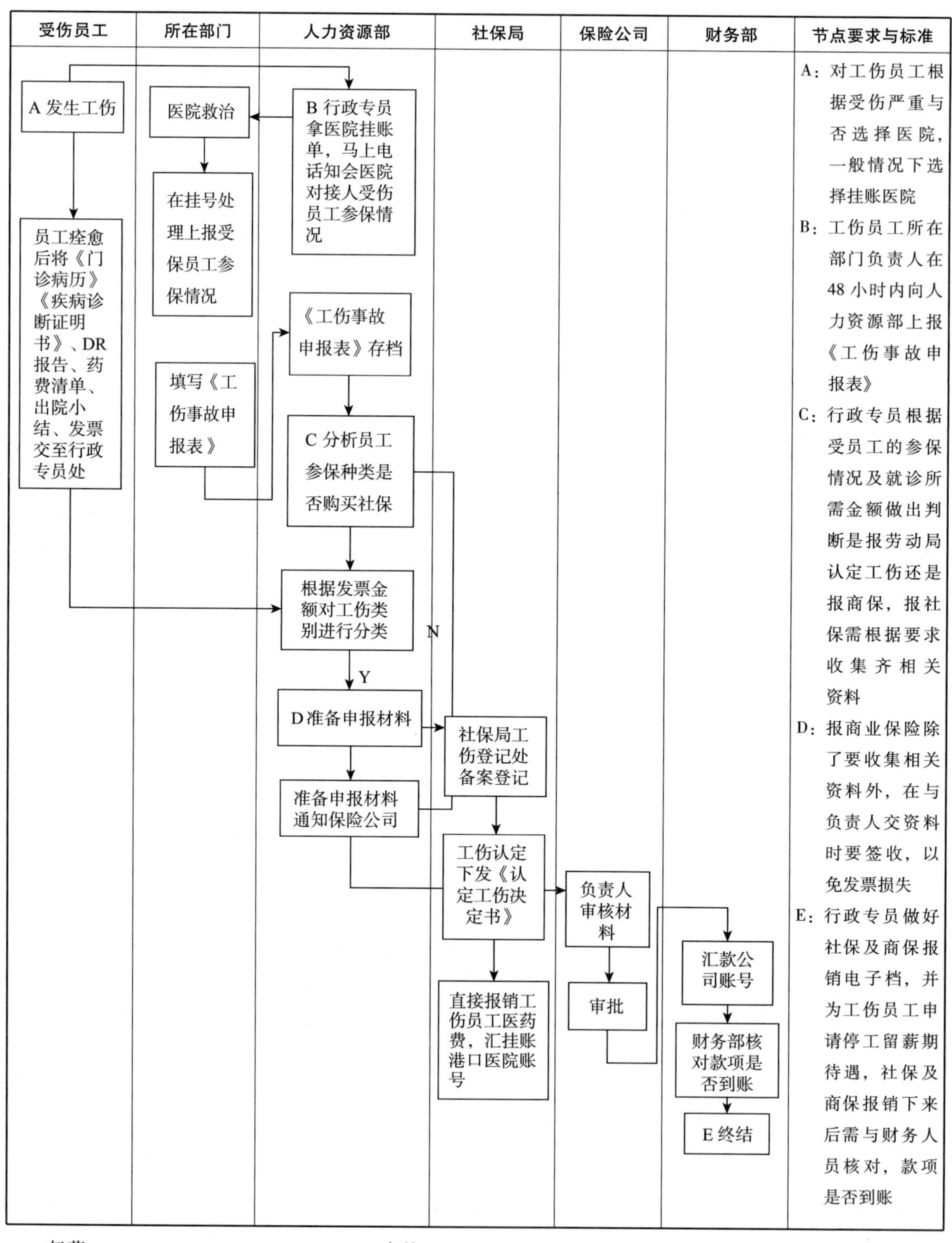

起草：　　　　审核：　　　　批准：

日期：　　　　日期：　　　　日期：

表 4－80　离职流程和节点要求与标准

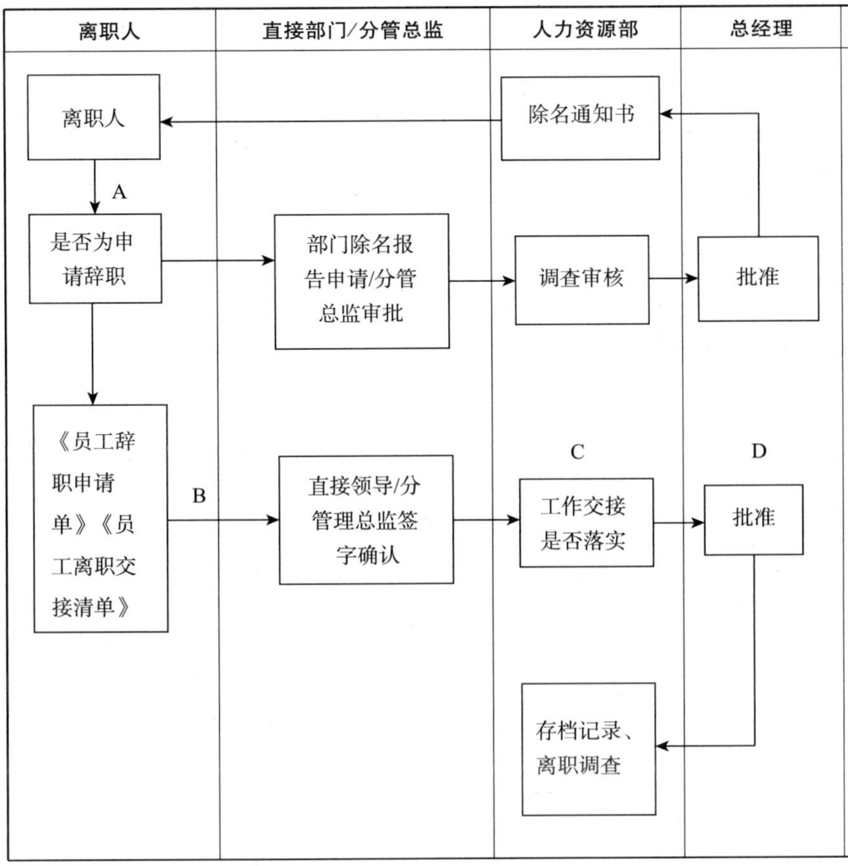

离职人	直接部门/分管总监	人力资源部	总经理	节点要求与标准
离职人 ←（A）是否为申请辞职 →	部门除名报告申请/分管总监审批 →	除名通知书（→离职人）；调查审核 →	批准（→除名通知书）	A：不管是否因旷工还是严重违反公司管理规定，除名通知书一定要书面通知，公示7天后，交财务部
《员工辞职申请单》《员工离职交接清单》（B）→	直接领导/分管理总监签字确认 →	C 工作交接是否落实 →	D 批准	B：辞职表上的相关部门均要签字确认，职员工作需办理《职员工作交接清单》
		存档记录、离职调查	（批准→存档记录、离职调查）	C：部门领导及人力资源部认真地与离职员工沟通、询问，并详细做好离职调查问卷
				D：职员需经总经理批准，人力资源部办理存档，并与财务对接工资结算事宜

起草：　　　　审核：　　　　批准：

日期：　　　　日期：　　　　日期：

表4－81 新员工入职培训流程和节点要求与标准

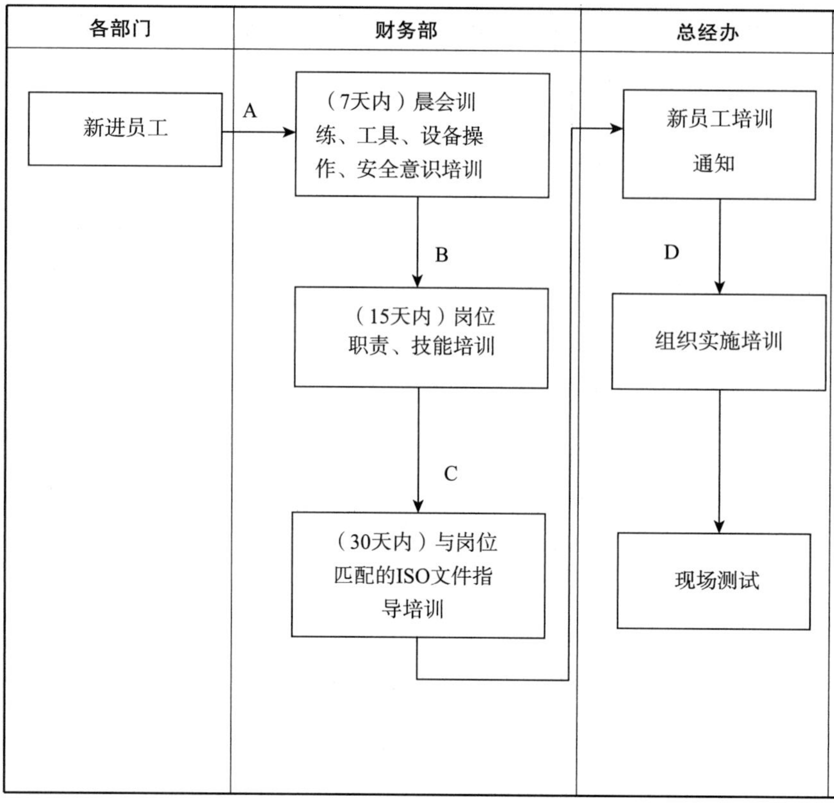

各部门	财务部	总经办	节点要求与标准
新进员工 →A→	（7天内）晨会训练、工具、设备操作、安全意识培训 ↓B （15天内）岗位职责、技能培训 ↓C （30天内）与岗位匹配的ISO文件指导培训 →	新员工培训通知 ↓D 组织实施培训 ↓ 现场测试	A：一周内用人部门负责新入职员工的晨会训练、工具、设备操作、安全意识培训，并做好相关记录 B：半个月内用人部门负责人负责新入职员工岗位职责、技能培训，并做好相关记录 C：一个月内用人部门负责人负责新入职员工ISO文件指导培训，并做好相关记录 D：人力资源部结合公司实际情况提前一个星期发放《新员工入职培训通知》落实好时间、培训设备、地点、参与人员、培训讲师，培训内容为：晨会训练、企业文化、员工手册等，并在现场做好新员工入职培训测评，将相关记录予以记录存档

起草：　　　　审核：　　　　批准：

日期：　　　　日期：　　　　日期：

表4－82　印刷品申请流程和节点要求与标准

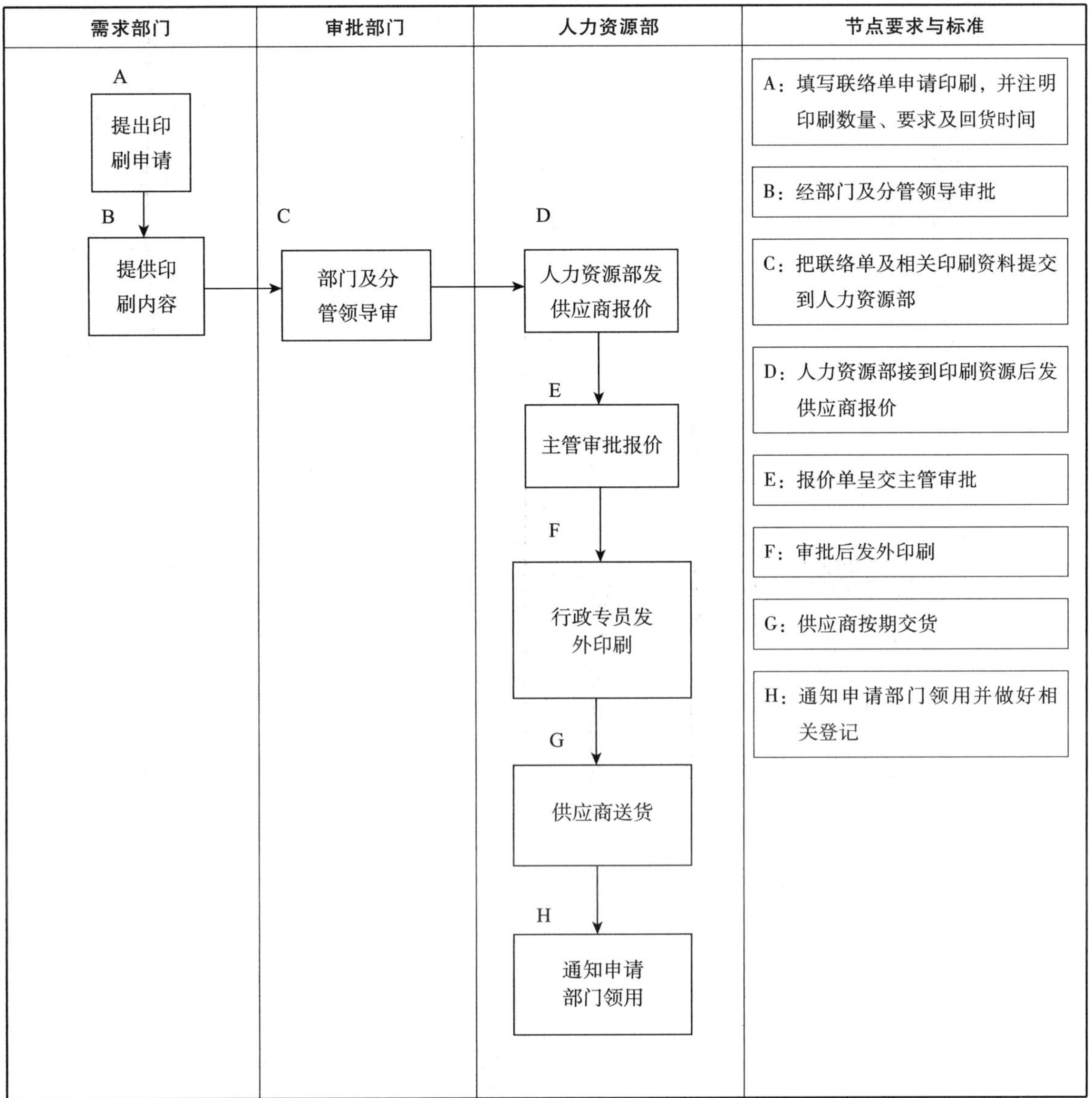

起草：　　　　　　　　审核：　　　　　　　　批准：

日期：　　　　　　　　日期：　　　　　　　　日期：

表4-83 招聘及新进人员报到流程和节点要求与标准

需求部门	审核部门	人力资源部	总经理	节点要求与标准
1. 招聘申请	2. 离职补充		3. 岗位增补	1. 需求部门必须根据实际需要，产生人力需求时，填写人力需求表，并按权限进行批核 2. 正常离职补充由分管副总负责人批准生效 3. 人员增加或主管以上人员招聘由总经理批准生效 4. 收到有效签批的人力需求单时，人力资源部按实际发布招聘信息 5. 对符合招聘要求人员由人力资源部统一安排面试安排 6. 由人力资源部进行资料审查，并进行初试 7. 初试合格，由用人部门进行复试 8. 主管以上人员由总经理进行最终复试定薪 9. 面试合格由人力资源部进行通知报道事宜安排 10. 办理入职手续 11. 人力资源负责公司介绍，并将新人交用人单位接洽 12. 人力资源部负责人事档案、电子案的归档工作
		4. 发布招聘信息		
		5. 邀约面试		
		6. 初试合格		
7. 部门复试			8. 终试	
		合格 9. 通知报道手续	不合格	
		10. 办理入职手续		
11. 交用人部门		12. 建人事档案		

起草： 审核： 批准：

日期： 日期： 日期：

表 4－84　宿舍管理流程和节点要求与标准

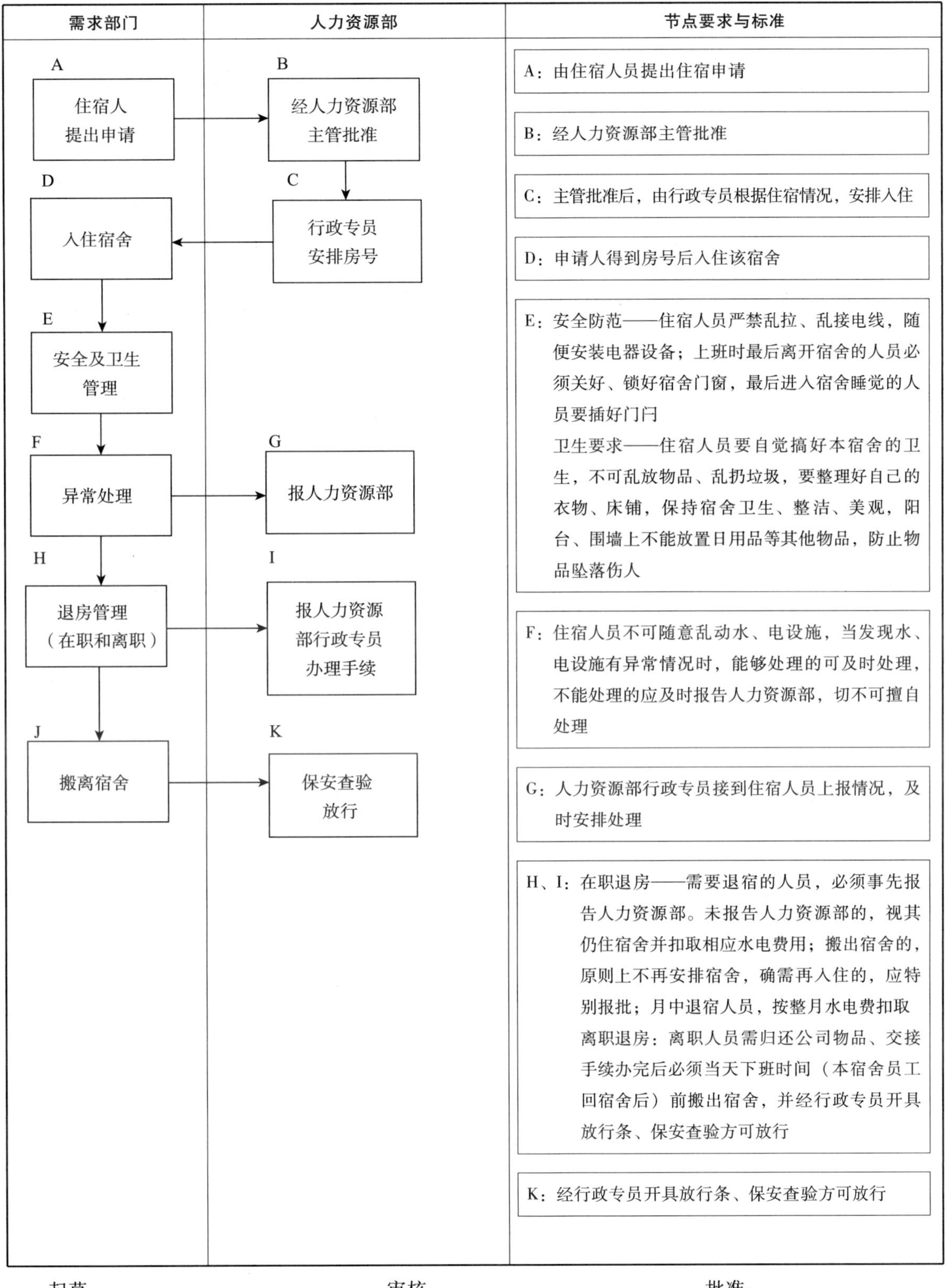

需求部门	人力资源部	节点要求与标准
A 住宿人提出申请	B 经人力资源部主管批准	A：由住宿人员提出住宿申请
		B：经人力资源部主管批准
D 入住宿舍	C 行政专员安排房号	C：主管批准后，由行政专员根据住宿情况，安排入住
		D：申请人得到房号后入住该宿舍
E 安全及卫生管理		E：安全防范——住宿人员严禁乱拉、乱接电线，随便安装电器设备；上班时最后离开宿舍的人员必须关好、锁好宿舍门窗，最后进入宿舍睡觉的人员要插好门闩 卫生要求——住宿人员要自觉搞好本宿舍的卫生，不可乱放物品、乱扔垃圾，要整理好自己的衣物、床铺，保持宿舍卫生、整洁、美观，阳台、围墙上不能放置日用品等其他物品，防止物品坠落伤人
F 异常处理	G 报人力资源部	F：住宿人员不可随意乱动水、电设施，当发现水、电设施有异常情况时，能够处理的可及时处理，不能处理的应及时报告人力资源部，切不可擅自处理
		G：人力资源部行政专员接到住宿人员上报情况，及时安排处理
H 退房管理（在职和离职）	I 报人力资源部行政专员办理手续	H、I：在职退房——需要退宿的人员，必须事先报告人力资源部。未报告人力资源部的，视其仍住宿舍并扣取相应水电费用；搬出宿舍的，原则上不再安排宿舍，确需再入住的，应特别报批；月中退宿人员，按整月水电费扣取 离职退房：离职人员需归还公司物品、交接手续办完后必须当天下班时间（本宿舍员工回宿舍后）前搬出宿舍，并经行政专员开具放行条、保安查验方可放行
J 搬离宿舍	K 保安查验放行	K：经行政专员开具放行条、保安查验方可放行

起草：　　　　审核：　　　　批准：

日期：　　　　日期：　　　　日期：

表 4－85　车间生产流程和节点要求与标准

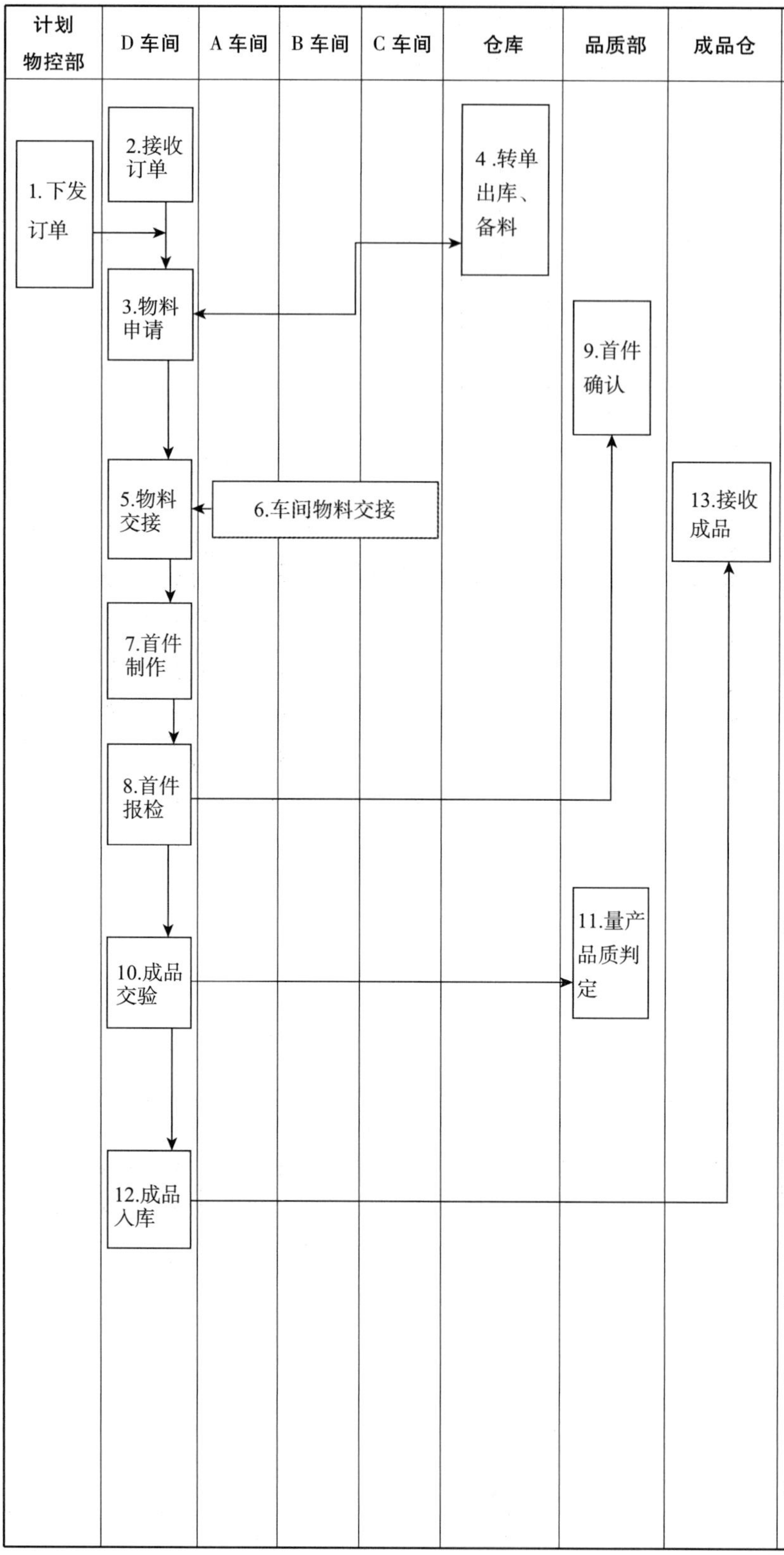

计划物控部	D 车间	A 车间	B 车间	C 车间	仓库	品质部	成品仓	节点要求与标准
1. 下发订单	2.接收订单 3.物料申请 5.物料交接 7.首件制作 8.首件报检 10.成品交验 12.成品入库	6.车间物料交接			4 .转单出库、备料	9.首件确认 11.量产品质判定	13.接收成品	1. 计划物控部根据运营订单需求下发各生产车间 2. 车间主管接收计划部下发的订单，将订单数量明细、出货时间分发车间各组长及助理 3. 主管在 ERP 申请第二天需要生产订单的物料，并在 16：00 前将申请信息发至仓库进行备料 4. 仓管员根据车间提供的物料申请信息进行转单、备料，在并将物料异常信息反馈计划物控部，车间组长将根据物料申请单上物料数量进行清点、签字交接 5. 根据当日生产计划由组长与上工序进行物料交接、清点 6．D 车间在 C 车间、B 车间、A 车间拉取物料时注意查看品质部是否盖有“合格证”，不合格物料禁止拉取，而且必须经过车间负责人进行数量清点、签字交接 7. 在量产前 1 天车间依照技术资料、品质标准进行首件安装 8. 安装完成后 1 小时内填写《首件确认单》至品质部 9. 品质部根据车间《首件确认单》在 1 小时内组织技术部、业务部、计划物控部对于产品进行首件确认并判定，判定合格后才开始安排量产 10. 车间在量产完成成品包装后 30 分钟内填写《交验单》给品质部进行判定 11. 品质部根据车间《交验单》在 30 分钟内对于成品进行判定 12. 品质部对于成品判定合格后，车间根据《交验单》的数据与成品仓管员进行入仓数据交接 13. 成品仓管员对于《交验单》中成品数量进行确认、签字、入仓

起草：　　　　　　　　审核：　　　　　　　　批准：

日期：　　　　　　　　日期：　　　　　　　　日期：

三、岗位标准制约责任稽核作业指导书

表 4－86　生产总监岗位标准制约责任稽核作业指导书

控制要点	标准	制约	责任	督查人
工作要点	1. 根据《生产任务单》，组织编制生产作业计划 2. 根据生产作业计划，无生产能力需外发的，由计划统一上报并通知采购 3. 负责审批生产计划 4. 根据生产作业计划组织调度各项生产资源，保证生产任务的按时完成率 98% 以上 5. 跟踪检查、监督计划执行情况；每月必须有 2 次以上生产管理的培训，指挥调度生产过程，定期召开生产调度会议 6. 每天 9：00 强化基础管理工作，按时统计、审查各种生产报表 7. 监督检查各种技术、工艺标准和操作规程的执行，保证加工、装配质量 8. 落实加工、装配过程中的检验制度，并加强检查监督，保证产品质量达标率 98% 以上 9. 严格控制、降低生产成本，报废率不超出万分之四	稽核部不定期检查	以公司考核方案执行	总经理
表格	周计划、月计划			
安全	1. 制定、完善各项设备管理规章制度，建立并贯彻落实各项设备管理规范 2. 负责安全生产全方位管理，贯彻执行安全生产制度，杜绝重大安全事故 3. 定期组织安全生产自查自纠，及时消除安全隐患，负责安全事故的应急处理 4. 组织本部门员工安全生产培训和教育，强化安全生产意识			
管理	1. 贯彻落实公司的各项规章制度，加强本部门的制度建设 2. 明确划分本部门的岗位、职责，提出部门编制建议，合理分配属员的工作 3. 考核、激励和培养下属，建立一支优秀的生产管理和生产技术人才队伍 4. 每月进行 2 次团队培训，现场 6S 的管理执行 5. 监督及强化对本部门各类资产的管理，保证其安全和发挥最大效用			

起草/日期：　　　　审核/日期：　　　　批准/日期：

表4－87　采购主管岗位标准制约责任稽核作业指导书

控制要点	标准	制约	责任	督查人
工作要点	1. 当接收到计划物控部发出的材料申购单时，根据物料交货时间在4个工作小时内下达采购订单，按交期跟踪回货时间 2. 新产品样板填写《样品送检单》，经技术部、业务部双方签名确认后，签订采购合同，落实交期 3. 每月12日前核对上月应付采购货款，15日前请款 4. 供方报价成本核算、审核，货比三家，实施比价采购 5. 了解市场格价趋势，制定适当的采购策略降低成本 6. 严格执行价格审批流程，报价必须有价格明细	1. 生产总监不定期抽检 2. 稽核部不定期抽查	以公司考核方案执行	生产总监
表格	周计划、月计划、对账单、预付单			
安全	在外注意车辆安全，供应商的风险评估安全			
管理	1. 管理采购资料，包括供应商档案、合同、色板、样板、报价表、收集的物料、产品介绍书刊分类、产品检验及认证报告等 2. 当供应商产品出现质量问题时，收到品质电话或品质报告15分钟内通知供应商处理。需退回供应商返工处理的，及时通知供应商退货处理。需供应商派人到公司处理，4小时内派人到公司处理 3. 供应商考核工作的监督与审核，优先选择战略合作伙伴供应商，淘汰不合格供应商			

起草/日期：　　　　审核/日期：　　　　批准/日期：

表 4－88 采购员岗位标准制约责任稽核作业指导书

控制要点	标准	制约	责任	督查人
工作要点	1. 当接收到计划物控部发出的材料申购单时，根据物料交货时间在 4 个工作小时内下达采购订单，按交期跟踪回货时间 2. 新产品样板填写《样品送检单》经技术部、业务部双方签名确认后，签订采购合同，落实交期 3. 每月 12 日前核对上月应付采购货款，15 日前请款 4. 原材料回货质量管理 5. 控制产品采购价格、采购成本 6. 供应商结算方式协定 7. 货比三家，实施比价采购程序 8. 了解市场价格趋势，制定适当的采购战略，降低成本 9. 严格执行价格审批流程 10. 所有报价必须有价格明细 11. 规范部门的工作，采购费用控制	1. 生产总监不定期抽检 2. 稽核部不定期抽查	以公司考核方案执行	生产总监
资料管理	采购资料按物料分类整理（包括供应商档案、合同、色板、样板、报价表、收集的物料、产品介绍书刊分类、产品检验及认证报告等）			
信息收集	1. 调查采购市场，包括资源分布情况、供应情况、品种质量、价格情况等 2. 参加各类展会，寻求新材料，为改良产品寻找替代品（至少每月 1 次） 3. 收集到新材料 2 天内送检，常规 5 天内跟踪检测结果，特殊物料 10 日内跟踪检测结果 4. 及时收集相关政策、法规			
供应商管理	1. 优先选择战略合作伙伴供应商 2. 组织各相关部门对供应商的评估、审核 3. 每月 10 日前供应商考核，淘汰不合格供应商 4. 与供应商保持良好的合作关系，告知供应商熟悉送货与收款流程 5. 告知供应商产品品质标准，要求其按标准供货 6. 收到《纠正预防措施报告》在 2 个工作日内跟踪并落实改善结果			

起草/日期：　　　　审核/日期：　　　　批准/日期：

表 4－89　总经理助理岗位标准制约责任稽核作业指导书

控制要点	标准	制约	责任	督查人
安全防护	1. 下班前，要关好总经办及董事长办公室门窗，检查各类电源开关、设备是否已关 2. 要经常督促、检查，做好防盗工作	1. 总经理监督 2. 稽核人员不定期抽查	总经理接有对总经理助理的投诉事件或有违反标准栏中所规定的事项时，处以10元/次成长“赞助”	总经理
服务	树立全心全意为员工服务的思想，讲究职业道德。文明服务，态度和蔼，主动热情，礼貌待人，热爱本职，认真负责			
工作要点	1. 对总经理对其他部门人员下达指令的跟进：对于总经理下达的任务必须询问责任人及期限，期限内未能完成的则按照公司制度进行成长责任人 2. 打印并发送书面的企业通知、通报，包括对未完成总经理下达指令的处理通知、总经理对某部门或个人的任命通知、核心会议决议 3. 提醒总经理日常工作 4. 每周小核心培训、会议安排：每周三小核心培训，若有临时召开会议，负责通知相关人员 5. 邮箱管理：每天打开总经理邮箱看是否有新邮件需要处理 6. 每月分公司会议安排：在每月 10 日前提前跟分公司及总经理沟通好时间，到旧厂开月总结会议 7. 接待客户、领导到司参观、审厂：提前做好总经理办公室及四楼展厅卫生，接待客户 8. 总经理报销事务 9. 其他协会、机构等资料整理 10. 二楼展厅管理： ①分到每个负责人，检查不过关则需要按照制度成长相关负责人 ②做好公共区域卫生安排，管理展厅钥匙及物品安放 11. 安排车管员工作：接总经理安排及需要购买总经理办公室所需物品 12. 积极主动配合部门、其他人员完成专项工作			
6S 管理	1. 整理：把工作场所内不要的东西坚决清理掉 2. 整顿：使工作场所内所有的物品保持整齐有序的状态，并进行必要的标识。杜绝乱堆乱放、产品混淆、该找的东西找不到等无序现象 3. 清扫：使工作环境及设备、材料等始保持清洁的状态 4. 清洁：养成坚持的习惯，并辅以一定的监督检查措施 5. 素养：树立讲文明、积极敬业的精神，如尊重别人、爱护公物、遵守规则、有强烈的时间观念等 6. 安全：清除隐患、排除险情、预防事故的发生			

起草/日期：　　　　审核/日期：　　　　批准/日期：

表 4－90　智能项目开发员岗位标准制约责任稽核作业指导书

控制要点	标准	制约	责任	督查人
安全防护	1. 下班前，要关好门窗，检查各类电源开关、设备等 2. 要经常督促、检查，做好防盗工作	1. 行政经理监督 2. 稽核人员不定期抽查	经理接有对智能项目开发员的投诉事件或有违反标准栏中所规定的事项时，处以 5 元/次乐捐	总经理
热情服务	树立全心全意为员工服务的思想，讲究职业道德。文明服务，态度和蔼，主动热情，礼貌待人，热爱本职，认真负责			
工作要点	1. 对智能产品进行开发，产品实验试样 2. 智能项目委派外发开发并跟进 3. 对智能产品的开发进行成本分析，制定开发预算和研发计划，并组织实施 4. 生产工艺流程的跟进与开发 5. 参与解决生产技术问题 6. 为研发项目提供技术及管理支持，熟悉市场行情及需求 7. 组织搜集国内外相关行业技术标准信息、质量管理体系发展动态信息、国家相关政策等，分析技术发展趋势，根据市场需求进行调研并收集资料 8. 收集并分析产品市场信息，进行新产品的立项			
6S 管理	1. 整理：把工作场所内不要的东西坚决清理掉 2. 整顿：使工作场所内所有的物品保持整齐有序的状态，并进行必要的标识。杜绝乱堆乱放、产品混淆、该找的东西找不到等无序现象 3. 清扫：使工作环境及设备、材料等始保持清洁的状态 4. 清洁：养成坚持的习惯，并辅以一定的监督检查措施 5. 素养：树立讲文明、积极敬业的精神，如尊重别人、爱护公物、遵守规则、有强烈的时间观念等 6. 安全：清除隐患、排除险情、预防事故的发生			

起草/日期：　　　　审核/日期：　　　　批准/日期：

表4－91　营销副总岗位标准制约责任稽核作业指导书

控制要点	标准	制约	责任	督查人
安全防护	1. 下班前，要关好门窗，检查各类电源开关、设备等 2. 要经常督促、检查，做好防盗工作	总经理督导	1. 每周未按时提交周总结“成长赞助”100元/次 2. 开会迟到按照公司规定“成长赞助”	总经理
基本技能	1. 现代营销和管理观念 2. 独立的思想和宽容的态度 3. 双赢的意识，乐观的精神，积极的态度 4. 真正的团队精神，以及积极、认真的工作态度 5. 培训的能力和系统分析的能力 6. 计划的能力 7. 危机（或突发事件）处理能力 8. 具有不断再学习的能力			
工作要点	1. 成熟项目的营销组织、协调和销售绩效管理 2. 销售队伍的建设与培养等 3. 关注所辖人员的思想动态，及时沟通解决 4. 指导、巡视、监督、检查所属下级的各项工作 5. 向直接下级授权，并布置工作 6. 定期听取直接下级述职，并对其做出工作评定 7. 根据工作需要调配直接下级的工作岗位，报批后实行并转人力资源部备案 8. 负责制定销售部门的工作程序和规章制度，报批后实行 9. 制定直接下级的岗位描述，并界定直接下级的工作 10. 受理直接下级呈报的合理化建议，并按照程序处理 11. 负责销售部主管的工作程序的培训、执行、检查 12. 填写直接下级过失单和奖励单，根据权限按照程序执行 13. 及时对下级工作中的争议做出裁决 14. 每周定期组织例会，并参加公司销售业务会议 15. 完成公司年度营销目标及其他任务，对营销思想进行定位 16. 拟定（年、季、月）度销售计划，分解目标，报批并督导实施 17. 有大客户支撑业绩，具有良好的客户开拓能力			

续表

控制要点	标准	制约	责任	督查人
工作要点	18. 协调企业内外部关系，对企业市场营销战略计划的执行进行监督和控制 19. 拟定年度预算，分解、报批并督导实施 20. 根据中期及年度销售计划布局客户发展 21. 把握重点客户，控制 70% 以上的产品销售动态 22. 根据销售预算进行过程控制，降低销售费用 23. 参与重大客户销售谈判和签订合同 24. 组织建立、健全客户档案 25. 定期向直接领导述职 26. 培训市场调查与新市场机会的发现 27. 新项目市场推广方案的制定 28. 分析市场状况，正确做出市场销售预测报批 29. 汇总市场信息，提报产品改善或产品开发升级建议 30. 洞察、预测渠道危机，及时提出改善意见报批	总经理督导	1. 每周末按时提交周总结“成长赞助”100元/次 2. 开会迟到按照公司规定“成长赞助”	总经理
6S 管理	1. 整理：把工作场所内不要的东西坚决清理掉 2. 整顿：使工作场所内所有的物品保持整齐有序的状态，并进行必要的标识。杜绝乱堆乱放、产品混淆、该找的东西找不到等无序现象 3. 清扫：使工作环境及设备、材料等始保持清洁的状态 4. 清洁：养成坚持的习惯，并辅以一定的监督检查措施 5. 素养：树立讲文明、积极敬业的精神，如尊重别人、爱护公物、遵守规则、有强烈的时间观念等 6. 安全：清除隐患、排除险情、预防事故的发生			

起草/日期：　　　　审核/日期：　　　　批准/日期：

表 4－92　大客户经理岗位标准制约责任稽核作业指导书

控制要点	标准	制约	责任	督查人
安全防护	1. 下班前，要关好门窗，检查各类电源开关、设备等 2. 要经常督促、检查，做好防盗工作	1. 营销助理督促 2. 营销副总督导	营销助理对每天大客户经理的工作完成情况督促，并向营销副总汇报，未完成者按每次成长 50 元/乐捐	营销副总
工作素质	1. 积极，自信，大胆，沟通力强；专业的产品知识、谈话技巧、商务礼仪；成熟稳重，责任心强，心态稳定，敢于担当重任 2. 身体健康，能够做到处事不惊，善于处理意外突发事件 3. 有较强的团队服从能力和作战意识，能充分理解和执行公司领导的市场策略			
工作要点	1. 收集，分析客户资料，积极发展新客户，与客户保持良好的关系和持久的联系，不断开拓业务渠道 2. 重点开拓公司目标客户，与客户保持良好沟通，实时把握客户需求，为客户提供主动、热情、满意、周到的服务 3. 熟悉产品结构、生产工艺，做好每个客户的报价申请单，产品规格、特殊工艺及包装描述清楚 4. 根据客户所需安排设计、打样，实时跟进样品的进度及质量，若有改动须征得客户同意 5. 负责与客户签订销售合同，督促合同正常如期履行 6. 陪同或安排好验货人员验货，发现问题及时反馈给生产部产即处理，保证按时交货 7. 了解公司实时生产数据，沟通客户发货 8. 对业务负责到底，对应收的款项，按照合同规定追踪和催收，出现问题及时汇报、请示及处理 9. 动态把握客户信息，定期向公司提供客户跟进信息，定时上交个人工作日报、工作周报及工作月报，每日更新客户跟进表 10. 明确年、季、月销售任务指标，努力完成 11. 每天早晨参加部门销售会议，汇报昨日工作进行情况及今日工作重点 12. 每日坚持至少一个开拓电话 13. 每周至少拜访 2～3 个客户 14. 每天早晨公司晨会后熟读《羊皮卷》，学习营销精神，提升业务能力			
6S 管理	1. 整理：把工作场所内不要的东西坚决清理掉 2. 整顿：使工作场所内所有的物品保持整齐有序的状态，并进行必要的标识。杜绝乱堆乱放、产品混淆、该找的东西找不到等无序现象 3. 清扫：使工作环境及设备、材料等始保持清洁的状态 4. 清洁：养成坚持的习惯，并辅以一定的监督检查措施 5. 素养：树立讲文明、积极敬业的精神，如尊重别人、爱护公物、遵守规则、有强烈的时间观念等 6. 安全：清除隐患、排除险情、预防事故的发生			

起草/日期：　　　　审核/日期：　　　　批准/日期：

表 4－93　营销助理岗位标准制约责任稽核作业指导书

控制要点	标准	制约	责任	督查人
安全防护	1. 下班前，要关好门窗，检查各类电源开关、设备等 2. 要经常督促、检查，做好防盗工作	营销副总督导	营销助理对每天大客户经理的工作完成情况督促，并向营销副总汇报，未完成者按每次50元罚款	营销副总
基本技能	1. 熟练使用电脑，精通办公软件 2. 为人热情性格开朗，具备吃苦耐劳精神，有上进心 3. 要求积极主动的工作态度，做事细心且富有责任感 4. 具有较好的沟通能力及客户服务意识 5. 做事情条理性强 6. 优秀的沟通及表达能力和谈判公关能力 7. 有责任感，有挑战精神，有团队意识 8. 非常强的学习能力及信息处理能力 9. 判断、预测、决策能力及写作能力			
工作要点	1. 多渠道收集市场信息，汇总客户群体，协助大客户经理分析客户信息 2. 负责公司销售文件的管理、归类、整理、建档工作 3. 了解各位大客户经理的销售情况，统计数据，按时递交直接上级 4. 负责部门的日常事务，督促其他业务人员的工作进度 5. 协助其他职能部门与本部门之间的信息传达，会议记录及信息沟通 6. 协助营销副总做好内务、各种会议记录及跟踪工作 7. 定时上交个人工作日报、工作周报及工作月报，每日汇总客户更新表 8. 每天早晨参加部门销售会议，汇报昨日工作进行情况及今日工作重点 9. 每天早晨公司晨会后熟读《羊皮卷》，学习营销精神，提升业务能力			
6S 管理	1. 整理：把工作场所内不要的东西坚决清理掉 2. 整顿：使工作场所内所有的物品保持整齐有序的状态，并进行必要的标识。杜绝乱堆乱放、产品混淆、该找的东西找不到等无序现象 3. 清扫：使工作环境及设备、材料等始保持清洁的状态 4. 清洁：养成坚持的习惯，并辅以一定的监督检查措施 5. 素养：树立讲文明、积极敬业的精神，如尊重别人、爱护公物、遵守规则、有强烈的时间观念等 6. 安全：清除隐患、排除险情、预防事故的发生			

起草/日期：　　　　审核/日期：　　　　批准/日期：

表 4－94　核价中心副总岗位标准制约责任稽核作业指导书

控制要点	标准	制约	责任	督查人
安全	1. 技术方面产品要牢固性及使用安全性 2. 资料图纸及报价资料保密性	1. 行政每天不定时检查 2. 执行董事不定时检查 3. 财务部不定期抽查	1. 行政部每次检查发现工作有误对其处 20 元/次乐捐 2. 执行董事，财务部发现工作上有误，报表有误处 20 元/次乐捐	行政部 执行董事 财务部
工作要点	1. 建立和完善价格审核管理体系和流程，规范价格成本管理工作 2. 维护 ERP 系统各种物料的核定价格，监督采购价格的正确性并对采购部价格执行过程进行考核 3. 参与采购合同的评审工作，并负责在供应商开发过程中各种类别合同的签署工作 4. 参与研发过程中涉及的新物料信息讨论，配合寻找供应渠道，并收集供应商信息 5. 新产品定型后，新物料的供应渠道稳定，并根据实际情况开发新的供应商满足供应需求 6. 合理分配样板组与技术部成员的工作实施 7. 定期整理核价工作业绩，并提交价格分析报告，对可变价格因素改善控制以达到成本下调的目的			
6S 管理	1. 整理：把工作场所内不要的东西坚决清理掉 2. 整顿：使工作场所内所有的物品保持整齐有序的状态，并进行必要的标识。杜绝乱堆乱放、产品混淆、该找的东西找不到等无序现象 3. 清扫：使工作环境及设备、材料等始保持清洁的状态 4. 清洁：养成坚持的习惯，并辅以一定的监督检查措施 5. 素养：树立讲文明、积极敬业的精神，如尊重别人、爱护公物、遵守规则、有强烈的时间观念等 6. 安全：清除隐患、排除险情、预防事故的发生			

起草/日期：　　　　审核/日期：　　　　批准/日期：

表 4－95　核价中心主管岗位标准制约责任稽核作业指导书

控制要点	标准	制约	责任	督查人
安全	1. 工作前检查连接工作电脑的各组线路是否存在漏电现象，各组插座、插头是否存在松脱，杜绝电路短路损坏电脑等办公器材及触电事故发生 2. 不让其他人员随意摄取报价表，确保资料不丢失	1. 行政每天不定时检查 2. 核价中心副总不定时检查 3. 财务人员不定期抽查	1. 核价中心副总，行政员每次检查发现报价资料丢失，处罚 10 元/次 2. 核价中心副总、财务人员发现审核价格不合理，处罚 10 元/次	核价中心副总 财务部
工作要点	1. 当接收到《报价申请表》，联系各部门及供应商报价表，在 1～2 个工作日内确认相应报价明细并汇总分析报表，上交上级领导 2. 供方报价成本核算、审核，货比三家，实施比价采购 3. 有计划地组织与供应商价格及商务条款的谈判 4. 了解市场价格趋势，制定适当的采购策略降低成本 5. 严格执行价格审批流程，报价必须有价格明细			
6S 管理	1. 整理：把工作场所内不要的东西坚决清理掉 2. 整顿：使工作场所内所有的物品保持整齐有序的状态，并进行必要的标识。杜绝乱堆乱放、产品混淆、该找的东西找不到等无序现象 3. 清扫：使工作环境及设备、材料等始保持清洁的状态 4. 清洁：养成坚持的习惯，并辅以一定的监督检查措施 5. 素养：树立讲文明、积极敬业的精神，如尊重别人、爱护公物、遵守规则、有强烈的时间观念等 6. 安全：清除隐患、排除险情、预防事故的发生			

起草/日期：　　　　审核/日期：　　　　批准/日期：

表 4－96　副总经理（财务总监）岗位标准制约责任稽核作业指导书

控制要点	标准	制约	责任	督查人
安全防护	1. 下班前，要关好门窗，检查各类电源开关、设备等 2. 要经常督促、检查，做好防盗工作	总经理不定期检查	总经理检查发现不及时完成领导交办的其他事项，处以 5 元/次“成长赞助”	总经理
工作要点	1. 根据公司年度规划、分配每月发票的进、销额度，并指导税务会计的账务处理 2. 负责向公司董事汇报财务状况和经营成果，定期或不定期汇报各项财务收支情况 3. 负责编制对外融资财务报表，并审核上报税所的税务报表、资料 4. 负责公司总账、成本核算审核工作 5. 负责财务人员培训和选拔工作 6. 负责财务部的日常工作，组织并监督部门人员全面完成本部职责范围内的各项工作任务 7. 负责公司往来债权债务的定期检查，包括与企业公司往来账务的检查核对，发现呆账及账实不符情况，及时上报公司处理 8. 负责公司对外融资业务、税务协调沟通、组织证照年审工作 9. 负责公司内部财务软件的维护、使用更新工作			
6S 管理	1. 整理：把工作场所内不要的东西坚决清理掉 2. 整顿：使工作场所内所有的物品保持整齐有序的状态，并进行必要的标识。杜绝乱堆乱放、产品混淆、该找的东西找不到等无序现象 3. 清扫：使工作环境及设备、材料等始保持清洁的状态 4. 清洁：养成坚持的习惯，并辅以一定的监督检查措施 5. 素养：树立讲文明、积极敬业的精神，如尊重别人、爱护公物、遵守规则、有强烈的时间观念等 6. 安全：清除隐患、排除险情、预防事故的发生			

起草/日期：　　　　审核/日期：　　　　批准/日期：

表 4－97　财务主管岗位标准制约责任稽核作业指导书

控制要点	标准	制约	责任	督查人
安全防护	1. 下班前，要关好门窗，检查各类电源开关、设备等 2. 要经常督促、检查，做好防盗工作	财务总监不定期检查	财务总监每次检查发现账实不符，不及时完成领导交办的其他事项，处以 5 元/次“成长赞助”	财务总监
工作要点	1. 每月 7 日前编制财务报表及财务分析报告并提交公司董事审阅 2. 监督客户回款情况，每月 5 日前编制回款分析表，及货款催收表 3. 负责公司银行支出的复核工作 4. 负责公司总账、成本核算等会计凭证的审核工作 5. 负责二次复核员工工资表，落实并确保及时发放 6. 负责每月材料款、工程款支付计划，安排、监督并执行 7. 负责公司结算及日常费用的报销审核工 8. 负责对外合同经济条款的把关及合同的保管工作，严格执行合同经济条款 9. 及时完成上级安排的其他工作			
6S 管理	1. 整理：把工作场所内不要的东西坚决清理掉 2. 整顿：使工作场所内所有的物品保持整齐有序的状态，并进行必要的标识。杜绝乱堆乱放、产品混淆、该找的东西找不到等无序现象 3. 清扫：使工作环境及设备、材料等始保持清洁的状态 4. 清洁：养成坚持的习惯，并辅以一定的监督检查措施 5. 素养：树立讲文明、积极敬业的精神，如尊重别人、爱护公物、遵守规则、有强烈的时间观念等 6. 安全：清除隐患、排除险情、预防事故的发生			

起草/日期：　　　　审核/日期：　　　　批准/日期：

表 4－98　总账会计岗位标准制约责任稽核作业指导书

控制要点	标准	制约	责任	督查人
安全防护	1. 下班前，要关好门窗，检查各类电源开关、设备等 2. 要经常检查，做好防盗工作	财务主管/财务总监不定期检查	财务主管、财务总监每次检查发现账实不符时，处以 5 元/次“成长赞助”	财务主管 财务总监
工作要点	1. 复核出纳现金银行流水账，及时编制相应的记账凭证 2. 每月与运营部核对客户应收款余额，做到账实相符，及时更新应收账款明细表 3. 复核供应商采购事项及每月对账单，审核供应商付款申请单，及时更新应付账款表 4. 负责公司结算及日常费用的报销复核工作，同时检查 ERP 是否录入正确的会计科目 5. 根据合同或订货单审核生产订单、销售出货单，开具出货放行条 6. 负责每月购入材料，领用材料及成品入库核算，并编制相应的记账凭证 7. 计提每月应计提的费用及待摊费用，并做好其明细账管理 8. 及时完成上级安排的其他工作			
6S 管理	1. 整理：把工作场所内不要的东西坚决清理掉 2. 整顿：使工作场所内所有的物品保持整齐有序的状态，并进行必要的标识。杜绝乱堆乱放、产品混淆、该找的东西找不到等无序现象 3. 清扫：使工作环境及设备、材料等始保持清洁的状态 4. 清洁：养成坚持的习惯，并辅以一定的监督检查措施 5. 素养：树立讲文明、积极敬业的精神，如尊重别人、爱护公物、遵守规则、有强烈的时间观念等 6. 安全：清除隐患、排除险情、预防事故的发生			

起草/日期：　　　　审核/日期：　　　　批准/日期：

表4－99　成本会计岗位标准制约责任稽核作业指导书

控制要点	标准	制约	责任	督查人
安全防护	1. 下班前，要关好门窗，检查各类电源开关、设备等 2. 要经常督促、检查，做好防盗工作	财务主管/财务总监不定期检查	财务主管、财务总监每次检查发现账实不符时，处以5元/次“成长赞助”	财务主管 财务总监
工作要点	1. 按照公司成本核算方法，负责公司产品的销售成本核算 2. 每月4日前将上月出货的销货成本报表提交给总账会计 3. 在每月28日前完成上月工资明细表的编制工作 4. 负责跟踪产品的技术变更动向，及时做好成本更新工作 5. 负责安全产品利润率监控，及时向上级提出预警 6. 负责按公司制度通过内部系统审核采购核价单 7. 负责督促各部门主管上报当月考勤、加班数、扣罚款、各产值及其分配表等基础数据，并复核其是否符合公司计酬制度 8. 保管好公司员工工资调整、加班费审批表 9. 协助仓库仓管人员做仓库盘点工作			
6S管理	1. 整理：把工作场所内不要的东西坚决清理掉 2. 整顿：使工作场所内所有的物品保持整齐有序的状态，并进行必要的标识。杜绝乱堆乱放、产品混淆、该找的东西找不到等无序现象 3. 清扫：使工作环境、设备、材料等始保持清洁的状态 4. 清洁：养成坚持的习惯，并辅以一定的监督检查措施 5. 素养：树立讲文明、积极敬业的精神，如尊重别人、爱护公物、遵守规则、有强烈的时间观念等 6. 安全：清除隐患、排除险情、预防事故的发生			

起草/日期：　　　　审核/日期：　　　　批准/日期：

表 4－100　税务会计岗位标准制约责任稽核作业指导书

控制要点	标准	制约	责任	督查人
安全防护	1. 下班前，要关好门窗，检查各类电源开关、设备等 2. 要经常督促、检查，做好防盗工作	财务主管/财务总监不定期检查	财务主管、财务总监检查发现： 1. 每月凭证录入准确率低于95%，5 元/次“成长赞助” 2. 报表准确率低于98%，5 元/次“成长赞助” 3. 延迟报税，5 元一天/次“成长赞助”	财务主管 财务总监
工作要点	1. 每月 10 日前完成纳税申报工作 2. 每月 15 日前完成税务报表编制，并报送到相关职能部门 3. 熟悉会计制度下的会计科目设置及核算内容要求，按统一标准和口径，及时准确地完成会计分录的编制工作，做到规范、及时、准确 4. 统筹每月开具发票的数值及进项发票的数值，按上级指示分配好发票的额度 5. 按规定办理公司发票购买、保管、开具及核销，及时办理公司的税金计算、申报、缴纳、查对等工作 6. 做好公司税务数据的保密工作 7. 负责办理公司工商税务相关事项 8. 负责业务单位开票资料及开票额的核对工作 9. 及时完成上级安排的其他工作			
6S 管理	1. 整理：把工作场所内不要的东西坚决清理掉 2. 整顿：使工作场所内所有的物品保持整齐有序的状态，并进行必要的标识。杜绝乱堆乱放、产品混淆、该找的东西找不到等无序现象 3. 清扫：使工作环境及设备、材料等始保持清洁的状态 4. 清洁：养成坚持的习惯，并辅以一定的监督检查措施 5. 素养：树立讲文明、积极敬业的精神，如尊重别人、爱护公物、遵守规则、有强烈的时间观念等 6. 安全：清除隐患、排除险情、预防事故的发生			

起草/日期：　　　　审核/日期：　　　　批准/日期：

表 4－101 出纳岗位标准制约责任稽核作业指导书

控制要点	标准	制约	责任	督查人
安全防护	1. 下班前，要关好门窗，检查各类电源开关、设备等 2. 要经常检查，做好防盗工作	1. 总账会计每天不定时检查 2. 财务主管/财务总监不定期监督检查	总账会计、财务主管、财务总监每次检查发现账实不符时，处以 5 元/次“成长赞助”	总账会计 财务主管 财务总监
工作要点	1. 负责现金银行的收付工作 2. 负责银行票据购领、保管、签发 3. 坚持每天盘点现金，及时核对现金日记账，做到日清月结 4. 每天下班前根据实际发生的收支事项录入 ERP，并把相关单据移交总账会计 5. 每月 30 日，及时整理当月未移交的单据，做好现金、银行存款等货币资金的结账工作 6. 负责登记供应商进项发票，并于不定期移交给税务会计 7. 负责公司贷款及票据贴现资料的收集准备工作 8. 及时完成上级安排的其他工作			
6S 管理	1. 整理：把工作场所内不要的东西坚决清理掉 2. 整顿：使工作场所内所有的物品保持整齐有序的状态，并进行必要的标识。杜绝乱堆乱放、产品混淆、该找的东西找不到等无序现象 3. 清扫：使工作环境及设备、材料等始保持清洁的状态 4. 清洁：养成坚持的习惯，并辅以一定的监督检查措施 5. 素养：树立讲文明、积极敬业的精神，如尊重别人、爱护公物、遵守规则、有强烈的时间观念等 6. 安全：清除隐患、排除险情、预防事故的发生			

起草/日期：　　　　审核/日期：　　　　批准/日期：

表 4－102　ERP 专员岗位标准制约责任稽核作业指导书

控制要点	标准	制约	责任	督查人
安全防护	1. 下班前，要关好门窗，检查各类电源开关、设备等 2. 要经常检查，做好防盗工作	财务主管/财务总监不定期检查	财务主管、财务总监每次检查发现不按规定操作，处以5元/次“成长赞助”	财务主管 财务总监
工作要点	1. 监督与跟进各部门 ERP 的相关的操作准确性与规范性 2. 规划设计 ERP 的编码规则及流程 3. 负责公司 ERP 系统操作的培训工作 4. 按公司批准的权限标准设置各用户使用权限 5. 经公司批准对相关新增、变更、离职人员设置、更改或取消用户及使用权限 6. 维护 ERP 系统与协助处理使用过程出现的问题 7. 及时完成上级安排的其他工作			
6S 管理	1. 整理：把工作场所内不要的东西坚决清理掉 2. 整顿：使工作场所内所有的物品保持整齐有序的状态，并进行必要的标识。杜绝乱堆乱放、产品混淆、该找的东西找不到等无序现象 3. 清扫：使工作环境及设备、材料等始保持清洁的状态 4. 清洁：养成坚持的习惯，并辅以一定的监督检查措施 5. 素养：树立讲文明、积极敬业的精神，如尊重别人、爱护公物、遵守规则、有强烈的时间观念等 6. 安全：清除隐患、排除险情、预防事故的发生			

起草/日期：　　　　审核/日期：　　　　批准/日期：

表 4－103　建店零售部总监岗位标准制约责任稽核作业指导书

控制要点	标准	制约	责任	督查人
工作要点	1. 负责本部门人员日常事务工作管理 2. 负责本部门人员销售培训及实施，提升工作能力与素质 3. 负责本部门人员的业绩考核工作 4. 负责执行公司管理制度 5. 依据公司经营计划，并配合公司总目标，拟定本部门的目标与工作计划，分解销售目标到个人，并随时跟踪结果 6. 根据不同的客户群体，分解销售目标，跟踪结果，制定相应的促销方案，修正确保销售目标的达成 7. 拜访重点客户，及时了解和处理问题 8. 根据销售所接的建店零售客户进行下单建店及生产跟进管控 9. 每天与客户对接，协助跟单处理客户订单及建店投诉售后问题 10. 负责落实工作，及时组织收取销售应达账，确保账款的安全、到位	1. 总经理监督 2. 财务部监督	1. 按目标，未完成目标则为 0 分，占 20% 2. 按比例算客户满意度没达标 0 分，产生一次重大投诉，为 0 分，占 30% 3. 每批订单回款或库存超期每批扣 5 分，占 20% 4. 每项没达成扣 5 分，占 20% 5. 按数量算，少一个减 1 分，占 10%	总经办、财务部
表单填写	根据业务订单流程填写必要的单据			总经办、财务部
6S 管理	1. 整理：把工作场所内不要的东西坚决清理掉 2. 整顿：使工作场所内所有的物品保持整齐有序的状态，并进行必要的标识。杜绝乱堆乱放、产品混淆、该找的东西找不到等无序现象 3. 清扫：使工作环境保持清洁的状态 4. 清洁：养成坚持的习惯，并辅以一定的监督检查措施 5. 素养：树立讲文明、积极敬业的精神，如尊重别人、爱护公物、遵守规则、有强烈的时间观念等 6. 安全：清除隐患、排除险情、预防事故的发生			总经办、财务部

起草/日期：　　　　审核/日期：　　　　批准/日期：

表 4－104　建店零售部业务员岗位标准制约责任稽核作业指导书

控制要点	标准	制约	责任	督查人
工作要点	1. 工作范围：开发建店类型客户为主要开发对象，具体对象如各品牌区域总代理 2. 工作步骤：以跟进逐步向客户高层挖掘的方式为主要方式 3. 工作规章：遵守公司各制度及流程，主要涉及报价、打样等 4. 工作总结：对每一个开发有进度的客户进行详细总结汇报同时自己备案 5. 在寻找客户时甄别有质量客户进行开发，如发货每月都有循环，同时油漆柜为主或店铺建设为主 6. 对目标客户进行整理与上级沟通分析客户情况（个人建议分析客户，避免跟进无效客户浪费时间） 7. 对已确认的目标客户进行大力度开发跟进 8. 对成熟可以合理沟通图纸及打样事宜，最后成单	1. 建店部总监监督 2. 财务部监督 3. 总经理监督	1. 按季度目标，每月平均完成，如目标未完成，差多少，按照月目标总额相应的扣分，共 30 分，占 30% 2. 因自己不了解客户单子情况导致与客户的关系没处理好，客户负责人给上级领导打电话投诉或单量减少等，根据情况扣分，共 30 分，占 30% 3. 每批订单回款或库存超期每批扣分 10，共 20 分，占 20% 4. 每项未达成，扣 1 分，共 10 分，占 10% 5. 按数量算未完成，少一个减 2 分，共 10 分，占 10%	部门总监、总经办
6S 管理	1. 整理：把工作场所内不要的东西坚决清理掉 2. 整顿：使工作场所内所有的物品保持整齐有序的状态，并进行必要的标识。杜绝乱堆乱放、产品混淆、该找的东西找不到等无序现象 3. 清扫：使工作环境及设备、材料等保持清洁的状态 4. 清洁：养成坚持的习惯，并辅以一定的监督检查措施 5. 素养：树立讲文明、积极敬业的精神，如尊重别人、爱护公物、遵守规则、有强烈的时间观念等 6. 安全：清除隐患、排除险情、预防事故的发生			

起草/日期：　　　　审核/日期：　　　　批准/日期：

表 4－105　设计工程师岗位标准制约责任稽核作业指导书

控制要点	标准	制约	责任	督查人
工作要点	1. 严格遵守公司各项规章制度 2. 有团队协作精神 3. 执行力强 4. 依据部门的总体规划，配合完成相关的设计、监理工作 5. 善于与客户沟通，及时对客户的需求进行修改 6. 对施工现场进行监督，及时处理施工中各种问题 7. 根据建店零售跟单的需求，按单进行量尺、设计、监理 8. 定期进行巡店，反馈相关信息 9. 定期参加市场考察及培训，提升相关业务能力	1. 总经理监督 2. 建店部总监监督 3. 建店组监督	每项有效投诉扣 10 分，每个项目未达到客户满意度扣 10 分，每月未进行一次市场考察或参观一次展会扣 20 分，未能按时做到的不得分	部门总监、总经办
6S 管理	1. 整理：把工作场所内不要的东西坚决清理掉 2. 整顿：使工作场所内所有的物品保持整齐有序的状态，并进行必要的标识。杜绝乱堆乱放、产品混淆、该找的东西找不到等无序现象 3. 清扫：使工作环境等保持清洁的状态 4. 清洁：养成坚持的习惯，并辅以一定的监督检查措施 5. 素养：树立讲文明、积极敬业的精神，如尊重别人、爱护公物、遵守规则、有强烈的时间观念等 6. 安全：清除隐患、排除险情、预防事故的发生			

起草/日期：　　　　审核/日期：　　　　批准/日期：

表4－106　建店零售跟单岗位标准制约责任稽核作业指导书

控制要点	标准	制约	责任	督查人
工作要点	1. 客户订单与维修项整体系统操作 2. 客户邮件处理与回复 3. 客户进度表及时更新发客户 4. 客户都导、店方联系，处理好售前、售中、售后问题 5. 每月巡店一次，对不同的制作商进行现场评分管理 6. 适时传达客户的新方案，新标准落实到位 7. 客户资料管理，对所有客户的信息进行存档保留，按月份、按日期、按店名等进行存档。有重要人物参与变更时，更新好客户管理系统 8. 每个店面的所有资料（工程图、清单图、制作图、效果图、报价单、精算资料）一切资料都要存档保管 9. 客户资料的电子版本必须加密码以确保资料的保密性 10. 适时配些常用物料，控制好库存 11. 所有物料的下单 12. 所有物料的跟踪 13. 每月中必须评估现有制作商是否配合得上 14. 时刻准备着引进新的、更优秀的制作商 15. 对制作商进行评分管控（评分：制作工艺得分、配合度得分、时效得分等）对不合格的制作商进行责令整改，达不到标准的，培养不成就放弃 16. 制作商的对账，必须做到日清日结、月清月结 17. 培训制作商的制作标准及检验标准，让各制作商做好自检 18. 每月30日统计下月销售接单、生产下单计划 19. 每月30日统计下月的出货计划 20. 每月30日统计下月的回款计划 21. 每月1日统计上月的销售接单、生产下单计划的完成情况报表 22. 每年1月10日前提交上年工作总结和本年工作计划 23. 对自己所负责的客户，每月制作应收款账务给主管备案 24. 对未及时收回的货款，向主管汇报情况，并提出解决方案供领导判断 25. 做好客户回款准时率报表给主管（以供来年选择客户时供参考）	1. 建店部总监监督 2. 财务部监督	1. 有遗漏、混放及未统一归档每处扣2分，占30% 2. 跟踪不到位或每受到客户投诉一次扣5分，占40% 3. 每项没达成扣3分，占30%	部门总监、总经办

续表

控制要点	标准	制约	责任	督查人
工作要点	26. 每周六上午及每月 30 日上午提供最新库存报表给主管确认 27. 每月按客户要求制作对账单，账务须与财务账务相符率：100% 28. 管理物流仓账务，做到日清日结，每月月底与物流仓进行盘点对账，并书面确认，及时处理仓储异常 29. 根据建店零售跟单的需求，按单进行量尺、设计、监理 30. 定期进行巡店，反馈相关信息 31. 定期参加市场考察及培训，提升相关业务能力			
6S 管理	1. 整理：把工作场所内不要的东西坚决清理掉 2. 整顿：使工作场所内所有的物品保持整齐有序的状态，并进行必要的标识。杜绝乱堆乱放、产品混淆、该找的东西找不到等无序现象 3. 清扫：使工作环境及设备、材料等保持清洁的状态 4. 清洁：养成坚持的习惯，并辅以一定的监督检查措施 5. 素养：树立讲文明、积极敬业的精神，如尊重别人、爱护公物、遵守规则、有强烈的时间观念等 6. 安全：清除隐患、排除险情、预防事故的发生			

起草/日期：　　　　审核/日期：　　　　批准/日期：

表 4－107　运营总监岗位标准制约责任稽核作业指导书

控制要点	标准	制约	责任	督查人
人员管理	1. 负责本部门人员日常事务工作管理 2. 负责本部门人员培训及实施，提升工作能力与素质 3. 负责本部门人员的岗位职能考核工作 4. 负责执行公司管理制度	1. 总经理监督 2. 财务部监督	总经理负责对运营总监的投诉事件或有违反标准栏中所规定的事项时，按公司制度处罚	总经理
运营管理	1. 依据公司经营计划，并配合公司总目标，拟定本部门的目标与工作计划，分解目标到个人，并随时跟踪结果 2. 对合同后的所有项目，应根据不同的客户群体，分解订单目标、跟踪结果，确保满足客户需求 3. 每月最少一次拜访客户，及时了解和处理问题 4. 落实好客户标准，清晰传达并落实执行到位 5. 客户货款回收，做到按时、按质、按量完成目标 6. 售后管理、目标，客户满意度：95% 7. 订单成本控制 8. 在跟踪客户时发现客户的需求与难点进行总结并且提出解决方案			
信息管理	1. 客户信息管理（样品、图纸、联系人信息、个性、爱好等） 2. 建立健全销售档案，定期转存公司相关部门 3. 负责落实销售业绩的日（周、月）报工作，及时组织收取销售应达账，确保账款的安全、到位			

起草/日期：　　　　　　　　审核/日期：　　　　　　　　批准/日期：

表 4－108　运营跟单岗位标准制约责任稽核作业指导书

<table>
<tr><th>控制要点</th><th>标准</th><th>制约</th><th>责任</th><th>督查人</th></tr>
<tr><td>工作要点</td><td>1. 接收销售订单，查询库存，下达生产订单及要求
2. 跟踪生产计划、生产排产情况、产量，能否满足客户需求
3. 跟踪生产质量状况，对降级产品及生产异常状况及时反馈给部门总监
4. 根据客户要求，分解发货次数、车次，满足客户要求，及时填写《出货单》安排出货
5. 准时与客户对账、关注客户的回款及时率，及时向上级总监汇报回款情况及异常情况
6. 统计每个客户的回款准时率，对客户进行评级</td><td rowspan="4">1. 总监不定时抽查订单的进度、数据工作状态
2. 财务部定期对回款、库存予以管控</td><td rowspan="4">1. 客户对交期不满意投诉一次扣 5 分（运营总监）
2. 每批订单回访或库存超期每批扣 5 分（财务部）
3. 交办事项跟踪处理完成率，每项没达成扣 5 分（运营总监）</td><td>运营总监</td></tr>
<tr><td>表单填写</td><td>1. 每月对售后回访及客户投诉数据进行汇总，及投诉率统计上交总监
2. 统计每日订单、出货、收款数据上报总监</td><td>运营总监
财务部</td></tr>
<tr><td>信息反馈</td><td>1. 及时跟进出货状况，反馈给客户
2. 对回款不准时的应跟踪并解决，在能力范围解决不了，请求领导支援
3. 对客户投诉的及时沟通、解决</td><td rowspan="2">总经理</td></tr>
<tr><td>6S 管理</td><td>1. 整理：定时清理工作场所内不要的资料、文件等物品（一周或一个月）
2. 整顿：使工作场所内所有的办公物品保持整齐有序的状态，并进行有序的标识。杜绝乱堆乱放、标识不清、能及时找出所需的资料或文件
3. 清扫：使工作环境及办公设备保持清洁的状态
4. 清洁：养成坚持的习惯，并辅以一定的监督检查措施
5. 素养：树立讲文明、积极敬业的精神，如尊重别人、爱护公物、遵守规则、有强烈的时间观念等
6. 安全：清除隐患、排除险情、预防事故的发生</td></tr>
</table>

起草/日期：　　　　审核/日期：　　　　批准/日期：

表 4－109　人力资源部主管岗位标准制约责任稽核作业指导书

控制要点	标准	制约	责任	督查人
安全防护	1. 用工安全：对于普工入职检查其眼神、手指做好记录或直接不予录用，特殊岗位（采购、财务、管理岗位）做好入职前调查 2. 人员出入安全、公司财产安全、基础设施安全	1. 行政总监不定期检查 2. 稽核人员不定期抽查	行政总监或稽核员发现不按照规定办事的，处10元/次乐捐	行政总监 稽核员
工作要点	1. 根据整体发展的需要，建立健全人力资源政策，并组织实施 2. 组织编制、完善人力资源管理的工作流程、各项管理制度 3. 执行人力资源管理的工作流程、各项制度，并组织落实，定期修正 4. 根据人力需求，不断拓宽与优化招聘渠道，健全招聘网络 5. 依据公司各部门的需求和岗位任职条件，组织制定、实施员工招聘计划，负责主管级以上人员的招聘 6. 建立健全培训管理体系及组织实施 7. 及时评估培训效果，达到提高员工素质、增强企业发展动力的目的 8. 鼓励各类型员工参与到集体活动中，提升自我价值 9. 组织设计、实施、评估、完善绩效考核管理方案 10. 建立具有竞争力的薪酬与福利管理体系，组织制定、完善企业的薪酬政策提案并上报总经理审批后贯彻实施 11. 组织、督导下属日常办理的薪酬与福利管理事务 12. 定期组织下属开展员工满意度调查工作，密切关注员工的思想动向，为公司领导决策提供客观、公正的人力资源数据信息 13. 组织下属办理员工劳动合同的签订及续签手续，负责主管级以上人员劳动合同的签订及续签手续 14. 协同处理有关劳动争议 15. 与各部门建立良好的沟通关系，协助各部门负责人处理好员工关系 16. 配合公司进行企业文化建设活动 17. 组织实施对员工的入职、考勤、考核、晋升、调职、奖惩、辞退等全方位管理，协调、指导、监督和管理人力资源工作 18. 组织编制全公司的组织结构图、职位说明书，并定期进行修改、审核、建档 19. 制定部门的工作计划、工作制度，进行部门员工的分工和组织工作 20. 控制、审核部门费用情况 21. 对部门员工进行考核和业务指导			

续表

控制要点	标准	制约	责任	督查人
工作要点	22. 办理上级交办的其他任务 23. 代表本部门与其他部门沟通			
6S 管理	1. 整理：把工作场所内不要的东西坚决清理掉 2. 整顿：使工作场所内所有的物品保持整齐有序的状态，并进行必要的标识。杜绝乱堆乱放、产品混淆、该找的东西找不到等无序现象 3. 清扫：使工作环境及设备、材料等保持清洁的状态 4. 清洁：养成坚持的习惯，并辅以一定的监督检查措施 5. 素养：树立讲文明、积极敬业的精神，如尊重别人、爱护公物、遵守规则、有强烈的时间观念等 6. 安全：清除隐患、排除险情、预防事故的发生			

起草/日期：　　　　审核/日期：　　　　批准/日期：

表 4－110　行政专员岗位标准制约责任稽核作业指导书

控制要点	标准	制约	责任	督查人
安全防护	1. 下班前，要关好门窗，检查各类电源开关、设备等 2. 要经常督促、检查，做好防盗工作	1. 人力资源部主管监督 2. 稽核人员不定期抽查	1. 每项未按要求完成或被有效投诉，绩效扣5分/次 2. 每季度未检查或检查不到位，绩效扣5分/次 3. 6S管理有明确的制度，并严格按制度执行，未做到扣5分/次	人力资源部主管
服务	树立全心全意为员工服务的思想，讲究职业道德。文明服务，态度和蔼，主动热情，礼貌待人，热爱本职，认真负责			
工作要点	1. 协助配合主管处理行政相关工作事务 2. 负责公司员工的后勤保障工作，包括饭堂管理、住宿床位、电话、网络、设备维护等事项 3. 负责保安工作巡查及管理 4. 及时整理文档资料，合理归档 5. 每月15日前对相关报表的整理并交给财务（包括水、电、电话费、厂服、体检等费用） 6. 每月宿舍水电统计、各供应商对账 7. 不定时更新公司企业文化 8. 每季度消防检查 9. 及时完成上级安排的其他工作			
6S管理	1. 整理：把工作场所内不要的东西坚决清理掉 2. 整顿：使工作场所内所有的物品保持整齐有序的状态，并进行必要的标识。杜绝乱堆乱放、产品混淆、该找的东西找不到等无序现象 3. 清扫：使工作环境及设备、材料等保持清洁的状态 4. 清洁：养成坚持的习惯，并辅以一定的监督检查措施 5. 素养：树立讲文明、积极敬业的精神，如尊重别人、爱护公物、遵守规则、有强烈的时间观念等 6. 安全：清除隐患、排除险情、预防事故的发生			

起草/日期：　　　　审核/日期：　　　　批准/日期：

表 4-111　电工岗位标准制约责任稽核作业指导书

控制要点	标准	制约	责任	督查人
安全防护及工作要点	1. 负责公司电力设施的安全、维护、保养、电气线路合理设计、安装、调试，并按操作规程规定使用 2. 对接触使用电线、开关、保险、插销、照明灯具、电炉、电动机等电气设备的员工，要加强安全用电知识教育，避免因使用不当引起触电和火灾事故的发生 3. 手机 24 小时处于开机状态，包含节假日，方便及时处理设施、设备的异常状况 4. 每月 15 日—20 日定期检查，排除隐患，及时更换老化电气线路，防止腐蚀老化线路引起的漏电短路，并做好台账登记工作。发现私自乱接、乱拉电线，损毁电器设备，及时向车间主管、直接上司汇报 5. 每周不定期抽查各车间的电闸是否关闭，对于未关电闸的部门做好登记，月底交给行政专员 6. 协助生产担当产品线路检测、测试，对于不合理及有安全隐患的线路提出正确的接法及合适的电线，最终签订生产线路标准 7. 每月协助行政专员做好全厂消防设施检查，对于发现问题及时处理（更换、维修）	1. 行政专员不检查 2. 稽核人员不定期抽查	1. 不及时或不配合，扣 5 分/次 2. 未及时完成或被有效投诉扣 5 分/次 3. 经常到现场巡查电器、消防安全隐患情况，未做到每次扣 5 分，因此发生事故不得分	主管
6S	及时做好电气零配件材料申报计划工作，电工房做好 6S 工作			

起草/日期：　　　　审核/日期：　　　　批准/日期：

表4－112　保安员岗位标准制约责任稽核作业指导书

控制要点	标准	制约	责任	督查人
仪容仪表	着装整齐，保持岗位整洁，保持良好的精神状态	行政专员不定期检查	执行《保安员工作绩效考核》制度 接到投诉绩效扣5分	行政专员
表单填写	认真填写各项记录（如交接班表、巡逻表等），监督《来访人员登记表》《车辆出入登记表》等填写			
巡查区域	公司全部区域			
工作要点	1. 所有车辆必须按规定区域停放，对阻碍道路的车辆要及时疏散，对不听劝解或拒不配合工作的人员进行登记，并打电话通知人力资源部负责人处理 2. 检查所有公司车辆出入的用车申请单，并按规定登记，无有效用车申请单或不按规定登记的，一律不允许出厂 3. 检查车上所载物品，物品放行按《门禁管理规定》执行 4. 所有外来车辆入厂前必须在保安室登记，不登记一律不允许入厂 5. 所有外来车辆如有自带货物需出厂的，必须事先在保安室登记，并要仓库开具放行条才能出厂 6. 外来车辆所载物品出厂，物品放行按《门禁管理规定》之“物品出入管理”执行 7. 外来人员来访，值班保安一定要先问清楚来访人员拜访对象，并电话与当事人确认，如情况属实的在《外来人员来访登记》处登记后才可进入厂内 8. 生产区域严禁外来人员随意进入，保安和车间负责人看到外来人员进入车间应进行制止，并马上通知行政专员处理 9. 员工上下班（7：15－8：10/11：25－12：20/17：25－18：35/21：55－22：15）期间，当值保安必须在考勤机处站岗执勤，检查员工车辆出入、携带物品、厂牌、着装、打卡及报餐等并维持好秩序，如发现违纪行为应登记上报人力资源部 10. 维持辖区内车辆停放 11. 定时签到并巡视辖区的安全设施是否完好，并做好记录 12. 及时完成上级交代的其他工作			
岗位重点	1. 维持员工上下班秩序，访客、应聘者、外来工作人员必须收回其证件（访客证或外来工作证） 2. 维持客人到访和停车顺序，监督员工上下班打卡 3. 晚班按时巡查签到，并做好记录 4. 检查车间放行			

起草/日期：　　审核/日期：　　批准/日期：

表 4-113　清洁工岗位标准制约责任稽核作业指导书

控制要点	标准	制约	责任	督查人
安全防护与纪律	1. 注意车辆的来往，严格遵守操作规程，防止事故发生 2. 爱护公物，对无故损坏公司财产的要照价赔偿 3. 不贪小便宜，不得随便搬运或拿做他用	1. 行政人员不定期检查 2. 稽核人员不定期抽查	执行《清洁岗位绩效考核制度》	行政专员
工作要点	1. 厕所每天彻底清扫两次，做到无异味、无尿碱、无水锈，地面无尘土、无积水 2. 五楼办公区域包括各办公室、会议室、茶水间、前台大厅，7：30 至 9：00 以上区域拖地一次 3. 一楼至五楼楼梯及扶手清扫每星期 2~3 次 4. 二楼培训室不定期打扫卫生 5. 负责工作区域内蜘蛛网清除，每月 1 次 6. 四楼展厅每周打扫卫生 1 次 7. 卫生间内门窗灯具，各办公室门窗，每月擦洗 1 次 8. 每天清扫垃圾两次，11：00 清扫一次，16：30 清扫一次，垃圾桶要保持干净 9. 负责区域内的植物每周进行 1 次浇水，做到无水迹			
6S 管理	1. 整理：把工作场所内不要的东西坚决清理掉 2. 整顿：使工作场所内所有的物品保持整齐有序的状态，并进行必要的标识。杜绝乱堆乱放、产品混淆、该找的东西找不到等无序现象 3. 清扫：使工作环境及设备、材料等保持清洁的状态 4. 清洁：养成坚持的习惯，并辅以一定的监督检查措施 5. 素养：树立讲文明、积极敬业的精神，如尊重别人、爱护公物、遵守规则、有强烈的时间观念等 6. 安全：清除隐患、排除险情、预防事故的发生			

起草/日期：　　　　审核/日期：　　　　批准/日期：

表 4 – 114　计划物控部主管岗位标准制约责任稽核作业指导书

控制要点	标准	制约	责任	督查人
安全防护工作	工作前检查连接工作电脑的各组线路检查是否存在漏电现象，各组插头、插座是否存在松脱现象，杜绝电路短路损坏电脑等办公器材及触电事故的发生	1. 生产总监不定期检查 2. 稽核人员不定期抽查	生产总监每次检查发现工作有误对其处 10 元/次“成长赞助”	生产总监 稽核人员
工作要点	1. 对生产计划的执行进行监督 2. 对生产进度跟进的跟踪与落实进行监督 3. 对影响生产交期的订单进行协调处理 4. 对订单评审的时间进行监督 5. 对订单评审后的结果进行监督 6. 对生产计划资料的准确性进行监督及完善 7. 每月最后一天安排盘点 8. 每年 6 月 30 日与 12 月 30 日前配合公司年中和年终盘点 9. 盘点完成后 5 日内上交仓库盘点报表给财务主管 10. 监督仓管员每月 5 日前上交仓存呆滞物料统计表 11. 监督仓管员对呆废物料的产生进行监督及管控 12. 每月 10 日前对计划员、物控员对仓库及车间的呆滞品处理的结果跟进，20 日前将处理结果提交至副总经理处 13. 根据实际情况合理安排本部门人员的工作岗位，并合理分配 14. 每月 2 日前监督业务部对上月生产计划准交率及品质退货率数据的提交 15. 每月 8 日前对本部门人员的工作达标情况进行考核，每月安排部门人员进行相关知识培训一次 16. 每月 5 日前向副总经理提交上月工作未达标的原因分析及改善措施 17. 每天 9：00 组织各相关部门负责人参加生产协调会，并对《日生产计划准交表》的完成情况进行通报与确认，对未按时完成任务的相关负责人进行成长处理，对按时完成任务的部门进行表扬 18. 对不能按时完成生产任务的订单且不能协调解决的及时上报总监及副总经理 19. 监督每位仓管员在每月的最后一天进行自我盘点，并提交自盘结果 20. 安排物控员、计划员对仓库自管结果进行抽盘 21. 每天确保仓管员进出仓数据的及时录入，并分类进行存档 22. 每天审核和检查仓管员的《送货单》《领料单》、成品《销货单》，10：00 前把所有单据上交至财务部 23. 监督计划员、物控员每天 10：00 前完成昨日未完成部门及原因统计			

续表

控制要点	标准	制约	责任	督查人
工作要点	24. 定期对管辖内人员进行安全知识培训，产品、人员安全宣导 25. 每年1月10日前提交上年工作总结及本年工作计划 26. 每月5日前提交本部门上月工作总结及本月工作计划给上级领导 27. 每月10日前提交经有效审核的本部门人员《岗位关键绩效指标考评表》到人力资源部 28. 每月5日上交呆废成品的申报 29. 每年6月30日与12月30日前进行年中和年终盘点 30. 盘点完成后3日内上交仓库盘点报表给部门主管 31. 每年1月10日前提交上年工作总结及本年工作计划 32. 每月3日前提交上月工作总结及下月工作计划给部门主管			
表单填写	生产指令单、呆滞品处理表、抽盘表、物料申请单、产前评审记录			
设备日常保养	1. 每天（8：40）用干布擦拭电脑显示屏 2. 定期（每周六）对电脑主机进行吹尘，并拔掉电源 3. 定期（每周六）清理旧文件			
6S管理	1. 整理：把工作场所内不要的东西坚决清理掉 2. 整顿：使工作场所内所有的物品保持整齐有序的状态，并进行必要的标识。杜绝乱堆乱放、产品混淆、该找的东西找不到等无序现象 3. 清扫：使工作环境及设备、材料等保持清洁的状态 4. 清洁：养成坚持的习惯，并辅以一定的监督检查措施 5. 素养：树立讲文明、积极敬业的精神，如尊重别人、爱护公物、遵守规则、有强烈的时间观念等 6. 安全：清除隐患、排除险情、预防事故的发生			

起草/日期：　　　　审核/日期：　　　　批准/日期：

表 4－115　核算工程师岗位标准制约责任稽核作业指导书

控制要点	标准	制约	责任	督查人
安全防护工作	工作前检查连接工作电脑的各组线路检查是否存在漏电现象，各组插头、插座是否存在松脱现象，杜绝电路短路损坏电脑等办公器材及触电事故的发生	1. 部门主管不定期抽查 2. 稽核人员不定期抽查	未按标准时间完成罚款10元/次	部门主管
工作要点	1. 制定产品物料的用量标准等（五金、木工、油漆、有机） 2. 对五金、木工物料用量的采购与发放控制 3. 各车间新旧产品的单价制定和修改工作 4. 制定各车间耗料领用数量的标准 5. 产前产后的评审的参与工作 6. 对工艺工程优化 7. 各类产品的产能产效分析工作（产品完成后7天内做好分析） 负责对仓库四大主料的账、物、卡抽盘工作，并记录在《抽盘表》上 8. 每年1月10日前提交上年工作总结及本年工作计划 9. 每月3日前提交上月工作总结及下月工作计划给计划物控部主管			部门主管/副总
表单填写	物料用量明细表、车间耗料统计表、抽盘表、计件单价表			部门主管
设备日常保养	1. 每天（8：40）用干布擦拭电脑显示屏 2. 定期（每周六）对电脑主机进行吹尘，并拔掉电源 3. 定期（每周六）清理旧文件			部门主管/人力资源部
6S管理	1. 整理：把工作场所内不要的东西坚决清理掉 2. 整顿：使工作场所内所有的物品保持整齐有序的状态，并进行必要的标识杜绝乱堆乱放、产品混淆、该找的东西找不到等无序现象 3. 清扫：使工作环境及办公设备、材料等保持清洁的状态 4. 清洁：养成坚持的习惯，并辅以一定的监督检查措施 5. 素养：树立讲文明、积极敬业的精神，如尊重别人、爱护公物、遵守规则、有强烈的时间观念等 6. 安全：清除隐患、排除险情、预防事故的发生			

起草/日期：　　　　审核/日期：　　　　批准/日期：

表 4－116　计划员岗位标准制约责任稽核作业指导书

控制要点	标准	制约	责任	督查人
安全防护工作	工作前检查连接工作电脑的各组线路检查是否存在漏电现象，各组插头、插座是否存在松脱现象，杜绝电路短路损坏电脑等办公器材及触电事故的发生	1. 部门主管每天不定时检查 2. 稽核人员不定期抽查	部门主管每次检查发现工作有误对其处 10 元/次“成长赞助”	部门主管 稽核人员
工作要点	1. 根据运营部下发的生产订单、评审结果及根据各车间的生产能力编制《生产指令单》4 小时下发至相关部门 2. 根据运营部下发订单、评审单，负责组织客户订单评审及评审的沟通、协调和判定工作 3. 每天 9：00 核对采购物料及各生产车间《日生产报表》明细，对生产进度进行跟踪及落实，对未及时完成的进行协调、跟进，并合理调度生产计划，确保生产计划达成 4. 常规产品 4 小时内完成评审并与运营部共同确认交期并签署意见，特殊产品 2 小时内招集相关人员开会共同讨论并签署相关意见 5. 每天 10：30 前将各部门生产日报表输入电脑并对未完成当天生产任务再次列入次日准交表中进行跟踪处理 6. 每月 3 日前提交各部门上月生产计划准交率与未完成原因及改善措施报告 7. 主导新产品产前样评审，并在收到技术资料后 2 小时内通知各生产部门进行产前样制作，并对产前样过程进行全程跟进与追踪（3 天内完成），产前样必须完整方可评审 8. 产前样完成后，组织各相关部门对产前样进行评审，并确认批量生产的准确交期，并要求各相关部门负责人在新产品订单评审表上签署意见与建议。对未按时出席评审的人员按会议制度进行成长处理 9. 对评审不通过的产品，各相关部门需再次确认修改后的完成情况，对其进行跟踪准时完成，确认完成后组织相关人员进行再次评审，直到合格为止 10. 新产品生产完后 3 天内通知品质部主管进行产后评审会，监督相关人员对新产品生产过程中的问题进行分析总结与改进 11. 每天 16：00 前负责对运营部的成品《销货单》进行审核 12. 每天对成品仓的库存数进行查看并跟催相关运营部的库存成品出货计划 13. 参与每年仓库的年中与年终大盘点 14. 按《盘点制度》实施对成品仓库的账、物、卡抽盘工作，并记录在《抽盘表》上 15. 每月 10 日前对上月的呆滞成品报表进行原因分析，并在 15 日前主导评审《呆滞及不合格物料评审处理单》，将处理方法在 20 日前呈交处理结果到总经理处审批执行 16. 每年 1 月 10 日前提交上年工作总结及本年工作计划 17. 每月 3 日前提交上月工作总结及下月工作计划给计划物控部主管			

续表

控制要点	标准	制约	责任	督查人
表单填写	生产指令单、物料申购单、抽盘表、呆滞品处理表等			
设备日常保养	1. 每天（8：40）用干布擦拭电脑显示屏 2. 定期（每周六）对电脑主机进行吹尘，并拔掉电源 3. 定期（每周六）清理旧文件			
6S 管理	1. 整理：把工作场所内不要的东西坚决清理掉 2. 整顿：使工作场所内所有的物品保持整齐有序的状态，并进行必要的标识。杜绝乱堆乱放、产品混淆、该找的东西找不到等无序现象 3. 清扫：使工作环境及设备、材料等保持清洁的状态 4. 清洁：养成坚持的习惯，并辅以一定的监督检查措施 5. 素养：树立讲文明、积极敬业的精神，如尊重别人、爱护公物、遵守规则、有强烈的时间观念等 6. 安全：清除隐患、排除险情、预防事故的发生			

起草/日期：　　　　审核/日期：　　　　批准/日期：

表 4－117　物控员岗位标准制约责任稽核作业指导书

控制要点	标准	制约	责任	督查人
安全防护工作	工作前检查连接工作电脑的各组线路检查是否存在漏电现象，各组插头、插座是否存在松脱现象，杜绝电路短路损坏电脑等办公器材及触电事故的发生	1. 部门主管不定期检查 2. 稽核人员不定期抽查	部门主管每次检查发现工作有误对其处 10 元/次“成长赞助”	部门主管 稽核人员
工作要点	1. 按单申购 （1）收到《生产指令单》后，新产品收到《物料清单》后 4 小时内对所需物料需求计划进行预算并编制《物料请购单》，并对其请购的物料进行跟踪在规定的时间提前或准时到位 （2）所有产品在 4 小时内根据仓库库存量，对所需物料需求计划进行预算，并编制《物料请购单》 （3）紧急物料收到单据后在 30 分钟内完成请购 （4）卖场或店中店系列材料核算最迟下单后次日完成 2. 每天 9：00 前检查并核对前一天到位的物料进行汇总；对未按时完成任务的责任人进行处理跟踪；每天 16：00 前核对未来上线排产单物料到位情况 3. 随时与计划员沟通，对未到位的物料及时反馈，以便计划员编制未来上线计划，而确保生产计划的准确性 4. 月用量申购 每月 5 日之前统计各类常用物料的月用量，编制《请购单》对其进行月请购处理，并注意控制物料的到位时间 5. 每月 10 日前对上月的呆滞原材料报表进行原因分析，并在 20 日前主导评审《呆滞及不合格物料评审处理单》，将处理方法提交总经理审核批准后执行并返还一份处理结果给责任仓管员 6. 对呆废物料的产生进行监督及管控 7. 根据仓库库存量对月采购的物料进行分批到位，合理利用仓库有限空间 8. 根据实际用量至少每半年制定一次仓库安全存量并录入 ERP 9. 避免呆滞物料的产生，发现可疑物料及时处理（5 天内完成） 10. 避免公司财务浪费 11. 严格监督各相关物料准时到位，如不能够准时到位时，要求各相关部门人前一天的 12：00 前进行预警，确保生产计划的准确性 12. 在保证生产的情况下，根据公司场所控制来料数量及时间 13. 对物料进行适时调度 14. 审核各部门退补料数量及合理性 15. 对各部门的退补料追究责任跟踪处理 16. ERP 清单生产需求异常调整及修改			

续表

控制要点	标准	制约	责任	督查人
工作要点	17. 油漆车间、有机车间根据订单订量、发料，各车间应发材料调整录入 18. 各部门非生产领料审核 每月 3 日前提交对采购原材料物料准交率的统计与未完成原因及改善措施报告 19. 参与每年仓库的年中与年终大盘点 20. 按《盘点制度》每月实施对原材料仓库的账、物、卡抽盘工作，并记录在《抽盘表》上 21. 每年 1 月 10 日前提交上年工作总结及本年工作计划 22. 每月 3 日前提交上月工作总结及下月工作计划部门主管			
表单填写	物料申购单、抽盘表、呆滞品处理表等			
设备日常保养	1. 每天（8：40）用干布擦拭电脑显示屏 2. 定期（每周六）对电脑主机进行吹尘，并拔掉电源 3. 定期（每周六）清理旧文件			
6S 管理	1. 整理：把工作场所内不要的东西坚决清理掉 2. 整顿：使工作场所内所有的物品保持整齐有序的状态，并进行必要的标识。杜绝乱堆乱放、产品混淆、该找的东西找不到等无序现象 3. 清扫：使工作环境及设备、材料等保持清洁的状态 4. 清洁：养成坚持的习惯，并辅以一定的监督检查措施 5. 素养：树立讲文明、积极敬业的精神，如尊重别人、爱护公物、遵守规则、有强烈的时间观念等 6. 安全：清除隐患、排除险情、预防事故的发生			

起草/日期：　　　　审核/日期：　　　　批准/日期：

表 4－118　原材料仓库管理员岗位标准制约责任稽核作业指导书

控制要点	标准	制约	责任	督查人
安全防护工作	工作前检查连接工作电脑的各组线路检查是否存在漏电现象，各组插头、插座是否存在松脱现象，杜绝电路短路损坏电脑等办公器材及触电事故的发生	1. 部门主管不定期检查 2. 稽核人员不定期抽查	1. 部门主管每次检查发现工作有误对其处10元/次“成长赞助” 2. 物料丢失，照价赔偿	部门主管 稽核人员
工作要点	1. 每天根据生产部的《领料单》进行备料（当天16：00提供的清单，当天晚上备好物料，10：00前提交的备料单，当天15：00前备好物料） 2. 收到供应商的送货单后10分钟内在ERP系统内做送货送检报告，并电话通知质检员检货，并监督质检员验货时间（收到通知后10分钟内到场开始验收，1小时内出判定结果） 3. 所有账目要做到日结日清并数据准确 4. 依据采购订单号核对供应商的送货物料的品名规格和数量进行收货，不可以超收物料 5. 物料要做到定点、定位和分类摆放，并做好标识 6. 合理规划仓库储位，保持仓库通道畅通 7. 物料分类清晰明了，有明确标识，每种物料都建有完善的物料卡 8. 做好物料保管工作，所有物料要做到先进先出，防止物料品质变异，进行仓库的防护 9. 订单完成后该订单剩余物料未使用的，在3日内以联络单形式提交给计划物控部 10. 备好生产部所需物料，督促生产部把当天生产的物料领走（急用的物料17：30前拿走，不急的物料可以到次日10：00前拿走完毕） 11. 发物料时如果发现物料达到了最低库存量在30分钟内以联络单通知物控员进行申购 12. 严格控制仓库物料所有进出业务的数量 13. 当日对所有进出业务的物料做好物料卡记录和电脑账 14. 对领料单、送货单、退货单据进行归档管理，每天9：00交一联给部门主管。由部门主管在10：00前上交财务部 15. 每月2日前上交上月领料单、送货单、退货单据进行归档管理 16. 每天下班前打扫仓库各自区域的卫生 17. 每天下班后做5分钟桌面整理和单据整理工作 18. 所有物料要做到分类摆放，杜绝乱摆乱放 19. 收发物料后要做好整理和清洁工作 20. 每个月30日对仓库物料进行一次盘点 21. 每月5日呆废料的申报			

续表

控制要点	标准	制约	责任	督查人
工作要点	22. 每年6月30日与12月30日前进行年中和年终盘点 23. 盘点完成后3日内上交仓库盘点报表给部门主管 24. 每年1月10日前提交上年工作总结及本年工作计划 25. 每月3日前提交上月工作总结及下月工作计划给计划物控部主管			
表单填写	供应商送货单、领料单、抽盘表、呆滞品处理表等			
设备日常保养	1. 每天（8：40分）用干布擦拭电脑显示屏 2. 定期（每周六）对电脑主机进行吹尘，并拔掉电源 3. 定期（每周六）清理旧文件 4. 定期给打印机加墨水			
6S管理	1. 整理：把工作场所内不要的东西坚决清理掉 2. 整顿：使工作场所内所有的物品保持整齐有序的状态，并进行必要的标识。杜绝乱堆乱放、产品混淆、该找的东西找不到等无序现象 3. 清扫：使工作环境及设备、材料等保持清洁的状态 4. 清洁：养成坚持的习惯，并辅以一定的监督检查措施 5. 素养：树立讲文明、积极敬业的精神，如尊重别人、爱护公物、遵守规则、有强烈的时间观念等 6. 安全：清除隐患、排除险情、预防事故的发生			

起草/日期：　　　　审核/日期：　　　　批准/日期：

表 4－119　成品仓管理员岗位标准制约责任稽核作业指导书

控制要点	标准	制约	责任	督查人
安全防护工作	工作前检查连接工作电脑的各组线路检查是否存在漏电现象，各组插头、插座是否存在松脱现象，杜绝电路短路损坏电脑等办公器材及触电事故的发生	1. 部门主管不定期检查 2. 稽核人员不定期抽查	1. 部门主管每次检查发现工作有误对其处 10 元/次“成长赞助” 2. 物料丢失，照价赔偿	部门主管 稽核人员
工作要点	1. 严格按照 9：30 前、14：30 前装货完毕（送货产品） 2. 认真做好成品出仓数量清点，并合理安排装车时物品摆放 3. 所有账目要做到日结日清并数据准确 4. 认真做好成品进仓交接手续，并按区域分类摆放并做好标识 5. 认真做好成品在仓库里防盗、防潮、防损、防火等有关事项，按先进先出原则安排出货 6. 每天下班前安排搬运组长次日的工作 7. 每天及时录入成品进、出仓单明细及账目 8. 每月对成品进行一次盘点，确保账、物一致 9. 严格控制仓库物料所有进出业务的数量 10. 及时对所有进出业务的物料做好电脑账 11. 对成品进仓单、成品销货单、退货情况统计表的进行归档管理，每天 9：00 交一联给部门主管 12. 每月 2 日前上交上月领料单、销货单、退货单据进行归档管理 13. 每天下班前打扫成品仓库区域的卫生 14. 每天下班后做 5 分钟桌面整理和单据整理工作 15. 所有物料要做到分类摆放，杜绝乱摆乱放 16. 收发物料后要做好整理和清洁工作 17. 每个月 30 日对仓库物料进行一次盘点 18. 每月 5 日上交呆废成品的申报 19. 每年 6 月 30 日与 12 月 30 日前进行年中和年终盘点 20. 盘点完成后 3 日内上交仓库盘点报表给部门主管 21. 每年 1 月 10 日前提交上年工作总结及本年工作计划 22. 每月 3 日前提交上月工作总结及下月工作计划给部门主管			
表单填写	供应商送货单、领料单、抽盘表、呆滞品处理表、成品出仓单等			

续表

控制要点	标准	制约	责任	督查人
设备日常保养	1. 每天（8：40）用干布擦拭电脑显示屏 2. 定期（每周六）对电脑主机进行吹尘、并拔掉电源 3. 定期（每周六）清理旧文件 4. 定期给打印机加墨水			
6S 管理	1. 整理：把工作场所内不要的东西坚决清理掉 2. 整顿：使工作场所内所有的物品保持整齐有序的状态，并进行必要的标识。杜绝乱堆乱放、产品混淆、该找的东西找不到等无序现象 3. 清扫：使工作环境及设备、材料等始保持清洁的状态 4. 清洁：养成坚持的习惯，并辅以一定的监督检查措施 5. 素养：树立讲文明、积极敬业的精神，如尊重别人、爱护公物、遵守规则、有强烈的时间观念等 6. 安全：清除隐患、排除险情、预防事故的发生			

起草/日期：　　审核/日期：　　批准/日期：

表 4-120　搬运组长岗位标准制约责任稽核作业指导书

控制要点	标准	制约	责任	督查人
安全防护工作	1. 上班必须戴好手套等防护用品 2. 巡查本工序是否存在安全隐患，落实各岗位的安全预防措施等安全工作 3. 检查机动叉车、叉车是否存在安全隐患	1. 成品仓管理员每天不定时检查 2. 部门主管不定期检查 3. 稽核人员不定期抽查	部门主管检查成品仓管理员，若发现工作有误处以 10 元/次“成长赞助”	仓库主管 成品仓管理员
工作要点	1. 每天 8：00－8：20 安排搬运组当天的工作，严格按 9：30 前、14：30 前装车完毕准时出货（送货产品） 2. 根据运营部提供的《销货单》安排搬运人员按实际出货数量时行清点装车，确保准确无误 3. 出货完成后带领搬运进行现场整理 4. 定期对搬运工培训对产品的保护意识及外出服务意识 5. 统计搬运组当天计件、计时工资、餐费报销单后给成品仓管员 6. 送货单回单于次日 8：30 前交至成品仓管员处 7. 每天下班时带领组员做好清扫工作 8. 每天检查 5S 工作并做好跟进 9. 不定期对搬运培训 5S 推行的重要性			
表单填写	搬运装车数量统计表、上班时间统计表、餐费统计表			
设备日常保养	每天（8：00）检查机动叉车及叉车基本情况、清洁			
6S 管理	1. 整理：把工作场所内不要的东西坚决清理掉 2. 整顿：使工作场所内所有的物品保持整齐有序的状态，并进行必要的标识。杜绝乱堆乱放、产品混淆、该找的东西找不到等无序现象 3. 清扫：使工作环境及设备、材料等保持清洁的状态 4. 清洁：养成坚持的习惯，并辅以一定的监督检查措施 5. 素养：树立讲文明、积极敬业的精神，如尊重别人、爱护公物、遵守规则、有强烈的时间观念等 6. 安全：清除隐患、排除险情、预防事故的发生			

起草/日期：　　　　审核/日期：　　　　批准/日期：

表 4－121　搬运工岗位标准制约责任稽核作业指导书

控制要点	标准	制约	责任	督查人
安全防护工作	1. 上班必须戴好手套等防护用品 2. 巡查本工序是否存在安全隐患，落实各岗位的安全预防措施等安全工作	1. 搬运组长每天不定时检查 2. 成品仓管理员不定期检查 3. 部门主管不定期检查 4. 稽核人员不定期抽查	1. 成品仓管理员、搬运组长每次检查发现工作有误对其处以 10 元/次“成长赞助” 2. 部门主管发现搬运工作有误时，而成品仓管理员在场时，那么对在场的成品仓管理员处以 10 元/次“成长赞助”	成品仓管理员 部门主管 搬运组长
工作要点	1. 每天 8：00－8：20 按搬运组长安排完成当天的工作，严格按 9：30 前、14：30 前装车完毕准时出货（送货产品） 2. 装车完成后，将地台板归类放置到指定区域 3. 每天下班时做好各自负责区域的清扫工作 4. 定期整理成品仓货品，分类、摆放 5. 根据不同产品，按不同类型产品规范装车 6. 装卸装着安全防护措施 7. 定期检查叉车设备是否有安全隐患 8. 每装车完成，清扫地面卫生			
6S 管理	1. 整理：把工作场所内不要的东西坚决清理掉 2. 整顿：使工作场所内所有的物品保持整齐有序的状态，并进行必要的标识。杜绝乱堆乱放、产品混淆、该找的东西找不到等无序现象 3. 清扫：使工作环境及设备、材料等始保持清洁的状态 4. 清洁：养成坚持的习惯，并辅以一定的监督检查措施 5. 素养：树立讲文明、积极敬业的精神，如尊重别人、爱护公物、遵守规则、有强烈的时间观念等 6. 安全：清除隐患、排除险情、预防事故的发生			

起草/日期：　　　　审核/日期：　　　　批准/日期：

表 4 – 122 生产技术员岗位标准制约责任稽核作业指导书

控制要点	标准	制约	责任	督查人
安全防护工作	1. 工作前检查连接工作电脑的各组线路是否存在漏电现象，各组插座、插头是否存在松脱，杜绝电路短路损坏电脑等办公器材及触电事故发生 2. 检查各项业务/客户提供的资料（标准）文件的接收及完整和有效性	1. 主管不定期检查 2. 稽核人员不定期抽查	1. 按照资料排期表完成新产品图纸及 ERP 系统上传，每延迟一次对其处以 5 元/次乐捐 2. 产品因技术结构或用料不合理存在重大安全隐患受到客户重大投诉对其处以 10 元/次乐捐 3. 处理各车间生产和技术难关的异常情况及时性；如未能及时有效的处理对其处以 5 元/次乐捐	技术主管
工作要点	1. 及时处理在生产过程中出现的各种异常问题 2. 二次生产以后的过程中如有修改，下发《技术文件变更通知单》，并附上相应修改的物料清单/图纸 3. 二次生产后的产品如有修改，对需要重新核价的产品进行核价 4. 完成公司临时交办事务			
6S 管理	1. 整理：把工作场所内不要的东西坚决清理掉 2. 整顿：使工作场所内所有的物品保持整齐有序的状态，并进行必要的标识。杜绝乱堆乱放、产品混淆、该找的东西找不到等无序现象 3. 清扫：使工作环境及设备、材料等保持清洁的状态 4. 清洁：养成坚持的习惯，并辅以一定的监督检查措施 5. 素养：树立讲文明、积极敬业的精神，如尊重别人、爱护公物、遵守规则、有强烈的时间观念等 6. 安全：清除隐患、排除险情、预防事故的发生			

起草/日期： 审核/日期： 批准/日期：

表 4－123　开发技术员岗位标准制约责任稽核作业指导书

控制要点	标准	制约	责任	督查人
安全防护工作	1. 工作前检查连接工作电脑的各组线路是否存在漏电现象，各组插座、插头是否存在松脱，杜绝电路短路损坏电脑等办公器材及触电事故发生 2. 检查各项业务/客户提供的资料（标准）文件的接收及完整和有效性	1. 主管不定期检查 2. 稽核人员不定期抽查	1. 按照资料排期表完成新产品图纸及 ERP 系统上传，每延迟一次对其处以 5 元/次乐捐 2. 产品因技术结构或用料不合理存在重大安全隐患受到客户重大投诉对其处以 10 元/次乐捐	技术主管
工作要点	1. 根据客户提供的简易图纸、效果图、样板进行制作报价清单（客户议价、客户招标、意向报价） 2. 完成的报价单给到业务检查；再给技术主管审核 3. 收到《样板申请单》后，在规定的时间内召开样板评审会议，讨论制作工艺，确定出图纸时间，并与样板组确定样板完成时间 4. 填写材料申购表（包含需要申购的材料及发外的产品），交由计划部录入 ERP 系统 5. 将样板申请表及相关图纸及材料申购表交给技术文员下发相关部门制作 6. 全程跟进样板制作，了解结构是否合理，及时处理在生产时不易操作的工艺 7. 记录样板制作过程中异常工艺数据并完善工程图纸 8. 如需要到现场安装的产品，部份产品可能需要技术员现场指导安装（如整店安装） 9. 在收到业务意见反馈单后，对资料进行修改后给业务确认并存档 10. 绘制产品工程图纸（包含用到的：爆炸图、总图、部件分解图、电路图、包装图、产品安装图、喷画文件、丝印文件、雕刻文件等） 11. 制作物料清单（BOM 表录入 ERP 系统），包含产品所用到的所有物料（板材、亚克力、电器配件、包装物料、螺丝配件、耗材等） 12. 新产品首件确认（产品结构、包装、物料等） 13. 及时处理在生产过程中出现的各种异常问题 14. 协助业务人员与客户进行技术沟通，提供专业技术咨询 15. 生产过程中如有修改，要下发《技术文件变更通知单》，并附上相应修改的物料清单/图纸 16. 首批生产完成后，要完善好所有图纸资料，将正确的资料转交给生产技术员 17. 完成公司临时交办的事务			

续表

控制要点	标准	制约	责任	督查人
6S 管理	1. 整理：把工作场所内不要的东西坚决清理掉 2. 整顿：使工作场所内所有的物品保持整齐有序的状态，并进行必要的标识。杜绝乱堆乱放、产品混淆、该找的东西找不到等无序现象 3. 清扫：使工作环境及设备、材料等保持清洁的状态 4. 清洁：养成坚持的习惯，并辅以一定的监督检查措施 5. 素养：树立讲文明、积极敬业的精神，如尊重别人、爱护公物、遵守规则、有强烈的时间观念等， 6. 安全：清除隐患、排除险情、预防事故的发生			

起草/日期：　　审核/日期：　　批准/日期：

表 4－124　打样部安装组岗位标准制约责任稽核作业指导书

控制要点	标准	制约	责任	督查人
安全防护工作	1. 上班必须佩戴安全帽、口罩 2. 气割的氧气调到 0.5Mpa，乙炔调到 0.05Mpa 为宜 3. 使用电焊机作业时应穿戴防护服、电焊手套、防护面罩、护目镜等防护用品 4. 使用沙轮机、切割机时必须戴防护眼镜 5. 拆出的线头必须用绝缘胶布包好线头	1. 主管不定期检查 2. 稽核人员不定期抽查	1. 如果由于样板员的安装不当或失误，导致的样板不合格对其处以 10 元/次乐捐 2. 在样板安装过程中出现的问题应在安装完成后及时反馈，如样板员对样板没有反馈所造成生产部门投诉产品安装困难或者结构错误对其处以 5 元/次乐捐 3. 样板员应爱护和保管好样板，如出现样板遗失对其处以 10 元/次乐捐	技术主管 样板主管 安装组长
工作要点	1. 监督个下属人员出勤情况，检查下属各岗位 5S 管理工作 2. 对下属员工进行培训，提升工作效率 3. 在样帮你们组装前两天跟进所有物料的到位情况 4. 对产品按要求安装区域进行打包 5. 按打样流程，在仓库领取打样所需物料 6. 按技术部图纸对样品进行安装 7. 对产品的异常进行修改并能适应店铺的安装 8. 按图纸对建店的产品进行整体组装 9. 对样品拍照存档并把安装异常书面留档 10. 完成公司临时交办事务			
6S 管理	1. 整理：把工作场所内不要的东西坚决清理掉 2. 整顿：使工作场所内所有的物品保持整齐有序的状态，并进行必要的标识。杜绝乱堆乱放、产品混淆、该找的东西找不到等无序现象 3. 清扫：使工作环境及设备、材料等保持清洁的状态 4. 清洁：养成坚持的习惯，并辅以一定的监督检查措施 5. 素养：树立讲文明、积极敬业的精神，如尊重别人、爱护公物、遵守规则、有强烈的时间观念等 6. 安全：清除隐患、排除险情、预防事故的发生			

起草/日期：　　　　审核/日期：　　　　批准/日期：

表 4 - 125 打样部打样组岗位标准制约责任稽核作业指导书

控制要点	标准	制约	责任	督查人
安全防护工作	1. 上班必须佩戴安全帽、口罩 2. 气割的氧气调到 0.5Mpa，乙炔调到 0.05Mpa 为宜 3. 使用电焊机作业时应穿戴防护服、电焊手套、防护面罩、护目镜等防护用品 4. 使用沙轮机、切割机时必须戴防护眼镜 5. 拆出的线头必须用绝缘胶布包好线头	1. 主管不定期检查 2. 稽核人员不定期抽查	1. 如果由于样板员的操作不当或失误，导致的样板不合格对其处以 10 元/次乐捐 2. 在样板安装过程中出现的问题应在安装完成后及时反馈，如样板员对样板没有反馈所造成生产部门投诉产品安装困难或者结构错误对其处以 5 元/次乐捐 3. 样板员应爱护和保管好样板，如出现样板遗失对其处以 10 元/次乐捐	技术主管 样板主管 木工组长
工作要点	1. 监督个下属人员出勤情况，检查下属各岗位 5S 管理工作 2. 对下属员工进行培训，提升工作效率 3. 对样品结构的优化和稳固性的评估 4. 按打样流程，在仓库领取打样所需木板和其他配件 5. 按技术部图纸对样品进行开料订装打磨 6. 按图纸对建店的产品进行订装并前期的组装 7. 对产品的异常进行修改并能适应店铺的安装 8. 配合安装进行打包的开料和包装 9. 完成公司临时交办的事务			
6S 管理	1. 整理：把工作场所内不要的东西坚决清理掉 2. 整顿：使工作场所内所有的物品保持整齐有序的状态，并进行必要的标识。杜绝乱堆乱放、产品混淆、该找的东西找不到等无序现象 3. 清扫：使工作环境及设备、材料等保持清洁的状态 4. 清洁：养成坚持的习惯，并辅以一定的监督检查措施 5. 素养：树立讲文明、积极敬业的精神，如尊重别人、爱护公物、遵守规则、有强烈的时间观念等 6. 安全：清除隐患、排除险情、预防事故的发生			

起草/日期： 审核/日期： 批准/日期：

表 4－126　品质主管岗位标准制约责任稽核作业指导书

控制要点	标准	制约	责任	督查人
安全防护工作	1. 每天三次对管辖区域内的所有电器进行巡查 2. 巡查各工序是否存在安全隐患、安全预防措施等安全工作	1. 稽核人员不定期抽查 2. 生产总监每天不定时检查	1. 稽核人员如发现质检主管有明显的操作失误，对当事人进行 50 元/次“成长赞助” 2. 生产总监如发现质检主管有明显的操作失误，对当事人进行 50 元/次“成长赞助”	稽核人员 生产总监
工作要点	1. 参加周一、周三、周五的晨会 2. 每天 9：00 参加生产例会 3. 安排和监督每位质检的日常工作 4. 定期对部门人员的培训 5. 对新产品的讲解及关键控制点分析 6. 根据客户需求制作特别检验标准 7. 及时处理客户退货及投诉 8. 主持召开品质会议			
6S 管理	1. 整理：把工作场所内不要的东西坚决清理掉 2. 整顿：使工作场所内所有的物品保持整齐有序的状态，并进行必要的标识。杜绝乱堆乱放、产品混淆、该找的东西找不到等无序现象 3. 清扫：使工作环境及设备、材料等保持清洁的状态 4. 清洁：养成坚持的习惯，并辅以一定的监督检查措施 5. 素养：树立讲文明、积极敬业的精神，如尊重别人、爱护公物、遵守规则、有强烈的时间观念等 6. 安全：清除隐患、排除险情、预防事故的发生			
数据统计	1. 必须严格按要求填写各项报告 2. 各项数据必须真实有效			

起草/日期：　　　　审核/日期：　　　　批准/日期：

表 4－127　OQC 岗位标准制约责任稽核作业指导书

控制要点	标准	制约	责任	督查人
安全防护工作	1. 上班必须戴好手套等防护用品 2. 巡查本工序是否存在安全隐患，落实各岗位的安全预防措施等安全工作	1. 车间主管每天不定时检查 2. 质检主管不定期检查 3. 稽核人员不定期抽查 4. 生产总监不定时检查	1. 车间主管如发现成品检检验员有明显的操作失误，对当事人处以“成长赞助”20 元/次 2. 质检主管如发现违反流流程操作的，对当事人处以“成长赞助”50 元/次 3. 稽核人员如发现成品检验员有明显的操作失误，对当事人处以“成长赞助”20 元/次 4. 生产总监如发现成品检验验员有明显的操作失误，对对当事人处以“成长赞助”20 元/次	车间主管 质检主管 稽核人员 生产总监
工作要点	1. 成品检验员必须经过培训考核合格后，方可独立操作 2. 必须熟悉车间所有材料和部件的名称 3. 首件确认时必须严格按图纸、样板、标准进行 4. 关键检测项目必须严格检验，同时必须和其他部件进行适配检验 5. 重点检查电器部位，是否符合要求 6. 如有异常时做好隔离与标识，并及时通知上级和责任部门处理 7. 必须熟悉及使用成品检验标准 8. 必须与主管沟通物料的质量状况 9. 按时完成公司安排的其他任务			
6S 管理	1. 整理：把工作场所内不要的东西坚决清理掉 2. 整顿：使工作场所内所有的物品保持整齐有序的状态，并进行必要的标识。杜绝乱堆乱放、产品混淆、该找的东西找不到等无序现象 3. 清扫：使工作环境及设备、材料等保持清洁的状态 4. 清洁：养成坚持的习惯，并辅以一定的监督检查措施 5. 素养：树立讲文明、积极敬业的精神，如尊重别人、爱护公物、遵守规则、有强烈的时间观念等 6. 安全：清除隐患、排除险情、预防事故的发生			
表单填写	1. 必须严格按要求填写成品检验报告 2. 描述质量状态时，严格按标准执行			

起草/日期：　　　　审核/日期：　　　　批准/日期：

表 4－128　IPQC 岗位标准制约责任稽核作业指导书

控制要点	标准	制约	责任	督查人
安全防护工作	1. 上班必须戴好手套等防护用品 2. 巡查本工序是否存在安全隐患，落实各岗位的安全预防措施等安全工作	1. 车间主管每天不定时检查 2. 质检主管不定期检查 3. 稽核人员不定期抽查 4. 生产总监不定时检查	1. 车间主管如发现巡检元员有明显的操作失误，对当当事人处以“成长赞助”20元/次 2. 质检主管如发现违反六流程操作的，对当事人处以“成长赞助”50元/次 3. 稽核人员如发现巡检员有明显的操作失误，对当事人处以“成长赞助”20元/次 4. 生产总监如发现巡检元员有明显的操作失误，对当事人处以“成长赞助”20元/次	仓库主管 质检主管 稽核人员 生产总监
工作要点	1. 巡检员必须经过培训考核合格后，方可独立操作 2. 必须熟悉车间所有机器、材料和部件的名称 3. 必须熟悉车间各工序 4. 根据每日的生产计划，配合车间组长，确保当日的各工序的质量 5. 必须熟悉及使用半成品检验标准 6. 关键结构必须2小时巡检一次，并做好记录 7. 首件确认时必须严格按图纸、样板、标准进行 8. 关键检测项目必须严格检验，同时必须和其他部件进行适配检验 9. 如有巡检异常时做好隔离与标识，并及时通知上级和责任部门处理 10. 必须与下道工序的质检以及主管沟通物料的质量状况 11. 按时完成公司安排的其他任务			
6S 管理	1. 整理：把工作场所内不要的东西坚决清理掉 2. 整顿：使工作场所内所有的物品保持整齐有序的状态，并进行必要的标识。杜绝乱堆乱放、产品混淆、该找的东西找不到等无序现象 3. 清扫：使工作环境及设备、材料等保持清洁的状态 4. 清洁：养成坚持的习惯，并辅以一定的监督检查措施 5. 素养：树立讲文明、积极敬业的精神，如尊重别人、爱护公物、遵守规则、有强烈的时间观念等 6. 安全：清除隐患、排除险情、预防事故的发生			
表单填写	1. 必须严格按要求填写巡检记录表 2. 描述质量状态时，严格按标准执行			

起草/日期：　　　　审核/日期：　　　　批准/日期：

表 4－129　IQC 岗位标准制约责任稽核作业指导书

控制要点	标准	制约	责任	督查人
安全防护工作	1. 巡查本工序是否存在安全隐患、安全预防措施等安全工作 2. 检查测试室内的仪器是否运行正常 3. 测试时必须使用防护用品	1. 仓库主管不定期检查 2. 质检主管不定期检查 3. 稽核人员不定期检查 4. 生产总监不定期检查	1. 仓库主管如发现进料检验员有明显的操作失误，对当事人处以“成长赞助”20 元/次 2. 质检主管如发现违反流程操作的，对当事人处以“成长赞助”50 元/次 3. 稽核人员如发现进料检验员有明显的操作失误，对当事人处以“成长赞助”20 元/次 4. 生产总监如发现进料检验员有明显的操作失误，对当事人处以“成长赞助”20 元/次	仓库主管 质检主管 稽核人员 生产总监
工作要点	1. 来料检验员必须经过培训考核合格后，方可独立操作（入职后 2 周考核） 2. 必须熟悉仓库所有原材料和部件的名称（不定时抽查） 3. 必须熟悉及使用进料检验标准（不定时抽查） 4. 必须懂得抽样检验标准（不定时抽查） 5. 如实记录每批次来料的状况 6. 如有来料异常时做好隔离与标识，并及时通知上级和责任部门处理 7. 如来料时不规范，可拒绝检验 8. 关键检测项目必须严格检验，同时必须和其他部件进行适配检验 9. 必须与下道工序的质检及主管沟通物料的质量状况 10. 按时完成测试件的检测工作 11. 按时完成公司安排的其他任务			
表单填写	1. 必须严格按要求填写进料报告 2. 描述质量状态时，严格按标准执行			
设备日常保养	1. 每天下班后清理和检查测量工具 2. 每天下班后清洁和保养测试仪器			
6S 管理	1. 整理：把工作场所内不要的东西坚决清理掉 2. 整顿：使工作场所内所有的物品保持整齐有序的状态，并进行必要的标识。杜绝乱堆乱放、产品混淆、该找的东西找不到等无序现象 3. 清扫：使工作环境及设备、材料等保持清洁的状态 4. 清洁：养成坚持的习惯，并辅以一定的监督检查措施 5. 素养：树立讲文明、积极敬业的精神，如尊重别人、爱护公物、遵守规则、有强烈的时间观念等 6. 安全：清除隐患、排除险情、预防事故的发生			

起草/日期：　　　　审核/日期：　　　　批准/日期：

表4－130　车间主管岗位标准制约责任稽核作业指导书

控制要点	标准	制约	责任	督查人
安全防护工作	1. 每月20日—25日期间对于全体员工进行操作安全、安全意识培训 2. 每天对现场员工规范操作安全性进行巡查监督 3. 每天对于车间用电、物品堆放、火种安全进行3次以上巡查，杜绝安全隐患	1. 每天不定时检查现场 2. 生产总监不定期监督 3. 计划部进行表单数据统计 4. 财务部进行数据统计	1. 出现达500元以上工伤事故将处以“成长赞助”200元 2. 生产例会迟到处以“成长赞助”10元/次，缺席30元/次 3. 没有按时提交生产日报表处以“成长赞助”100元/次 4. 25日前没有提交《薪资表》处以“成长赞助”100元/次 5. 现场管理不善将扣除当月相应的绩效分数	生产总监
工作要点	1. 根据生产计划组织制定本车间的生产作业计划及人员安排 2. 根据每日生产计划完成当日生产任务 3. 根据生产实际需要，对于人员、设备、场地进行计划，以达成生产目标 4. 在每款新产品上线前必须组织对本车间全体人员进行产前培训 5. 每天9：00参加生产例会 6. 统计分析车间的成本消耗，制定可操作性的成本控制措施 7. 建立车间关键岗位人才培养的机制 8. 随时参与并完成公司及上级领导需要协助的工作 9. 根据公司订单的情况对于人员进行及时调整与储备 10. 对于员工不定时进行操作培训，以提升员工的操作能力			计划部/生产总监
表单填写	1. 每天9：00前提交《生产日报表》给计划部 2. 在量产前提交《首件确认单》给品质部 3. 每天量产完成后提交《交验单》给品质部 4. 有物料异常需要补料提交《补料单》给计划物控部 5. 每月25日提交上月《薪资分配表》给财务			计划部/财务部
设备日常保养	1. 每天10：00、16：00对于设备清洁保养进行检查 2. 每月28日对于需要加油的设备进行检查			生产总监
6S管理	1. 整理：把工作场所内不要的东西坚决清理掉 2. 整顿：使工作场所内所有的物品保持整齐有序的状态，并进行必要的标识。杜绝乱堆乱放、产品混淆、该找的东西找不到等无序现象 3. 清扫：使工作环境及设备、材料等保持清洁的状态 4. 清洁：养成坚持的习惯，并辅以一定的监督检查措施 5. 素养：树立讲文明、积极敬业的精神，如尊重别人、爱护公物、遵守规则、有强烈的时间观念等 6. 安全：清除隐患、排除险情、预防事故的发生			

起草/日期：　　　　审核/日期：　　　　批准/日期：

表 4－131　车间主管助理岗位标准制约责任稽核作业指导书

控制要点	标准	制约	责任	督查人
安全防护工作	1. 在上班时间内不定时对员工操作的安全性进行监督巡查 2. 发现有违规操作及时纠正员工的不当操作	1. 每天下班前统计并提交需要的报表 2. 主管每天不定时对于现场监督进行巡查 3. 因为员工出勤统计错误将承担相应责任	1. 没有按时提交报表将处以“成长赞助”10 元/次 2. 对于现场监督不力将扣相应月度绩效考核 3. 员工出勤统计过失将处以“成长赞助”50 元/次	主管
工作要点	1. 每日 16：00 前与主管计划第二天的生产计划 2. 每日 7：30 根据生产计划对于人员进行分配 3. 对于现场在制品产品进行品质巡查 4. 在上线前对于操作员工进行产前操作培训 5. 对于生产过程异常的处理及跟进 6. 每天下班前统计并提交当日生产异常及完成数据给主管 7. 每天统计员工的出勤时间 8. 每月 30 日提交员工出勤记录表给主管 9. 服从主管管理，并配合跟进完成当日的生产任务			
6S 管理	1. 整理：把工作场所内不要的东西坚决清理掉 2. 整顿：使工作场所内所有的物品保持整齐有序的状态，并进行必要的标识。杜绝乱堆乱放、产品混淆、该找的东西找不到等无序现象 3. 清扫：使工作环境及设备、材料等保持清洁的状态 4. 清洁：养成坚持的习惯，并辅以一定的监督检查措施 5. 素养：树立讲文明、积极敬业的精神，如尊重别人、爱护公物、遵守规则、有强烈的时间观念等 6. 安全：清除隐患、排除险情、预防事故的发生			

起草/日期：　　　　审核/日期：　　　　批准/日期：

表4－132　车间组长岗位标准制约责任稽核作业指导书

控制要点	标准	制约	责任	督查人
安全防护工作	1. 监督员工上班时必须佩戴相应的防护用品 2. 巡查本工序是否存在安全隐患，落实各岗位的安全操作	1. 主管助理每天不定时对各组现场进行巡查 2. 主管助理每天检查并督促需要提交的《交验单》《物料交接单》《生产日报表》 3. 不予以配合工作的第一次警告，月度达2次以上将撤销组长职务	1. 现场管理混乱将扣除组长当月相应的绩效奖金 2. 报表一次没有提交“成长赞助”10元/项	主管助理/主管
工作要点	1. 服从主管助理管理，听从助理指挥，配合好助理工作，按按时完成当日生产任务 2. 规范使用物料、放置物料、物料分类工作 3. 及时处理生产过程的异常，如无法处理及时上报领导 4. 对于员工操作进行规范培训，合理安排每个组员的工作，杜绝品质事故 5. 每天量产完成后及时填写《交验单》给品质检验并将产品入仓交接 6. 落实在前工序拉物料时的《物料交接单》 7. 每天下班前提交当日《生产日报表》给助理 8. 落实组员使用设备的保养工作，并在每天16：00前进行检查 9. 全力配合并完成主管助理其他工作			
6S管理	1. 整理：把工作场所内不要的东西坚决清理掉 2. 整顿：使工作场所内所有的物品保持整齐有序的状态，并进行必要的标识。杜绝乱堆乱放、产品混淆、该找的东西找不到等无序现象 3. 清扫：使工作环境及设备、材料等保持清洁的状态 4. 清洁：养成坚持的习惯，并辅以一定的监督检查措施 5. 素养：树立讲文明、积极敬业的精神，如尊重别人、爱护公物、遵守规则、有强烈的时间观念等 6. 安全：清除隐患、排除险情、预防事故的发生			

起草/日期：　　　　审核/日期：　　　　批准/日期：

四、生产工艺和质量控制计划

图 4－1　生产工艺流程图

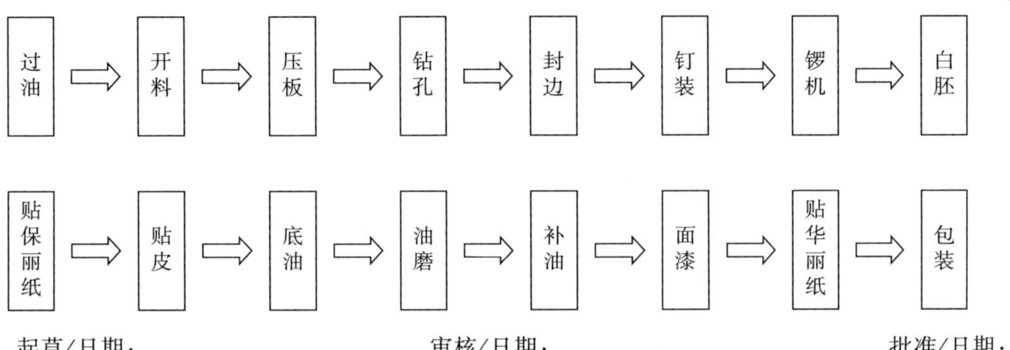

起草/日期：　　　　　　　　　　　　审核/日期：　　　　　　　　　　　　批准/日期：

表 4-133　生产检验工艺卡

生产检验工艺卡		文件编号	××-WI-402	页次：
工序	工艺技术要求及检验项目			备注
过油	1. 板件受油表面要厚薄一致，不准有积油、少油等现象 2. 板面要平整、光滑，不准有皱纹、波浪、凹凸不平、发白、雪花、油包等现象 3. 板面不准有较多、较大油渣，且每平方米不超过 3 粒，分布不得过于集中，每粒 ¢ ≤0.5mm 4. 漆膜与基层不准有起泡、针孔、脱层、回粘等现象 5. 板面边缘不准有脱层、崩边等现象			
开料	1. 每批开料时，要对照图纸、流程表验证开料选材，必须经过首件检验，规格尺寸是否一致，板件是否用错，切割是否平直、光滑并与面成直角 2. 木皮班台，会议台面板，茶几面板，长、短柜顶板，讲台面板，文件柜长门板等重要板件，面上不准有异色、较大的黑疤、腐烂、开裂等现象；同一批产品所用的板件颜色基本一致 3. 板件见光面光洁、平整，无损伤、划伤，无油污；次面平整，允许有轻微波浪痕 4. 净料尺寸长宽规格误差≤1mm；对角线长度误差≤1mm；圆弧半径误差≤1mm 5. 净料板件上、下锯口要整齐，无不平整之手感、无崩脚、崩边（0.5mm 内）、缺角、损坏、锯痕等现象；产品表面无划伤、碰伤、损坏、污迹等现象 6. 所有推锯出槽的尺寸，必须比所装板件的厚度大 0.8mm 7. 加工中，如发现板材质量太差，必须停止开料，且做出挑选或退货处理			
压板	1. 填蕊料的厚度，必须和四周边缘填心料相同，不准有厚薄不一致的现象；允许误差：≤0.2mm 2. 填蕊料错位误差为 ±3mm；需要铣形加厚的台面铣型位置、线孔位置，加填蕊料时，必须为实蕊无间隔 3. 需要开槽、钻孔的部位不允许有汽钉，允许有打汽钉的部位，但汽钉高度不能高出板面 4. 涂胶要均匀，不准有过多胶液渗出 5. 板件胶合必须牢固、平整，不允许有脱胶、脱层、裂缝、断裂、缺角等现象 6. 胶合后工件表面无破损、划花、刮（碰）伤、变形（程度为 ±1mm）和凹凸不平等现象；上下板材接口牢固，移位偏差为 ±3mm 7. 有弧度的产品，弧度应符合图纸要求 8. 工件边缘垂直，变形度 <1mm，无凹凸不平、潮湿膨胀、缺烂等现象			

续表

生产检验工艺卡	文件编号	××－WI－402	页次：

工序	工艺技术要求及检验项目	备注
钻孔	1. 钻孔作业时，需确认图纸、流程表等工艺要求，不能少打孔、多打孔、错打孔和明显的补孔印存在 2. 产品孔径、孔位、孔深必须符合图纸的质量要求：孔径公差±0.2mm，孔位公差±0.3mm，孔深公差±0.5mm 3. 板件上，不准留有各种划线和钻头印，木皮不能损伤 4. 板件不准钻穿、钻破，孔边无崩缺 5. 表面不准有明显的划花、刮（碰）伤等现象 6. 必须分清板件的前后与正反，不准搞错方向	
封边	1. 封边带的型号、颜色要符合要求，相邻封边料无色差 2. 封边后，产品边角平整、光滑，封边带粘接牢固，无翘边、脱皮、凹凸不平、鼓泡、缺角、透胶、空心等现象 3. 浅色产品，不准有明显的封边线、异色印痕存在，封边带必须与原板颜色一致，封边后无缝隙 4. 接头处要求平整、密合，不能在显眼位置 5. 独立板件、零部件（非组装件）不准有中纤板外露现象 6. 修边要求整齐、平顺，不准有撕裂、锯形边棱等现象 7. 修边后不准补油太宽，渗出的胶水要处理干净 8. 板件表面不准有明显的划花、刮（碰）伤、压痕和胶痕等现象	
订装	1. 对照图纸，按照作业指导书进行生产 2. 板件连接处不准有松动、裂口、胶水外露、缝隙、板面出钉、板面订涨、订爆等现象 3. 允许有从外面打钉的部位，但汽钉必须低于板件表面 4. 付台中隔板、层板间距要符合图纸要求，允许公差：±0.5mm 5. 桶箱中间加条，上下间距公差：±1mm 6. 见光面不准有划伤、刮（碰）伤、胶痕等现象 7. 订装锣机同锣机组质量标准	

续表

生产检验工艺卡		文件编号	××－WI－402	页次：
工序	工艺技术要求及检验项目			备注
锣机	1. 工件弧度应与图纸一致，允许公差：±1mm 2. 圆边要平滑，不准有较明显的跳刀、崩缺、凹凸不平等现象 3. 圆角要圆滑、不准有变形、凹陷、崩缺等现象 4. 线条要流畅平滑、深度一致，允许公差：±0.2mm 5. 直边台面边上要平整，不准有跳刀、凹凸不平、崩缺、直角变形等现象 6. 板件见光面不准有明显划痕、刮（碰）伤、压痕等现象 7. 所有会议台面板组装好之后，接口处缝隙≤1mm，边上平直、不准有高低不平等现象			
白坯	一、贴纸产品质量标准 1. 保持产品板件的基本形状，不准变形 2. 批灰要均匀、丰满、厚薄一致，不准有下陷、裂缝、漏批、少批等现象 3. 批灰打磨后一定要平整、光滑，不准有明显砂路、凹凸不平、起槽、阻孔、塞槽等现象 4. 订装饰条的板件，内外缝隙要批灰丰满，不准有下陷、漏批、有孔等现象 5. 排油要充分、均匀，不准有积油、挂油、少油等现象 6. 圆弧边、R形角要光滑、端正 7. 线条应保持顺直、光滑、深度一致，不准有磨粗、磨宽和磨平现象 8. 边角、棱角要边棱方正、整齐顺直、轮廓清晰分明，不准有轮齿状、缺边、钝棱、磨斜角等现象 9. 产品表面应光滑平整，不准有太粗砂痕、波浪、刮（碰）伤、压伤等现象 10. 打钉的部位一定要用油灰补平，不准有下陷、突起等现象 11. 桶箱、付台四周面内3cm处，要打磨光滑、不准有残灰、残油、刺手等现象 二、木皮产品质量标准 1. 保持产品板件的基本形状，不准变形 2. 腻子灰一定要批均匀、丰满，不准有裂缝、漏批、少批等现象 3. 初磨后的板件要清洁平整，不准有较大木眼、木刺、起泡、脱皮、明显的横砂痕、打磨穿皮、污斑、灰疤与残存物、木皮重叠、凸起等现象 4. 各种圆弧边、R形角要光滑、端正，不准有损伤、裂缝与加工痕迹 5. 各种线条要保持顺直、光滑、深度一致，不准有磨粗、磨宽、磨平等现象 6. 各种板件的边角、棱角要边棱方正，整齐顺直、轮廓清晰分明，不准有轮齿状、缺边、钝棱、磨斜角等现象			

续表

生产检验工艺卡		文件编号	××－WI－402	页次：
工序	工艺技术要求及检验项目			备注
白坯	7. 擦色要均匀，颜色与色板相同，且木纹清晰、层次分明，不准有错色、流色、积色、色斑、异色点、指印、漏擦、露白、深浅不一致、擦痕等现象 8. 各种板件见光面不准有划痕、刮（碰）伤、压痕等现象			
贴保丽纸	1. 木纹纸应符合图纸要求 2. 产品见光面要干净、平整、胶合牢固，不准有污渍、遗胶、颗粒、杂物、露白、起皱、断裂、起泡、锤印、脱胶和翘边等现象 3. 异形、转角要平整、自然，不准有起皱、起泡、露白等现象 4. R 形角要端正圆滑、手感流畅，不准有起皱、纸重叠等现象 5. 线条要顺直、光滑流畅，不准有遗胶、破裂、杂物等现象 6. 接口处贴纸要严密，不准有离缝、纸重叠等现象，且接口不能在显眼位置 7. 台面底部延边线向内 5cm 处，贴纸要平整、光滑，不准有脱胶、起皱、手感不好等现象 8. 付台、桶箱四周向内 3cm 处，贴纸要平整，不准有脱胶、起皱、飞边等现象 9. 见光面不准有明显划痕、刮（碰）伤、压痕、胶未干、黏坏等现象 10. 面不准有补油现象，边不准有较大、较多补油现象，且每平方米不超过 3 处，每处长宽≤1mm			
贴皮	1. 木皮要符合图纸要求，不准有破损、腐烂、发霉、较大黑疤、破裂、黑印、污渍、透光、大面积黑点、洞眼、厚薄不一致等现象 2. 贴好的产品不准有发黑、烫坏等现象 3. 边棱角要平直、光滑，不准有缺边、翘边、刺手等现象 4. 见光面不准有明显划痕、刮（碰）伤、压伤、压痕等现象 5. 木皮花纹要符合图纸和工艺要求 6. 配套产品要求木皮无色差，木纹一致 7. 凡是有孔的部位，贴好皮之后，必须将孔位找出来，并做好标识 8. 其他标准同贴纸标准			
底油	1. 各受油面厚薄一致均匀 2. 无底色走动发花及其他异色与污迹印痕 3. 涂层不能有集油、少油、皱纹、滴油、流挂、雪花、咬底、发白等现象（注：流挂长与宽不得＞5mm） 4. 各种板件的线条不准有喷满油的现象 5. 漆膜与基层不能出现起泡、针孔、剥落、回粘等现象 6. 封闭漆涂层表面应平整光滑，不能有未填补的材孔，不能有涂层渗陷、凹陷等导致漆膜表面粗糙或不平整现象			

续表

生产检验工艺卡		文件编号	××－WI－402	页次：
工序	工艺技术要求及检验项目			备注
油磨	1. 板件表面要打磨平整、光洁，不准有较粗砂痕、螺旋纹、起槽、起泡、波浪、磨穿、磨白、凹点、油漆亮点、针孔等现象 2. R 形角要端正、圆弧光滑、手感流畅，不准有凹陷、磨穿、露底等现象（注：允许磨穿程度＜1mm，且每个圆角不准超过 2 处） 3. 板件边棱角、边线角要方正，手感流畅、轮廓清晰分明，不准有穿底、穿色、斜边、斜角、钝棱、缺边等现象；允许磨穿程度：长≤5mm，宽≤1mm 4. 线条要清晰顺直，深浅一致，光滑流畅，不准有齿状、粗糙、集油、杂物等现象 5. 需做原色或浅色的板件表面，不准有明显的修补痕迹 6. 付台、桶箱的门柜、主机柜里面、顶板下口必须打磨光滑，不准有残渣、凹凸不平、边角未磨到位、手感不好等现象 7. 所有班台、会议台，以及高档产品的主台底部，延边线向内 10cm 处，要打磨平整、手感光滑，不准有挡手感 8. 平台机磨板件表面要平整光滑，不准有磨穿、较深压板印、漏磨太宽等现象；不进行手工打磨的板件要打磨光洁，不准有粗砂痕、打磨不到位、油漆亮点等现象 9. 拉手里面要光滑平整，不准有残渣、凹点、针孔、粗砂痕、刺手等现象 10. 见光面不准有明显划痕、刮（碰）伤、压痕等现象 11. 产品工件加工完毕后，在交下道工序前，应做好除尘、除灰处理			
补油	1. 颜色与原色基本一致，不准有错色、失色、深浅不一致等现象 2. 板件表面 R 形角补色不准太大、太宽，不准有流色、漏补色等现象 3. 边棱要手感流畅，不准有露白、刺手等现象 4. 线条画色要均匀、光滑，不准有积色、流色、毛刺、大小不一致等现象 5. 产品补好色之后，要打磨光滑，不准有明显色斑、露白、明显挡手感等现象 6. 见光面不准有明显划痕、刮（碰）伤、压伤、压痕等现象 7. 所有台面、会议台面板、茶几面、讲台面、付台顶板、茶水柜顶板、门条、门柜、门板、桶面板、装饰条等重要板件的面上要补纸色，不准有补油漆现象			
面漆	一、台面、茶几、付台、茶水柜顶板、讲台、文件柜表面板件等重要板件质量标准 1. 颜色鲜明、木纹清晰，与样板和标准色板一致 2. 面上不准有较大、较多油渣，每平方米不超过 3 粒，分布不得过于集中，每粒 $\phi \leq 0.2$mm 3. 面上必须光滑平整，不准有细条纹、划痕、白点、枪印、缩孔、鼓泡、皱皮、针孔、咬底、脱层、桔皮、穿色、油窝、凹点、下陷、磨花、污迹、泛白、分油、泛黄、碰伤、慢干回粘、干涩粗糙、挡手感等 4. 面上喷涂必须均匀，不准有补枪现象 5. 分色处色线必须整齐一致，无歪斜、偏差、接头无明显错位痕迹 6. 凡着色部位，目视不准有着色缺陷，如积色、积粉、色花、过楞、杂渣、白楞、白点、污痕和修色的色差。所有板件的面、边色差不大于 7%			

续表

<table>
<tr><td colspan="2">生产检验工艺卡</td><td>文件编号</td><td>××－WI－402</td><td>页次：</td></tr>
<tr><td>工序</td><td colspan="3">工艺技术要求及检验项目</td><td>备注</td></tr>
<tr><td>面漆</td><td colspan="3">7. 整套产品或配套产品色泽基本一致，与色板基本一致，色差不准大于5%
8. 漆膜干涸后，产品表面应坚硬、平整、光滑、干净、附着力好
9. 边上喷涂必须均匀，漆膜流平变好，不准有流挂、桔皮、碰坏油层、窝坑、泛白、较严重的油渣等现象
10. 不涂饰部位要保持各部位清洁，保持边沿漆线整齐，凡办公台、会议台，以及高档产品的主台面底部、沿边线面内5～10cm处应保持清洁，手感应平整光滑，无积漆、污物等现象
11. 所有长、短柜，凡是里面不贴纸并且目视可见的地方，必须喷漆均匀，不准有太多油渣、漏漆等现象，颜色与外表基本相似，色差不能大于12%
二、其他板件质量标准
1. 颜色较鲜明、允许有轻微木纹模糊，与标准色板相似
2. 涂层表面应平整、手感光滑，无明显砂粒和颗粒
3. 表面喷涂均匀，无明显流挂、缩孔、鼓泡、刷毛、皱皮、漏漆等。允许有微小涨边和不平整度
4. 不准有脱层、咬底、慢干回粘、泛白、桔皮、碰伤、划伤等现象
5. 所有见光面，应无穿色、色花、露白、洞眼、凹陷、手感粗糙等现象，面边色差不大于10%
6. 凡着色部位，分色处色线整齐，不准有明显流挂、色花、过楞、杂渣、泛白等现象
7. 整套产品或配套产品色泽相似，批量产品颜色基本接近，可允许轻微色差，但不准大于10%
8. 拆装产品组装后，可视面产品内部着色与外表着色的表面颜色应相似，有特殊设计要求的产品除外</td><td></td></tr>
<tr><td>贴华丽纸</td><td colspan="3">1. 产品表面要平整、胶合牢固，不准有污渍、脱层、遗胶、较严重颗粒、杂物、起皱、起泡、脱胶、翘边等现象
2. 桶箱、付台里面要平整、光滑，不准有贴纸不到位、较大起皱、起泡、翘边等现象
3. 补色不准太宽，颜色要基本一致
4. 边棱要手感流畅，不准有露白、刺手等现象
5. 完工产品要处理干净、堆放整齐，不准有划痕、刮（碰）伤、压坏、粘烂等现象</td><td></td></tr>
</table>

起草/日期：　　　　审核/日期：　　　　批准/日期：

表4－134　质量控制计划

产品名称	五金弯管	规格	通用	文件编号	生效日期	版次	页数
				××－WI－403		A0	1/3

工程名		主要设备	作业条件	检查项目	管制方法		管制责任	记录方式	相关标准书	异常处置担当	备注
					测量方法	确认频率					
1	铜管来料检验	千分尺、硬度计、卡尺	正常日光下	外径、壁厚、表面	现场抽检	1次/2H	IQC	来料检验报告单	来料检验标准	主管	
2	表面抛光检验	抛光机	正常日光下	是否有砂眼、老皮、碰伤	目视	1次/2H	IQC	来料检验报告单	来料检验标准	IQC	
3	下料	下料机	下料机切割片锋利	下料长度、壁厚、有无变形	实物测量	全检	作业员	下料日报表	工艺卡	组长	
4	下料检验	钢尺	有校准	下料长度	实物测量	1次/2H	IPQC	巡检记录表	制程检验标准	组长	
5	倒角	倒角机	倒角刀锋利	有无披锋、漏倒、倒角偏大	目视	1次/2H	作业员	倒角日报表	工艺卡	组长	
6	退火	退火机	退火在500～700度	退火硬度	实物测量	1次/2H	作业员	退火日报表	工艺卡	课长	口部不准有椭圆
7	退火检验	硬度计、试弯管	硬度计	硬度在3～5度，弯管无断裂、拉伸	实物测量	1次/2H	专业作业员	试弯测试记录	制程检验标准	组长	
8	弯管	弯管机	弯管机弯弧调整正确	有无拉伸、起皱、扁平压伤	目视	全检	作业员	巡检记录表	工艺卡	组长	
9	弯管后除油	除油酸水池	酸水池酸浓度15%	产品内部无油污	目视	全检	作业员	除油日报表	工艺卡	组长	不可停放过久
10	切口	切口机	相应的夹模、样板	切口长度、有无变形	实物测量	全检	作业员、组长	实冲测试记录	工艺卡	组长、课长	

续表

工程名		主要设备	作业条件	检查项目	管制方法		管制责任	记录方式	相关标准书	异常处置担当	备注
					测量方法	确认频率					
11	切口检验	高度尺、角度尺	正常日光下	口部有无变形、产品高度、角度	实物测量	1 次/2H	组长、品管	巡检记录表	制程检验标准	组长、课长	
12	切口后退火	退火机	退火在 300～400 度	退火后无烧熔、变形、不均匀	目视	1 次/2H	作业员、组长、品管	退火日报表	工艺卡	组长	
13	冲制牙套	冲床、模具	调整冲床、模具为最佳状态	尺寸、牙套无椭圆、表面无压伤、变形	实物测量	全检	作业员	冲制牙套日报表/巡检记录表	工艺卡/制程检验标准	组长、课长	
14	除油	除油酸水池	酸水池酸浓度 15%	产品内部无油污	目视	1 次/2H	组长、品管	除油日报表/巡检记录表	工艺卡/制程检验标准	组长	
						全检	作业员				
15	烘干	烘干机	烘干机显示正常	产品表面、内部无水	目视	1 次/2H	组长	烘干日报表	工艺卡	组长	
						1 次/2H	作业员、组长				
16	过 240 # 砂	砂带机	砂带机正常运作	过砂均匀、无漏抛、变形	目视	全检	作业员	抛光日报表	工艺卡	组长	
17	检验	正常视力目测	40W 灯光下	无漏抛、严重砂眼、缺料、变形	目视	1 次/2H	质检员	质检记录表	产品抛光检验标准	组长	
18	过 320 # 砂	砂带机	砂带机正常运作	过砂均匀、无漏抛、变形	目视	全检	作业员	抛光日报表	工艺卡	组长	
19	检验	正常视力目测	40W 灯光下	无漏抛、严重砂眼、缺料、变形	目视	1 次/2H	质检员	质检记录表	产品抛光检验标准	组长	
20	过 400 # 砂	砂带机	砂带机正常运作	过砂均匀、无漏抛、变形	目视	1 次/2H	作业员、组长	抛光日报表	工艺卡	组长	
21	检验	正常视力目测	40W 灯光下	过砂均匀，无漏抛、变形，A、B 面无砂眼、波浪	目视	全检	质检员	质检记录表	产品抛光检验标准	组长	
22	过 600 # 砂	砂带机	砂带机正常运作	过砂均匀、无漏抛、变形、波浪	目视	1 次/2H	作业员、组长	抛光日报表	工艺卡	组长	

续表

工程名		主要设备	作业条件	检查项目	管制方法		管制责任	记录方式	相关标准书	异常处置担当	备注
					测量方法	确认频率					
23	检验	正常视力目测	40W 灯光下	过砂均匀，无漏抛、变形，A、B 面无砂眼、波浪	目视	全检	质检员	质检记录表	产品抛光检验标准	组长	
24	过 800 #砂	砂带机	砂带机正常运作	过砂均匀、无漏抛、变形、波浪	目视	全检	作业员、组长	抛光日报表	工艺卡	组长	
25	检验	正常视力目测	40W 灯光下	过砂均匀，无漏抛、变形，A、B 面无砂眼、波浪	目视	全检	质检员	质检记录表	产品抛光检验标准	组长	
26	麻轮抛光	抛光机	设备正常	抛光均匀，无漏抛、变形、波浪	目视	1 次/2H	作业员、组长	抛光日报表	工艺卡	组长	
27	检验	正常视力目测	40W 灯光下	抛光均匀，无漏抛、变形，A、B 面无砂眼、波浪，内凹位无老皮	目视	全检	质检员	质检记录表	产品抛光检验标准	组长	
28	布轮抛光	抛光机	设备正常	抛光均匀、无漏抛、变形、波浪	目视	1 次/2H	作业员、组长	抛光日报表	工艺卡	组长	
29	检验	正常视力目测	40W 灯光下	抛光均匀，无漏抛、变形，A、B 面无砂眼、波浪，内凹位无老皮	目视	全检	质检员	质检记录表	产品抛光检验标准	组长、课长	
30	发外电镀	按照 ISO9001：2015－8.4 条款对电镀厂进行管控									
31	电镀回货检验	正常视力目测	40W 灯光下	无电镀起泡、漏黄、麻点、脱落	目视	1 次/2H	IQC	来料检验报告单	产品电镀检验标准	IQC 课长	
32	功能测试	试水机	将气压调整为 0.6Pa，试水时间为 30 秒	是否有漏水	目视	全检	专业作业员、QA、组长	试水检验报告	产品功能检验报告	QA 课长	

续表

工程名		主要设备	作业条件	检查项目	管制方法		管制责任	记录方式	相关标准书	异常处置担当	备注
					测量方法	确认频率					
33	外观总检	正常视力目测	40W 灯光下	无电镀起泡、漏黄、麻点、脱落	目视	全检	作业员、QA	巡检记录表	成品检验标准	QA	
34	配件安装	按照生产线	40W 灯光下	配件是否漏装	目视	全检	作业员、QA	巡检记录表	产品 BOM	QA	
35	入箱包装	包装机	40W 灯光下	防护是否妥当，是否有短装	目视	全检	组长、QA	成品检验报告	产品 BOM	QA	

起草/日期：　　审核/日期：　　批准/日期：

五、品质检验作业指导书

表4－135　抽样标准（MIL－STD－105E Ⅱ级 正常检查一次抽样方案）

文件编号：××－WI－501　　　　版本：A0　　　　页码：共1页

抽样范围	抽样数量	抽样质量水准（AQL）					
		CR　0		MA　2.5		MI　4.0	
		AC	RE	AC	RE	AC	RE
1～8	2	0	1	0	1	0	1
9～15	3	0	1	0	1	0	1
16～25	5	0	1	0	1	0	1
26～50	8	0	1	0	1	1	2
51～90	13	0	1	1	2	1	2
91～150	20	0	1	1	2	1	2
151～280	32	0	1	2	3	3	4
281～500	50	0	1	3	4	5	6
501～1200	80	0	1	5	6	7	8
1201～3200	125	0	1	7	8	10	11
3201～10000	200	0	1	10	11	14	15
10001～35000	315	0	1	14	15	21	22

1. CRI 为致命缺陷，MAJ 为主要缺陷，MIN 为次要缺陷
2. AC 为可接受，RE 为不可接受
3. 当批量为20个以内，要求全检

整理/日期：　　　　审核/日期：　　　　批准/日期：

表 4－136　电线类物料检验作业指导书

<table>
<tr><td colspan="2" rowspan="3">标题</td><td colspan="2" rowspan="3">电线类物料检验作业指导书</td><td>文件编号</td><td>××－WI－502</td></tr>
<tr><td>版　本</td><td>A0</td></tr>
<tr><td>页　数</td><td>1/1</td></tr>
<tr><td>名称</td><td>电线类</td><td>型号规格</td><td>通用</td><td>生效日期</td><td>年　月　日</td></tr>
</table>

检验项目	缺陷描述	检测方法及工具	CRI	MAJ	MIN
一、外观检查	1.1 电源线/电线品牌符合确样要求，有 3C 认证及标准号标示（品牌不符、无 3C 为 CRI）字唛不清晰，无法辨别（MAJ）（在 0.3m 的自然光源下）	目测 手感、	×	×	
	1.2 电源线/线身段有破损，铜丝外露，耐压击穿		×		
	1.3 电源线胶皮鼓胀、批锋、毛刺手感刮手（MAJ）不刮手（MIN）			×	×
	1.4 电源线混色、杂质、脏污大面积不可清洗（MAJ），小面积可清洗（MIN ）。				×
二、几何尺寸测量	2.1 用卷尺测量电源线长度，电源线长度与订单要求不符，公差为 ±1cm。卷装电线长度公差为－1m	卷尺、千分尺		×	
	2.2 电源线/电线横截面积检查，用千分尺测电源线的单根线径，然后用此［ $(D/2)^2$ ×3.14×N D 是单支线径，N 是线的只数］公式计算出电源线的横截面积，要求偏差为额定横截面积的 －0.10平方米以内（每批抽样 1－2 根/1 卷）			×	
三、性能测试	3.1 耐压测试：把耐压机的测试电压调到 AC2500V，击穿电流调到 5.0MA，然后把耐压机的一端接到电源线的零线，再把耐压机测试端喷触电源线胶皮，测试 2S 电源线不能击穿。每批抽样同外观	耐压测试仪、 万用表	×		
	3.2 电源线导通测试：用万用表测试：将红线接于 VΩ 槽、黑线接于 COM 槽，调节到 (((·|◀— 档，将两极针置于被测电源线/电线的两端，若万用表发出“嘀”声则通过，若无声则不导通		×		

四、检验及验收标准：（检查水平：II ）

依据：AQL 值划分及接收标准，MIL－STD105E 样本大小之代字索引表，允许品质水平 AQL（标准检验）

附表：（其中，CRI 为致命缺陷，MAJ 为重缺陷，MIN 为轻缺陷；Ac 为允收数，Re 为拒收数）

批量数（个）	2～8	9～15	16～25	26～50	51～90	91～150	～280	～500	～1200	～3200
抽检数（个）	2	3	5	8	13	20	32	50	80	125
AQL 值	Ac/Re	Ac/Re	Ac/Re	Ac/Re	Ac/Re	Ac/Re	Ac/Re	Ac/Re	ARe	Ac/Re
CRI＝0	0/1	0/1	0/1	0/1	0/1	0/1	0/1	0/1	0/1	0/1
MAJ＝2.5	0/1	0/1	0/1	0/1	1/2	1/2	2/3	3/4	5/6	7/8
MIN＝4.0	0/1	0/1	0/1	1/2	1/2	2/3	3/4	5/6	7/8	10/11

起草/日期：　　　　审核/日期：　　　　批准/日期：

表 4－137　LED 灯具检验作业指导书

标题	LED 灯具检验作业指导书			文件编号	××－WI－503		
				版　　本	A0		
				页　　数	1/1		
名称	LED 灯具	型号规格	通用	生效日期	年　月　日		

检验项目	缺陷描述	检测方法及工具	CRI	MAJ	MIN
一、外观检查	1.1 芯片是否焊斜	目测		×	
	1.2 连接线处的焊点是否有热缩管保护			×	
	1.3 硬灯条 PCB 板是否变形			×	
	1.4 公母插是否与图纸一致			×	
	1.5 线头是否焊锡，是否正负极接反		×		
	1.6 灯条的规格参数是否图纸一致		×		
	1.7 灯带反面是否贴有 3M 双面胶			×	
二、几何尺寸测量	2.1 用卷尺测量电源线长度，电源线长度与订单要求不符，公差为 ±5mm	卷尺、千分尺		×	
	2.2 灯条长度、宽度和厚度与图纸要求一致			×	
	2.3 灯杯的间距是否与图纸要求一致			×	
	2.4 固定孔的间距是否与图纸要求一致			×	
三、性能测试	3.1 跌落测试：按照跌落测试的标准进行检测，灯珠有脱落则为不合格	耐压测试仪、万用表		×	
	3.2 通电测试：是否亮灯，颜色是否一致			×	
	3.2 导通测试：用万用表测试：将红线接于 VΩ 槽、黑线接于 COM 槽，调节到 ((·)▶| 档，将两极针置于被测电源线/电线的两端，若万用表发出“嘀”声则通过，若无声则不导通		×		

四、检验及验收标准：（检查水平：Ⅱ）

依据：AQL 值划分及接收标准，MIL－STD105E 样本大小之代字索引表，允许品质水平 AQL（标准检验）

附表：（其中，CRI 为致命缺陷，MAJ 为重缺陷，MIN 为轻缺陷；Ac 为允收数，Re 为拒收数）

批量数（个）	2～8	9～15	16～25	26～50	51～90	91～150	～280	～500	～1200
抽检数（个）	2	3	5	8	13	20	3	50	80
AQL 值	Ac/Re	Ac/Re	Ac/Re	Ac/Re	Ac/Re	Ac/Re	Ac/Re	Ac/Re	Ac/Re
CRI＝0	0/1	0/1	0/1	0/1	0/1	0/1	0/1	0/1	0/1
MAJ＝2.5	0/1	0/1	0/1	0/1	1/2	1/2	2/3	3/4	5/6
MIN＝4.0	0/1	0/1	0/1	1/2	1/2	2/3	3/4	5/6	7/8

起草/日期：　　　　　　　　审核/日期：　　　　　　　　批准/日期：

表 4-138　标准紧固件检验作业指导书

<table>
<tr><td colspan="2" rowspan="3">标题</td><td colspan="3" rowspan="3">标准紧固件检验作业指导书</td><td>文件编号</td><td colspan="3">××-WI-504</td></tr>
<tr><td>版　　本</td><td colspan="3">A0</td></tr>
<tr><td>页　　数</td><td colspan="3">1/1</td></tr>
<tr><td>名称</td><td>标准紧固件</td><td>型号规格</td><td colspan="2">通用</td><td>生效日期</td><td colspan="3">年　月　日</td></tr>
<tr><td colspan="2">检验项目</td><td colspan="3">缺陷描述</td><td>检验方法及工具</td><td>CRI</td><td>MAJ</td><td>MIN</td></tr>
<tr><td colspan="2" rowspan="5">一、外观检查</td><td colspan="3">1.1 标准紧固件表面批锋、毛刺刮手，不平整（MAJ），紧固件表面批锋、毛刺不刮手（MIN）</td><td rowspan="4">目测</td><td></td><td>×</td><td>×</td></tr>
<tr><td colspan="3">1.2 标准紧固件电镀层无光泽、大面积脱落（MAJ），紧固件有轻微电镀层脱落（MIN）</td><td></td><td>×</td><td>×</td></tr>
<tr><td colspan="3">1.3 标准螺丝的螺纹牙形应符合标准牙形规定，不得有损伤、烂牙等现象</td><td></td><td>×</td><td></td></tr>
<tr><td colspan="3">1.4 标准紧固件的螺杆头部表面平整，不允许有偏斜、变形、紧固槽阻塞等现象</td><td></td><td></td><td>×</td></tr>
<tr><td colspan="3">1.5 扎线带表面平整、扣齿间要配合良好</td><td rowspan="2">卡尺、图纸</td><td></td><td></td><td>×</td></tr>
<tr><td colspan="2">二、几何尺寸测量</td><td colspan="3">依据标准紧固件图纸尺寸要求，用卡尺测量标准紧固件的尺寸，所测尺寸应在图纸要求偏差范围内</td><td>×</td><td></td><td></td></tr>
<tr><td colspan="2" rowspan="2">三、性能测试</td><td colspan="3">3.1 对不锈钢和防锈螺丝，应每一批抽取 3～5 个螺丝进行盐水测试（盐水含盐量为 5%），将螺丝置于盐水中浸泡 8 小时后检查螺丝是否有生锈现象。如生锈不能清洗掉（MAJ），如生锈可以清洗掉（MIN）</td><td rowspan="2">5%的盐水</td><td></td><td>×</td><td>×</td></tr>
<tr><td colspan="3">3.2 试装测试：每一批取 3～5 个螺丝进行实际装配，要求螺丝不能有滑牙、滑头、打不紧等不良现象</td><td></td><td>×</td><td></td></tr>
<tr><td colspan="9">四、检验及验收标准：（检查水平：II）
依据：AQL 值划分及接收标准，MIL-STD105E 样本大小之代字索引表，允许品质水平 AQL（标准检验）
附表：（其中，CRI 为致命缺陷，MAJ 为重缺陷，MIN 为轻缺陷；Ac 为允收数，Re 为拒收数）</td></tr>
</table>

批量数（个）	2～8	9～15	16～25	26～50	51～90	91～150	～280	～500	～1200
抽检数（个）	2	3	5	8	13	20	32	50	80
AQL 值	Ac/Re	Ac/Re	Ac/Re	Ac/Re	Ac/Re	Ac/Re	Ac/Re	Ac/Re	Ac/Re
CRI = 0	0/1	0/1	0/1	0/1	0/1	0/1	0/1	0/1	0/1
MAJ = 2.5	0/1	0/1	0/1	0/1	1/2	1/2	2/3	3/4	5/6
MIN = 4.0	0/1	0/1	0/1	1/2	1/2	2/3	3/4	5/6	7/8

起草/日期：　　　　　　　　审核/日期：　　　　　　　　批准/日期：

表4－139　五金件检验作业指导书

标题	五金件检验作业指导书	文件编号	××－WI－505
		版　本	A0
		页　数	1/1

名称	五金件	型号规格	通用	生效日期	年　月　日

检验项目	缺陷描述	检验方法及工具	CRI	MAJ	MIN
一、外观检查	1.1 五金件表面批锋、毛刺刮手，不平整（MAJ），五金件表面批锋、毛刺不刮手（MIN）	目测、手感		×	×
	1.2 五金件电镀层无光泽、大面积脱落（MAJ），五金件有轻微电镀层脱落（MIN）			×	×
	1.3 五金件表面严重变形且影响使用（MAJ），五金件表面轻微变形不影响使用（MIN）			×	×
	1.4 五金件表面有油污，不可清洗（MAJ），可以清洗（MIN）			×	×
二、几何尺寸测量	依据五金件件图纸尺寸要求，用卡尺测量五金件的尺寸，所测尺寸应在图纸要求偏差范围内	卡尺	×		
三、性能测试	3.1 对不锈钢和电镀五金件，应每一批抽取3～5个进行盐水测试（盐水含盐量为5%），将螺丝置于盐水中浸泡8小时后检查五金件是否有生锈现象。如生锈不能清洗掉（MAJ），如生锈可以清洗掉（MIN）	5%的盐水		×	×
	3.2 试装测试：每一批取3～5个五金件进行实际装配，要求五金件能装配良好			×	

四、检验及验收标准：（检查水平：II）

依据：AQL值划分及接收标准，MIL－STD105E样本大小之代字索引表，允许品质水平AQL（标准检验）

附表：（其中，CRI为致命缺陷，MAJ为重缺陷，MIN为轻缺陷；Ac为允收数，Re为拒收数）

批量数（个）	2～8	9～15	16～25	26～50	51～90	91～150	～280	～500	～1200
抽检数（个）	2	3	5	8	13	20	32	50	80
AQL值	Ac/Re	Ac/Re	Ac/Re	Ac/Re	Ac/Re	Ac/Re	Ac/Re	Ac/Re	Ac/Re
CRI＝0	0/1	0/1	0/1	0/1	0/1	0/1	0/1	0/1	0/1
MAJ＝2.5	0/1	0/1	0/1	0/1	1/2	1/2	2/3	3/4	5/6
MIN＝4.0	0/1	0/1	0/1	1/2	1/2	2/3	3/4	5/6	7/8

起草/日期：　　　　审核/日期：　　　　批准/日期：

表 4-140　纸箱类材料检验作业指导书

标题	纸箱类材料检验作业指导书	文件编号	××-WI-506
		版　本	A0
		页　数	1/1

名称	纸箱	型号规格	通用	生效日期	年　月　日

检验项目	缺陷描述	检验方法及工具	CRI	MAJ	MIN
一、外观检查	1.1 纸箱印刷内容错误或印刷内容模糊不清，不可辨别（MAJ），可辨别（MIN）	目测、手感		×	×
	1.2 纸箱纸结构不符合要求或包装纸质回潮、强度不够			×	
	1.3 纸箱电脑纹遗漏、错误、模糊不清（若有要求）			×	
	1.4 纸箱严重变形、损坏			×	
	1.5 纸箱轻微变形、损坏			×	
	1.6 纸箱不平整有皱折				×
二、几何尺寸测量	2.1 纸箱实际测量尺寸与图纸不符，且实际装配不能装配	卷尺	×		
	2.2 纸箱实际测量尺寸与图纸不符，实际装配可以装配	目测			×
	2.3 纸箱翼盖不能闭合封口≥1cm 以上			×	
三、材料检查	纸箱材质与订单要求不符合	目测		×	

四、检验及验收标准：（检查水平：II）

依据：AQL 值划分及接收标准，MIL-STD105E 样本大小之代字索引表，允许品质水平 AQL（标准检验）

附表：（其中，CRI 为致命缺陷，MAJ 为重缺陷，MIN 为轻缺陷；Ac 为允收数，Re 为拒收数）

批量数（个）	2~8	9~15	16~25	26~50	51~90	91~150	~280	~500	~1200
抽检数（个）	2	3	5	8	13	20	32	50	80
AQL 值	Ac/Re	Ac/Re	Ac/Re	Ac/Re	Ac/Re	Ac/Re	Ac/Re	Ac/Re	Ac/Re
CRI=0	0/1	0/1	0/1	0/1	0/1	0/1	0/1	0/1	0/1
MAJ=2.5	0/1	0/1	0/1	0/1	1/2	1/2	2/3	3/4	5/6
MIN=4.0	0/1	0/1	0/1	1/2	1/2	2/3	3/4	5/6	7/8

起草/日期：　　　　审核/日期：　　　　批准/日期：

表4－141　喷画检验作业指导书

标题	喷画检验作业指导书			文件编号	××－WI－507
				版　　本	A0
				页　　数	1/1
名称	喷画	型号规格	通用	生效日期	年　月　日

检验项目	缺陷描述	检验方法及工具	CRI	MAJ	MIN
一、外观检查	1.1 喷画内容错误或内容模糊不清	目测、样品		×	
	1.2 喷画表面有叠影、皱折现象			×	
	1.3 灯片喷画包装不能卷包，要平放且上下需垫纸板保护			×	
	1.4 喷画表面，缩膜现象超过2mm		×		
	1.5 喷画颜色及内容与样板不符		×		
二、几何尺寸测量	尺寸测量：用卷尺测量喷画的尺寸，尺寸应在图纸要求的±3mm，内嵌贴喷画≥＋1mm	卷尺	×		
三、材料检查	喷画所用材质与样品和订单要求不符	样品		×	

四、检验及验收标准：（检查水平：II）

依据：AQL值划分及接收标准，MIL－STD105E样本大小之代字索引表，允许品质水平AQL（标准检验）

附表：（其中，CRI为致命缺陷，MAJ为重缺陷，MIN为轻缺陷；Ac为允收数，Re为拒收数）

批量数（个）	2～8	9～15	16～25	26～50	51～90	91～150	～280	～500	～1200
抽检数（个）	2	3	5	8	13	20	32	50	80
AQL值	c/Re	Ac/Re	Ac/Re	Ac/Re	Ac/Re	Ac/Re	Ac/Re	Ac/Re	Ac/Re
CRI＝0	0/1	0/1	0/1	0/1	0/1	0/1	0/1	0/1	0/1
MAJ＝2.5	0/1	0/1	0/1	0/1	1/2	1/2	2/3	3/4	5/6
MIN＝4.0	0/1	0/1	0/1	1/2	1/2	2/3	3/4	5/6	7/8

起草/日期：　　　　　　审核/日期：　　　　　　批准/日期：

表 4－142　喷涂、电镀件检验作业指导书

标题	喷涂、电镀件检验作业指导书			文件编号	××－WI－508
				版　　本	A0
				页　　数	1/1
名称	喷涂、电镀件	型号规格	通用	生效日期	年　月　日

检验项目	缺陷描述	检验方法及工具	CRI	MAJ	MIN
一、外观检查	1.1 喷涂、电镀件颜色与样品颜色严重不符、大面积杂色、杂质（在 0.3m 的自然光源下）	目测、样品		×	
	1.2 喷涂、电镀件颜色与样品颜色轻微不符、杂色、杂质不明显（在 0.3m 的自然光源下）				×
	1.3 喷涂、电镀件主见面，刮花、划伤（长度大于 8mm）			×	
	1.4 喷涂、电镀件主见面，刮花、划伤（长度 4～8mm）				×
	1.5 喷涂、电镀不良，喷涂、电镀覆盖不全面（大于 4^2mm）			×	
	1.6 喷涂、电镀不良，喷涂、电镀覆盖不全面（小于 4^2mm）				×
二、性能测试	喷涂、电镀件附着力测试：用尖刀在喷涂、电镀层表面划 1.5×1.5mm 的个子 100 个，然后用 3M 810#胶纸贴于喷涂、电镀层表面并用手指推平压贴，以与喷涂、电镀层表面成 90°角垂直迅速拉起胶纸，重复 3 次，喷涂层油漆或电镀层不能脱落（新开发的供应商及试样取用，正常检验采用钝器以 1kg 力撞击非主视面漆面脱落）	尖刀、3M 810#胶纸	×		

三、检验及验收标准：（检查水平：II）

依据：AQL 值划分及接收标准，MIL－STD105E 样本大小之代字索引表，允许品质水平 AQL（标准检验）

附表：（其中，CRI 为致命缺陷，MAJ 为重缺陷，MIN 为轻缺陷；Ac 为允收数，Re 为拒收数）

批量数（个）	2～8	9～15	16～25	26～50	51～90	91～150	～280	～500	～1200
抽检数（个）	2	3	5	8	13	2	32	50	80
AQL 值	Ac/Re	Ac/Re	Ac/Re	Ac/Re	Ac/Re	Ac/Re	Ac/Re	Ac/Re	Ac/Re
CRI＝0	0/1	0/1	0/1	0/1	0/1	0/1	0/1	0/1	0/1
MAJ＝2.5	0/1	0/1	0/1	0/1	1/2	1/2	2/3	3/4	5/6
MIN＝4.0	0/1	0/1	0/1	1/2	1/2	2/3	3/4	5/6	7/8

起草/日期：　　　　　审核/日期：　　　　　批准/日期：

表4－143　有机物料检验作业指导书

<table>
<tr><td colspan="2" rowspan="3">标题</td><td colspan="2" rowspan="3">有机物料检验作业指导书</td><td>文件编号</td><td colspan="3">××－WI－509</td></tr>
<tr><td>版　本</td><td colspan="3">A0</td></tr>
<tr><td>页　数</td><td colspan="3">1/1</td></tr>
<tr><td>名称</td><td>有机物料</td><td>型号规格</td><td>通用</td><td>生效日期</td><td colspan="3">年　月　日</td></tr>
</table>

检验项目	缺陷描述	检验方法及工具	CRI	MAJ	MIN
一、外观检查	1.1 有机片表面应色泽明显不均匀，杂色、色差明显（在0.3m的自然光源下）	目测、手感、样品		×	
	1.2 有机片表面应色泽均匀，不明显杂色、色差（在0.3m的自然光源下）				×
	1.3 有机片表面刮花、划伤（长度大于8mm）			×	
	1.4 有机片表面刮花、划伤（长度4～8mm）				×
	1.5 有机片严重破损、断裂、缺料			×	
	1.6 有机片轻微破损、断裂、缺料				×
	1.7 有机片与样品对照有明显颜色不符			×	
	1.8 有机片与样品对照有轻微颜色不符				×
二、几何尺寸测量	2.1 依据有机片工程图纸尺寸要求，对有机片尺寸进行测量，实际测量尺寸应能符合图纸偏差要求	图纸、卡尺	×		
	2.2 将有机片与样品进行尺寸对比			×	
三、材料检查	有机片材质与样品、采购订单不符	采购订单 样品	×		

四、检验及验收标准：（检查水平：II）

依据：AQL值划分及接收标准，MIL－STD105E样本大小之代字索引表，允许品质水平AQL（标准检验）

附表：（其中，CRI为致命缺陷，MAJ为重缺陷，MIN为轻缺陷；Ac为允收数，Re为拒收数）

批量数（个）	2～8	9～15	16～25	26～50	51～90	91～150	～280	～500	～1200
抽检数（个）	2	3	5	8	13	20	32	50	80
AQL值	Ac/Re	Ac/Re	Ac/Re	Ac/Re	Ac/Re	Ac/Re	Ac/Re	Ac/Re	Ac/Re
CRI＝0	0/1	0/1	0/1	0/1	0/1	0/1	0/1	0/1	0/1
MAJ＝2.5	0/1	0/1	0/1	0/1	1/2	1/2	2/3	3/4	5/6
MIN＝4.0	0/1	0/1	0/1	1/2	1/2	2/3	3/4	5/6	7/8

起草/日期：　　　　审核/日期：　　　　批准/日期：

表 4-144 木方检验作业指导书

标题	木方检验作业指导书	文件编号	××-WI-510
		版 本	A0
		页 数	1/1
名称	木方	生效日期	年 月 日

检验项目	缺陷描述	检验方法及工具	CRI	MAJ	MIN
一、材质	按《物料清单》要求、样品与来料进行对照	目测	×		
二、外观检查	2.1 无缺边、霉烂、虫蛀、断裂、截面严重缺料（包含木皮）	目测、卷尺		×	
	2.2 板面平整无变形、1m 内翘曲≤15mm，2.4M≤25mm			×	
三、几何尺寸测量	长度尺寸≤+5mm，-2mm，厚度、宽度≤-3mm	卷尺		×	

四、检验及验收标准：（检查水平：II）

依据：AQL 值划分及接收标准，MIL-STD-105E 样本大小之代字索引表，允许品质水平 AQL（标准检验）

附表：（其中，CRI 为致命缺陷，MAJ 为重缺陷，MIN 为轻缺陷；Ac 为允收数，Re 为拒收数）

批量数（个）	2~8	9~15	16~25	26~50	51~90	91~150	~280	~500
抽检数（个）	2	3	5	8	13	20	32	50
AQL 值	Ac/Re	Ac/Re	Ac/Re	Ac/Re	Ac/Re	Ac/Re	Ac/Re	Ac/Re
CRI=0	0/1	0/1	0/1	0/1	0/1	0/1	0/1	0/1
MAJ=2.5	0/1	0/1	0/1	0/1	1/2	1/2	2/3	3/4
MIN=4.0	0/1	0/1	0/1	1/2	1/2	2/3	3/4	5/6

起草/日期： 审核/日期： 批准/日期：

表 4－145　木制品材料检验作业指导书

<table>
<tr><td rowspan="3" colspan="2">标题</td><td rowspan="3" colspan="3">木制品材料检验作业指导书</td><td colspan="2">文件编号</td><td colspan="3">××－WI－511</td></tr>
<tr><td colspan="2">版　本</td><td colspan="3">A0</td></tr>
<tr><td colspan="2">页　数</td><td colspan="3">1/1</td></tr>
<tr><td>名称</td><td>木制品材料</td><td>型号规格</td><td colspan="2">通用</td><td colspan="2">生效日期</td><td colspan="3">年　月　日</td></tr>
<tr><td>检验项目</td><td colspan="4">缺陷描述</td><td colspan="2">检验方法及工具</td><td>CRI</td><td>MAJ</td><td>MIN</td></tr>
<tr><td rowspan="9">一、外观检查</td><td colspan="4">1.1 木制品表面应色泽明显不均匀，杂色、色差明显（在0.3m的自然光源下）</td><td rowspan="9" colspan="2">目测、手感</td><td></td><td>×</td><td></td></tr>
<tr><td colspan="4">1.2 木制品表面应色泽均匀，不明显杂色、色差（在0.3m的自然光源下）</td><td></td><td>×</td><td></td></tr>
<tr><td colspan="4">1.3 木制品表面刮花、划伤（长度大于8mm）</td><td></td><td>×</td><td></td></tr>
<tr><td colspan="4">1.4 木制品表面刮花、划伤（长度4～8mm）</td><td></td><td>×</td><td></td></tr>
<tr><td colspan="4">1.5 木制品严重破损、断裂、缺料</td><td></td><td>×</td><td></td></tr>
<tr><td colspan="4">1.6 木制品轻微破损、断裂、缺料</td><td></td><td></td><td>×</td></tr>
<tr><td colspan="4">1.7 木制品与样品对照有明显尺寸不符、颜色不符</td><td>×</td><td></td><td></td></tr>
<tr><td colspan="4">1.8 木制品与样品对照有轻微尺寸不符、颜色不符</td><td></td><td></td><td>×</td></tr>
<tr><td colspan="4">1.9 木制品表面有沙眼、坑洼、不平整（在0.3m的自然光源下）</td><td></td><td>×</td><td></td></tr>
<tr><td>二、几何尺寸测量</td><td colspan="4">依据木制品工程图纸尺寸要求，对木制品尺寸进行测量，实际测量尺寸应能符合图纸偏差要求</td><td colspan="2">图纸、卡尺</td><td>×</td><td></td><td></td></tr>
<tr><td rowspan="2">三、材料检查</td><td colspan="4">3.1 硬度测试：用手感木制品的硬度，与订单要求不符</td><td rowspan="2" colspan="2">手感、样品、采购订单</td><td>×</td><td></td><td></td></tr>
<tr><td colspan="4">3.2 木制品材质与样品及订单要求不符</td><td></td><td>×</td><td></td></tr>
</table>

四、检验及验收标准：（检查水平：II）

依据：AQL值划分及接收标准，MIL－STD105E样本大小之代字索引表，允许品质水平AQL（标准检验）

附表：（其中，CRI为致命缺陷，MAJ为重缺陷，MIN为轻缺陷；Ac为允收数，Re为拒收数）

批量数（个）	2～8	9～15	16～25	26～50	51～90	91～150	～280	～500	～1200
抽检数（个）	2	3	5	8	13	20	32	50	80
AQL值	Ac/Re	Ac/Re	Ac/Re	Ac/Re	Ac/Re	Ac/Re	Ac/Re	Ac/Re	Ac/Re
CRI＝0	0/1	0/1	0/1	0/1	0/1	0/1	0/1	0/1	0/1
MAJ＝2.5	0/1	0/1	0/1	0/1	1/2	1/2	2/3	3/4	5/6
MIN＝4.0	0/1	0/1	0/1	1/2	1/2	2/3	3/4	5/6	7/8

起草/日期：　　　　审核/日期：　　　　批准/日期：

表 4-146 铝型材检验作业指导书

<table>
<tr><td rowspan="3">标题</td><td rowspan="3" colspan="3">铝型材检验作业指导书</td><td>文件编号</td><td colspan="3">××-WI-512</td></tr>
<tr><td>版 本</td><td colspan="3">A/1</td></tr>
<tr><td>页 数</td><td colspan="3">1/1</td></tr>
<tr><td>名称</td><td>铝型材</td><td>型号规格</td><td>通用</td><td>生效日期</td><td colspan="3">年 月 日</td></tr>
<tr><td>检验项目</td><td colspan="3">缺陷描述</td><td>检验方法及工具</td><td>CRI</td><td>MAJ</td><td>MIN</td></tr>
<tr><td>一、材质</td><td colspan="3">查验送货物料材质是否与《工程图纸》要求及样板一致</td><td>目测对照</td><td>×</td><td></td><td></td></tr>
<tr><td rowspan="2">二、外观检查</td><td colspan="3">2.1 锈迹、氧化、变形、断裂、破损，影响使用的缺陷</td><td rowspan="2">目测</td><td></td><td>×</td><td></td></tr>
<tr><td colspan="3">2.2 材身、槽位变形，端口倒卷、披锋，保护材料不到位</td><td></td><td>×</td><td></td></tr>
<tr><td rowspan="2">三、几何尺寸测量</td><td colspan="3">3.1 规格不符合物料订购尺寸，长度≥-5mm、+20mm 公差范围</td><td rowspan="2">卷尺、卡尺</td><td></td><td>×</td><td></td></tr>
<tr><td colspan="3">3.2 厚度公差≥+0.12mm</td><td></td><td>×</td><td></td></tr>
</table>

四、检验及验收标准：（检查水平：II）

依据：AQL 值划分及接收标准，MIL-STD-105E 样本大小之代字索引表，允许品质水平 AQL（标准检验）

附表：（其中，CRI 为致命缺陷，MAJ 为重缺陷，MIN 为轻缺陷；Ac 为允收数，Re 为拒收数）

批量数（个）	2~8	9~15	16~25	26~50	51~90	91~150	~280	~500	~1200
抽检数（个）	2	3	5	8	13	20	32	50	80
AQL 值	Ac/Re	Ac/Re	Ac/Re	Ac/Re	Ac/Re	Ac/Re	Ac/Re	Ac/Re	Ac/Re
CRI=0	0/1	0/1	0/1	0/1	0/1	0/1	0/1	0/1	0/1
MAJ=2.5	0/1	0/1	0/1	0/1	1/2	1/2	2/3	3/4	5/6
MIN=4.0	0/1	0/1	0/1	1/2	1/2	2/3	3/4	5/6	7/8

起草/日期： 审核/日期： 批准/日期：

表4－147　木制板材检验作业指导书

<table>
<tr><td rowspan="3">标题</td><td rowspan="3" colspan="2">木制板材检验作业指导书</td><td>文件编号</td><td>××－WI－513</td></tr>
<tr><td>版　　本</td><td>A0</td></tr>
<tr><td>页　　数</td><td>1/1</td></tr>
<tr><td>名称</td><td colspan="2">中纤板、夹板、刨花板、细木工板、胶合板、带纸板</td><td>生效日期</td><td>年　月　日</td></tr>
</table>

<table>
<tr><th>检验项目</th><th>缺陷描述</th><th>检验方法及工具</th><th>CRI</th><th>MAJ</th><th>MIN</th></tr>
<tr><td>一、材质</td><td>查验送货物料材质（E2级符合国内环保标准、E1级符合出口环保标准）是否与送样确认的品牌一致</td><td>目测对照</td><td>×</td><td></td><td></td></tr>
<tr><td rowspan="3">二、外观检查</td><td>2.1（中纤板）表面平整光滑无变形，四边平直无翘曲，板面无开裂、水碱、纹斑，断面颗粒密实气缝空洞少，渣料无霉变，核对出厂报告甲醛释放量1.5～5.0 mg/L</td><td rowspan="2">目测</td><td></td><td>×</td><td></td></tr>
<tr><td>2.2（夹板、细木工板、胶合板）芯料严密，锯开后缝隙≤2mm，板面平整无变形、翘曲。侧口芯板排列整齐、无发霉。板边无补胶、补腻子等现象</td><td></td><td>×</td><td></td></tr>
<tr><td>2.3（带纸板）表面过纸颜色与《工程图纸》一致、平整光滑无变形，四边平直无翘曲，无开裂、水碱、纹斑</td><td>目测</td><td></td><td>×</td><td></td></tr>
<tr><td>三、几何尺寸测量</td><td>规格不符合物料订购尺寸，对角线不一致≥＋5mm（夹板、胶合板厚度与订购要求≥－0.8mm、中纤板厚度与订购要求≥－0.2mm）</td><td>卷尺、卡尺</td><td></td><td>×</td><td></td></tr>
<tr><td rowspan="2">四、含水率及耐水</td><td>4.1按订单要求需做表面涂层的订单材料≥8%水分</td><td>水分侧试仪</td><td>×</td><td></td><td></td></tr>
<tr><td>4.2取小样50×50cm置于20℃水中浸泡24H，耐水厚度变化≤5mm，不局部鼓包（此项送样必检项目，对正常来料只做抽检）</td><td>水浸测试</td><td></td><td>×</td><td></td></tr>
<tr><td>五、密度</td><td>5.1先取1～3件待检的中纤板一并放在磅上称出重量（kg）。再测量已过磅的中纤板的实际规格计算出体积（长×宽×厚×件数），或取单个样品取平均值
5.2ρ＝重量（kg）/体积（m^3），若密度在690±10或以上为合格，反之为不合格。每立方重量低于660kg的一律不准收货</td><td>电子称、卷尺</td><td></td><td>×</td><td></td></tr>
</table>

六、检验及验收标准：（检查水平：II）

依据：AQL值划分及接收标准，MIL－STD－105E样本大小之代字索引表，允许品质水平AQL（标准检验）

附表：（其中，CRI为致命缺陷，MAJ为重缺陷，MIN为轻缺陷；Ac为允收数，Re为拒收数）

批量数（个）	2～8	9～15	16～25	26～50	51～90	91～150	～280	～500	～1200
抽检数（个）	2	3	5	8	13	20	32	50	80
AQL值	Ac/Re	Ac/Re	Ac/Re	Ac/Re	Ac/Re	Ac/Re	Ac/Re	Ac/Re	Ac/Re
CRI＝0	0/1	0/1	0/1	0/1	0/1	0/1	0/1	0/1	0/1
MAJ＝2.5	0/1	0/1	0/1	0/1	1/2	1/2	2/3	3/4	5/6
MIN＝4.0	0/1	0/1	0/1	1/2	1/2	2/3	3/4	5/6	7/8

起草/日期：　　　　审核/日期：　　　　批准/日期：

表 4 – 148　玻璃检验作业指导书

<table>
<tr><td rowspan="3">标题</td><td rowspan="3" colspan="3">玻璃检验作业指导书</td><td>文件编号</td><td colspan="4">× × – WI – 514</td></tr>
<tr><td>版　　本</td><td colspan="4">A0</td></tr>
<tr><td>页　　数</td><td colspan="4">1/1</td></tr>
<tr><td>名称</td><td>玻璃</td><td>型号规格</td><td>通用</td><td>生效日期</td><td colspan="4">年　月　日</td></tr>
<tr><td>检验项目</td><td colspan="3">缺陷描述</td><td>检验方法及工具</td><td>CRI</td><td>MAJ</td><td colspan="2">MIN</td></tr>
<tr><td rowspan="5">一、外观检查</td><td colspan="3">1.1 玻璃表面有擦不掉的白雾状或棕黄色的附着物</td><td rowspan="5">目测、样品</td><td></td><td>×</td><td colspan="2"></td></tr>
<tr><td colspan="3">1.2 四边精边、上下双面导边导角与订购要求</td><td></td><td>×</td><td colspan="2"></td></tr>
<tr><td colspan="3">1.3 表面丝印符合《工程图纸》要求；丝印效果重影、颜色不符、主见面刮花≥3mm</td><td></td><td>×</td><td colspan="2"></td></tr>
<tr><td colspan="3">1.4 玻璃爆边 ≥1 个，划伤≥1 条，夹钳印 ≥1.2cm</td><td></td><td>×</td><td colspan="2"></td></tr>
<tr><td colspan="3">1.5 缺角不许有，结石不许存在</td><td></td><td>×</td><td colspan="2"></td></tr>
<tr><td>二、规格检查</td><td colspan="3">2.1 厚度偏差≥ ±0.2mm，长宽偏差≥ ±1mm</td><td>卡尺、卷尺</td><td></td><td>×</td><td colspan="2"></td></tr>
<tr><td>三、性能测试</td><td colspan="3">3.1（钢化玻璃）厚度偏差≥5mm 时，试样 50mm×50mm 的钢化玻璃破碎时碎片不得超过 40 个（按订单要求进行测试）</td><td>破碎测试</td><td>×</td><td></td><td colspan="2"></td></tr>
</table>

四、检验及验收标准：（检查水平：II）

依据：AQL 值划分及接收标准，MIL – STD – 105E 样本大小之代字索引表，允许品质水平 AQL（标准检验）

附表：（其中，CRI 为致命缺陷，MAJ 为重缺陷，MIN 为轻缺陷；Ac 为允收数，Re 为拒收数）

批量数（个）	2 ~ 8	9 ~ 15	16 ~ 25	26 ~ 50	51 ~ 90	91 ~ 150	~ 280	~ 500
抽检数（个）	2	3	5	8	13	20	32	50
AQL 值	Ac/Re	Ac/Re	Ac/Re	Ac/Re	Ac/Re	Ac/Re	Ac/Re	Ac/Re
CRI = 0	0/1	0/1	0/1	0/1	0/1	0/1	0/1	0/1
MAJ = 2.5	0/1	0/1	0/1	0/1	1/2	1/2	2/3	3/4
MIN = 4.0	0/1	0/1	0/1	1/2	1/2	2/3	3/4	5/6

起草/日期：　　　　审核/日期：　　　　批准/日期：

表4－149　亚克力板材检验作业指导书

<table>
<tr><td rowspan="3">标题</td><td colspan="3" rowspan="3">亚克力板材检验作业指导书</td><td>文件编号</td><td colspan="3">××－WI－515</td></tr>
<tr><td>版　　本</td><td colspan="3">A0</td></tr>
<tr><td>页　　数</td><td colspan="3">1/1</td></tr>
<tr><td>名称</td><td colspan="3">亚克力板材</td><td>生效日期</td><td colspan="3">年　月　日</td></tr>
<tr><td>检验项目</td><td colspan="3">缺陷描述</td><td>检验方法及工具</td><td>CRI</td><td>MAJ</td><td>MIN</td></tr>
<tr><td>一、材质</td><td colspan="3">查验送货物料材质（纯新料或是回收料）是否与送样确认的品牌一致</td><td>A4白纸垫底
目测对照</td><td>×</td><td></td><td></td></tr>
<tr><td rowspan="2">二、外观检查</td><td colspan="3">2.1表面光泽高、色泽鲜艳、饱满、光滑平整，无水波纹、气泡眼、纹斑、黑点等</td><td rowspan="2">目测</td><td></td><td>×</td><td></td></tr>
<tr><td colspan="3">2.2板面平整无变形、翘曲</td><td></td><td>×</td><td></td></tr>
<tr><td>三、几何尺寸测量</td><td colspan="3">规格不符合物料订购尺寸，对角线不一致≥＋5mm，长、宽≥＋2mm，厚度≥＋0.02mm</td><td>卷尺、卡尺</td><td></td><td>×</td><td></td></tr>
</table>

四、检验及验收标准：（检查水平：II）

依据：AQL值划分及接收标准，MIL－STD－105E样本大小之代字索引表，允许品质水平AQL（标准检验）

附表：（其中，CRI为致命缺陷，MAJ为重缺陷，MIN为轻缺陷；Ac为允收数，Re为拒收数）

批量数（个）	2～8	9～15	16～25	26～50	51～90	91～150	～280	～500
抽检数（个）	2	3	5	8	13	20	32	50
AQL值	Ac/Re	Ac/Re	Ac/Re	Ac/Re	Ac/Re	Ac/Re	Ac/Re	Ac/Re
CRI＝0	0/1	0/1	0/1	0/1	0/1	0/1	0/1	0/1
MAJ＝2.5	0/1	0/1	0/1	0/1	1/2	1/2	2/3	3/4
MIN＝4.0	0/1	0/1	0/1	1/2	1/2	2/3	3/4	5/6

起草/日期：　　　　审核/日期：　　　　批准/日期：

表 4-150 五金冲压过程检验作业指导书

<table>
<tr><td colspan="2">作业指导书</td><td>文件编号</td><td>××-WI-516</td></tr>
<tr><td rowspan="2">标题</td><td rowspan="2">五金冲压过程检验作业指导书</td><td>版　本</td><td>A0</td></tr>
<tr><td>页　码</td><td>12/1</td></tr>
<tr><td>检验项目</td><td>检验标准</td><td>检验方法</td><td>备注</td></tr>
<tr><td>开料</td><td>材料规格与下单要求相符，表面无划痕、硬印、生锈，开料切口平齐，毛刺不大于0.2mm</td><td>目测、游标卡尺、卷尺</td><td>开料尺寸公差范围±1mm</td></tr>
<tr><td>开胚</td><td>开胚工件毛刺不高于0.2mm。工件不得有硬印、碰伤、划花</td><td>目测、游标卡尺</td><td>公差范围±0.15mm</td></tr>
<tr><td>拉伸</td><td>拉伸后工件高度和其他尺寸达到要求尺寸，拉伸面不能有明显的拉裂纹，拉伸底部不能有预裂纹</td><td>目测、游标卡尺</td><td>公差范围±0.15mm</td></tr>
<tr><td>轧形</td><td>轧形角度符合产品要求，轧形处不得有裂纹、拉伤，轧形尺寸符合产品要求</td><td>目测、角度尺、游标卡尺</td><td>公差范围±0.15mm</td></tr>
<tr><td>剪边</td><td>剪边毛刺不高于0.2mm。剪边处不能有变形、压形等现象。剪边尺寸达到图纸要求</td><td>目测、游标卡尺</td><td>公差范围±0.15mm</td></tr>
<tr><td>冲孔</td><td>冲孔处毛刺不得高于0.2mm。冲孔位置尺寸符合产品要求</td><td>目测、游标卡尺</td><td>公差范围±0.15mm</td></tr>
<tr><td>拍平整形</td><td>拍平处与要求平整，不变形。拍平后尺寸要达到产品要求</td><td>目测、游标卡尺</td><td>公差范围±0.15mm</td></tr>
<tr><td>发外电镀</td><td>电镀颜色与产品要求一致，产品无发黑、生锈、发黄等电镀不良现象</td><td>目测</td><td></td></tr>
<tr><td>包装</td><td>按要求进行包装，符合包装重量，摆放整齐</td><td>目测</td><td></td></tr>
<tr><td colspan="4">说明：1. 过程检验按照标准，样本根据实际生产数量确定，抽样数量上限数不超过10件，抽样数合格率达90%以上时判合格
2. 检验结果合格打“√”，异常的将异常现象记录在不合格描述栏</td></tr>
</table>

编写/日期　　　　　　　　审批/日期

表4－151　成品检验质量标准及缺陷判定标准（通用）

文件编号：××－WI－517　　　　版本：A0

项目	序号	质量要求	检验标准	检验方法	缺陷等级		
					Cril.	Maj.	Min.
一、整体	1	（长/宽/高度）规格同图纸或参照样一致（单个产品）	长/宽/高≤1m时，±1.5‰ 长/宽/高>1m时，±2‰ 对角线相差≤2‰	卷尺测量		*	
	2	主色同色板或订单要求一致	色差≤5%（0.5级）	色板/色卡		*	
	3	整体产品中的各相同颜色部位不出现明显色差	色差≤5%（0.5级）	色板/色卡		*	
	4	各组合部件之间缝隙均匀	缝隙宽度误差≤±1mm	卷尺测量		*	
	5	胶合部件胶合良好，不出现开裂或胶合痕钉枪痕等缺陷	无开裂，无胶合痕钉枪痕	检查		*	
	6	部件组合良好，未出现错位、不规则缝隙等影响品质之缺陷	错位≤±1mm 缝隙误差≤－1mm	检查		*	
	7	功能件功能发挥正常	功能正常	检查	*		
	8	任何部位（包括内部）不可有灰尘或污渍	不允许	检查			*
	9	产品上不得发现血迹（出口产品）	不允许	检查	*		
	10	包装箱内或产品内不可出现刀片、剪刀、钉等尖锐物品（出口产品）	不允许	检查	*		
	11	包装箱内或产品内不可出现毛发、昆虫活体、死体等物品（出口产品）	不允许	检查	*		
二、灯箱或橱窗	1	规格正确	长/宽/高≤1m时，±1.5‰ 长/宽/高>1m时，±2‰ 对角线相差≤2‰	卷尺测量		*	
	2	结构稳固	稳固不松动	检查		*	
	3	发光颜色正确且稳定	发光颜色90%接近，不闪烁	检查		*	
	4	发光均匀，无明显阴影	无明显阴影	检查		*	
	5	玻璃或亚克力面板嵌入后平整度良好，无翘曲、拱起、凹陷等缺陷	翘曲度≤2‰	卷尺/玻璃		*	
	6	箱盖同箱身密封性好，无漏光	漏光宽度≤1mm	检查		*	
	7	灯具/变压器品质稳定，功能稳定，符合要求功率	通过电气测试	测试报告		*	
	8	灯具/变压器安装稳固，位置正确，符合安全及美观要求	符合技术资料及安全常规	检查		*	
	9	布线美观且符合安全要求	符合技术资料及安全常规	检查		*	
三、LOGO	1	LOGO材质正确无误	符合图纸要求	检查		*	
	2	LOGO整体规格正确	误差≤标准规格的±1%	卷尺测量		*	
	3	LOGO颜色正确	色差≤5%（0.5级）	色板/色卡		*	

续表

项目	序号	质量要求	检验标准	检验方法	缺陷等级		
					Cril.	Maj.	Min.
三、LOGO	4	LOGO 表面处理良好，无锈迹/污渍等外观缺陷	肉眼在 0.5m 处观察无缺陷	检查		*	
	5	整体安装位置正确	偏差≤2mm	卷尺测量		*	
	6	安装端正（个体字母或图案）	偏差≤1mm	卷尺测量		*	
	7	粘贴或固定牢固	15kgs 力度水平方向拉力不脱落	手拉测试		*	
	8	其他外观品质良好	肉眼在 0.5m 处观察无缺陷	检查			*
四、丝印	1	整体位置正确	偏差≤3mm	卷尺测量		*	
	2	LOGO 不得漏印	不可	检查		*	
	3	丝印颜色正确，不可有超过 1 级的色差	色差≤10%（1 级）	色板/色卡		*	
	4	丝印的附着力良好	通过 3M 胶带粘贴连续 10 次测试	3M 胶带		*	
	5	丝印品质良好，不出现漏印、流淌、起皱、气泡、易脱落等缺陷	肉眼在 1m 处观察无缺陷	检查		*	
五、画面	1	画面材质符合订单要求	符合订单要求	检查		*	
	2	覆膜良好，无缩膜现象	缩膜≤1mm	检查		*	
	3	画面无明显色差/色偏	色差≤5%（0.5 级）	色板/色卡		*	
	4	表面亮度符合要求	符合要求	检查		*	
	5	无砂眼、脱膜、散墨、气泡、杂质、压痕、黑点、啤走位、刮伤等缺陷	面积≤1mm² 的缺陷 1 处/张	检查		*	
六、木件	1	MDF 含水率不得超过 12%，实木含水率不超过 16%	MDF≤12%，实木≤16%	湿度计		*	
	2	MDF 密度不得低于 690 公斤/m³	必须符合且测试通过	测试报告		*	
	3	木板表面或周边不可出现翘曲、弯曲、不平直等缺陷	不接受	直尺/卷尺		*	
	4	弧度/角度正确	误差≤标准规格的 ±5%	卷尺/直角尺		*	
	5	整体规格正确（包括长度、宽度、高度、孔距）	单独使用料件误差≤1.5‰ 配套使用料件≤1‰ 对角线相差≤2‰	卷尺测量		*	
	6	直线打钉不许过密	打钉间距均匀 4cm	卷尺测量		*	
	7	直角拼接钉装，不许开裂，平面拼接码钉连接	面贴 L 或 T 形 5mm 板	检查		*	
	8	木坯打磨棱边倒圆角	圆角为 R2	检查		*	
	9	木纹方向错误，木皮种类错误	符合技术资料	检查		*	
	10	实木（长度 1 米内）不可有超过 1 个死节，不可有开裂	符合技术资料	检查/对比		*	

续表

项目	序号	质量要求	检验标准	检验方法	缺陷等级		
					Cril.	Maj.	Min.
六、木件	11	木皮粘贴良好，不出现破损、不平整、粘贴不牢固、鼓泡	不接受	检查		*	
	12	木件表面处理平整，缝隙补灰胶水固定，打磨平整	手摸光洁度好	检查		*	
	13	木件颜色正确，同色板或客户签板无色差	色差≤10%（1级）	色板/样板		*	
七、木件油漆	1	木件油漆光亮度符合订单要求	达到标准的90%以上	光度计		*	
	2	颜色符合样板，无明显色差	色差≤5%（0.5级）	色板/样板		*	
	3	漆面附着力良好	百格测试达4B	百格刀		*	
	4	同一件料件上颜色均匀，不出现阴阳色	色差≤5%（0.5级）可接受	观察		*	
	5	组成成品的各同色部件间，无明显色差	色差≤5%（0.5级）可接受	观察		*	
	6	木件油漆处理良好，无气泡、流淌、桔皮、泛白、漏喷等缺陷	0.5m处观察无明显缺陷可接受	检查		*	
	7	漆面硬度符合技术资料	通过硬度测试	硬度测试		*	
八、金属件黑身	1	材质符合标准	符合标准	检查/测试		*	
	2	整体规格正确（长度/宽度/高度）	单独使用料件误差≤±1.5‰ 配套使用料件≤±1‰ 对角线相差≤2‰	卷尺测量		*	
	3	金属管壁厚符合标准	误差≤标准规格的−5%	卡尺测量		*	
	4	板件厚度符合标准	误差≤标准规格的−5%	卡尺测量		*	
	5	焊接牢固，焊点美观	特殊的产品需通过测试	检查		*	
	6	组装件结构牢固	特殊的产品需通过测试	检查		*	
	7	黑身表面处理（包括打磨/补灰等）良好，无明显外观缺陷	1m处观察无明显色差可接受	检查		*	
	8	孔位/槽位等位置准确	实配，可装配	卡尺/卷尺		*	
	9	与其他配件的配合度良好	实配，可装配	检查		*	
九、金属烤漆烤粉电镀	1	颜色色系正确，符合技术资料要求	符合技术资料	图纸/样板		*	
	2	颜色符合样板，无明显色差	色差≤5%（0.5级）	色板/样板		*	
	3	漆面/电镀层附着力良好	百格测试达4B	百格刀		*	
	4	同一件料件上颜色均匀，不出现阴阳色	色差≤5%（0.5级）可接受	观察		*	
	5	组成成品的各同色部件间，无明显色差	色差≤5%（0.5级）可接受	观察		*	
	6	表面无碰伤、凹陷、凸起、脱落、起皱、桔皮、流淌、锈迹等外观缺陷	2m处观察无明显色差可接受	观察		*	
	7	电镀层漆面硬度符合技术资料	通过硬度测试	硬度测试		*	
	8	漆面/电镀层厚度符合技术资料	达到标准的90%以上	涂层厚度测量		*	

续表

项目	序号	质量要求	检验标准	检验方法	缺陷等级		
					Cril.	Maj.	Min.
十、金属拉砂	1	拉砂方向正确	必须按图纸方向	检查		*	
	2	拉砂品质良好，不可出现拉砂线路不直或粗细不一致的现象	肉眼在1m处观察无缺陷	检查		*	
	3	部件或该拉砂部位不出现漏拉砂	不允许	检查		*	
	4	拉砂部件表面外观品质良好，无明显气泡、划痕、碰伤等缺陷	肉眼在1m处观察无缺陷	检查		*	
	5	拉砂部件规格正确	长/宽度公差≤±0.5mm	卡尺/卷尺		*	
	6	拉砂基材材质良好，无砂眼、黑点等缺陷	肉眼在1m处观察无缺陷	检查		*	
	7	转角处或边缘光滑平顺	手感光滑	徒手触摸	*		
	8	拉砂配件同木器配合良好	错位≤±0.5mm	检查		*	
	9	拉砂配件粘贴牢固	无间隙，手扳不脱落	检查		*	
十一、塑胶件	1	规格正确	长/深/高≤1m时，±1‰ 长/深/高>1m时，±1.5‰ 对角线相差≤2‰	卷尺测量		*	
	2	厚度符合要求	误差≤标准规格的-5%	卡尺测量		*	
	3	平整度符合图纸及技术要求	翘曲度（朝内）≤2‰ 翘曲度（朝外）≤1‰	玻璃/卡尺		*	
	4	孔位/槽位等位置准确	不影响装配和外观	卡尺/卷尺		*	
	5	材质及等级符合订单要求	符合订单要求	对比或测试		*	
	6	对强度有特别要求的，需通过测试	需通过测试	测试		*	
	7	颜色正确，耐候性好，色牢度好	色差≤5%（0.5级） 并通过测试	色板/测试报告		*	
	8	表面处理符合订单要求或样板	符合度>90%	对比或测试		*	
	9	外观品质良好，不出现水口、模痕、批锋、凹陷、颗粒、杂质、气泡等	肉眼在1m处观察无缺陷	检查		*	
十二、皮件	1	皮件颜色（色系）正确	符合技术资料	图纸/样板		*	
	2	皮件皮料颜色同色板或签板存在色差	色差≤10%（1级）	色板/样板		*	
	3	皮件规格正确	长/宽度公差≤±0.5mm	卷尺测量		*	
	4	皮件外观品质良好，无明显划痕、鼓泡、凹凸、污渍、起皱等缺陷	肉眼在1m处观察无缺陷	检查		*	
	5	皮件粘贴良好，牢固，不出现翘曲现象	自然条件下不脱胶	检查		*	
	6	需车缝的皮件，车缝线路平直平整	线路平直平整	检查		*	
	7	针距正确	针数公差≤±0.5针	卷尺测量		*	
	8	皮件的其他品质	轻微缺陷可接受	检查		*	

续表

项目	序号	质量要求	检验标准	检验方法	缺陷等级		
					Cril.	Maj.	Min.
十三、门板	1	门板规格正确，区分左右摆放并标识	长/宽度公差≤±0.5mm	卷尺测量		*	
	2	四个直角必须呈90度或对角线长度一致	对角线长度差≤1.5mm	卷尺/直角尺		*	
	3	装饰五金件安装良好	符合	检查		*	
	4	门开关畅顺并容易上锁	手感顺畅	检查		*	
	5	门板之间或同其他边框间距一致，均匀	缝隙宽度误差≤±1mm	卷尺测量		*	
	6	门板平整，多个门板在同一个平面时，平面度好	平面落差≤±1mm	直尺测量		*	
	7	门锁或磁碰/合页/铰链安装良好，功能齐备	功能正常	检查		*	
	8	外观品质良好	肉眼在1m处观察无缺陷	检查		*	
十四、抽屉或拉板	1	规格正确	面板规格误差≤±0.5mm	卷尺测量		*	
	2	滑轨品质良好，安装良好，开合畅顺	推拉10次以上	检查		*	
	3	结构牢固，无松动	手感无松动	检查		*	
	4	抽屉间隙均匀，且符合图纸标注	缝隙宽度误差≤±1mm	检查		*	
	5	锁安装良好，外观符合图纸及标准	锁开/合功能正常	检查		*	
	6	其他外观品质	肉眼在1m处观察无缺陷	检查			*
十五、电气	1	电器必须有相关认证（UL、3C、CE、FCC等相应认证）	必须有	测试报告	*		
	2	插头插孔规格型号正确	通过测试且符合技术资料	图纸对比		*	
	3	电器或电线安装位置正确	安装符合要求	检查		*	
	4	电器电线安装良好，整齐美观	线头加锡，奶嘴链接	检查	*		
	5	灯具/变压器品质稳定，功能稳定，符合要求功率	连续开关10次	检查		*	
	6	灯具发光颜色正常	通过测试且符合技术资料	检查/对比		*	
	7	电器外观颜色不正确	色差≤10%（1级）可接受	检查/对比		*	
	8	灯带1.2m内拼接	不接受	检查		*	
	9	灯带焊点处必须无热缩管	不接受	检查		*	
	10	柜体布线使用线槽和黄蜡管	必须有	检查		*	
	11	电器表面外观品质良好，无明显缺陷	外露部分在0.5m观察无缺陷	检查		*	
十六、亚克力	1	材质或品牌不符合客户及订单/图纸要求	必需完全符合	检查		*	
	2	规格（包括料件及成品）正确	长/深/高≤1m时，±1.5‰ 长/深/高>1m时，±1‰ 厚度公差≤规定厚度的10%	卡尺/卷尺测量		*	
	3	颜色正确，耐候性好	色差≤5%（0.5级）并通过测试	色板/测试报告		*	
	4	表面无划痕、黑点、银纹、裂痕、收缩痕等可眼观之缺陷	肉眼在0.5m处观察无缺陷	检查		*	

续表

项目	序号	质量要求	检验标准	检验方法	缺陷等级		
					Cril.	Maj.	Min.
十六、亚克力	5	丝印后不可出现银裂（长度≤5mm）	每件产品上银裂≤5 个	检查		*	
	6	透光度达到要求	透光度公差≤－5%	测试		*	
	7	切边打磨光滑，不可出现崩脱、破损等缺陷	边缘无缺损且打磨光滑	检查		*	
	8	胶合品质良好，粘接牢固	每米长度结合位脱胶≤5mm	检查		*	
	9	无胶水痕、气泡等缺陷	缺陷面积≤胶合面积的 5%	检查		*	
十七、玻璃	1	直边玻璃（不磨 45 度斜边）规格正确	长/宽公差≤±1‰ 厚度公差≤±0.5mm 对角线相差≤2‰	卡尺/卷尺测量		*	
	2	斜边玻璃（45 度斜边）规格正确	长/宽公差≤±0.5‰ 厚度公差≤±0.5mm 磨边 1mm	卡尺/卷尺/角度尺		*	
	3	玻璃斜边角度正确	±0.5 度	角度尺		*	
	4	透光度达到设计要求	透光度公差≤－5%	测试		*	
	5	玻璃必须钢化处理且钢化处理合格	测试不合格不接受	撞击测试报告		*	
	6	玻璃表面平整，无凹凸或波浪纹等缺陷	肉眼在 1m 处观察无缺陷	检查		*	
	7	无气泡、杂质、划痕、碰损、不平整、缺损等外观品质缺陷	肉眼在 1m 处观察无缺陷	检查		*	
	8	玻璃安装良好，缝隙均匀且符合设计要求	缝隙公差≤0.5mm	卷尺测量		*	
	9	玻璃安装稳固，不易脱落	特殊要求时需测试	检查		*	
	10	胶合良好，无气泡、胶水痕等	缺陷面积≤胶合面积的 5%	检查		*	
十八、铝塑板	1	材质或品牌不符合客户及订单/图纸要求	必需完全符合	检查		*	
	2	规格（包括料件及成品）正确	长/深/高≤1m 时，±1.5‰ 长/深/高＞1m 时，±1‰ 厚度公差≤规定厚度的 10% 铝厚±1 丝	卡尺/卷尺测量		*	
	3	外观品质良好，无划痕、撞凹等	肉眼在 1m 处观察无缺陷	检查		*	
	4	颜色正确	色差≤5%（0.5 级）	色板		*	
十九、五金配件	1	通过盐雾测试或其他相关测试	如要求必须通过测试	测试报告		*	
	2	五金配件规格正确	符合常规	卡尺/卷尺		*	
	3	按照常规安装	符合常规	检查		*	
	4	外观品质良好，无划痕、锈迹、抛光不良、拉砂不良、电镀不良	通过 24 小时盐雾测试	盐雾测试		*	
	5	五金属配件金属种类正确	符合技术资料	检查		*	
	6	门铰安装牢固	中间加自钻丝及垫片固定	检查		*	
	7	螺杆或螺丝头朝向一致	不要求	检查		*	

续表

项目	序号	质量要求	检验标准	检验方法	缺陷等级		
					Cril.	Maj.	Min.
二十、脚轮脚垫	1	承重量必须达到或超过要求	不达到不接受	负载测试报告		*	
	2	规格正确	错误不接受	卷尺测量		*	
	3	安装位置正确	错位≤2mm	卷尺测量		*	
	4	安装稳固，效果良好	不达到不接受	检查		*	
	5	功能必须具备并完全	不达到不接受	检查		*	
二十一、包装	1	成品通过跌落/振动/模拟运输等相关测试	如要求必须通过测试	测试报告		*	
	2	包装箱强度足够，纸质正确	需破裂强度测试合格	破裂强度测试		*	
	3	包装材料正确（宝丽龙/珍珠棉等）	视客户要求做跌落测试	检查		*	
	4	包装箱规格正确	规格错误不接受	卷尺测量		*	
	5	钥匙或其他配件漏包或数量正确	漏件不接受	检查		*	
	6	配件包必须固定在产品上	未固定不接受	检查		*	
	7	包装箱上标示正确	标示错误不接受	检查		*	
	8	需要警告标示的，必须要在处箱上的固定位置粘贴	未标示不接受	检查		*	
	9	说明书等不可遗失	遗漏不接受	检查		*	

备注：

（1）客户标准优先于企业内订标准，优先于国际标准和国家标准

（2）当此份标准同技术图纸产生冲突时，以技术图纸为准

（3）除此份通用检验标准外，针对每款产品的不同使用环境/客户要求/使用习惯/品质重点，还需出具产品的《特别检验标准》；当《特别检验标准》与此通用标准冲突时，以《特别检验标准》为准

（4）此检验质量标准仅针对产品A面，产品B面及C面外观要求相对于A面降级，除外观之外的其他检验项目不降级。B面的外观标准为A面的80%，C面的外观标准为A面的50%

起草/日期：　　　　审核/日期：　　　　批准/日期：

六、设备操作规程

表4－152 注塑机设备操作规程

<table>
<tr><td colspan="2">作业指导书</td><td>文件编号</td><td>××－WI－601</td></tr>
<tr><td rowspan="2">标题</td><td rowspan="2">注塑机设备操作规程</td><td>版　　本</td><td>A0</td></tr>
<tr><td>页　　码</td><td>1/1</td></tr>
<tr><td colspan="4">1. 开机前的准备工作
1.1 清理设备周围环境，不允许存放与生产无关的物品
1.2 清理工作台及设备内外杂物，用干净棉纱擦拭注射导座及合模部分拉杆
1.3 检查设备各控制开关、按钮、电器线路、操作手柄、手轮有无损坏或失灵现象。各开关、手柄应在“断”的位置上
1.4 检查设备各部安全保护装置是否完好，工作灵敏可靠性。检查试验“紧急停止”是否有效可靠，安全门滑动是否灵活，开关时是否能够触动限位开关
1.5 设备上的安全防护装置（如机械锁杆、止动板、各安全防护开关等）不准随便移动，更不许改装或故意使其失去作用
1.6 检查各部位螺丝是否拧紧，有无松动，发现零部件异常或有损坏现象，应向领班报告，领班自行处理或通知维修人员处理
1.7 检查各冷却水管路，试行通水，查看水流是否通畅，是否堵塞或滴漏
1.8 检查料斗内是否有异物，料斗上方不许存放任何物品，料斗盖应盖好，防止灰尘、杂物落入料斗内
2. 注塑机开机
2.1 合上机床总电源开关，检查设备是否漏电，按设定的工艺温度要求给机筒、模具进行预热，在机筒温度达到工艺温度时必须保温20分钟以上，确保机筒各部位温度均匀
2.2 打开油冷却器冷却水阀门，对回油及运水喉进行冷却，点动启动油泵，未发现异常现象，方可正式启动油泵，待荧屏上显示“马打开”后才能运转动作，检查安全门的作用是否正常
2.3 手动启动螺杆转动，查看螺杆转动声响有无异常及卡死
2.4 操作工必须使用安全门，如安全门行程开关失灵时不准开机，严禁不使用安全门（罩）操作
2.5 运转设备的电器、液压及转动部分的各种盖板，防护罩等要盖好、固定好
2.6 非当班操作者，未经允许任何人都不准按动各按钮、手柄，不许两人或两人以上同时操作同一台注塑机
2.7 安放模具、嵌件时要稳准可靠，合模过程中发现异常应立即停车，通知相关人员排除故障
2.8 机器修理或较长时间（10分钟以上）清理模具时，一定要先将注射座后退使喷嘴离开模具，关掉马达，维修人员修机时，操作者不准脱岗
2.9 有人在处理机器或模具时任何人不准启动电机马达
2.10 身体进入机床内或模具开档内时，必须切断电源
2.11 避免在模具打开时，用注射座撞击定模，以免定模脱落
2.12 对空注射一般每次不超过5秒，连续两次注不动时，注意通知邻近人员避开危险区。清理射嘴胶头时，不准直接用手清理，应用铁钳或其他工具，以免发生烫伤
2.13 熔胶筒在工作过程中存在着高温、高压及高电力，禁止在熔胶筒上踩踏、攀爬及搁置物品，以防烫伤、电击及火灾
2.14 在料斗不下料的情况下，不准使用金属棒、杆，粗暴桶料斗，避免损坏料斗内分屏、护屏罩及磁铁架，若螺杆转动状态下极易发生金属棒卷入机筒的严重损坏设备事故
2.15 机床运行中发现设备响声异常、异味、火花、漏油等异常情况时，应立即停机，立即向有关人员报告，并说明故障现象及发生之可能原因
2.16 注意安全操作，不允许以任何理由或借口，做出可能造成人身伤害或损坏设备的操作方式
3. 停机注意事项
3.1 关闭料斗闸板，正常生产至机筒内无料或手动操作对空注射——预塑，反复数次，直至喷嘴无熔料射出
3.2 若是生产具腐蚀性材料（如PVC），停机时必须将机筒、螺杆用其他原料清洗干净
3.3 使注射座与固定模板脱离，模具处于开模状态
3.4 关闭冷却水管路，把各开关旋至“断开”位置，节假日最后一班时要将机床总电源开关关闭
3.5 清理机床，工作台及地面杂物、油渍及灰尘，保持工作场所干净、整洁</td></tr>
</table>

编写/日期：　　　　审核/日期：　　　　批准/日期：

表 4－153　吊锣机设备操作规程

<table>
<tr><td colspan="2">作业指导书</td><td>文件编号</td><td>××－WI－602</td></tr>
<tr><td rowspan="2">标题</td><td rowspan="2">吊锣机设备操作规程</td><td>版　本</td><td>A0</td></tr>
<tr><td>页　码</td><td>1/1</td></tr>
<tr><td colspan="4">一、作业准备
开机时先以低速运转 3～5 分钟，确认润滑系统畅通，各部运转正常后方可开始工作
二、作业程序
1. 严禁超负荷超技术规格使用设备
2. 装卡工作必须牢靠。铣削不正规的工件时，工件重心应放在工作台的中间位置
3. 正确安装刀具，合理选择刀具和切削用量，并经常检查刀具的坚固及磨损情况
4. 刀杆锥面、锥肩平面应清洁，无伤痕，锥度要相符
5. 铣削平面时，必须使用四个刀刃以上的刀盘，防止过大冲击振动。禁止使用磨钝了的刀具加工工件
6. 在使用工作台纵向工作时，应将横向和垂直方向坚固螺钉柠紧，使用横向工作时，也应将横向及垂直方向坚固，避免工作台震动
7. 用挂轮铣削螺旋槽时，应特别注意选择的切削量不宜过大
8. 使用分度头时，应尽量卡在工作台的中间位置，不用时应立即取下
9. 在铣切工作中，尽可能利用工作台纵向丝杆行程的全长。如果加工所要求的行程很短，应经常改变丝杆的工作部分，以使磨损均匀
10. 禁止主轴在运转中变换速度
11. 机动对刀在接近工件时，应改为手动
12. 铣削代键轴类或切割薄的零件时，严防铣削分度头和工作台面
13. 工作台和升降台在移动以前应先松开夹紧手柄（或松开坚固螺钉.
14. 在快速或自动进给铣削前，必须先调整好限程挡铁
15. 铣削代键轴类或切割薄的零件时，严防铣削分度头和工作台面
16. 装卸工件或夹具时应轻拿轻放，选择安全可靠的吊具和方法，避免碰撞擦伤滑动而和工作台面
17. 铣削前应清除机床上的工具、杂物，并使各导轨百保持清洁、润滑。不准在工作台上敲打和校直工件
18. 当保险机构起胶开作用时，则说明机床已过载，应立即降低切削量或更换锋利的刀具
19. 禁止操作者托人代管或离开开动着的机床，离开时必须切断电源
20. 工作中必须经常检查设备各部的运转和润滑情况，轴承温升不准超过 65 度，如发现有异常现象时应立即停车检查
三、设备维护方法和周期
1. 工件加工完了时，将各手柄应置于非工作位置上，工作台移到中间位置，升降台落到下面并切断电源
2. 按保养要求进行保养设备，工件、工具、附件等摆放整齐，滑动面擦净加油润滑</td></tr>
</table>

编写/日期：　　　　审核/日期：　　　　批准/日期：

表 4 - 154　空压机设备操作规程

<table>
<tr><td colspan="2">作业指导书</td><td>文件编号</td><td>× × - WI - 603</td></tr>
<tr><td rowspan="2">标题</td><td rowspan="2">空压机设备操作规程</td><td>版　本</td><td>A0</td></tr>
<tr><td>页　码</td><td>1/1</td></tr>
<tr><td colspan="4">一、运转前请检查下列事项
1. 检查各部分螺丝或螺母有无松动现象
2. 皮带之松紧是否适度
3. 管路是否正常
4. 润滑油面是否适当
5. 电线及电器开关是否合乎规定，接线是否正确
6. 电源之电压是否正确
7. 压缩机皮带轮是否可轻易用手转动（检查时须停机注意安全）
8. 检查所有的阀是否均处于合适的位置及正确的启闭状态
9. 检查系统并除去其内的外来异物
10. 打开并再次关闭储气罐下部的排污阀
11. 若系统设备检修后重新启动时，应除去所有为安全维护而安装的维修附件及维修用标志牌
二、开始运转的注意事项
1. 以上各点检查完毕后将排气阀门全开，然后按下起动按钮或启动柴油机，使机器在无负荷状态下起动运转，这样可以延长空压机及原动机的寿命
2. 检查运转方向是否和皮带防护罩上箭头指示相同，若不相同，请将三相电机的三条电源线中任意两条调换即可
3. 起动后约三分钟左右若没有异音，则将阀门关闭，使储气罐中的压力逐渐升高到达预定的压力，达到设定之压力后，压力开关自动切断电源、电机停止运转（此时压力开关处释气阀会有几秒钟之释气，将排气铜管内之压缩空气排出，这是正常现象。目的是使电机再度运转时，负载减轻且较易动，并非漏气）
三、压力控制系统的调整
特别注意：请有经验的技师或本厂业务员进行，不得自行调定
1. 依顺时针方向旋转压力调整螺丝，则增高使用压力，反之则设定压力降低
2. 依顺时针方向旋转压差调整螺丝，则增高压差，反之则压差幅度减小
四、安全阀的调整
特别注意：压缩机的使用压力不得高于压缩机的额定工作压力。若需调整，必须请有经验的技师或本厂业务员进行，不得自行调定
安全阀的泄放压力一般均设定高于排气压力 0. 1MPa，故无须自行再调整。若因其他原因必须调整安全阀排放压力时，可将安全阀上锁定螺母放松，再调整调节螺丝顺时针旋转则排放压力提高，逆时针旋转，则压力设定下降，设定好排放压力后再将锁定螺母上紧
五、维护保养及检查
1. 请保持机器之清洁
2. 储气罐这泄水阀每日打开一次排除油水。在湿气较重的地方，请每四小时打开一次
3. 润滑油面请每天检查一次，确保空压机之润滑作用
4. 空气滤清器 15 天应清理或更换一次（滤芯为消耗品）
5. 不定期的检查皮带及各部分螺丝的松紧程度
6. 润滑油最初运转 50 小时或一周后请换新油，以后每 300 小时换新油一次（使用环境较差者应 150 小时换一次油），每运转 36 小时加油一次
7. 使用 500 小时（或半年）请将气阀拆出清洗
8. 每年请将机器各部件清洗一次
9. 应定期检验所有的防护罩、警告标志等安全防护装置</td></tr>
</table>

编写/日期：　　　　审核/日期：　　　　批准/日期：

表4－155　镂机设备操作规程

<table>
<tr><td colspan="2">作业指导书</td><td>文件编号</td><td>××－WI－604</td></tr>
<tr><td rowspan="2">标题</td><td rowspan="2">镂机设备操作规程</td><td>版　本</td><td>A0</td></tr>
<tr><td>页　码</td><td>1/1</td></tr>
<tr><td colspan="4">一、安全要求
1. 人员上岗前必须经过岗前培训
2. 电源电路安全无接触不良和漏电现象
3. 机器工作时不要将手伸到镂边机工作范围内，戴上眼镜、口罩
二、操作流程
1. 检查电源电路无漏电和接触不良、气管不能漏气
2. 找到正确的材料和模具，准备好大力钳，交给组长确认。查看模具形状，熟悉模具，计划好走刀路线。根据镂形要求，更换合适的刀具。接上气管，根据模具调节好镂刀的下降高度
3. 开启电源，试运转5秒钟后无异常后开始操作
4. 首件交组长和品管确认，制作出首件，正确无误后方可批量生产
5. 首件：将材料放在定位上按相应的尺寸加工一件，由品管员和组长确认是否合格
6. 镂形操作时把材料紧靠在定位板上，用大力钳夹紧，模具底模紧靠平台仿形销，用脚踩下气动开关降下镂刀双手握紧材料和模具，以材料逆向刀刃方向匀速推进，速度大约30毫米/秒
7. 镂形时模具底模不能离开平台，如出现糊边和崩边现象需更换镂刀
8. 一次镂形完毕，松开气动开关，升起镂刀，用吹尘枪吹干净产品和平台上的垃圾，松开大力钳，取下产品，检查产品的品质是否合格，合格品整齐堆放在卡板上
9. 一种产品镂形完毕后，关闭电源，清理垃圾，给产品贴上《物料标识卡》
三、品质标准
1. 材料表面无刮花、崩边、崩角、糊边、波浪痕现象
2. 镂形规格正确
3. 成品尺寸误差在±1.0mm内
四、保养维护
1. 每次操作完毕后清理干净机器上的垃圾拔掉气管，把模具放回模具架上的指定位置
2. 及时更换气管，防止有漏气现象
3. 每周给机器平台、升降导轨、轴承加一次润滑油。经常注意旋转主轴加油器里的润滑油量
4. 检查绝缘线是否完好，如有漏电现象，及时更换</td></tr>
</table>

编写/日期：　　　　审核/日期：　　　　批准/日期：

表4－156　平刨机设备操作规程

<table>
<tr><td colspan="2">作业指导书</td><td>文件编号</td><td>××－WI－605</td></tr>
<tr><td rowspan="2">标题</td><td rowspan="2">平刨机设备操作规程</td><td>版　　本</td><td>A0</td></tr>
<tr><td>页　　码</td><td>1/1</td></tr>
<tr><td colspan="4">一、起动前准备
1. 工件必须夹牢在夹具或工作台上，夹装工件的压板不得长出工作台，在机床最大行程内不准站人。刀具不得伸出过长，应装夹牢靠
2. 校正工件时，严禁用金属物猛敲或用刀架推顶工件
3. 工件宽度超出单臂刨床加工宽度时，其重心对工作台重心的偏移量不应大于工作台宽度的四分之一
4. 调整冲程应使刀具不接触工件，用手柄摇动进行全行程试验，滑枕调整后应锁紧并随时取下摇手柄，以免落下伤人
5. 刨床的床面或工件伸出过长时，应设防护栏杆，在栏杆内禁止通过行人或堆码物品
6. 刨床在刨削大工件前，应先检查工件与刀架间的预留空隙，并检查工件高度限位器安装是否安装正确牢固
7. 刨的工作台面和床面及刀架上禁止站人、存放工具和其他物品。操作人员不得跨越台面
8. 作用于牛头刨床手柄上的力，在工作台水平移动时，不应超过8kg，上下移动时，不应超过10kg
9. 工件装卸、翻身时应注意锐边、毛刺割手
二、运转中注意事项
1. 在刨削行程范围内，前后不得站人，不准将头、手伸到牛头前观察切削部分和刀具，未停稳前，不准测量工件或清除切屑
2. 吃刀量和进刀量要适当，进刀前应使刨刀缓慢接近工件
3. 刨床必须先运转后方准吃刀或进刀，在刨削进行中欲使刨床停止运转时，应先将刨床退离工件
4. 运转速度稳定时，滑动轴承温升不应超过60℃，滚动轴承温升不应超过80℃
5. 进行刨床工作台行程调整时，必须停机，最大行程时两端余量不得少于0.45m
6. 经常检查刀具、工件的固定情况和机床各部件的运转是否正常
三、停机注意事项
1. 工作中如发现滑枕升温过高；换向冲击声或行程振荡声异响；或突然停车等不良状况，应立即切断电源；退出刀具，进行检查、调整、修理等
2. 停机后，应将牛头滑枕或龙门刨工作台面、刀架回到规定位置
3. 下班前应对设备进行保养，并将保养结果记录到《设备日常维护点检记录表》</td></tr>
</table>

编写/日期：　　　　审核/日期：　　　　批准/日期：

表 4－157　IES 测试仪设备操作规程

<table>
<tr><td colspan="2">作业指导书</td><td>文件编号</td><td>××－WI－606</td></tr>
<tr><td rowspan="2">标题</td><td rowspan="2">IES 测试仪设备操作规程</td><td>版　　本</td><td>A0</td></tr>
<tr><td>页　　码</td><td>1/1</td></tr>
</table>

1. 测试前与测试的步骤
1.1 依次打开分布光度计稳压电源、控制器、电参数表、恒温探头、电脑的电源，使之预热 5 分钟以上
1.2 调整分布光度计的初始位置
1.2.1 控制垂直轴转动，使指针对准垂直轴刻度的 180°
1.3 调整灯具的初始位置
控制水平轴转动，使灯具把手（如果有）朝下，灯具发光面背对探头，把灯具固定于相应夹具上，并使用激光装置调整好灯具的位置
1.4 设置轴角度
1.4.1 在测控主界面上点击“设备”“设置垂直角”“设置抽角度”，把垂直角的角度设置为 180°
1.4.2 然后点击“设备”“设置水平角”“设置抽角度”。把水平角的角度设置为 0°
1.5 设置测试信息文件
1.5.1 点击“文件”“新建测试信息文件”，打开“测试信息文件界面”，在该界面上填写相关信息（特别是光源信息、灯具尺寸、测试模式、优先轴、水平轴设置、垂直轴设置这些内容，测试模式必须为 C 模式，优先轴必须是垂直轴）
1.6 轴运转设置如下
1.6.1 光束宽的光源（如路灯、庭院灯）C－y 系统测试，优先轴：垂直轴；水平轴初始角度：0°；结束角度：180°，步距：30°；垂直轴初始角度：－180°；结束角度：180°，步距：5°
1.6.2 光束窄的光源（如 LED 射灯）C－y 系统测试，水平轴初始角度：0°；结束角度：180°，步距：15°；垂直轴初始角度：－180°；结束角度：180°，步距：1°
1.6.3 说明：实际所要测试的范围是：C（0°至 360°），y（0°至 180°），结合仪器运转的实际情况，为了加快测试速度，使 y 轴连续转动，所以才使用上述角度范围，水平轴的步距越少，测量精度越高，但测试时间越长；垂直轴的步距越少，测量精度越高，但测试时间不变。系统允许最少步距为 0.1°
1.7 设置光度探头
1.7.1 安装完灯具，调整垂直轴为 0°，打开电源灯具，使灯具发光面正对探头，然后打开“光度探头量程设置界面”上设置好光度探头的量程（一般选择 Auto 进行自动选择）
1.7.2 在“光度探头频率温度设置界面”上根据灯具供电电源频率设置好频率。注意：2012 电参数表上的电源参数（AC 或 DC）必须和探头设置一样，一般根据产品的电源信息设置“电源频率”，其他信息不变。若是 DC 的电源产品，则选择“DC”，在按“下传”，然后“确定”即可
1.8 开始测试，点亮的灯具工作稳定后，关闭测试房门，然后点击开始测试
1.9 存储测试结果
1.9.1 系统测试完毕后，将测试结果保存在相应的文件夹，并命名把测试结果存盘
1.9.2 从“测试主界面”上的“分析报告”菜单，即可进入“数据分析主界面”，在数据分析主界面上点击打开保存的测试数据文件（原 IES 文件），再根据灯具类型点击，软件即对测试数据进行分析，点击打印将报告生成 PDF，保存在相对应的文件夹里面
2. 测试完的步骤
2.1 轴位置复位
在“设置轴角度”菜单，把水平轴自动定位到 0°，以备下次测试
2.2 关机前保存轴角度
在当天的操作结束前，确认水平轴已处于 0°位置，垂直轴已处于 180°位置，应保存轴角度，以备第二天测试，在“设置轴角度”菜单，点击“保存轴角度”即可
3. 注意事项
3.1 安装产品时要先将电源关闭，以免触电
3.2 在测试时要先将主机箱电源和探头开关先打开电脑桌面的测试软件
3.3 在测试时，需确认产品的电参数规格，避免烧坏产品及设备
3.4 在测试之前，必须确认产品在测试夹具上稳定，不松动，避免造成产品在测试过程中出现掉落损坏
3.5 每天下班要将电脑和分布光度计上的灰尘清扫干净
3.6 非指定人员不允许操作

编写/日期：　　　　审核/日期：　　　　批准/日期：

表 4－158　SMT 贴片机设备操作规程

<table>
<tr><td colspan="2">作业指导书</td><td>文件编号</td><td>××－WI－607</td></tr>
<tr><td rowspan="2">标题</td><td rowspan="2">SMT 贴片机设备操作规程</td><td>版　本</td><td>A0</td></tr>
<tr><td>页　码</td><td>1/1</td></tr>
<tr><td colspan="4">1. 开机前的准备工作
1.1 先检查确认贴片机主电源连接导通；确认空压机正常供应气压正常
1.2 打开贴片机电源开关键，当指示灯亮时再启动电脑
2. 上线操作
2.1 在 RESET 栏先为文件命名、并在板栏设定长度
2.2 必须在 X、Y 轴设定原点、取两点马克点；首先点准基准标记，然后选择调整标记取点，根据自动点设定长宽或者大小所设长宽
2.3 在 Feeder 内选定飞达所在站位后双击确认
2.4 编程图样名为灯珠序列号 Y/X 为灯珠坐标，R 为灯珠贴 PCB 板上的角度、0－180 左手为正、右手为负；Feed 双击 OK，NZ 为吸嘴编号、必须按顺序排列
2.5 点击元件选择基本送料器类型校正类型，使用吸嘴及送料器安装位置，点击形状按外形尺寸元件厚度调整检测基本原点能否通过 Tese 绿色通过、红色为 NG
2.6 一般情况下基本标记元件、贴装等各程序完成后点击优化程序按键，点击右出板
3. 停机注意事项
3.1 生产指令完成后各岗位安订单数量清点数量
3.2 各岗位清理现场物料，以及散落灯珠，不合格品，并做好标识牌，放回指定位置
3.3 做好现场 5S 工作</td></tr>
</table>

编写/日期：　　　　审核/日期：　　　　批准/日期：

表 4－159　电动葫芦吊机设备操作规程

<table>
<tr><td colspan="2">作业指导书</td><td>文件编号</td><td>××－WI－608</td></tr>
<tr><td rowspan="2">标题</td><td rowspan="2">电动葫芦吊机设备操作规程</td><td>版　本</td><td>A0</td></tr>
<tr><td>页　码</td><td>1/1</td></tr>
<tr><td colspan="4">1. 开机前的准备工作
1.1 清除电动葫芦上的障碍物
1.2 检查各连接螺丝是否松动
1.3 检查减速箱的油量，并注意是否变质
1.4 各润滑部位是否加油
1.5 各支点是否松动和裂纹开焊
2. 开机操作
2.1 试车空载情况下接通电源，开动并检查运转情况，安全可靠可使用
2.2 使用电动葫芦起吊物体时，先划算物体重量，开始上吊，不能超过吊机核吊重量
2.3 起吊物体时，确认可以起吊时，方可走动，物体应离地面 50～80mm 走动
2.4 起吊过程中，吊机下严禁站人
2.5 在没有挂好，安全保护挂钩下不能起步
3. 停机操作工作
3.1 将吊钩升离至离上升板限位置
3.2 将电动葫芦吊机停靠在无接线盒一端
3.3 关闭控制器手柄电源，将手柄放在指定位置关闭电源</td></tr>
</table>

编写/日期：　　　　审核/日期：　　　　批准/日期：

表 4-160 回流焊设备操作规程

<table>
<tr><td colspan="2">作业指导书</td><td>文件编号</td><td>××-WI-609</td></tr>
<tr><td rowspan="2">标题</td><td rowspan="2">回流焊设备操作规程</td><td>版　本</td><td>A0</td></tr>
<tr><td>页　码</td><td>1/1</td></tr>
<tr><td colspan="4">1. 开机前的准备工作
1.1 检查电源供给提供是否为指定额定电压，额定电流的三相五线制电源
1.2 开关电源是否接到机器上，设备是否良好接地，热风马达是否有松动
1.3 检查位于出入口端部的紧急开关是否弹起，UPS 是否正常工作
1.4 保证电脑、电控箱的连接电缆与两头插座连接正确
2. 开机操作
2.1 回流焊机的入口、出口处的排气通道与工厂的通风道用波纹柔性管连接好
2.2 传送网带是否在运输运中脱轨，保正运输条没有从炉膛内的导轨槽中脱落
2.3 检查运输链条传动是否正常，保证其无挤压、受卡现象，保正链条与各链齿合良好，无脱落现象
2.4 打开机器电箱，合上电源总闸，启动按钮 ON，按下电脑启动按钮及 UPS 按钮
2.5 电脑启动后，双击桌面上的回流焊图标，将进入回流焊操作系统
2.6 回流焊温度区分别为上、下温区，低-高-低来确认温度是否达到设定的范围
2.7 设定变频器参数，温区参数，将依次点击开启网链、运风、加热、冷却、加油、报警
2.8 曲线测试，各温区温度稳定达到设定温度后，将进行曲线测试
2.9 曲线符合生产工艺要求后，就可以正常生产
3. 停机操作工作
3.1 生产用完要关机，需要点击降温、关温等待 5 分钟后自动关机
3.2 检查是否自动关机，是则关掉总电源开关</td></tr>
</table>

编写/日期：　　　　审核/日期：　　　　批准/日期：

表4－161　积分球设备操作规程

<table>
<tr><td colspan="2">作业指导书</td><td>文件编号</td><td>××－WI－610</td></tr>
<tr><td rowspan="2">标题</td><td rowspan="2">积分球设备操作规程</td><td>版　本</td><td>A0</td></tr>
<tr><td>页　码</td><td>1/1</td></tr>
<tr><td colspan="4">1. 操作步骤
1.1 被测灯在测试前先在预热架上预热相对应规定时间（要注意灯的电压要求）
1.2 打开光谱测试软件（Fms6000 光谱测试系统）
1.3 进入测试页面选填相关信息
1.3.1 点击："LAMP"
1.3.2 型号：填入被测灯的型号
1.3.3 点击"电压"前的圆点，在下面的方框填入被测灯的规定电压
1.3.4 在"电源频率"后的方框填入被测灯的规定频率
1.3.5 选择"负压调节方式"，点击"自动"前的圆点
1.4 将预热好的被测灯在规定时间内平稳移动入积分球内并点亮，根据被测灯的大小，调整支撑杆的高度，将被测灯的光影置于积分球的中心
1.5 待变频电源显示被测灯的功率相对稳定（小数点后一位在3秒内跳动小于或等于1次）
1.6 待被测灯的功率稳定后，关上积分球球门，点击电脑测试页面的"TEST"键，开始测试，等待测试结果
1.7 根据被测灯的参数要求，判断所得的数据是否合格，如有异常必须及时反馈给相对应得技术人员
1.8 记录并保存好测试所得的数据，打印 PDF 测试报告，过程：点击"文件"－"打印"－"PDF"
1.9 测试完毕后，依开机顺序关闭全部仪器电源开关，从积分球中取出被测灯
2. 注意事项
2.1 务必保持球内的清洁，并防湿防腐
2.2 在积分球中装入标准光源时，需戴白色手套操作，以免弄脏积分球内壁，影响定标的准确性
2.3 积分球的维护方法：积分球外部清洁检查，如积分球内部有灰尘，用风枪进行清洁即可，严禁用抹布进行积分球内部的清洁</td></tr>
</table>

编写/日期：　　　　审核/日期：　　　　批准/日期：

表 4 – 162　激光打标机设备操作规程

<table>
<tr><td colspan="2">作业指导书</td><td>文件编号</td><td>× × – WI – 611</td></tr>
<tr><td rowspan="2">标题</td><td rowspan="2">激光打标机设备操作规程</td><td>版　　本</td><td>A0</td></tr>
<tr><td>页　　码</td><td>1/1</td></tr>
<tr><td colspan="4">1. 开机前的准备工作
1.1 设备周围环境，不允许存放与打标无关的物料
1.2 清理工作台及设备内外杂物，用棉纱擦干净
1.3 检查设备各控制开关、按钮、电器线路、有无损坏
2. 激光打标机开机
2.1 合上总电源开关，检查设备是否漏电，通风是否良好
2.2 开启电源，依次开启电脑电源，激光电源
2.3 根据订单准备好铝片
2.4 开始打铝片，将铝片放在定位架上，再将激光选在红光位置上，进行定位，再将定位块加固，并设定所需数量，依次调节行号、单号、日期方可开始打标
2.5 第一片打好后，核对订单行号、日期、灯具行号是否本订单所用
2.6 打完后注明行号、数量
3. 停机注意事项
3.1 打完铝片后，将保存好原标签记录
3.2 并将打好的铝片做好标识
3.3 关闭电脑，保存数据，再关闭激光电源
3.4 检查设备完全关闭后，再关闭总电源
3.5 做好现场 5S 工作</td></tr>
</table>

编写/日期：　　　　　　　　审核/日期：　　　　　　　　批准/日期：

表 4－163　老化线设备操作规程

<table>
<tr><td colspan="2">作业指导书</td><td>文件编号</td><td>××－WI－612</td></tr>
<tr><td rowspan="2">标题</td><td rowspan="2">老化线设备操作规程</td><td>版　　本</td><td>A0</td></tr>
<tr><td>页　　码</td><td>1/1</td></tr>
<tr><td colspan="4">1. 开机前的准备工作
1.1 清理老化线周围环境，不允许存放与生产无关的物品
1.2 清理老化架及电柜内外杂物
1.3 检查各控制开关、按钮、电器线路、老化架线路有无损坏
1.4 根据规定依次设定最低电压 180V，最高电压 230V，老化时间 8 小时，冲击时间 30 秒
1.5 检查电路保护开关是否正常
2. 开机老化
2.1 将做好的 LED 灯装在老化线上，并检查接线是否正确
2.2 开启总电源，依次开启老化电源，冲击电源开始老化
2.3 开始老化后，操作员检查各老化架上的 LED 灯是否正常，看是否有不亮的，有无虚焊，半亮的或不亮的现象，并及时反映主管，以便及时分析原因，并做好维修工作
2.4 老化期间，技术员每 30 分钟巡查一次，看老化是否有异味或者不亮、死珠的，并做好及时维修
2.5 保持老化架周围无杂物，过道畅通，通风
2.6 对有特殊功能的灯具，应设定相关数据，以便更好老化
3. 停机注意事项
3.1 检查所有老化架的 LED 灯，有无虚焊、死珠、不亮或者半亮的，检查全部好的方可开始拆灯
3.2 检查完成后，确认全部老化 OK 后，依次关闭冲击电源，老化电源，总电源停止老化
3.3 将老化好的 LED 灯拆下架子装车
3.4 检查所有电源是否关闭
3.5 做好现场 5S 工作</td></tr>
</table>

编写/日期：　　　　　　　　审核/日期：　　　　　　　　批准/日期：

表 4－164 流水线设备操作规程

<table>
<tr><td colspan="2">作业指导书</td><td>文件编号</td><td>××－WI－613</td></tr>
<tr><td rowspan="2">标题</td><td rowspan="2">流水线设备操作规程</td><td>版　　本</td><td>A0</td></tr>
<tr><td>页　　码</td><td>1/1</td></tr>
<tr><td colspan="4">1. 开机前的准备工作
1.1 清理流水线周围环境，不允许存放与生产无关的物品
1.2 清理工作台及设备内外杂物
1.3 准备好生产所需的工具是否正常
2. 上线操作
2.1 开启流水线
2.2 根据生产指令，订单数量及客户要求，准备好相关物料，并摆放在所需岗位位置
2.3 各岗位操作员依次核对物料是否本订单所需物料及数量
2.4 拉长安排好岗位后，按样板开始生产
2.5 流水线生产过程中严禁脱岗
2.6 对生产异常情况及时向拉长反映
2.7 生产过程中的不良品应放在不良品区域
2.8 按时完成生产指令
3. 停机注意事项
3.1 生产指令完成后各岗位按订单数量清点数量
3.2 各岗位清理现场物料、螺丝、不合格品，并做好标识牌，放回指定位置
3.3 将电动螺丝刀，螺丝放回规定位置
3.4 关闭流水线
3.5 做好现场5S工作</td></tr>
</table>

编写/日期：　　　　审核/日期：　　　　批准/日期：

表4－165　耐高压和接地设备操作规程

<table>
<tr><td colspan="2">作业指导书</td><td>文件编号</td><td>××－WI－614</td></tr>
<tr><td rowspan="2">标题</td><td rowspan="2">耐高压和接地设备操作规程</td><td>版　本</td><td>A0</td></tr>
<tr><td>页　码</td><td>1/1</td></tr>
<tr><td colspan="4">1. 开机前的准备工作
1.1 清理仪器周围环境，不允许存放与生产无关的物品
1.2 检查仪器是否按规定校检，并核对校准日期
1.3 检查各线路是否有损坏或损动
1.4 根据规定，依次校检仪器
1.5 准备好绝缘手套
2. 开机测试
2.1 把老化好的LED灯放在仪器旁
2.2 开启总电源，分别设定耐高压测试、接地测试仪器的相关参数
2.3 请先戴上绝缘手套，脚下垫绝缘垫再从事与高压相关操作
2.4 耐高压测试，按下【START】按键，测试仪开始测试，测试灯亮，调节输出电压调节旋钮达到所需的测试电压值。测试完毕后，按下STOP键停止测试。在测试过程中，如果测试电流大于预置值，则测试仪报警。此时按下STOP键，可清除报警。更换被测试LED灯，可继续测试。将带有小夹子的一端夹在灯体上。将高压枪的一端通电于L或N的接线柱上，开始测试，测试时间2秒，第一类1750V，第二类2950V
2.5 接地测试，按下【START】，即可进行测试，旋动调压旋钮使测试工作电流指示为技术产品标准所规定的电流值。当按下【START】键时，测试标志位：TEST——亮，测试仪开始测试并输出电流，显示器显示输出电流值，测试电阻值，测试时间值。将黑色一端夹子夹在地线上，将红色一端触在灯体上。看漏电流是否超标。测试仪在测试过程中，如果测试电流大于32.5A，则测试仪给出报警
2.6 将测好的LED灯放回车内
3. 关机注意事项
3.1 测试完成后，关闭总电源
3.2 清理现场不用物品
3.3 用防尘布盖好设备
3.4 将仪器存放在干燥通风处
3.5 做好现场5S工作</td></tr>
</table>

编写/日期：　　　　　　　　审核/日期：　　　　　　　　批准/日期：

表 4－166 配料机设备操作规程

<table>
<tr><td colspan="2">作业指导书</td><td>文件编号</td><td>××－WI－615</td></tr>
<tr><td rowspan="2">标题</td><td rowspan="2">配料机设备操作规程</td><td>版　本</td><td>A0</td></tr>
<tr><td>页　码</td><td>1/1</td></tr>
<tr><td colspan="4">1. 开机前的准备工作
1.1 清除配件机四周环境障碍物
1.2 开机前检查各系统有无故障，配料机内有无异物
1.3 检查皮带的松紧度，减速箱的油量
1.4 各润滑部位是否加油
2. 开机操作
2.1 打开配料斗是否有灰尘，转动配料机是否正常，安全可靠方可使用
2.2 配料斗确认无异常，干净，打开指定合适塑料放入斗内
2.3 放入塑料后，放入指定的配方比例色粉、色母等倒入关好盖子锁紧，启动电源
2.4 每次配料每桶不能超过 100kg 塑料
3. 停机操作工作
3.1 将配料材料放完，清理干净
3.2 将配料斗回正，关好盖子锁好
3.3 关闭控制电源开关，打扫四周环境卫生</td></tr>
</table>

编写/日期：　　　　审核/日期：　　　　批准/日期：

表4－167　碎料机设备操作规程

<table>
<tr><td colspan="2">作业指导书</td><td>文件编号</td><td>××－WI－616</td></tr>
<tr><td rowspan="2">标题</td><td rowspan="2">碎料机设备操作规程</td><td>版　本</td><td>A0</td></tr>
<tr><td>页　码</td><td>1/1</td></tr>
<tr><td colspan="4">1. 开机前的准备工作
1.1 清除碎料机四周环境障碍物，卫生打扫干净
1.2 切断电源，松开安全罩螺丝打开，检查刀片是否松动
1.3 检查皮带是否松动，关掉安全罩收紧螺丝
1.4 检查润滑部位是否加油
2. 开机操作
2.1 打开电源启动开关打开，感应开关是否有效
2.2 检查无异常，汽管吹干净碎料机内外部
2.3 收紧所有螺丝，打开所有安全装置
2.4 起动开关，空转60秒后无异响，均匀投入废品，水口塑料
2.5 碎料时严禁将手和碎料无关东西投入内
3. 停机操作工作
3.1 停机前5分钟停止投放废品，水口塑料
3.2 机器转动无异响后关闭电源
3.3 拉出装料箱，铲出塑料装入袋子打好包装
3.4 把碎料机清理干净和四周环境，关闭机器总开关</td></tr>
</table>

编写/日期：　　　　审核/日期：　　　　批准/日期：

表 4－168　锡膏印刷机设备操作规程

<table>
<tr><td colspan="2">作业指导书</td><td>文件编号</td><td>××－WI－617</td></tr>
<tr><td rowspan="2">标题</td><td rowspan="2">锡膏印刷机设备操作规程</td><td>版　本</td><td>A0</td></tr>
<tr><td>页　码</td><td>1/1</td></tr>
<tr><td colspan="4">1. 开机前的准备工作
1.1 清理设备周围环境，不允许存放与生产无关的物品
1.2 清理设备内外杂物，检查设备各控制开关有无损坏或失灵现象
1.3 检查各部位螺丝是否拧紧，有无松动，发现零部件异常或损坏现象，应向领班报告，领班自行处理或通知维修人员处理
2. 开机操作
2.1 打开电源，检查设备是否漏电，按操作流程给机台温度上升
2.2 根据钢网 PCB 的位置选好，按 PCB 孔位大小固定板块不能摆动
2.3 用模块或者高顶针支撑 PCB 板悬空位置，使工作时不到于压坏 PCB 板，或者使加上后产品出现跑锡等质量问题
2.4 松开锡膏印刷机两边夹具使钢网放入为准，在双手按向锡膏机两侧的绿色按键，使钢网与 PCB 板对齐焊盘，然后在对角拧紧钢网夹具螺丝使其固定
2.5 放入相应锡膏，选定适合的刮刀，算好刷锡距离再把感应器调至钢网夹具两脚的最远位置
2.6 手动操作流程，放入对应 PCB 板，按下机器两边绿色按钮使钢网与 PCB 板重合。当刮刀停在感应器位置时，按向左方左刀按键使左刀与钢网分离，接着按右上角右刀按键使右刀与钢网接触，然后按触屏左下角向左刷锡按键向左刷锡。完成后向右上角右刀按键，使刮刀与钢网分离，取出 PC 板目测是否有漏锡，或者偏离焊脚等问题
2.7 目测完成后将 PCB 板放入相应的模具，固定不能摆
3. 停机操作工作
3.1 关闭按钮两侧按扭，正常生产是模块高顶针支撑 PCB 板悬空位置，按上下钮键使 PCB 板与钢网符合，反复数次对齐焊点
3.2 关闭水管路，把各开关旋钮断开，节假日最后一班时要将总电源开关关闭
3.3 清理工作台及地面杂物、灰尘，保持工作场所平等、整洁
3.4 做好现场 5S 卫生</td></tr>
</table>

编写/日期：　　　　审核/日期：　　　　批准/日期：

表4－169　裁板锯设备操作规程

<table>
<tr><td colspan="2">作业指导书</td><td>文件编号</td><td>××－WI－618</td></tr>
<tr><td rowspan="2">标题</td><td rowspan="2">裁板锯设备操作规程</td><td>版　　本</td><td>A0</td></tr>
<tr><td>页　　码</td><td>1/1</td></tr>
<tr><td colspan="4">一、开机前准备及检查
1. 穿好工作服、工作鞋，佩戴必要的劳保用品，如防护口罩、护目镜、护耳器等
2. 操作机床前，先检查各部件有否松动和损坏，检查锯片是否完好，在确认正常情况下才能开机
二、工作中
1. 开机正常运转后，待锯机达到最高速后方可进料
2. 工件的进给方向须逆向刀具或锯片的旋转方向
3. 加工件前，应先检查工件是否有铁钉或硬物，进料速度应根据木材材质和厚度进行控制，进料要稳、慢，不可过猛，以防损坏锯片，并且伤人
4. 使用刀具应正确，严禁使用超出原设计的配件及刀具
5. 更换刀具必须将电源切断后才能进行
三、使用后
机床操作完毕必须切断电源，等到机床安全停止后，才能清扫机床，整理环境，搞好清洁卫生
四、注意事项
1. 身体不佳或酒后严禁上机操作
2. 操作者必须熟悉设备的结构、性能和使用方法
3. 每次使用前都要对设备进行点检、维护并将结果记录在《设备日常维护点检表》内
五、相关记录
《设备日常维护点检表》</td></tr>
</table>

编写/日期：　　　　　　审核/日期：　　　　　　批准/日期：

第五篇

其他表格

表 5－1　质量记录一览表

序号	表格名称	编号	使用部门	保存期限
1	文件分发/回收记录表	××－FM－001		
2	受控文件一览表	××－FM－002		
3	文件申请单	××－FM－003		
4	质量记录一览表	××－FM－004		
5	年度内审计划	××－FM－005		
6	审核实施计划	××－FM－006		
7	审核检查表	××－FM－007		
8	不合格报告	××－FM－008		
9	审核报告	××－FM－009		
10	会议签到表	××－FM－010		
11	不良品处理单	××－FM－011		
12	检验报告单（进料）	××－FM－012		
13	检验报告单（过程）	××－FM－013		
14	检验报告单（外协）	××－FM－014		
15	检验报告单（成品）	××－FM－015		
16	出仓单	××－FM－016		
17	纠正和预防措施报告	××－FM－017		
18	知识管理清单	××－FM－018		
19	报价结算方式表	××－FM－019		
20	报价申请单	××－FM－020		
21	材料申购单	××－FM－021		
22	材料预算明细表	××－FM－022		

续表

序号	表格名称	编号	使用部门	保存期限
23	测试报告	××－FM－023		
24	产后评审表格	××－FM－024		
25	产品返修单	××－FM－025		
26	车间交验单	××－FM－026		
27	车间薪资分配表	××－FM－027		
28	风险行动计划	××－FM－028		
29	风险识别评价表	××－FM－029		
30	工具、设备申请单	××－FM－030		
31	供应商考察评估表	××－FM－031		
32	供应商调查表	××－FM－032		
33	供应商物料送货单	××－FM－033		
34	管理评审报告	××－FM－034		
35	管理评审计划	××－FM－035		
36	合格供应商名册	××－FM－036		
37	计件工资分配表	××－FM－037		
38	检测设备管理清单	××－FM－038		
39	劳动防护用品发放登记表	××－FM－039		
40	设备台账	××－FM－040		
41	生产变更通知	××－FM－041		
42	生产订单	××－FM－042		
43	生产指令单	××－FM－043		
44	特采申请表	××－FM－044		
45	退货处理情况报告	××－FM－045		
46	新进员工试用期考核评审表（办公室人员）	××－FM－046		
47	新进员工试用期考核评审表（非办公室人员）	××－FM－047		
48	样板评审报告	××－FM－048		
49	样板图纸发放记录	××－FM－049		
50	样品送检确认书	××－FM－050		
51	员工工伤事故申报表	××－FM－051		
52	员工工伤停工休假期工资申报表	××－FM－052		
53	员工调薪申请审批表	××－FM－053		
54	重大风险清单	××－FM－054		

××－FM－004－A0

表5－2 知识管理清单

序号	知识来源	知识载体	知识类别	主要知识点	应用场所	适用性评估	内部沟通或应用方式	管理责任人	更新情况查询

注：本表由管理代表组织收集归类，每年至少评估一次其知识变化及应用情况。

××－FM－018－A0

表5－3　报价结算方式表

<table>
<tr><td colspan="6">客户名称：</td></tr>
<tr><td>产品名称</td><td></td><td>总数量</td><td></td><td>月度数量</td><td></td></tr>
<tr><td>产品名称</td><td></td><td>总数量</td><td></td><td>月度数量</td><td></td></tr>
<tr><td>产品名称</td><td></td><td>总数量</td><td></td><td>月度数量</td><td></td></tr>
<tr><td>产品名称</td><td></td><td>总数量</td><td></td><td>月度数量</td><td></td></tr>
<tr><td>产品名称</td><td></td><td>总数量</td><td></td><td>月度数量</td><td></td></tr>
<tr><td>产品名称</td><td></td><td>总数量</td><td></td><td>月度数量</td><td></td></tr>
<tr><td>产品名称</td><td></td><td>总数量</td><td></td><td>月度数量</td><td></td></tr>
<tr><td>产品名称</td><td></td><td>总数量</td><td></td><td>月度数量</td><td></td></tr>
<tr><td>产品名称</td><td></td><td>总数量</td><td></td><td>月度数量</td><td></td></tr>
<tr><td>产品名称</td><td></td><td>总数量</td><td></td><td>月度数量</td><td></td></tr>
<tr><td>产品名称</td><td></td><td>总数量</td><td></td><td>月度数量</td><td></td></tr>
<tr><td>产品名称</td><td></td><td>总数量</td><td></td><td>月度数量</td><td></td></tr>
<tr><td>产品名称</td><td></td><td>总数量</td><td></td><td>月度数量</td><td></td></tr>
<tr><td>货款结算期及
结算方式</td><td colspan="5"></td></tr>
<tr><td>产品存仓周期</td><td></td><td>产品存仓地点</td><td>公司仓库□</td><td colspan="2">物流仓库□</td></tr>
<tr><td rowspan="3">运输</td><td>费用承担</td><td colspan="4">我方□　　　　客户□</td></tr>
<tr><td>到货地点</td><td colspan="4"></td></tr>
<tr><td>运输方式</td><td colspan="4"></td></tr>
<tr><td>部门</td><td colspan="2"></td><td>填写日期</td><td colspan="2"></td></tr>
<tr><td>业务员</td><td></td><td>营销部总监</td><td></td><td>营销总经理</td><td></td></tr>
</table>

××－FM－019－A0

表5－4　报价申请单

<table>
<tr><td colspan="4">客户名称：</td></tr>
<tr><td>事业部</td><td colspan="3">□手机　　□家电　　□服饰</td></tr>
<tr><td>性质</td><td colspan="3">□客户议价　　□客户招标　　□意向报价</td></tr>
<tr><td>序号</td><td>产品名称</td><td>产品规格</td><td>数量</td></tr>
<tr><td>1</td><td></td><td></td><td></td></tr>
<tr><td>2</td><td></td><td></td><td></td></tr>
<tr><td>3</td><td></td><td></td><td></td></tr>
<tr><td>4</td><td></td><td></td><td></td></tr>
<tr><td>5</td><td></td><td></td><td></td></tr>
<tr><td>6</td><td></td><td></td><td></td></tr>
<tr><td rowspan="7">报价注意事项</td><td colspan="3">1</td></tr>
<tr><td colspan="3">2</td></tr>
<tr><td colspan="3">3</td></tr>
<tr><td colspan="3">4</td></tr>
<tr><td colspan="3">5</td></tr>
<tr><td colspan="3">6</td></tr>
<tr><td colspan="3">7</td></tr>
<tr><td>报价提供资料</td><td colspan="3">□详细工程图纸　　□效果图及用料要求和尺寸　　□效果图</td></tr>
<tr><td>申请日期：</td><td>要求完成日期：</td><td>实际完成日期：</td><td>是否准确：</td></tr>
<tr><td>业务员：</td><td>事业部总监：</td><td colspan="2">营销总经理：</td></tr>
<tr><td colspan="2">技术员：</td><td colspan="2">技术部主管：</td></tr>
</table>

××－FM－020－A0

表 5－5　材料申购单

序号	单号	材料名称	规格	数量	单位	完成日期	用途备注

××－FM－021－A0

备注：保证质量的前提下，请按最低价格采购。

申购/日期：　　　　审核/日期：　　　　采购日期：

表5－6 材料预算明细表

序号	客户	成品名称及规格	部件	材料类型	工艺要求表面处理	材料	材料规格（mm）长×宽×厚	材质	长/直径（mm）	开料宽（mm）	板厚（mm）	长度（mm）	用量	单位	单套用量	单价	成本金额（含税）	税率	税额	成本金额（不含税）	供应商报价	物料编码
1																						
2																						
3																						
4																						
5																						
6																						
7																						
8																						
9																						
10																						
11																						
12																						
13																						
14																						
15																						
16																						
17																						
18																						
19																						
20																						
21																						

××－FM－022－A0

表5－7　测试报告

日　期：　　　年　月　日

实验品名称		
类别	□原材料　□半成品　□成品　□其他	
生产日期/品牌		
实验项目		
实验工具/设备设施		
实验目的		
样品数量		
样品质量确认	□OK　□NG　不良原因＿＿＿＿＿＿＿＿	
实验过程		
记录 编号	**实验过程及现象观察**	**备注**
实验结果		

××－FM－023－A0

实验员：　　　　　　　　审核：

表 5－8　产后评审表

客户名		单号		数量	
产品名称		业务员		图号	

序号	具体改良内容	责任人	计划完成时间

改良后结果跟踪	□已完成　　□未完成	跟踪人	

××－FM－024－A0

编制/日期：　　　　　　审核/日期：

表5－9　产品返修单

退货时间	订单号	客户名称			
产品名称	出货数量	返修数量			
产品名称	出货数量	返修数量			
产品名称	出货数量	返修数量			
返修责任	□我方责任		□客户责任		□其他
返修原因：					
返修处理方案：					
需补配件：					
产生费用：					

下单时间		出货时间	
制单员		运营主管	
总经理		日期	

××－FM－025－A0

表 5－10　(　　)车间交验单

单号	客户名称	产品名称	规格	生产总数量	抽检数	判定	不良描述

报检人：　月　日　时　分　　质检员：　月　日　时　分　　品质主管审核：　　××－FM－026－A0

表5－11　车间薪资分配表

月份	总产值	其他产值	计时	总金额	姓名	出勤小时	个人系数	总系数	个人总金额	其他包装	合计	备注

××－FM－027－A0

制表：　　　　　　　　　　　　审核：

表 5－12　风险行动计划

风险名称					
风险描述					
行动计划					
序号	行动计划	负责人	计划开始日期	要求完成日期	完成情况

制定/日期：　　　　审批/日期：　　　　××－FM－028－A0

表5－13　风险识别评价表

序号	风险名称	风险影响	是否为重大风险	备注

××－FM－029－A0

整理/日期：

表 5－14 工具/设备申请单

<table>
<tr><td>申请日期</td><td></td><td>需用部门</td><td></td><td>需用人</td><td></td><td>要求到位日期</td><td></td></tr>
<tr><td colspan="2">工具/设备名称</td><td colspan="3"></td><td>申请理由</td><td colspan="2">☑报废换新 □新增
□其他（ ）</td></tr>
<tr><td colspan="2">规格</td><td colspan="3"></td><td colspan="3" rowspan="4">新增理由（分析说明，可附页）：</td></tr>
<tr><td colspan="2">数量</td><td colspan="3"></td></tr>
<tr><td colspan="2">用途</td><td colspan="3"></td></tr>
<tr><td colspan="2">质量/功能要求</td><td colspan="3"></td></tr>
<tr><td colspan="2" rowspan="2">计划物控部
判定</td><td colspan="6">是否超定额申请：□是 □否</td></tr>
<tr><td colspan="6">□公司有库存或可调配无须购买 □公司无库存及无法调配需购买</td></tr>
</table>

××－FM－030－A0

申请人： 车间主管： 计划物控部： 总经理：

备注：采购部需凭已审核的申请单采购及进仓

表5－15　供应商考察评估表

<table>
<tr><td>供应商名称</td><td></td><td>地址</td><td></td></tr>
<tr><td>考察性质</td><td colspan="3">□纳入合格供应商前考察　□不定期考察　□其他</td></tr>
<tr><td>供应物料</td><td colspan="3"></td></tr>
<tr><td>考察类型</td><td colspan="3">□现场实地考察　□其他</td></tr>
<tr><td colspan="4">是否与供应商调查表记录内容及所提供的资料相符：□相符 □不相符（如不相符则填写不符合项及真实情况记录）

评估小组组长：　日期：</td></tr>
<tr><td colspan="4">技术部结论（技术工艺能力）：□达标 □不达标（不达标记录）

评估小组组长：　日期：</td></tr>
<tr><td colspan="4">品质部结论（品质保证能力）：□达标 □不达标（不达标记录）

评估小组组长：　日期：</td></tr>
<tr><td colspan="4">计划物控部结论（交期能力）：交期描述

评估小组组长：　日期：</td></tr>
<tr><td colspan="4">财务部结论（价格及付款条件）：□可接受 □不接受（原因）

评估小组组长：　日期：</td></tr>
<tr><td colspan="4">综合评定结论：

评估小组组长：　日期：</td></tr>
</table>

××－FM－031－A0

表 5－16 供应商调查表

<table>
<tr><td colspan="4">企业名称：</td></tr>
<tr><td colspan="4">地址：</td></tr>
<tr><td colspan="4">法人代表： 企业成立时间：</td></tr>
<tr><td colspan="4">负责人： 手机： 业务联系人： 手机：</td></tr>
<tr><td colspan="4">电话： 传真： e-mail：</td></tr>
<tr><td colspan="4">企业性质： 外资□ 合资□ 国有□ 股份制□ 私营□</td></tr>
<tr><td colspan="4">主要机器设备：</td></tr>
<tr><td colspan="4">检验机构及检测设备：
有检验机构及检测人员，检测设备良好 □
只有兼职检测人员，检测设备一般 □
无检验人员，检测设备短缺，需外协 □</td></tr>
<tr><td colspan="4">是否经过产品或体系认证： 是□ （指出具体内容） 否□</td></tr>
<tr><td colspan="4">主要客户（公司/行业）：</td></tr>
<tr><td colspan="4">员工作业班次：1 班□；2 班□；3 班□ 每周工作日：5 天□ 6 天□ 7 天□</td></tr>
<tr><td colspan="4">员工总数：________人
质量人员________人；工程技术人员________人；工人________人</td></tr>
<tr><td colspan="4">备注：

企业负责人签名/日期（盖章）：</td></tr>
<tr><td colspan="4">以上资料由供方填写</td></tr>
<tr><td colspan="4">下列由公司评定</td></tr>
<tr><td>样品
试产
情况</td><td></td><td>评审意见</td><td></td></tr>
</table>

××－FM－032－A0

调查人（日期）：____________审核人（日期）：____________批准人（日期）：____________

表5－17　供应商物料送货单

送货单位：　　　　　　　　　　　　　　　　供应商编码：

收货单位：　　　　　　　　　　　　　　　　送货日期：20 ______ 年______月______日

订单编号	物料编号	物料名称规格	单位	订单数量	送货数量	实收数量	重量	单价	金额

送货单位： 经办人： 日期：	采购确认/日期： 仓管员/日期： 录单员/日期：

第一联：需方财务；第二联：需方仓库；第三联：供方仓库；第四联：对账联。××－FM－033－A0

备注：请按公司订单完整信息填写，送货先到采购部进行送货确认，然后仓库收货！（如委外请在备注栏注明对应物料）

表 5－18　管理评审报告

<table>
<tr><td>评审目的</td><td colspan="3"></td></tr>
<tr><td>评审日期</td><td></td><td>评审地点</td><td></td></tr>
<tr><td>主持人</td><td></td><td>记录人</td><td></td></tr>
<tr><td colspan="4">参加人员：</td></tr>
<tr><td colspan="4">评审概况：</td></tr>
<tr><td colspan="4">纠正预防措施：</td></tr>
<tr><td colspan="4">质量管理体系、质量方针和质量目标适宜性、充分性和有效性结论：</td></tr>
<tr><td colspan="4">资源需求：</td></tr>
<tr><td colspan="4">产品改进的需求：</td></tr>
<tr><td colspan="4">备注：</td></tr>
</table>

批准：　　　　制定：　　　　××－FM－034－A0

表 5－19　管理评审计划

1. 评审目的

2. 评审内容

3. 管理评审的方式

4. 评审人员及分工

5. 评审的时间和地点

6. 评审输入的准备

编制：__________　____年__月__日　审批：__________　____年__月__日

分发记录	部门								
	签名								

××－FM－035－A0

表5－20　合格供应商名册

序号	材料名称	供应商名称	电话	传真	手机	联系人	地址	纳入日期	合作日期
1									
2									
3									
4									
5									
6									
7									
8									
9									
10									
11									
12									
13									
14									
15									
16									
17									
18									
19									
20									
21									
22									
23									

××－FM－036－A0

制表人：　　　　　　　　审核人：　　　　　　　　审批人：

表5－21 车间　　年 月份计件工资分配表

组别	姓名	总分数	分比	总系数	小组总产值	平均/元	计件工资	计时工资	绩效	合计工资	备注

编制：　　　　审核：　　　　审批：　　　　××－FM－037－A0

表 5－22　检测设备管理清单

序号	设备名单	型号规格	购买时间	校正时间

××－FM－038－A0

表5-23　劳动防护用品发放登记表

发放日期	岗位/工种	员工姓名	防护用品名称	型号	数量	领用人签字

××-FM-039-A0

表 5－24　设备台账

序号	编号	使用部门	品名	规格型号	责任人	单位	数量	备注
1								
2								
3								
4								
5								
6								
7								
8								
9								
10								
11								
12								
13								
14								
15								
16								
17								
18								
19								
20								
21								
22								
23								
24								
25								
26								
27								

制表人：　　　　　　　　　　责任人签字：　　　　　　　　　　××－FM－040－A0

表5－25　生产变更通知

序号	日期	图纸号	产品名称	有机部签收	包装部签收	品质部签收	采购部签收	是否更换
1								
2								
3								
4								
5								
6								
7								
8								
9								
10								
11								
12								
13								
14								
15								
16								
17								
18								
19								
20								
21								
22								
23								
24								
25								

变更人：　　　　　　　　　　　　审批：　　　　　　　　　　　　××－FM－041－A0

表5－26　生产订单

图号：　　　　　　　　受订单号：

客户等级：　　　　　　合同号：

<table>
<tr><td>客户名称：</td><td colspan="5"></td></tr>
<tr><td>产品编号</td><td>产品名称</td><td>规格</td><td>单位</td><td>生产数量</td><td>品牌</td></tr>
<tr><td></td><td></td><td></td><td></td><td></td><td></td></tr>
<tr><td></td><td></td><td></td><td></td><td></td><td></td></tr>
<tr><td></td><td></td><td></td><td></td><td></td><td></td></tr>
<tr><td></td><td></td><td></td><td></td><td></td><td></td></tr>
<tr><td></td><td></td><td></td><td></td><td></td><td></td></tr>
<tr><td></td><td></td><td></td><td></td><td></td><td></td></tr>
<tr><td></td><td></td><td></td><td></td><td></td><td></td></tr>
<tr><td></td><td></td><td></td><td></td><td></td><td></td></tr>
<tr><td></td><td></td><td></td><td></td><td></td><td></td></tr>
<tr><td></td><td></td><td></td><td></td><td></td><td></td></tr>
<tr><td></td><td></td><td></td><td></td><td></td><td></td></tr>
<tr><td></td><td></td><td></td><td></td><td></td><td></td></tr>
<tr><td></td><td></td><td></td><td></td><td></td><td></td></tr>
<tr><td></td><td></td><td></td><td></td><td></td><td></td></tr>
<tr><td></td><td></td><td></td><td></td><td></td><td></td></tr>
<tr><td></td><td></td><td></td><td></td><td></td><td></td></tr>
<tr><td></td><td></td><td></td><td></td><td></td><td></td></tr>
<tr><td>其他</td><td colspan="5"></td></tr>
<tr><td>备注事项</td><td colspan="5"></td></tr>
<tr><td>下单日期</td><td></td><td>要求出货日期</td><td colspan="3"></td></tr>
</table>

××－FM－042－A0

跟单员：　　　　　　　副总经理：　　　　　　　总经理：

表5－27　生产指令单

客户名称		产品名称		数量		业务员	
客户名称		产品名称		数量		业务员	
颜色	按附图						
包装要求	纸箱包装，外箱钉木框						
电器照明	有、按料单						
广告位	✓	喷画	灯箱双面裱透明背胶				
	✓	丝印	头牌双面丝印黑色字				
		灯片					
备注：							
计划受订	单位	数量	货品名称	预计完工日	完工部门	批号	备注

××－FM－043－A0

制表/日期：　　　　　　　　审核/日期：

表 5－28　特采申请单

<table>
<tr><td>特采物料性质</td><td colspan="5">□原材料　　□半成品　　□成品</td></tr>
<tr><td>特采物料来源</td><td colspan="2">□来料：供应商</td><td colspan="3">□自制：车间</td></tr>
<tr><td>生产单号</td><td></td><td>客户名称</td><td colspan="3"></td></tr>
<tr><td>产品名称</td><td></td><td>型号规格</td><td></td><td>数量</td><td></td></tr>
<tr><td colspan="6">品质异常描述

申请人签名/日期：　　　　部门主管签名/日期：</td></tr>
<tr><td colspan="6">申请特采理由

申请人签名/日期：　　　　部门主管签名/日期：</td></tr>
</table>

<table>
<tr><td>扣款评估</td><td>□不扣款</td><td>□扣款</td><td colspan="2">说明：
扣款金额：</td></tr>
<tr><td>计划物控部意见</td><td colspan="3">□同意　□不同意
说明：</td><td>签名/日期：</td></tr>
<tr><td>技术部意见</td><td colspan="3">□同意　□不同意
说明：</td><td>签名/日期：</td></tr>
<tr><td>业务部</td><td colspan="3">□同意　□不同意
说明：</td><td>签名/日期：</td></tr>
<tr><td>品质主管意见</td><td colspan="3">□同意　□不同意
说明：</td><td>签名/日期：</td></tr>
<tr><td>总经理意见</td><td colspan="3">□同意　□不同意
说明：</td><td>签名/日期：</td></tr>
</table>

××－FM－044－A0

表5－29　退货处理情况报告

编号：

<table>
<tr><td>订单号</td><td></td><td>客户名称</td><td></td><td>产品名称</td><td></td><td>型号规格</td><td></td></tr>
<tr><td>项目业务员</td><td></td><td>出货数量</td><td></td><td>退货数量</td><td></td><td>日期</td><td></td></tr>
<tr><td colspan="8">退货原因（业务员/客服专员）：

签名：　　　　运营主管审核：　　　　日期：</td></tr>
<tr><td>实际清点数量</td><td colspan="7"></td></tr>
<tr><td>备注</td><td colspan="7"></td></tr>
<tr><td colspan="8">成品仓管理员签名：　　　　日期：</td></tr>
<tr><td colspan="8">品质部检验记录：</td></tr>
<tr><td>需补配件</td><td colspan="7"></td></tr>
<tr><td>返修事项</td><td colspan="7"></td></tr>
<tr><td colspan="8">结果判定：　　　　□我方责任退货　　　　□客户责任退货</td></tr>
<tr><td>质检员</td><td colspan="3"></td><td>品质主管</td><td colspan="3"></td></tr>
<tr><td colspan="8">退货处理评审</td></tr>
<tr><td>部门</td><td colspan="4">意见</td><td colspan="3">签名/日期</td></tr>
<tr><td>业务部</td><td colspan="4"></td><td colspan="3"></td></tr>
<tr><td>生产部</td><td colspan="4"></td><td colspan="3"></td></tr>
<tr><td>计划物控部</td><td colspan="4"></td><td colspan="3"></td></tr>
<tr><td>品质部</td><td colspan="4"></td><td colspan="3"></td></tr>
<tr><td>副总经理</td><td colspan="4"></td><td colspan="3"></td></tr>
<tr><td colspan="8">结果处理：　　　　□返工　　　　□降级处理　　　　□其他</td></tr>
</table>

××－FM－045－A0

表 5－30　新进员工试用期考核评审表

（办公室人员）

填表日期：　　　年　　月　　日

<table>
<tr><td>员工
姓名</td><td></td><td>职位</td><td></td><td>试用
部门</td><td></td><td rowspan="2">考核性质</td><td>试用期内　□</td></tr>
<tr><td colspan="6"></td><td>试用期后　□</td></tr>
<tr><td>试用期</td><td colspan="4">年　月　日至　月　日</td><td>考核部门</td><td colspan="2"></td></tr>
<tr><td>员工自评（请注明工作改进及业绩，用数据说话，表格不够可附页）</td><td colspan="7"></td></tr>
<tr><td>部门鉴定</td><td colspan="7">试用部门评定及薪资建议：

结束试用期：是□　　否□　　调薪日期：　　　　　　签名：</td></tr>
<tr><td rowspan="3">考核结果（是否满足岗位要求，是否结束试用期，是否正式录用）</td><td>试用部门
主管意见</td><td colspan="6"></td></tr>
<tr><td>人力资源部意见</td><td colspan="6"></td></tr>
<tr><td>总经办审批</td><td colspan="6"></td></tr>
<tr><td>附记</td><td colspan="7"></td></tr>
</table>

（本表由人力资源部启动、跟进）　　　　××－FM－046－A0

表5-31　新进员工试用期考核评审表

（非办公室人员）

填表日期：　　年　月　日

<table>
<tr><td rowspan="2">姓名</td><td rowspan="2"></td><td rowspan="2">职位</td><td rowspan="2"></td><td rowspan="2">所在部门</td><td rowspan="2"></td><td rowspan="2">培训/考核性质</td><td>试用期内 □</td></tr>
<tr><td>试用期后 □</td></tr>
<tr><td>培训/考核班组</td><td colspan="2"></td><td colspan="2">培训/考核期</td><td></td><td>责任部门</td><td></td></tr>
<tr><td>试用期</td><td colspan="4">年 月 日至 月 日</td><td>考核部门</td><td colspan="2"></td></tr>
<tr><td colspan="8">培训/考核记录：</td></tr>
<tr><td colspan="8">试用部门评定及薪资建议：

结束试用期：是□　否□　调薪日期：　　签名：</td></tr>
<tr><td rowspan="5">考核结果（是否合格，是否结束试用期，是否正式录用）</td><td colspan="2">指导老师意见</td><td colspan="5"></td></tr>
<tr><td colspan="2">班组长意见</td><td colspan="5"></td></tr>
<tr><td colspan="2">部门主管意见</td><td colspan="5"></td></tr>
<tr><td colspan="2">人力资源部意见</td><td colspan="5"></td></tr>
<tr><td colspan="2">总经办审批</td><td colspan="5"></td></tr>
</table>

（本表由责任部门启动、人力资源部跟进）　××-FM-047-A0

表 5－32　样板评审报告

<table>
<tr><td>产品名称</td><td colspan="3"></td><td>数量</td><td></td></tr>
<tr><td>客户名称</td><td colspan="2"></td><td>型号规格</td><td colspan="2"></td></tr>
<tr><td rowspan="11">评审记录</td><td>部门</td><td colspan="3">评审摘要</td><td>评审人/日期</td></tr>
<tr><td>业务部</td><td colspan="3">□合格　□不合格　说明：</td><td></td></tr>
<tr><td>技术部</td><td colspan="3">□合格　□不合格　说明：</td><td></td></tr>
<tr><td>计划部</td><td colspan="3">□合格　□不合格　说明：</td><td></td></tr>
<tr><td>采购部</td><td colspan="3">□合格　□不合格　说明：</td><td></td></tr>
<tr><td>品质部</td><td colspan="3">□合格　□不合格　说明：</td><td></td></tr>
<tr><td>有机部</td><td colspan="3">□合格　□不合格　说明：</td><td></td></tr>
<tr><td>包装部</td><td colspan="3">□合格　□不合格　说明：</td><td></td></tr>
<tr><td>加工部</td><td colspan="3">□合格　□不合格　说明：</td><td></td></tr>
<tr><td>油漆部</td><td colspan="3">□合格　□不合格　说明：</td><td></td></tr>
<tr><td>运营部</td><td colspan="3">□合格　□不合格　说明：</td><td></td></tr>
<tr><td>改良项目</td><td colspan="5"></td></tr>
<tr><td colspan="6">备注：
项目技术员：</td></tr>
</table>

××－FM－048－A0

编制：　　审批：　　日期：　年　月　日

表5－33 样板图纸发放记录

序号	日期	样板单号	面单	图纸	清单	客户/产品名称	数量	样板部	采购部	加工车间	油漆车间	有机车间	是否更换
1													
2													
3													
4													
5													
6													
7													
8													
9													
10													
11													
12													
13													
14													
15													
16													
17													
18													
19													
20													
21													
22													
23													

××－FM－049－A0

表 5－34　样品送检确认书

<table>
<tr><td>供应商</td><td></td><td>样品名称</td><td></td></tr>
<tr><td>规格及品牌</td><td></td><td>数量</td><td></td></tr>
<tr><td>批号或生产日期</td><td></td><td>部门审批</td><td></td></tr>
<tr><td>送样日期</td><td></td><td>要求完成日期</td><td></td></tr>
<tr><td>收样（接样）人</td><td></td><td>接收日期</td><td></td></tr>
<tr><td>申请特殊检验项目</td><td colspan="3"></td></tr>
<tr><td>接收样品时的状态</td><td>□正常　　□异常</td><td colspan="2">□退样</td></tr>
<tr><td colspan="4">技术部检测内容及结果：

签名：　　　　日期：</td></tr>
<tr><td colspan="4">检测项目及内容：</td></tr>
<tr><td colspan="4">问题及要求事项：</td></tr>
<tr><td colspan="4">判定结果：</td></tr>
</table>

检员人		主管确认		批准	
日期		日期		日期	

××－FM－050－A0

表5－35　员工工伤事故申报表

申报部门/人：　　　　　　　　　申报日期：　　年　月　日

<table>
<tr><td>员工姓名</td><td></td><td>工作岗位</td><td></td><td>员工编号</td><td></td></tr>
<tr><td>工伤发生时间</td><td></td><td>工伤发生地点</td><td></td><td>入职日期</td><td></td></tr>
<tr><td>处理方法</td><td colspan="5">□ 内部简单医疗处理 □ 医院门诊处理 □ 住院诊治</td></tr>
<tr><td>损伤部位</td><td colspan="5"></td></tr>
<tr><td colspan="6">事故发生过程描述：</td></tr>
<tr><td colspan="6">原因分析：</td></tr>
<tr><td colspan="6">纠正预防措施：</td></tr>
<tr><td colspan="6">部门负责人意见：
部门负责人签名：　　　　直属经理/总监签名：</td></tr>
<tr><td colspan="6">人力资源部意见：
签名：</td></tr>
<tr><td colspan="6">总经理意见：
签名：</td></tr>
</table>

××－FM－051－A0

说明：

1. 本表由事故发生部门负责人填写，对事故的发生，各部门必须向人力资源部门做详细的书面上报。
2. 页面不够可另附件说明，此表由人力资源部行政专员存档备案。

表5－36　员工工伤停工休假期工资申报表

申报部门/人：人力资源部　　　　　　　　申报日期：　　年　月　日

员工姓名		工作岗位		员工编号	
工伤发生时间		工伤发生地点		入职日期	
处理方法	□ 内部简单医疗处理 □ 医院门诊处理 □住院诊治				
损伤部位					
工伤停工天数				本人签名	
补贴标准					
部门负责人意见： 部门负责人签名：　　　直属经理/总监签名：					
总经理意见： 签名：					

××－FM－052－A0

表 5－37　员工调薪申请/审批表

温馨提示：调薪，需要综合考核和努力争取，工作表现及良好心态都很重要！如果这次没被批准，下次努力吧！

<table>
<tr><td rowspan="3">员工基本情况</td><td>申请人</td><td></td><td>性别</td><td></td><td>年龄</td><td></td><td>学历</td><td></td></tr>
<tr><td>班组</td><td></td><td>职务</td><td></td><td>入职时间</td><td></td><td>特长</td><td></td></tr>
<tr><td>合同期限</td><td colspan="7">___年___月___日至___年___月___日</td></tr>
<tr><td>现在薪酬结构</td><td colspan="8">签名：　　年　月　日</td></tr>
<tr><td>调薪理由</td><td colspan="8"></td></tr>
<tr><td>调薪后方案</td><td colspan="8">签名：　　年　月　日
签名：　　年　月　日</td></tr>
<tr><td rowspan="5">审批</td><td>班组意见</td><td colspan="7">签名：　　年　月　日</td></tr>
<tr><td>部门意见</td><td colspan="7">签名：　　年　月　日</td></tr>
<tr><td>人力资源部意见</td><td colspan="7">签名：　　年　月　日</td></tr>
<tr><td rowspan="2">总经办审批</td><td colspan="7">副总经理：　　年　月　日</td></tr>
<tr><td colspan="7">总经理：　　年　月　日</td></tr>
<tr><td>后记</td><td colspan="8"></td></tr>
</table>

××－FM－053－A0

表 5－38　重大风险清单

序号	风险名称	涉及部门	活动/产品/服务	风险影响	现行控制措施	备注

××－FM－054－A0

整理/日期：

附件：SWOT 分析汇总资料

整理：

日期：

一、企业背景简介

略

二、环境分析

2.1 政治环境分析：略

2.2 经济环境分析：略

2.3 用工环境分析：略

2.3 社会环境分析：略

三、SWOT 分析概况

公司人力资源部培训专员组织各部门学习 SWOT 工具，并安排各部门负责人运用 SWOT 工具对公司的优势、劣势、危险和机遇进行分析，形成书面报告，统一交给人力资源部培训专员。培训专员将各部门整理的资料进行汇总，剔除无效的、合并重复的，最后形成整个公司的 SWOT 分析汇总资料，具体如下：

1. **优势（S）**

（1）公司老板德才兼备、仁义至笃，是学习型老板，有很强的个人魅力。
（2）公司经 24 年的发展，有固定的老客户。
（3）公司产品销售覆盖范围广泛，遍及全国，乃至国外 40 多个国家和地区。
（4）本地企业，社会资源好，地方龙头民企。
（5）消耗型产品，顾客具有稳定性。
（6）在国内行业中处于领先水平，根据市场需求不断更新和开发新产品。
（7）经过 22 年的稳定发展，公司规模越来越大。
（8）在总经理的领导下，充分利用人才资源和实地了解，为客户解决问题。
（9）为客户量身制作特殊产品和型号，为客户开发新产品。
（10）公司创立于 1992 年，有一定的历史沉淀，有着丰富的经验。
（11）公司产品线丰富、客户面较广、经营抗风险能力较强。
（12）公司合作客户基本定位为各领域较高端客户，运作成熟，效益较好。
（13）公司拥有大量厂房土地，固定资产优势明显，供应商压货较同行信心足。
（14）架构完整，部门配置齐全，各司其职，运作规范。
（15）技术开发团队人员稳定，思维开阔，产品研发能力较强。
（16）市场需求容量大，公司国内占有率不足 1%，还有 99% 待开拓。
（17）建材行业向高端差异化发展，与公司产品定位设计吻合度趋向一致。
（18）拥有核心技术，在行业中处于高端，有开发和研究新产品的能力。
（19）技术方面拥有高校的对口专业技术支持和多年的开发经验。
（20）团队质量意识高，在产品出现质量问题时，能针对各工序的员工参与分析和解决问题。
（21）公司拥有德才兼备、应变能力强的营销策划高手，市场分析精准的营销经理。
（22）微晶产品，专业针对镜面砖，无划痕，黑色板材，同行解决不了的问题，我们可以解决。
（23）参加国内外石材展、陶瓷展，有一定的口碑。
（24）材料优势，绝不用参差不齐的原料。
（25）公司投入大量的机械设备，实行自动化注模，大大减轻工人劳动强度。
（26）公司开发新产品、新机械设备都比同行领先。
（27）公司总经理宅心仁厚，在本地有较高的影响力，凝聚了很多的社会资源。
（28）公司有忠诚的质检队伍，为公司质量把关护航。

2. **劣势（W）**

（1）地处乡镇，运输成本高，招工难，年轻工人不愿入职。

（2）工人年龄偏大。

（3）员工宿舍不够。

（4）生产仍以人力为主。

（5）产品质量不稳定。

（6）部分产品受天气变化影响。

（7）同行价格战，恶性竞争。

（8）部分车间工人年龄老化，新鲜“血液”输入较困难。

（9）没有建立有效的绩效考评机制。

（10）员工普遍性责任心薄弱。

（11）公司人员素质偏低。

（12）公司职能部门的职责不够明确。

（13）从上至下，下达任务时交代得不明确，接受任务者或工作效率低，或糊里糊涂。

（14）陶瓷行业的低迷和同行的竞争，产品的增长和利润大大下降。

（15）产品的外观和包装做工细节未能上档次。

（16）激励机制不健全，员工工作不热情，积极性不够。

（17）工厂杂物摆放杂乱，没有做好要与不要的物品区分，未能及时处理不要的东西。

（18）绩效考评方面未能明确，个别员工抱怨工资问题。

（19）公司在培训力度不够，导致个别员工对公司的体制和制度不明确。

（20）安全培训方面未能定期对全体员工培训。

（21）常规产品利润遭压缩，新产品推出缓慢。

（22）产品稳定性、适应性有待进一步改进。

（23）生产场地与客户距离远，物料运输成本高。

（24）产品使用、试验的信息慢、准确性差。

（25）产品气孔问题困扰多年，但一直没找到解决问题的办法。

（26）公司规章制度有规定，但未落实。

（27）由于不同客户、不同砖型对磨块要求不一，导致产品配方多，给仓库管理带来麻烦。

（28）部门与部门之间存在意见分歧，从而影响工作效率。

（29）平时对生产设备维护不足，导致设备一旦损坏就难以继续生产。

（30）个别业务员业务水平差。

（31）产品质量投诉没有文字化，流于口头，跟进不到位，质量稳定性差。

（32）奖罚机制一直建立不起来，员工工作不热情。

（33）产品齐全，但不如部分厂家单一品种专业程度及规模。

（34）少部分产品质量水平不高，质量稳定性差，适应性不强。

（35）由于位置偏远，产品的利润空间小，有的产品甚至是负利润。

（36）工作岗位浪费，刚培训合格的人员很容易流失。

（37）长期培养不出优秀的销售人员，从长期发展来看不理想。

（38）公司虽然有大厂房，但是 5S 管理根本不合格。

3. 机会（O）

（1）扩建厂房，不断开拓国内和国外市场。

（2）坚持走生产自动化路线。

（3）为客户提供个性化服务。

（4）坚持以质量赢取客户信任。

（5）完善内部管理机制。

（6）将技术优势转化为市场竞争。

（7）稳健经营，严控经营风险。

（8）不断提高员工的福利待遇。

（9）在设备改进方面下了大力气，自动化水平的提高会提高竞争力。

（10）安装单头磨机、测试产品，掌握了产品的质量情况，有的放矢。

（11）不断优化产品配方。

（12）致力改善工作环境，增强工人的凝聚力。

（13）优化公司管理，开源节流。

（14）分析市场走向，针对客户要求，研发新产品推出市场。

（15）有机会培育新员工，让有能力的员工得到晋升的机会。

（16）有机会让技术开发部多了解市场的动向。

（17）有机会成立独立产品技术开发部，招募专职研发人员。

（18）有机会让基层和一线员工清楚本公司的产品的特殊性和如何使用。

（19）加强生产过程管理，物料集中贮藏，减少人员的浪费。

（20）了解市场变化，以实际条件定制本公司有优势的产品，争取更多的客户。

（21）行业体量大，需求丰富，有太多潜在客户可以开发，潜力无穷。

（22）同行业上下游资源整合机会多。

（23）公司技术创新不断取得新进展，应用有待推广。

（24）加强生产自动化投入，突破行业生产模式，实现弯道超车。

（25）加强售后服务人员个人能力培养，让客户对公司产品和服务更加依赖。

（26）调整激励机制，再创新优势，吸引人才，开疆拓土。

（27）公司树脂金刚石等超硬工具逐渐成熟，需求前景广阔。

（28）坚持各领域创新，创造和发明，更能赢得市场和行业尊重。

（29）新建三座现代化厂房，扩大生产能力与规模。

（30）产品质量优良，国内、国外市场有一定的优势。

（31）人员较稳定，尤其是技术骨干。

（32）组合使用我厂工具，以满足客户各种特殊需求，增强综合优势。

（33）当前行业竞争激烈，提升自身优势，做差异化产品。

（34）和建陶设备企业接触，了解行业动向，加快产品改进和创新速度。

（35）公司新建车间很快可投入使用，这将改善工作环境，提供有利的工作条件。

（36）现建陶行业产能过剩，建陶各厂家都在开发新产品，对工具行业来讲，机会增多。

（37）通过培训，实施精细化管理流程和生产。

（38）技术提升和研发，提高产品的性价比。

（39）通过和客户的共同开发，研发新产品引领市场。

（40）全面导入质量体系 ISO9001：2015，提高员工的质量意识，做好 5S 管理，为公司节约成本。

（41）公司重视人才，积极有上进心的员工有提升机会。

（42）公司体制创新，老板下决心激活经营机制，从根本和源头上激发活力。

（43）公司坚持技术创新，认真研究行业市场动向，不断掌握新技术，历年积累的专长，保持在本行业、本领域强有力的技术竞争优势。

（44）公司加强管理力量，坚持稳健经营，严控经营风险，要坚持有所为、有所不为的原则。

（45）改变现有营销方案策略，激发内在潜力。

（46）从采购到各个生产环节，尽可能缩减成本，给营销更大的空间。

（47）国外市场非常广阔，未涉猎的区域还有很多。

（48）国内高品质的同行企业不少，开发能力不强。

（49）有机会聘请有资质的管理公司，到现场对中高层管理人员进行培训和现场管理方法的改进，提高内部的管理水平。

（50）优化现有环境，改善工作场所，给人焕然一新的感觉。

（51）增加外贸部人才，国外市场广阔。

（52）产品的配方和工艺还有改进的空间。

（53）建立活动场所，增加员工沟通场地，加强团队精神。

（54）二胎政策有利于房地产发展，对地砖需求大，进而带动陶瓷石材行业发展。

（55）培养销售核心成员，从源头上抓紧各岗位的培训，从而壮大自己的队伍。

（56）坚持规范管理，提高项目部门的管理，进一步清理管理体系，严格落实。

（57）借着我们庞大的地理面积，充分的发挥我们的优势。

（58）提高现市场上所需产品的档次，维持市场的发展。

4. 威胁（T）

（1）陶瓷市场产能过剩。

（2）同行低价竞争。

（3）缺乏岗位储备人才。

（4）面对激烈竞争，客户无法得到巩固。

（5）外部因素变化令企业成本上升。

（6）核心产品被同行超越。

（7）原材料质量不稳定。

（8）产品改进周期较长。

（9）低迷的市场环境短期难以恢复。

（10）经济环境不好。

（11）新产品研发周期长。

（12）生产过程材料损耗超出正常水平。

（13）内部信息传递慢。

（14）行业内价格竞争激烈，导致产品利润下降。

（15）内部因素致管理成本高。

（16）中高层管理人员责任落实，但执行未到位。

（17）公司产品价格远高于市场的价格。

（18）企业文化落后，未能与时俱进。

（19）产品定位高，要求低成本做到行业最高水平，技术开发难度大。

（20）同行业抄袭严重，知识产权得不到保护。

（21）建材行业经营困难，慎防呆账、坏账发生。

（22）员工向心力不足，归属感不强，稍不顺心就辞职。

（23）安全和环保等监管加强，公司要增加许多投入，增加经营成本。

（24）同行业产品同质化严重，劣品与良品同台竞价。

（25）个别原料供应单一，容易受制于人。

（26）产供销流程不规范，执行合同不力。

（27）材料检验能力不强，导致供需矛盾突出。

（28）个别职能部门工作随意，对待工作态度不够端正，拖拉误事。

（29）一线生产工与管理层配比失调。

（30）部分原材料质量可控性差，产品质量不稳定。

（31）部分部门人员补充困难，人才欠缺。

（32）部分产品和同行产品同质化，优势减小。

（33）员工素质不高，生产工艺方面有时会存在小问题，进而影响产品稳定性。

（34）产品质量不稳定，很容易被对手攻占客户。

（35）跟线员工（即售后服务人员）责任心不足，信息反馈不及时，导致负利润。

（36）现在陶瓷厂从之前的单买单算改为包平方，对我们的挑战加大。

（37）公司内部由于材料、生产工艺出错导致质量问题，客户有投诉。

（38）生产监控不严谨，时有发生装错箱、装漏箱现象，致客户投诉。

（39）因产品质量不稳定，导致公司要赔偿，使利润下降。

（40）对突发问题欠缺应对能力。

（41）新产品开发过程决策慢，造成产品推出市场周期长。

（42）接到客户投诉，盲目处理，未能通过详细的分析。

（43）行业竞争白热化，利润率下降。

（44）浪费与耗损相对较严重。

（45）驻外点管理不到位。

（46）资金风险较大。

（47）企业内部管理的制约性不强。

（48）环境（工作）稍差，尘埃及刺激性气体未能有效控制。

（49）缺乏人才，国外的市场薄弱。

（50）由于产品价格较高，在销售时老客户大量流失，现有市场无法得到巩固。

（51）拖款、欠款、不认账等，资源整合难。

（52）个别业务员盲目销售，忽略客户评审，造成坏账，资金难周转。

（53）受技术及生产的限制，产品难以达到高端标准要求。

（54）市场开发的薄弱，长期靠某个人单打独斗，一旦人员出走，后果严重。

（55）已经淘汰了一部分陶瓷企业，其中包括一些国内知名品牌的瓷砖，造成磨抛行业的增长率下降。

（56）人力成本递增。

（57）企业经营风险未能杜绝。

（58）日常管理费用较高。

（59）下游企业倒闭。

推荐作者得新书！

博瑞森征稿启事

亲爱的读者朋友：

感谢您选择了博瑞森图书！希望您手中的这本书能给您带来实实在在的帮助！

博瑞森一直致力于发掘好作者、好内容，希望能把您最需要的思想、方法，一字一句地交到您手中，成为管理知识与管理实践的桥梁。

但是我们也知道，有很多深入企业一线、经验丰富、乐于分享的优秀专家，或者忙于实战没时间，或者缺少专业的写作指导和便捷的出版途径，只能茫然以待……

还有很多在竞争大潮中坚守的企业，有着异常宝贵的实践经验和独特的洞察，但缺少专业的记录和整理者，无法让企业的经验和故事被更多的人了解、学习……

对读者而言，这些都太遗憾了！

博瑞森非常希望能将这些埋藏的“宝藏”发掘出来，贡献给广大读者，让更多的人从中受益。

所以，我们真心地邀请您，我们的老读者，帮我们搜寻：

推荐作者

可以是您自己或您的朋友，只要对本土管理有实践、有思考；可以是您通过网络、杂志、书籍或其他途径了解的某位专家，不管名气大小，只要他的思想和方法曾让您深受启发。

可以是管理类作品，也可以超出管理，各类优秀的社科作品或学术作品。

推荐企业

可以是您自己所在的企业，或者是您熟悉的某家企业，其创业过程、运营经历、产品研发、机制创新，等等。无论企业大小，只要乐于分享、有值得借鉴书写之处。

总之，好内容就是一切！

博瑞森绝非“自费出书”，出版费用完全由我们承担。您推荐的作者或企业案例一经采用，我们会立刻向您赠送书币 1000 元，可直接换取任何博瑞森图书的纸书或电子书。

感谢您对本土管理原创、博瑞森图书的支持！

推荐投稿邮箱：bookgood@126.com　　推荐手机：13611149991

1120本土管理实践与创新论坛

这是由100多位本土管理专家联合创立的企业管理实践学术交流组织，旨在孵化本土管理思想、促进企业管理实践、加强专家间交流与协作。

论坛每年集中力量办好两件大事：第一，“**出一本书**”，汇聚一年的思考和实践，把最原创、最前沿、最实战的内容集结成册，贡献给读者；第二，“**办一次会**”，每年11月20日本土管理专家们汇聚一堂，碰撞思想、研讨案例、交流切磋、回馈社会。

企业案例·老板传记

	书名. 作者	内容/特色	读者价值
企业案例·老板传记	**你不知道的加多宝:原市场部高管讲述** 曲宗恺　牛玮娜　著	前加多宝高管解读加多宝	全景式解读,原汁原味
	借力咨询:德邦成长背后的秘密 官同良　王祥伍　著	讲述德邦是如何借助咨询公司的力量进行自身与发展的	来自德邦内部的第一线资料,真实、珍贵,令人受益匪浅
	娃哈哈区域标杆:豫北市场营销实录 罗宏文　赵晓萌　等著	本书从区域的角度来写娃哈哈河南分公司豫北市场是怎么进行区域市场营销,成为娃哈哈全国第一大市场、全国增量第一高市场的一些操作方法	参考性、指导性,一线真实资料
	六个核桃凭什么:从0过100亿 张学军　著	首部全面揭秘养元六个核桃裂变式成长的巨著	学习优秀企业的成长路径,了解其背后的理论体系
	像六个核桃一样:打造畅销品的36个简明法则 王　超　范　萍　著	本书分上下两篇:包括"六个核桃"的营销战略历程和36条畅销法则	知名企业的战略历程极具参考价值,36条法则提供操作方法
	解决方案营销实战案例 刘祖轲　著	用10个真案例讲明白什么是工业品的解决方案式营销,实战、实用	有干货、真正操作过的才能写得出来
	招招见销量的营销常识 刘文新　著	如何让每一个营销动作都直指销量	适合中小企业,看了就能用
	我们的营销真案例 联纵智达研究院　著	五芳斋粽子从区域到全国/诺贝尔瓷砖门店销量提升/利豪家具出口转内销/汤臣倍健的营销模式	选择的案例都很有代表性,实在、实操!
	中国营销战实录:令人拍案叫绝的营销真案例 联纵智达　著	51个案例,42家企业,38万字,18年,累计2000余人次参与……	最真实的营销案例,全是一线记录,开阔眼界
	双剑破局:沈坤营销策划案例集 沈　坤　著	双剑公司多年来的精选案例解析集,阐述了项目策划中每一个营销策略的诞生过程,策划角度和方法	一线真实案例,与众不同的策划角度令人拍案叫绝、受益匪浅
	宗:一位制造业企业家的思考 杨　涛　著	1993年创业,引领企业平稳发展20多年,分享独到的心得体会	难得的一本老板分享经验的书
	简单思考:AMT咨询创始人自述 孔祥云　著	著名咨询公司(AMT)的CEO创业历程中点点滴滴的经验与思考	每一位咨询人,每一位创业者和管理经营者,都值得一读
	边干边学做老板 黄中强　著	创业20多年的老板,有经验、能写、又愿意分享,这样的书很少	处处共鸣,帮助中小企业老板少走弯路
	三四线城市超市如何快速成长:解密甘雨亭 IBMG国际商业管理集团　著	国内外标杆企业的经验+本土实践量化数据+操作步骤、方法	通俗易懂,行业经验丰富,宝贵的行业量化数据,关键思路和步骤
	中国首家未来超市:解密安徽乐城 IBMG国际商业管理集团　著	本书深入挖掘了安徽乐城超市的试验案例,为零售企业未来的发展提供了一条可借鉴之路	通俗易懂,行业经验丰富,宝贵的行业量化数据,关键思路和步骤

互联网+

	书名. 作者	内容/特色	读者价值
互联网+	**新营销** 刘春雄　著	新营销的新框架体系是场景是产品逻辑,IP是品牌逻辑,社群是连接逻辑,传播是营销逻辑	助力品牌商实现由传统营销到新营销的理念和行动的跨越,助力企业打赢升级转型之仗
	企业微信营销全指导 孙　巍　著	专门给企业看到的微信营销书,手把手教企业从小白到微信营销专家	企业想学微信营销现在还不晚,两眼一抹黑也不怕,有这本书就够

续表

互联网+	**企业网络营销这样做才对:B2B大宗B2C** 张　进　著	简单直白拿来就用,各种窍门信手拈来,企业网络营销不麻烦也不用再头疼,一般人不告诉他	B2B、大宗B2C企业有福了,看了就能学会网络营销
	互联网时代的银行转型 韩友诚　著	以大量案例形式为读者全面展示和分析了银行的互联网金融转型应对之道	结合本土银行转型发展案例的书籍
	正在发生的转型升级·实践 本土管理实践与创新论坛　著	企业在快速变革期所展现出的管理变革新成果、新方法、新案例	重点突出对于未来企业管理相关领域的趋势研判
	触发需求:互联网新营销样本·水产 何足奇　著	传统产业都在苦闷中挣扎前行,本书通过鲜活的案例告诉你如何以需求链整合供应链,从而把大家熟知的传统行业打碎了重构、重做一遍	全是干货,值得细读学习,并且作者的理论已经经过了他亲自操刀的实践检验,效果惊人,就在书中全景展示
	移动互联新玩法:未来商业的格局和趋势 史贤龙　著	传统商业、电商、移动互联,三个世界并存,这种新格局的玩法一定要懂	看清热点的本质,把握行业先机,一本书搞定移动互联网
	微商生意经:真实再现33个成功案例操作全程 伏泓霖　罗晓慧　著	本书为33个真实案例,分享案例主人公在做微商过程中的经验教训	案例真实,有借鉴意义
	阿里巴巴实战运营——14招玩转诚信通 聂志新　著	本书主要介绍阿里巴巴诚信通的十四个基本推广操作,从而帮助使用诚信通的用户及企业更好地提升业绩	基本操作,很多可以边学边用,简单易学
	阿里巴巴实战运营2:诚信通热卖技巧 聂嵘海　著	诚信通TOP商家赚钱的密码箱,手把手教你操作,拿来就用	图文并茂,内容齐全,直接可以对照使用
	抖音营销如何做:未来抖商 刘大贺　著	解密从0到1亿粉丝的实操路径,深度剖析抖音营销全系统策略	企业做抖音营销的第一书
	微商团队长:从入门到精通 罗品牌　著	由浅入深,涵盖微商团队长必学技能的方方面面	只要照着做,就能当好微商团队长
	互联网精准营销 蒋　军　著	怎么在互联网时代整体策划、包装品牌和产品,并在此基础上为企业设计商业模式,技术实现并运营落地	为有基础的小微企业(大企业的新项目)1年实现销售额过亿,2年对接资本,3年左右准IPO
	今后这样做品牌:移动互联时代的品牌营销策略 蒋　军　著	与移动互联紧密结合,告诉你老方法还能不能用,新方法怎么用	今后这样做品牌就对了
	互联网+"变"与"不变":本土管理实践与创新论坛集萃·2016 本土管理实践与创新论坛　著	本土管理领域正在产生自己独特的理论和模式,尤其在移动互联时代,有很多新课题需要本土专家们一起研究	帮助读者拓宽眼界、突破思维
	创造增量市场:传统企业互联网转型之道 刘红明　著	传统企业需要用互联网思维去创造增量,而不是用电子商务去转移传统业务的存量	教你怎么在"互联网+"的海洋中创造实实在在的增量
	重生战略:移动互联网和大数据时代的转型法则 沈　拓　著	在移动互联网和大数据时代,传统企业转型如同生命体打算与再造,称之为"重生战略"	帮助企业认清移动互联网环境下的变化和应对之道
	画出公司的互联网进化路线图:用互联网思维重塑产品、客户和价值 李　蓓　著	18个问题帮助企业一步步梳理出互联网转型思路	思路清晰、案例丰富,非常有启发性
	7个转变,让公司3年胜出 李　蓓　著	消费者主权时代,企业该怎么办	这就是互联网思维,老板有能这样想,肯定倒不了
	跳出同质思维,从跟随到领先 郭　剑　著	66个精彩案例剖析,帮助老板突破行业长期思维惯性	做企业竟然有这么多玩法,开眼界

续表

行业类:零售、白酒、食品/快消品、农业、医药、建材家居等			
	书名.作者	内容/特色	读者价值
零售·超市·餐饮·服装	**总部有多强大,门店就能走多远** IBMC 国际商业管理集团 著	如何把总部做强,成为门店的坚实后盾	了解总部建设的方法与经验
零售·超市·餐饮·服装	**超市卖场定价策略与品类管理** IBMC 国际商业管理集团 著	超市定价策略与品类管理实操案例和方法	拿来就能用的理论和工具
零售·超市·餐饮·服装	**连锁零售企业招聘与培训破解之道** IBMC 国际商业管理集团 著	围绕零售企业组织架构、培训体系建设等内容进行深刻探讨	破解人才发现和培养瓶颈的关键点
零售·超市·餐饮·服装	**中国首家未来超市:解密安徽乐城** IBMC 国际商业管理集团 著	介绍了乐城作为中国首家未来超市从无到有的传奇经历	了解新型零售超市的运作方式及管理特色
零售·超市·餐饮·服装	**三四线城市超市如何快速成长:解密甘雨亭** IBMC 国际商业管理集团 著	揭秘一家三四线连锁超市的经验策略	不但可以欣赏它的优点,而且可以学会它成功的方法
零售·超市·餐饮·服装	**新零售 新终端** 迪智成咨询团队 著	梳理和提炼新零售的系统打法,将之落地在新终端建设上	让新零售这一看似形而上的商业概念有了可以落地的立足点
零售·超市·餐饮·服装	**新零售动作分解:建材 家居家具** 盛斌子 著	第一本锁定在家居建材、家电、家装等耐用消费品领域谈新零售的书	第一本谈新零售的具体动作、策略、方法、招术的书,拿来就用
零售·超市·餐饮·服装	**新零售进化趋势与未来格局** 李政权 著	通过业态、品类、体验、场景等,逐一呈现新零售的未来进化	就新零售未来的发展方向与进化趋势给出一个确定性的未来
零售·超市·餐饮·服装	**涨价也能卖到翻** 村松达夫 【日】	提升客单价的 15 种实用、有效的方法	日本企业在这方面非常值得学习和借鉴
零售·超市·餐饮·服装	**移动互联下的超市升级** 联商网专栏频道 著	深度解析超市转型升级重点	帮助零售企业把握全局、看清方向
零售·超市·餐饮·服装	**手把手教你做专业督导:专卖店、连锁店** 熊亚柱 著	从督导的职能、作用,在工作中需要的专业技能、方法,都提供了详细的解读和训练办法,同时附有大量的表单工具	无论是店铺需要统一培训,还是个人想成为优秀的督导,有这一本就够了
零售·超市·餐饮·服装	**百货零售全渠道营销策略** 陈继展 著	没有照本宣科、说教式的絮叨,只有笔者对行业的认知与理解,庖丁解牛式的逐项解析、展开	通俗易懂,花极少的时间快速掌握该领域的知识及趋势
零售·超市·餐饮·服装	**零售:把客流变成购买力** 丁 昀 著	如何通过不断升级产品和体验式服务来经营客流	如何进行体验营销,国外的好经营,这方面有启发
零售·超市·餐饮·服装	**餐饮企业经营策略第一书** 吴 坚 著	分别从产品、顾客、市场、盈利模式等几个方面,对现阶段餐饮企业的发展提出策略和思路	第一本专业的、高端的餐饮企业经营指导书
零售·超市·餐饮·服装	**餐饮新营销** 杨 勇 程绍珊 著	在新环境下,对餐饮营销管理进行了全面深入的解读,提供了方式方法	全面性、系统性,区别于市面上的纯操作类作品
零售·超市·餐饮·服装	**电影院的下一个黄金十年:开发·差异化·案例** 李保煜 著	对目前电影院市场存大的问题及如何解决进行了探讨与解读	多角度了解电影院运营方式及代表性案例
零售·超市·餐饮·服装	**赚不赚钱靠店长:从懂管理到会经营** 孙彩军 著	通过生动的案例来进行剖析,注重门店管理细节方面的能力提升	帮助终端门店店长在管理门店的过程中实现经营思路的拓展与突破
耐消品	**商用车经销商运营实战** 杜建君 王朝阳 章晓青 等著	从管理到经营,从销售到服务,系统化运作全指导	为经销商经营开阔思路,掌握方法
耐消品	**汽车配件这样卖:汽车后市场销售秘诀 100 条** 俞士耀 著	汽配销售业务员必读,手把手教授最实用的方法,轻松得来好业绩	快速上岗,专业实效,业绩无忧

续表

耐消品	**润滑油销售:这样说这样做更有效** 张金荣　著	针对渠道、经销商、终端的超实用话术	上车看,下车用,3分钟就能学会。
	新经销:新零售时代,教你做大商 黄润霖　著	从选址、产品、促销、团队、规模阐述新经销变与不变的市场手法和操作思路	实地拜访近100位经销商在传统营销手法上的创新、新营销工具的发现
	珠宝黄金新营销 崔德乾　著	营销、品牌、产品、连接、场景、社群、服务、传播、管理及产业价值链	新营销在珠宝行业的实战应用,业内必备第一书
	跟行业老手学经销商开发与管理:家电、耐消品、建材家居 黄润霖　著	全部来源于经销商管理的一线问题,作者用丰富的经验将每一个问题落实到最便捷快速的操作方法上去	书中每一个问题都是普通营销人亲口提出的,这些问题你也会遇到,作者进行的解答则精彩实用
白酒	**酒水饮料快消品餐饮渠道营销手册** 朱伟杰　著	主要针对快消品(酒水、饮料)的餐饮渠道,提供了区域、商圈、不同业态的规划和促销安排等多种工具,并提出了经销商、批发商等相关人员的管理方法	一本酒水饮料如何在餐饮渠道销售的全能手册,内容深入翔实,可以直接照搬套用,这样的便利简直千金不换
	白酒到底如何卖 赵海永　著	以市场实战为主,多层次、全方位、多角度地阐释了白酒一线市场操作的最新模式和方法,接地气	实操性强,37个方法、6大案例帮你成功卖酒
	变局下的白酒企业重构 杨永华　著	帮助白酒企业从产业视角看清趋势,找准位置,实现弯道超车的书	行业内企业要减少90%,自己在什么位置,怎么做,都清楚了
	1. 白酒营销的第一本书(升级版) **2. 白酒经销商的第一本书** 唐江华　著	华泽集团湖南开口笑公司品牌部长,擅长酒类新品推广、新市场拓展	扎根一线,实战
	区域型白酒企业营销必胜法则 朱志明　著	为区域型白酒企业提供35条必胜法则,在竞争中赢销的葵花宝典	丰富的一线经验和深厚积累,实操实用
	10步成功运作白酒区域市场 朱志明　著	白酒区域操盘者必备,掌握区域市场运作的战略、战术、兵法	在区域市场的攻伐防守中运筹帷幄,立于不败之地
	酒业转型大时代:微酒精选2014－2015 微酒　主编	本书分为五个部分:当年大事件、那些酒业营销工具、微酒独立策划、业内大调查和十大经典案例	了解行业新动态、新观点,学习营销方法
快消品·食品	**中国快消品营销的这些年** 史贤龙　著	作者精华文章的合集,一本书浓缩了过去十五年,中国营销的实战历程与前沿思考	快消品营销行业的案例和方法都原汁原味呈现,在反映当时风貌的同时,展望与反思
	营销中国茶:2小时读懂茶叶营销 史贤龙　著	从不同视角对中国的茶营销进行了思考,内容涉及中国茶产业战略困境、茶企规模化、茶品牌崛起、茶文化、茶营销、茶消费、茶零售、茶道等	内容丰富扎实,文字流畅,浓缩的都是精华,让你2小时读懂茶叶营销
	这样打造快消品标杆市场 罗宏文　著	帮助你解决如何成功打造标杆市场和进行持续增量管理两大问题	一套系统的方法论,通俗易懂,可以直接套用
	5小时读懂快消品营销:中国快消品案例观察 陈海超　著	多年营销经验的一线老手把案例掰开了、揉碎了,从中得出的各种手段和方法给读者以帮助和启发	营销那些事儿的个中秘辛,求人还不一定告诉你,这本书里就有
	快消品招商的第一本书:从入门到精通 刘　雷　著	深入浅出,不说废话,有工具方法,通俗易懂	让零基础的招商新人快速学习书中最实用的招商技能,成长为骨干人才
	乳业营销第一书 侯军伟　著	对区域乳品企业生存发展关键性问题的梳理	唯一的区域乳业营销书,区域乳品企业一定要看

续表

快消品·食品	**金龙鱼背后的粮油帝国** 余　盛　著	讲述金龙鱼品牌及母公司丰益国际的商业冒险故事	在精彩的阅读体验中学到营销管理的方法
	食用油营销第一书 余　盛　著	10多年油脂企业工作经验，从行业到具体实操	食用油行业第一书，当之无愧
	中国茶叶营销第一书 柏　龑　著	如何跳出茶行业"大文化小产业"的困境，作者给出了自己的观察和思考	不是传统做茶的思路，而是现在商业做茶的思路
	调味品企业八大必胜法则 张　戟　著	八大规律性的关键成功要素，背后都有本土调味品企业的成功实践	"观点阐述＋案例描述"，行业必读
	调味品营销第一书 陈小龙　著	国内唯一一本调味品营销的书	唯一的调味品营销的书，调味品的从业者一定要看
	快消品营销人的第一本书：从入门到精通 刘　雷　伯建新　著	快消行业必读书，从入门到专业	深入细致，易学易懂
	变局下的快消品营销实战策略 杨永华　著	通胀了，成本增加，如何从被动应战变成主动的"系统战"	作者对快消品行业非常熟悉、非常实战
	快消品经销商如何快速做大 杨永华　著	本书完全从实战的角度，评述现象，解析误区，揭示原理，传授方法	为转型期的经销商提供了解决思路，指出了发展方向
	快消品营销：一位销售经理的工作心得2 蒋　军　著	快消品、食品饮料营销的经验之谈，重点图书	来源与实战的精华总结
	快消品营销与渠道管理 谭长春　著	将快消品标杆企业渠道管理的经验和方法分享出来	可口可乐、华润的一些具体的渠道管理经验，实战
	成为优秀的快消品区域经理（升级版） 伯建新　著	用"怎么办"分析区域经理的工作关键点，增加30%全新内容，更贴近环境变化	可以作为区域经理的"速成催化器"
	销售轨迹：一位快消品营销总监的拼搏之路 秦国伟　著	本书讲述了一个普通销售员打拼成为跨国企业营销总监的真实奋斗历程	激励人心，给广大销售员以力量和鼓舞
	快消老手都在这样做：区域经理操盘锦囊 方　刚　著	非常接地气，全是多年沉淀下来的干货，丰富的一线经验和实操方法不可多得	在市场摸爬滚打的"老油条"，那些独家绝招妙招一般你问都是问不来的
	动销四维：全程辅导与新品上市 高继中　著	从产品、渠道、促销和新品上市详细讲解提高动销的具体方法，总结作者18年的快消品行业经验，方法实操	内容全面系统，方法实操
农业	**饲料营销有方法：策略　案例　工具** 陈石平　著	跳出饲料看饲料，根据饲料营销的关键成功要素（KSF）提出7大核心命题	紧跟农牧产业发展大势，提高饲料企业营销竞争力
	新农资如何换道超车 刘祖轲　等著	从农业产业化、互联网转型、行业营销与经营突破四个方面阐述如何让农资企业占领先机、提前布局	南方略专家告诉你如何应对资源浪费、生产效率低下、产能严重过剩、价格与价值严重扭曲等
	中国牧场管理实战：畜牧业、乳业必读 黄剑黎　著	本书不仅提供了来自一线的实际经验，还收入了丰富的工具文档与表单	填补空白的行业必读作品
	中小农业企业品牌战法 韩　旭　著	将中小农业企业品牌建设的方法，从理论讲到实践，具有指导性	全面把握品牌规划，传播推广，落地执行的具体措施
	农资营销实战全指导 张　博　著	农资如何向"深度营销"转型，从理论到实践进行系统剖析，经验资深	朴实、使用！不可多得的农资营销实战指导
	农产品营销第一书 胡浪球　著	从农业企业战略到市场开拓、营销、品牌、模式等	来源于实践中的思考，有启发
	变局下的农牧企业9大成长策略 彭志雄　著	食品安全、纵向延伸、横向联合、品牌建设……	唯一的农牧企业经营实操的书，农牧企业一定要看

续表

医药	**在中国，医药营销这样做：时代方略精选文集** 段继东　主编	专注于医药营销咨询15年，将医药营销方法的精华文章合编，深入全面	可谓医药营销领域的顶尖著作，医药界读者的必读书
	医药新营销：制药企业、医药商业企业营销模式转型 史立臣　著	医药生产企业和商业企业在新环境下如何做营销？老方法还有没有用？如何寻找新方法？新方法怎么用？本书给你答案	内容非常现实接地气，踏实谈问题说方法
	医药企业转型升级战略 史立臣　著	药企转型升级有5大途径，并给出落地步骤及风险控制方法	实操性强，有作者个人经验总结及分析
	新医改下的医药营销与团队管理 史立臣　著	探讨新医改对医药行业的系列影响和医药团队管理	帮助理清思路，有一个框架
	医药营销与处方药学术推广 马宝琳　著	如何用医学策划把"平民产品"变成"明星产品"	有真货、讲真话的作者，堪称处方药营销的经典！
	医药行业大洗牌与药企创新 林延君　沈　斌　著	一方面，围绕着变革，多角度阐述药企的应对之道；另一方面，紧扣实践，介绍近百家医药企业创新实践案例	医改变革10年，医药企业如何应对大洗牌？重磅出击的药企人必读书
	新医改了，药店就要这样开 尚　锋　著	药店经营、管理、营销全攻略	有很强的实战性和可操作性
	电商来了，实体药店如何突围 尚　锋　著	电商崛起，药店该如何突围？本书从促销、会员服务、专业性、客单价等多重角度给出了指导方向	实战攻略，拿来就能用
	OTC医药代表药店销售36计 鄢圣安　著	以《三十六计》为线，写OTC医药代表向药店销售的一些技巧与策略	案例丰富，生动真实，实操性强
	OTC医药代表药店开发与维护 鄢圣安　著	要做到一名专业的医药代表，需要做什么、准备什么、知识储备、操作技巧等	医药代表药店拜访的指导手册，手把手教你快速上手
	引爆药店成交率1：店员导购实战 范月明　著	一本书解决药店导购所有难题	情景化、真实化、实战化
	引爆药店成交率2：经营落地实战 范月明　著	最接地气的经营方法全指导	揭示了药店经营的几类关键问题
	引爆药店成交率：专业化销售解决方案 范月明　著	药品搭配分析与关联销售	为药店人专业化助力
	处方药合规推广实战宝典 赵佳震　著	推广体系搭建、推广人员岗位工作内容、推广服务外包商管理等六个方面	解决"医药代表转型"和"推广服务外包商管理"的困惑
	医药代理商实操全指导：新环境　新战法 戴文杰　著	结合医药市场政策环境解读新环境下医药招商的战法，着重分析药品产业链的盈利机会	医药销售业务人员的必备读物
	攻略基层诊所：医药营销这样做 张江民　著	对基层诊所的开发、维护和动销，拿来就用的方式方法	实战是本书的主旨，只要用心去看，就能在基层诊所市场中运用
	互联网医药的未来 动脉网　编著	介绍了互联网医药发展的现状与趋势	帮助创业者和投资人看清未来，把握当下
	处方药零售这样做 田　军　著	阐述了处方药零售的重要性，以及做处方药零售市场的具体措施和方法	系统性了解和掌握处方药零售方法
建材家居	**成为最赚钱的家具建材经销商** 李治江　著	从销售模式、产品、门店等老板们最关注和最需要的方面解决问题、提供方法	只要你是建材、家具、家居用品的经销商老板，这就是一本必读的书
	定制家居黄金十年 韩　锋　翁长华　著	梳理了定制家居的商业模式和发展情况	帮助定制家居看清方向，把握当下
	家具建材促销与引流 薛　亮　李永峰　著	十大促销模式的详细方法和工具	让你天天签大单

续表

建材家居	家具行业操盘手 王献永　著	家具行业问题的终结者	解决了干家具还有没有前途？为什么同城多店的家具经销商很难做大做强等问题
	建材家居营销：除了促销还能做什么 孙嘉晖　著	一线老手的深度思考，告诉你在建材家居营销模式基本停滞的今天，除了促销，营销还能怎么做	给你的想法一场革命
	建材家居营销实务 程绍珊　杨鸿贵　主编	价值营销运用到建材家居，每一步都让客户增值	有自己的系统、实战
	家居建材门店6力爆破 贾同领　著	合盘道出一线品牌销量秘籍	6力招招见血，既有招数，又有策略
	建材家居门店销量提升 贾同领　著	店面选址、广告投放、推广助销、空间布局、生动展示、店面运营等	门店销量提升是一个系统工程，非常系统、实战
	10步成为最棒的建材家居门店店长 徐伟泽　著	实际方法易学易用，让员工能够迅速成长，成为独当一面的好店长	只要坚持这样干，一定能成为好店长
	手把手帮建材家居导购业绩倍增：成为顶尖的门店店员 熊亚柱　著	生动的表现形式，让普通人也能成为优秀的导购员，让门店业绩长红	读着有趣，用着简单，一本在手、业绩无忧
	建材家居经销商实战42章经 王庆云　著	告诉经销商：老板怎么当、团队怎么带、生意怎么做	忠言逆耳，看着不舒服就对了，实战总结，用一招半式就值了
工业品	销售是门专业活：B2B、工业品 陆和平　著	销售流程就应该跟着客户的采购流程和关注点的变化向前推进，将一个完整的销售过程分成十个阶段，提供具体方法	销售不是请客吃饭拉关系，是个专业的活计！方法在手，走遍天下不愁
	解决方案营销实战案例 刘祖轲　著	用10个真案例讲明白什么是工业品的解决方案式营销，实战、实用	有干货、真正操作过的才能写得出来
	变局下的工业品企业7大机遇 叶敦明　著	产业链条的整合机会、盈利模式的复制机会、营销红利的机会、工业服务商转型机会……	工业品企业还可以这样做，思维大突破
	工业品市场部实战全指导 杜　忠　著	工业品市场部经理工作内容全指导	系统、全面、有理论、有方法，帮助工业品市场部经理更快提升专业能力
	工业品营销管理实务 李洪道　著	中国特色工业品营销体系的全面深化、工业品营销管理体系优化升级	工具更实战，案例更鲜活，内容更深化
	工业品企业如何做品牌 张东利　著	为工业品企业提供最全面的品牌建设思路	有策略、有方法、有思路、有工具
	丁兴良讲工业4.0 丁兴良　著	没有枯燥的理论和说教，用朴实直白的语言告诉你工业4.0的全貌	工业4.0是什么？本书告诉你答案
	资深大客户经理：策略准，执行狠 叶敦明　著	从业务开发、发起攻势、关系培育、职业成长四个方面，详述了大客户营销的精髓	满满的全是干货
	两化融合管理系统贯标流程与方法 戴　勇　张华杰　张百荣　编著	全面梳理贯标流程和方法	帮助企业成功贯标
	一切为了订单：订单驱动下的工业品营销实战 唐道明　著	其实，所有的企业都在围绕着两个字在开展全部的经营和管理工作，那就是"订单"	开发订单、满足订单、扩大订单。本书全是实操方法，字字珠玑、句句干货，教你获得营销的胜利
金融	交易心理分析 （美）马克·道格拉斯　著 刘真如　译	作者一语道破赢家的思考方式，并提供了具体的训练方法	不愧是投资心理的第一书，绝对经典
	精品银行管理之道 崔海鹏　何　屹　主编	中小银行转型的实战经验总结	中小银行的教材很多，实战类的书很少，可以看看

续表

金融	**支付战争** Eric M. Jackson　著 徐　彬　王　晓　译	PayPal 创业期营销官,亲身讲述 PayPal 从诞生到壮大到成功出售的整个历史	激烈、有趣的内幕商战故事！了解美国支付市场的风云巨变
	中外并购名著专业阅读指南 叶兴平　等著	在5000 多本并购类图书中精选的 200 著作,在阅读的基础上写的读书评价	精挑细选 200 本并一一评介,省去读者挑选的烦恼,快捷、高效
	新三板信息披露全流程:操作与工具 和珩科技　著	详细拆解董秘日常工作过程中所需的信息披露流程	董秘案头必备用书
	成功并购 300 本:一本书搞定并购难题 浩德军师并购联盟　著	从财务,税务,法律等角度详细解答疑问	能解决 80% 的并购问题
	互联网时代的银行转型 韩友诚　著	以大量案例形式为读者全面展示和分析了银行的互联网金融转型应对之道	结合本土银行转型发展案例的书籍
房地产	**产业园区/产业地产规划、招商、运营实战** 阎立忠　著	目前中国第一本系统解读产业园区和产业地产建设运营的实战宝典	从认知、策划、招商到运营全面了解地产策划
	人文商业地产策划 戴欣明　著	城市与商业地产战略定位的关键是不可复制性,要发现独一无二的“味道”	突破千城一面的策划困局
	中国城市群房地产投资策略 吕俊博　著	全方位、多角度分析城市群房地产现状是趋势	让亿元资产投资更理性、更安全
	电影院的下一个黄金十年:开发·差异化·案例 李保煜　著	对目前电影院市场存大的问题及如何解决进行了探讨与解读	多角度了解电影院运营方式及代表性案例
能源	**全能型班组:城市能源互联网与电力班组升级** 国网天津市电力公司　编著	借鉴国内外优秀企业的转型升级思路,通过对于新型班组组织模式和运行机制的大胆设想,力图构建充分适应内外环境变化的全能型班组	看看庞大的国企在新环境下是如何顺应时代的
	国网天津电力全能型班组建设实务 国网天津市电力公司　编著	本书聚焦于天津电力公司在探索全能型班组转型升级时的优秀实践	电力行业的班组实践,具体、可操作性强

经营类:企业如何赚钱,如何抓机会,如何突破,如何“开源”

	书名．作者	内容/特色	读者价值
抓方向	**让经营回归简单．升级版** 宋新宇　著	化繁为简抓住经营本质:战略、客户、产品、员工、成长	经典,做企业就这几个关键点!
	混沌与秩序Ⅰ:变革时代企业领先之道 **混沌与秩序Ⅱ:变革时代管理新思维** 彭剑锋　尚艳玲　主编	汇集华夏基石专家团队 10 年来研究成果,集中选择了其中的精华文章编纂成册	作者都是既有深厚理论积淀又有实践经验的重磅专家,为中国企业和企业家的未来提出了高屋建瓴的观点
	活系统:跟任正非学当老板 孙行健　尹　贤　著	以任正非的独到视角,教企业老板如何经营公司	看透公司经营本质,激活企业活力
	重构:快消品企业重生之道 杨永华　著	从 7 个角度,帮助企业实现系统性的改造	提供转型思想与方法,值得参考
	公司由小到大要过哪些坎 卢　强　著	老板手里的一张“企业成长路线图”	现在我在哪儿,未来还要走哪些路,都清楚了
	企业二次创业成功路线图 夏惊鸣　著	企业曾经抓住机会成功了,但下一步该怎么办?	企业怎样获得第二次成功,心里有个大框架了
	老板经理人双赢之道 陈　明　著	经理人怎养选平台、怎么开局,老板怎样选/育/用/留	老板生闷气,经理人牢骚大,这次知道该怎么办了

续表

抓方向	**简单思考：AMT 咨询创始人自述** 孔祥云 著	著名咨询公司（AMT）的 CEO 创业历程中点点滴滴的经验与思考	每一位咨询人，每一位创业者和管理经营者，都值得一读
	企业文化的逻辑 王祥伍 黄健江 著	为什么企业绩效如此不同，解开绩效背后的文化密码	少有的深刻，有品质，读起来很流畅
	使命驱动企业成长 高可为 著	钱能让一个人今天努力，使命能让一群人长期努力	对于想做事业的人，'使命'是绕不过去的
思维突破	**盈利原本就这么简单** 高可为 著	从财务的角度揭示企业盈利的秘密	多方面解读商业模式与盈利的关系，通俗易懂，受益匪浅
	经营：打造你的盈利系统 高可为 著	从盈利角度梳理了系统化的经营方式	让企业掌舵者把控经营全局
	创模式：23 个行业创新案例 段传敏 著	23 位行业精英的创新对话	创业者、转型者的实战参考
	企业良性成长：用顶层设计突破瓶颈 刘建兆 著	全方位介绍企业顶层设计的方法和思路	帮助企业用顶层设计突破成长瓶颈
	移动互联新玩法：未来商业的格局和趋势 史贤龙 著	传统商业、电商、移动互联，三个世界并存，这种新格局的玩法一定要懂	看清热点的本质，把握行业先机，一本书搞定移动互联网
	画出公司的互联网进化路线图：用互联网思维重塑产品、客户和价值 李 蓓 著	18 个问题帮助企业一步步梳理出互联网转型思路	思路清晰、案例丰富，非常有启发性
	重生战略：移动互联网和大数据时代的转型法则 沈 拓 著	在移动互联网和大数据时代，传统企业转型如同生命体打算与再造，称之为"重生战略"	帮助企业认清移动互联网环境下的变化和应对之道
	创造增量市场：传统企业互联网转型之道 刘红明 著	传统企业需要用互联网思维去创造增量，而不是用电子商务去转移传统业务的存量	教你怎么在"互联网＋"的海洋中创造实实在在的增量
	7 个转变，让公司 3 年胜出 李 蓓 著	消费者主权时代，企业该怎么办	这就是互联网思维，老板有能这样想，肯定倒不了
	跳出同质思维，从跟随到领先 郭 剑 著	66 个精彩案例剖析，帮助老板突破行业长期思维惯性	做企业竟然有这么多玩法，开眼界
	互联网＋"变"与"不变"：本土管理实践与创新论坛集萃·2016 本土管理实践与创新论坛 著	加速本土管理思想的孕育诞生，促进本土管理创新成果更好地服务企业、贡献社会	各个作者本年度最新思想，帮助读者拓宽眼界、突破思维
	消费升级：实践 研究（文集） 本土管理实践与创新论坛 著	38 位管理专家及 7 位学者的精华思想，从经营、管理、行业及思想研究四个方面阐述中国企业在消费升级下的实践与研究	思想启发，行业借鉴
财务	**写给企业家的公司与家庭财务规划——从创业成功到富足退休** 周荣辉 著	本书以企业的发展周期为主线，写各阶段企业与企业主家庭的财务规划	为读者处理人生各阶段企业与家庭的财务问题提供建议及方法，让家庭成员真正享受财富带来的益处
	互联网时代的成本观 程 翔 著	本书结合互联网时代提出了成本的多维观，揭示了多维组合成本的互联网精神和大数据特征，论述了其产生背景、实现思路和应用价值	在传统成本观下为盈利的业务，在新环境下也许就成为亏损业务。帮助管理者从新的角度来看待成本，进一步做好精益管理

续表

财务	财报背后的投资机会 蒋　豹　著	以具体的公司案例分析，教你迅速看出财务报表与企业经营的关系、所反映的企业经营现状，从而找到投资机会	前四大会计所员工为读者解密财报，发现投资机会
管理类：效率如何提升，如何实现经营目标，如何“节流”			
书名．作者		内容/特色	读者价值
通用管理	**让管理回归简单·升级版** 宋新宇　著	从目标、组织、决策、授权、人才和老板自己层面教你怎样做管理	帮助管理抓住管理的要害，让管理变得简单
	让经营回归简单·升级版 宋新宇　著	从战略、客户、产品、员工、成长、经营者自身等七个方面，归纳总结出简单有效的经营法则	总结出的真正优秀企业的成功之道：简单
	让用人回归简单 宋新宇　著	从用人的原则、用人的难题与误区、用人的方法和用人者的修炼四大方面，总结出适合中小企业做好人才管理工作的法则	帮助管理者抓住用人的要害，让用人变得简单
	历史深处的管理智慧1：组织建设与用人之道 刘文瑞　著	对历史之典故、政事、人事、政制进行管理解析，鉴照企业人才的选用育留	推动理论与实践的对接，实现理性与情感的渗透，用中国话语说明管理智慧
	历史深处的管理智慧2：战略决策与经营运作 刘文瑞　著	对历史之典故、政事、人事、政制进行管理解析，鉴照企业战略设计与经营实践	推动理论与实践的对接，实现理性与情感的渗透，用中国话语说明管理智慧
	历史深处的管理智慧3：领导修炼与文化素养 刘文瑞　著	对历史之典故、政事、人事、政制进行管理解析，鉴照企业领导职业能力提升与文化修养	推动理论与实践的对接，实现理性与情感的渗透，用中国话语说明管理智慧
	管理的尺度 刘文瑞　著	对管理中的种种普遍性问题进行了批评	提高把握管理尺度的能力
	管理学在中国 刘文瑞　著	系统性介绍了管理学在中国的发展和演变	了解管理学在中国的发展脉络，更清晰理解管理学的本质
	看电影，懂管理 刘文瑞　著	16部经典电影，带你感悟管理智慧	能够帮助读者放松身心，驰骋想象，在不知不觉中增长智慧
	管理：以规则驾驭人性 王春强　著	详细解读企业规则的制定方法	从人与人博弈角度提升管理的有效性
	打造集成供应链：走出挂一漏十的改善困境 王春强　著	详解集成供应链全过程	帮助企业优化供应链管理
	用好骨干员工：关键人才培养与激励 王　敏　著	系统化分享关键人才打造与激励方法	企业能实在用人的最大化价值
	改变世界的管理学大师1：管理学的前世今生 刘文瑞　编著	介绍了古典管理学时期的大师事迹和思想	深入了解管理大师们的思想和智慧
	成为企业欢迎的咨询师 张国祥　著	从调研到落地，手把手教你咨询流程	不走弯路，方便直接的学到老咨询师的套路
	员工心理学超级漫画版 邢　雷　著	以漫画的形式深度剖析员工心理	帮助管理者更了解员工，从而更轻松地管理员工
	老板有想法，高层有干法：企业中的将帅之道 王清华　著	深入剖析老板与高管的异同	各司其职，各行其是，相辅相成
	分股合心：股权激励这样做 段磊　周剑　著	通过丰富的案例，详细介绍了股权激励的知识和实行方法	内容丰富全面、易读易懂，了解股权激励，有这一本就够了
	边干边学做老板 黄中强　著	创业20多年的老板，有经验、能写、又愿意分享，这样的书很少	处处共鸣，帮助中小企业老板少走弯路

续表

通用管理	**成为敏感而体贴的公司** 王　涛　著	本书为作者对企业的观察和冥想的随笔记录。从生活中的一个现象入手，进而探索现象背后的本质	从全新角度认识公司
	中国企业的觉醒：正直　善良　成长 王　涛　著	围绕着企业人如何发生转化展开，对中国人、中国文化及由此导致的企业现状的观察和思考	企业除了要利润，还需要道德
	有意识的思考：轻松化解问题的7个思考习惯 王　涛　著	本书是对思想、思考过程、思考方式进行的细致观察	养成好的思考习惯，更深刻地看问题
	中国式阿米巴落地实践之从交付到交易 胡八一　著	本书主要讲述阿米巴经营会计，"从交付到交易"，这是成功实施了阿米巴的标志	阿米巴经营会计的工作是有逻辑关联的，一本书就能搞定
	中国式阿米巴落地实践之激活组织 胡八一　著	重点讲解如何科学划分阿米巴单元，阐述划分的实操要领、思路、方法、技术与工具	最大限度减少"推行风险"和"摸索成本"，利于公司成功搭建适合自身的个性化阿米巴经营体系
	中国式阿米巴落地实践之持续盈利 胡八一　著	把企业做成平台，企业才能做大（格局）；把平台做成阿米巴，企业才能做强（专业）；把阿米巴做成合伙制，企业才能做久（机制）	中国式阿米巴落地实践三部曲的最后一部，告诉你企业如何做大做强做久
	集团化企业阿米巴实战案例 初勇钢　著	一家集团化企业阿米巴实施案例	指导集团化企业系统实施阿米巴
	阿米巴经营的中国模式 李志华　著	让员工从"要我干"到"我要干"，价值量化出来	阿米巴在企业如何落地，明白思路了
	欧博心法：好管理靠修行 曾　伟　著	用佛家的智慧，深刻剖析管理问题，见解独到	如果真的有'中国式管理'，曾老师是其中标志性人物
	领导这样点燃你的下属 孟广桥　著	领导者如何才能让员工积极主动地工作？如何让你的员工和下属保持工作的热情，自动自发？看了这本书就知道	只要你希望手下的"兵将"永远充满工作的斗志，这本书将使你获益良多
流程管理	**1. 用流程解放管理者** **2. 用流程解放管理者2** 张国祥　著	中小企业阅读的流程管理、企业规范化的书	通俗易懂，理论和实践的结合恰到好处
	跟我们学建流程体系 陈立云　著	畅销书《跟我们学做流程管理》系列，更实操，更细致，更深入	更多地分享实践，分享感悟，从实践总结出来的方法论
	人人都要懂流程 金国华　余雅丽　著	当前各企业流程管理方面最为典型的痛点现象及问题案例	通俗易懂，适合企业全员阅读
质量管理	**IATF16949质量管理体系详解与案例文件汇编：TS16949转版IATF16949：2016** 谭洪华　著	针对IATF的新标准做了详细的解说，同时指出了一些推行中容易犯的错误，提供了大量的表单、案例	案例、表单丰富，拿来就用
	五大质量工具详解及运用案例：APQP/FMEA/PPAP/MSA/SPC 谭洪华　著	对制造业必备的五大质量工具中每个文件的制作要求、注意事项、制作流程、成功案例等进行了解读	通俗易懂、简便易行，能真正实现学以致用
	ISO9001：2015新版质量管理体系详解与案例文件汇编 谭洪华　著	紧密围绕2015年新版质量管理体系文件逐条详细解读，并提供可以直接套用的案例工具，易学易上手	企业质量管理认证、内审必备
	ISO14001：2015新版环境管理体系详解与案例文件汇编 谭洪华　著	紧密围绕2015年新版环境管理体系文件逐条详细解读，并提供可以直接套用的案例工具，易学易上手	企业环境管理认证、内审必备

续表

质量管理	**ISO9001:2015 完整文件汇编:制造业** 贺红喜　著	按照 ISO9001 标准并超出标准的要求,提供了一套完整的制造业的质量管理体系文件	原汁原味完整收入,直接可以拿来就用
	SA8000:2014 社会责任管理体系认证实战 吕　林　著	作者根据自己的操作经验,按认证的流程,以相关案例进行说明 SA8000 认证体系	简单,实操性强,拿来就能用
	精益质量管理实战工具 贺小林　著	制造类企业日常工作中所需要的精益管理工具的归纳整理,并进行案例操作的细致分析	可以直接参考,实际解决生产中的具体问题
战略落地	**重生——中国企业的战略转型** 施　炜　著	从前瞻和适用的角度,对中国企业战略转型的方向、路径及策略性举措提出了一些概要性的建议和意见	对企业有战略指导意义
	公司大了怎么管:从靠英雄到靠组织 AMT 金国华　著	第一次详尽阐释中国快速成长型企业的特点、问题及解决之道	帮助快速成长型企业领导及管理团队理清思路,突破瓶颈
	低效会议怎么改:每年节省一半会议成本的秘密 AMT 王玉荣　著	教你如何系统规划公司的各级会议,一本工具书	教会你科学管理会议的办法
	年初订计划,年尾有结果:战略落地七步成诗 AMT 郭晓　著	7 个步骤教会你怎么让公司制定的战略转变为行动	系统规划,有效指导计划实现
人力资源	**HRBP 是这样炼成的之"菜鸟起飞"** 新　海　著	以小说的形式,具体解析 HRBP 的职责,应该如何操作,如何为业务服务	实践者的经验分享,内容实务具体,形式有趣
	HRBP 是这样炼成的之中级修炼 新　海　著	本书以案例故事的方式,介绍了 HRBP 在实际工作中碰到的问题和挑战	书中的 HR 解决方案讲究因时因地制宜、简单有效的原则,重在启发读者思路,可供各类企业 HRBP 借鉴
	HRBP 是这样炼成的之高级修炼 新　海　著	以故事的形式,展现了 HRBP 工作者在职业发展路上的层层深入和递进	为读者提供 HRBP 在实际工作中遇到种种问题的解决方案
	新任 HR 高管如何从 0 到 1 黄渊明　著	全景式展现新任高管华丽转身全过程	助力新任高管安全着陆
	HR 的劳动法内参 李皓楠　著	100 个劳动法案例和分析	轻松掌握劳动法知识,方便运用
	把面试做到极致:首席面试官的人才甄选法 孟广桥　著	作者用自己几十年的人力资源经验总结出的一套实用的确定岗位招聘标准、提升面试官技能素质的简便方法	面试官必备,没有空泛理论,只有巧妙的实操技能
	人力资源体系与 e-HR 信息化建设 刘书生　陈　莹　王美佳　著	将作者经历的人力资源管理变革、人力资源管理信息化咨询项目方法论、工具和成果全面展现给读者,使大家能够将其快速应用到管理实践中	系统性非常强,没有废话,全部是浓缩的干货
	回归本源看绩效 孙　波　著	让绩效回顾"改进工具"的本源,真正为企业所用	确实是来源于实践的思考,有共鸣
	世界 500 强资深培训经理人教你做培训管理 陈　锐　著	从 7 大角度具体细致地讲解了培训管理的核心内容	专业、实用、接地气

续表

人力资源	**曹子祥教你做激励性薪酬设计** 曹子祥　著	以激励性为指导，系统性地介绍了薪酬体系及关键岗位的薪酬设计模式	深入浅出，一本书学会薪酬设计
	曹子祥教你做绩效管理 曹子祥　著	复杂的理论通俗化，专业的知识简单化，企业绩效管理共性问题的解决方案	轻松掌握绩效管理
	把招聘做到极致 远　鸣　著	作为世界500强高级招聘经理，作者数十年招聘经验的总结分享	带来职场思考境界的提升和具体招聘方法的学习
	人才评价中心．超级漫画版 邢　雷　著	专业的主题，漫画的形式，只此一本	没想到一本专业的书，能写成这效果
	走出薪酬管理误区 全怀周　著	剖析薪酬管理的8大误区，真正发挥好枢纽作用	值得企业深读的实用教案
	集团化人力资源管理实践 李小勇　著	对搭建集团化的企业很有帮助，务实，实用	最大的亮点不是理论，而是结合实际的深入剖析
	我的人力资源咨询笔记 张　伟　著	管理咨询师的视角，思考企业的HR管理	通过咨询师的眼睛对比很多企业，有启发
	本土化人力资源管理8大思维 周　剑　著	成熟HR理论，在本土中小企业实践中的探索和思考	对企业的现实困境有真切体会，有启发
企业文化	**36个拿来就用的企业文化建设工具** 海融心胜　主编	数十个工具，为了方便拿来就用，每一个工具都严格按照工具属性、操作方法、案例解读划分，实用、好用	企业文化工作者的案头必备书，方法都在里面，简单易操作
	企业文化建设超级漫画版 邢　雷　著	以漫画的形式系统教你企业文化建设方法	轻松易懂好操作
	华夏基石方法：企业文化落地本土实践 王祥伍　谭俊峰　著	十年积累、原创方法、一线资料，和盘托出	在文化落地方面真正有洞察，有实操价值的书
	企业文化的逻辑 王祥伍　著	为什么企业之间如此不同，解开绩效背后的文化密码	少有的深刻，有品质，读起来很流畅
	企业文化激活沟通 宋杼宸　安　琪　著	透过新任HR总经理的眼睛，揭示出沟通与企业文化的关系	有实际指导作用的文化落地读本
	在组织中绽放自我：从专业化到职业化 朱仁健　王祥伍　著	个人如何融入组织，组织如何助力个人成长	帮助企业员工快速认同并投入到组织中去，为企业发展贡献力量
	企业文化定位·落地一本通 王明胤　著	把高深枯燥的专业理论创建成一套系统化、实操化、简单化的企业文化缔造方法	对企业文化不了解，不会做？有这一本从概念到实操，就够了
生产管理	**精益思维：中国精益如何落地** 刘承元　著	笔者二十余年企业经营和咨询管理的经验总结	中国企业需要灵活运用精益思维，推动经营要素与管理机制的有机结合，推动企业管理向前发展
	300张现场图看懂精益5S管理 乐　涛　编著	5S现场实操详解	案例图解，易懂易学
	高员工流失率下的精益生产 余伟辉　著	中国的精益生产必须面对和解决高员工流失率问题	确实来源于本土的工厂车间，很务实
	车间人员管理那些事儿 岑立聪　著	车间人员管理中处理各种“疑难杂症”的经验和方法	基层车间管理者最闹心、头疼的事，‘打包’解决

续表

生产管理	1. 欧博心法:好管理靠修行 2. 欧博心法:好工厂这样管 曾　伟　著	他是本土最大的制造业管理咨询机构创始人,他从 400 多个项目、上万家企业实践中锤炼出的欧博心法	中小制造型企业,一定会有很强的共鸣
	欧博工厂案例 1:生产计划管控对话录 欧博工厂案例 2:品质技术改善对话录 欧博工厂案例 3:员工执行力提升对话录 曾　伟　著	最典型的问题、最详尽的解析,工厂管理 9 大问题 27 个经典案例	没想到说得这么细,超出想象,案例很典型,照搬都可以了
	工厂管理实战工具 欧博企管　编著	以传统文化为核心的管理工具	适合中国工厂
	苦中得乐:管理者的第一堂必修课 曾　伟　编著	曾伟与师傅大愿法师的对话,佛学与管理实践的碰撞,管理禅的修行之道	用佛学最高智慧看透管理
	比日本工厂更高效 1:管理提升无极限 刘承元　著	指出制造型企业管理的六大积弊;颠覆流行的错误认知;掌握精益管理的精髓	每一个企业都有自己不同的问题,管理没有一剑封喉的秘笈,要从现场、现物、现实出发
	比日本工厂更高效 2:超强经营力 刘承元　著	企业要获得持续盈利,就要开源和节流,即实现销售最大化,费用最小化	掌握提升工厂效率的全新方法
	比日本工厂更高效 3:精益改善力的成功实践 刘承元　著	工厂全面改善系统有其独特的目的取向特征,着眼于企业经营体质(持续竞争力)的建设与提升	用持续改善力来飞速提升工厂的效率,高效率能够带来意想不到的高效益
	3A 顾问精益实践 1:IE 与效率提升 党新民　苏迎斌　蓝旭日　著	系统的阐述了 IE 技术的来龙去脉以及操作方法	使员工与企业持续获利
	3A 顾问精益实践 2:JIT 与精益改善 肖志军　党新民　著	只在需要的时候,按需要的量,生产所需的产品	提升工厂效率
	化工企业工艺安全管理实操 黄　娜　编著	化工企业工艺安全管理全指导	帮助企业树立安全意识,强化安全管理方法
	手把手教你做专业的生产经理 黄　娜　著	物流、信息流、资金流,让生产经理管理有抓手	从菜鸟到能把控全局
员工素质提升	TTT 培训师精进三部曲(上):深度改善现场培训效果 廖信琳　著	现场把控不用慌,这里有妙招一用就灵	课程现场无论遇到什么样的情况都能游刃有余
	TTT 培训师精进三部曲(中):构建最有价值的课程内容 廖信琳　著	这样做课程内容,学员有收获培训师也有收获	优质的课程内容是树立个人品牌的保证
	TTT 培训师精进三部曲(下):职业功力沉淀与修为提升 廖信琳　著	从内而外提升自己,职业的道路一帆风顺	走上职业 TTT 内训师的康庄大道
	培训师,如何让你的事业长青:自我管理的 10 项法则 廖信琳　著	建立了一套完整的培训师自我管理体系,为培训师的职业成长与发展提供有益的指引	培训师如何在自己的职业道路上越走越高,事业长青,一直有所收获与成长? 本书将给你答案
	管理咨询师的第一本书:百万年薪　千万身价 熊亚柱　著	从问题出发,发现问题、分析问题、解决问题,让两眼一抹黑的新人快速成长	管理咨询师初入职场,让这本书开启百万年薪之路

续表

员工素质提升	**手把手教你做专业督导：专卖店、连锁店** 熊亚柱　著	从督导的职能、作用，在工作中需要的专业技能、方法，都提供了详细的解读和训练办法，同时附有大量的表单工具	无论是店铺需要统一培训，还是个人想成为优秀的督导，有这一本就够了
	跟老板“偷师”学创业 吴江萍　余晓雷　著	边学边干，边观察边成长，你也可以当老板	不同于其他类型的创业书，让你在工作中积累创业经验，一举成功
	销售轨迹：一位快消品营销总监的拼搏之路 秦国伟　著	本书讲述了一个普通销售员打拼成为跨国企业营销总监的真实奋斗历程	激励人心，给广大销售员以力量和鼓舞
	在组织中绽放自我：从专业化到职业化 朱仁健　王祥伍　著	个人如何融入组织，组织如何助力个人成长	帮助企业员工快速认同并投入到组织中去，为企业发展贡献力量
	企业员工弟子规：用心做小事，成就大事业 贾同领　著	从传统文化《弟子规》中学习企业中为人处事的办法，从自身做起	点滴小事，修养自身，从自身的改善得到事业的提升
	手把手教你做顶尖企业内训师：TTT 培训师宝典 熊亚柱　著	从课程研发到现场把控、个人提升都有涉及，易读易懂，内容丰富全面	想要做企业内训师的员工有福了，本书教你如何抓住关键，从入门到精通
	28 天速成文案高手 秦　士　安　丽　著	解构优秀品牌和出彩文案背后的逻辑，28 天循序渐进成为文案高手	让优质文案变成“智慧工厂”般的工序管理与稳定出品
	让投诉顾客满意离开：客户投诉应对与管理 孟广桥　著	立足于投诉处理的实践，剖析了不同投诉者投诉的特点和应对措施，并提供各种技巧方法、赢得客户信赖所需培养的品质修炼、处理投诉应掌握的法律法规等工具	是投诉处理人员适应岗位职能需要、提升工作技能的良师益友，是企业变诉为金、培养业务骨干的法宝
营销类：把客户需求融入企业各环节，提供“客户认为”有价值的东西			
	书名．作者	内容/特色	读者价值
营销模式	**精品营销战略** 杜建君　著	以精品理念为核心的精益战略和营销策略	用精品思维赢得高端市场
	变局下的营销模式升级 程绍珊　叶　宁　著	客户驱动模式、技术驱动模式、资源驱动模式	很多行业的营销模式被颠覆，调整的思路有了！
	动销操盘：节奏掌控与社群时代新战法 朱志明　著	在社群时代把握好产品生产销售的节奏，解析动销的症结，寻找动销的规律与方法	都是易读易懂的干货！对动销方法的全面解析和操盘
	弱势品牌如何做营销 李政权　著	中小企业虽有品牌但没名气，营销照样能做的有声有色	没有丰富的实操经验，写不出这么具体、详实的案例和步骤，很有启发
	老板如何管营销 史贤龙　著	高段位营销 16 招，好学好用	老板能看，营销人也能看
	洞察人性的营销战术：沈坤教你 28 式 沈　坤　著	28 个匪夷所思的营销怪招令人拍案叫绝，涉及商业竞争的方方面面，大部分战术可以直接应用到企业营销中	各种谋略得益于作者的横向思维方式，将其操作过的案例结合其中，提供的战术对读者有参考价值
	动销：产品是如何畅销起来的 吴江萍　余晓雷　著	真真切切告诉你，产品究竟怎么才能卖出去	击中痛点，提供方法，你值得拥有
	1000 铁杆女粉丝 张兵武　著	连接是女性与生俱来的特质。能善用连接的营销人员，就像拿到打开女性荷包的钥匙	重新认识女性的传播力量
	360°谈营销：一位营销咨询师 20 年实战洞察 王清华　古怀亮　著	各个角度，全方位，多视点剥营销	思路单一，此书帮你破

续表

营销模式	**营销按钮:扣动一触即发的力量** 老　苗　著	提供各种奇形怪状的营销武器	一定会带给你不一样的思维震撼
	孙子兵法营销战 刘文新　著	逐句解读孙子兵法,以及在营销方面的感悟	帮助营销人用智慧打营销仗
销售	**资深大客户经理:策略准,执行狠** 叶敦明　著	从业务开发、发起攻势、关系培育、职业成长四个方面,详述了大客户营销的精髓	满满的全是干货
	大客户销售这样说这样做 陆和平　著	大客户销售十大模块 68 个典型销售场景应对策略和话术,直接拿来就用	从“为什么要这么干”到“干什么、怎么干”
	成为资深的销售经理:B2B、工业品 陆和平　著	围绕“销售管理的六个关键控制点”一一展开,提供销售管理的专业、高效方法	方法和技术接地气,拿来就用,从销售员成长为经理不再犯难
	销售是门专业活:B2B、工业品 陆和平　著	销售流程就应该跟着客户的采购流程和关注点的变化向前推进,将一个完整的销售过程分成十个阶段,提供具体方法	销售不是请客吃饭拉关系,是个专业的活计！方法在手,走遍天下不愁
	向高层销售:与决策者有效打交道 贺兵一　著	一套完整有效的销售策略	有工具,有方法,有案例,通俗易懂
	学话术　卖产品 张小虎　著	分析常见的顾客异议,将优秀的话术模块化	让普通导购员也能成为销售精英
组织和团队	**升级你的营销组织** 程绍珊　吴越舟　著	用“有机性”的营销组织替代“营销能人”,营销团队变成“铁营盘”	营销队伍最难管,程老师不愧是营销第 1 操盘手,步骤方法都很成熟
	用数字解放营销人 黄润霖　著	通过量化帮助营销人员提高工作效率	作者很用心,很好的常备工具书
	成为优秀的快消品区域经理(升级版) 伯建新　著	用“怎么办”分析区域经理的工作关键点,增加 30% 全新内容,更贴近环境变化	可以作为区域经理的“速成催化器”
	成为资深的销售经理:B2B、工业品 陆和平　著	围绕“销售管理的六个关键控制点”一一展开,提供销售管理的专业、高效方法	方法和技术接地气,拿来就用,从销售员成长为经理不再犯难
	一位销售经理的工作心得 蒋　军　著	一线营销管理人员想提升业绩却无从下手时,可以看看这本书	一线的真实感悟
	快消品营销:一位销售经理的工作心得 2 蒋　军　著	快消品、食品饮料营销的经验之谈,重点突出	来源于实战的精华总结
	销售轨迹:一位快消品营销总监的拼搏之路 秦国伟　著	本书讲述了一个普通销售员打拼成为跨国企业营销总监的真实奋斗历程	激励人心,给广大销售员以力量和鼓舞
	用营销计划锁定胜局:用数字解放营销人 2 黄润霖　著	全方位教你怎么做好营销计划,好学好用真简单	照搬套用就行,做营销计划再也不头痛
	快消品营销人的第一本书:从入门到精通 刘　雷　伯建新　著	快消行业必读书,从入门到专业	深入细致,易学易懂
产品	**产品开发管理方法·流程·工具:从作坊式到规范化** 任彭枞　著	产品研发管理体系全指导	既有工具,又能开拓思路
	新产品开发管理,就用 IPD(升级版) 郭富才　著	10 年 IPD 研发管理咨询总结,国内首部 IPD 专业著作	一本书掌握 IPD 管理精髓

续表

产品	**这样打造大单品：案例 策略 方法** 迪智成咨询团队 著	囊括十三个不同行业、企业的实际案例，从不同角度详细剖析、总结了这些品牌厂家打造大单品的成功经验或者失败教训	厘清大单品打造的策划与路径，得出持续经营的思路与方法
	研发体系改进之道 靖 爽 陈年根 马鸣明 著	提出一套系统性的方法与工具	指引企业少走弯路，提高成功率
	资深项目经理这样做新产品开发管理 秦海林 著	以IPD为思想，系统讲解新产品开管理的细节	提供管理思路和实用工具
	产品炼金术Ⅰ：如何打造畅销产品 史贤龙 著	满足不同阶段、不同体量、不同行业企业对产品的完整需求	必须具备的思维和方法，避免在产品问题上走弯路
	产品炼金术Ⅱ：如何用产品驱动企业成长 史贤龙 著	做好产品、关注产品的品质，就是企业成功的第一步	必须具备的思维和方法，避免在产品问题上走弯路
品牌	**中小企业如何建品牌** 梁小平 著	中小企业建品牌的入门读本，通俗、易懂	对建品牌有了一个整体框架
	采纳方法：破解本土营销8大难题 朱玉童 编著	全面、系统、案例丰富、图文并茂	希望在品牌营销方面有所突破的人，应该看看
	中国品牌营销十三战法 朱玉童 编著	采纳20年来的品牌策划方法，同时配有大量的案例	众包方式写作，丰富案例给人启发，极具价值
	今后这样做品牌：移动互联时代的品牌营销策略 蒋 军 著	与移动互联紧密结合，告诉你老方法还能不能用，新方法怎么用	今后这样做品牌就对了
	中小企业如何打造区域强势品牌 吴 之 著	帮助区域的中小企业打造自身品牌，如何在强壮自身的基础上往外拓展	梳理误区，系统思考品牌问题，切实符合中小区域品牌的自身特点进行阐述
渠道通路	**深度分销：掌控渠道价值链** 施 炜 著	制造商通过掌控渠道价值链，将管理触角延伸至零售层面及顾客现场，对市场根部精耕细作，从而挖掘需求，构筑区域市场尤其是三四级市场的竞争壁垒	深度分销是中国企业对世界营销的独特贡献。实践证明，互联网时代深度分销仍有生命力
	快消品营销与渠道管理 谭长春 著	将快消品标杆企业渠道管理的经验和方法分享出来	可口可乐、华润的一些具体的渠道管理经验，实战
	传统行业如何用网络拿订单 张 进 著	给老板看的第一本网络营销书	适合不懂网络技术的经营决策者看
	采纳方法：化解渠道冲突 朱玉童 编著	系统剖析渠道冲突，21个渠道冲突案例、情景式讲解，37篇讲义	系统、全面
	学话术 卖产品 张小虎 著	分析常见的顾客异议，将优秀的话术模块化	让普通导购员也能成为销售精英
	向高层销售：与决策者有效打交道 贺兵一 著	一套完整有效的销售策略	有工具，有方法，有案例，通俗易懂
	通路精耕操作全解：快消品20年实战精华 周 俊 陈小龙 著	通路精耕的详细全解，每一步的具体操作方法和表单全部无保留提供	康师傅二十年的经验和精华，实践证明的最有效方法，教你如何主宰通路

管理者读的文史哲·生活

书名．作者		内容/特色	读者价值
思想·文化	**德鲁克管理思想解读** 罗 珉 著	用独特视角和研究方法，对德鲁克的管理理论进行了深度解读与剖析	不仅是摘引和粗浅分析，还是作者多年深入研究的成果，非常可贵
	德鲁克与他的论敌们：马斯洛、戴明、彼得斯 罗 珉 著	几位大师之间的论战和思想碰撞令人受益匪浅	对大师们的观点和著作进行了大量的理论加工，去伪存真、去粗存精，同时有自己独特的体系深度

续表

思想·文化	**德鲁克管理学** 张远凤　著	本书以德鲁克管理思想的发展为线索,从一个侧面展示了20世纪管理学的发展历程	通俗易懂,脉络清晰
	王阳明"万物一体"论:从"身-体"的立场看(修订版) 陈立胜　著	以身体哲学分析王阳明思想中的"仁"与"乐"	进一步了解传统文化,了解王阳明的思想
	自我与世界:以问题为中心的现象学运动研究 陈立胜　著	以问题为中心,对现象学运动中的"意向性""自我""他人""身体"及"世界"各核心议题之思想史背景与内在发展理路进行深入细致的分析	深入了解现象学中的几个主要问题
	作为身体哲学的中国古代哲学 张再林　著	上篇为中国古代身体哲学理论体系奠基性部分,下篇对由"上篇"所开出的中国身体哲学理论体系的进一步的阐发和拓展	了解什么是真正原生态意义上的中国哲学,把中国传统哲学与西方传统哲学加以严格区别
	中西哲学的歧异与会通 张再林　著	本书以一种现代解释学的方法,对中国传统哲学内在本质尝试一种全新的和全方位的解读	发掘出掩埋在古老传统形式下的现代特质和活的生命,在此基础上揭示中西哲学"你中有我,我中有你"之旨
	治论:中国古代管理思想 张再林　著	本书主要从儒、法墨三家阐述中国古代管理思想	看人本主义的管理理论如何不留斧痕地克服似乎无法调解的存在于人类社会行为与社会组织中的种种两难和对立
	车过麻城　再晤李贽 张再林　著	系统全面而又简明扼要地展示了李贽独到的学术眼力和超拔的理论建树	帮助读者重新认识李贽的思想
	中国古代政治制度(修订版)上:皇帝制度与中央政府 刘文瑞　著	全面论证了古代皇帝制度的形成和演变的历程	有助于读者从政治制度角度了解中国国情的历史渊源
	中国古代政治制度(修订版)下:地方体制与官僚制度 刘文瑞　著	全面论证了古代地方政府的发展演变过程	有助于读者从政治制度角度了解中国国情的历史渊源
	中国思想文化十八讲(修订版) 张茂泽　著	中国古代的宗教思想文化,如对祖先崇拜、儒家天命观、中国古代关于"神"的讨论等	宗教文化和人生信仰或信念紧密相联,在文化转型时期学习和研究中国宗教文化就有特别的现实意义
	史幼波《大学》讲记 史幼波　著	用儒释道的观点阐释大学的深刻思想	一本书读懂传统文化经典
	史幼波《周子通书》《太极图说》讲记 史幼波　著	把形而上的宇宙、天地,与形而下的社会、人生、经济、文化等融合在一起	将儒家的一整套学修系统融合起来
	史幼波《中庸》讲记(上下册) 史幼波　著	全面、深入浅出地揭示儒家中庸文化的真谛	儒释道三家思想融会贯通
	梁涛讲《孟子》之万章篇 梁　涛　著	《万章》主要记录孟子与万章的对话,涉及孝道、亲情、友情、出仕为官等	作者的解读能帮助读者更好地理解孟子及儒学
	两晋南北朝十二讲(修订版) 李文才　著	作为一本普及性读物,作者尊重史实,运用"历史心理学"的叙事方法,分12个专题对两晋南北朝的历史进行阐述	让读者轻松了解两晋南北朝的历史
	每个中国人身上的春秋基因 史贤龙　著	春秋368年(公元前770-公元前403年),每一个中国人都可以在这段时期的历史中找到自己的祖先,看到真实发生的事件,同时也看到自己	长情商、识人心
	与《老子》一起思考:德篇 **与《老子》一起思考:道篇** 史贤龙　著	打通文史,回归哲慧,纵贯古今,放眼中外,妙语迭出,在当今的老子读本中别具一格	深读有深读的回味,浅尝有浅尝的机敏,可给读者不同的启发